**브러시 하나만 바꿨을 뿐인데?
내 그림을 업그레이드하는 브러시 드로잉 테크닉!**

그림 스타일을 결정하는 브러시, 아이패드를 이용한 내 그림에서 부족함을
느낀다면 그림에 맞지 않는 브러시를 사용하였기 때문입니다.
붓 터치나 색 표현, 빛으로 표현되는 명암, 반복 작업 등 브러시 활용법은
무궁무진합니다. 어떻게 하면 내 그림에 날개를 달아주는 브러시를 만들어
사용할 수 있을까?

그림이 확 바뀌는 아이패드 드로잉

아이패드 브러시 패턴으로 그림 그리기

댈희 지음

예제 파일 다운로드

1 성안당 홈페이지(http://www.cyber.co.kr)에 접속하여 회원가입한 뒤 로그인하세요.
2 메인 화면 왼쪽의 (자료실)을 클릭하고 (자료실)의 바로가기 ▶ 버튼을 클릭한 다음 검색 창에서 '브러시 패턴' 등 도서명 일부를 입력하고 (검색) 버튼을 클릭하세요.
3 검색된 목록을 클릭하고 자료 다운로드 바로가기 를 클릭하여 예제 파일을 다운로드한 다음 찾기 쉬운 위치에 압축을 풀어 사용하세요.

그림을 그리기 위해서는 연필과 종이 하나면 충분합니다. 하지만 푸르른 바다나 하늘, 빛이 번지는 따뜻한 감성의 그림을 그리기 위해 색을 입히고 싶을 때도 있습니다. 이럴 때 물감이나 오일파스텔 같은 채색 도구를 준비하고, 정리하는 일은 번거로워 쉽게 시작하지 못할 때가 있는데 이런 번거로움을 덜어주고 쉽게 그림을 그리게 해 주는 것이 바로 디지털 드로잉이 아닐까 싶습니다. 특히 아이패드와 프로크리에이트라는 어플은 쉽게 그림을 그리는데 큰 도움을 줍니다. 가지고 있는 아이패드를 열어 봅시다.

어떤 그림을 그릴 것인가

여러분은 어떤 그림을 그리고 싶으신가요? 저는 이모티콘을 그리는 것, 인스타 만화를 그리는 것, 사랑하는 사람과의 추억을 공들여 일러스트로 그리는 것을 좋아합니다. 모두 부담 없이 그리는 것들이죠. 여러분은 무엇을 그리고 싶어서 펜을 드시나요?

- 손그림 티가 나는 흑백 낙서
- 색감이 따뜻한 귀여운 일러스트
- 수채화 느낌이 나는 풍경화
- 색의 조합과 그러데이션이 아름다운 일러스트

여러분이 그리고 싶은 것들은 다양할 것입니다. 이런 것들을 그리기 위해 아이패드에서 무엇을 알아야 할까요?

브러시를 알면 보이게 되는 것들

사실 몇 가지 기능들을 알고, 시간과 공을 들이면 우리 모두는 저마다 창의적이고 즐거운 그림들을 그릴 수 있습니다. 실사와 비슷한 그림만이 잘 그린 그림은 아니기 때문입니다. 그럼에도 우리는 내가 가진 능력으로 좀 더 멋진 그림을 그리고 싶고, 내가 생각하는 이상향에 가까운 그림을 그리고 싶어 합니다. 이런 것들이 별다른 방법이 없어서 표현하지 못하고 좌절되면 그림에 손이 가지 않는 경우도 많습니다.

브러시는 이런 고민을 해결해 줍니다. 내가 원하는 방향에 가까운 붓 터치나 색 표현, 손쉬운 명암, 고된 반복 작업을 줄여 주는 브러시들을 사용하면 그림의 재미를 더할 수 있습니다. 예를 들어 풍경화를 그릴 때 구름과 바다 산 등을 그냥 그리려고 하면 디지털의 한계 때문에 밋밋해지기 쉽고 잘 표현하기도 어렵습니다. 하지만 요소 브러시를 이용해서 한층 더 풍성한 그림을 완성할 수 있고, 여러 가지를 표현하고 시도해 볼 수 있습니다.

수채화나 유화 느낌의 그림을 그리고 싶을 때도 내가 원하는 느낌의 브러시가 없다면 머릿속에 그렸던 이미지를 표현하는 것 자체를 포기하게 됩니다. 브러시라는 것은 결국 미술의 재료와 관련된 것들입니다. 납작 붓과 둥근 붓, 잉크와 연필, 수채와 유채 등 우리가 그림을 그릴 때 필요한 재료들을 준비해서 그림을 그려야 하듯이 브러시도 목적에 맞게 사용하면 훨씬 다양한 그림 생활을 이어나갈 수 있습니다.

취미로 그릴 때 느끼는 것들

이모티콘 작업은 낙서 밀접한 부분이 있어 그리면서 시간 가는 줄 모르고 이것도 그려보고 저것도 그려 보았습니다. 1년쯤 되었을 때, 많은 이모티콘이 카카오에서 승인 받고, 강의도 하고, 책도 썼습니다. 이렇게 즐거운 그림 그리기가 일이 되었습니다. 여전히 본업을 가지고 있고, 육아도 하지만 한 주에 한 번은 이모티콘을 그려서 제안합니다. 그림 작업이 일이 되니까 전처럼 즐거운 그림 그리기가 되지는 않았습니다. 이모티콘이라는 것이 승인되어야지만 의미를 갖는, 목적이 분명한 표현들이 많았기 때문일 것입니다. 그래서 이모티콘 말고 자꾸 다른 것을 그리게 되었습니다. 노을빛을 그려보거나, 옛 감성이 묻어나는 그림을 그리거나, 캘리그라피를 하는 것 등에서 새로운 즐거움을 찾았습니다.

누군가에게 평가받지 않고 나의 즐거움, 힐링을 위해 그림을 그리는 시간은 우리가 한 번 사는 인생을 더욱 풍요롭게 해주는 힘을 주는 것 같습니다. 더 다양한 그림을 그려 내가 성장하고, 그것을 바탕으로 또 다른 그림을 그려가고 싶습니다.

잘 그린 그림은 내 그림이다

같은 관점에서 '잘 그린 그림은 내 그림이다'라는 생각을 하기 바랍니다. 우리 대부분은 미술을 업(業)으로 먹고 사는 사람들이 아닙니다. 잘 그리는 기준을 너무 높게 두면 그림 그리기가 재미없어 집니다. 마치 잘생김의 기준을 연예인에게 두고 그 이하는 모두 못생겼다고 생각하여 인생이 불행해지는 것과 마찬가지죠. 하지만 이성적으로는 알고 있으나 나도 모르게 '잘생긴 것은 이런 것이다'라며 선입견에 쌓이게 되어 잘생긴 사람을 보면 선망하게 되고 부러워하게 되는 것은 어쩔 수 없는 일이기도 합니다.

그림도 마찬가지로 잘 그린 그림을 보면 선망하고 부러워하게 됩니다. 이것은 이상한 일이 아닙니다. 멋진 그림을 보고 감상하는 것은 행복한 일이니까요. 다만 연예인의 얼굴을 선망하더라도 나 자신의 모습을 가꾸고 사랑하는 것처럼 그림을 성장하게 하고 그 과정을 사랑하는 것 역시 꼭 필요한 일입니다.

브러시로 그림 그리기

그림을 그리는 시간 속에서 행복을 느끼는 사람은 많습니다. 그저 사진을 따라 그리는 사람, 좋아하는 음식을 그리는 사람, 웃긴 짤이나 밈을 그리면서 웃음을 주는 사람 등 다양합니다. 이런 그림을 그리기 위해서 많은 연습이나 준비가 필요했지만, 이제는 디지털 드로잉이 보편화되고 SNS 활용 영역이 커져서 누구나 그림을 그리고 공유할 수 있는 시대입니다.

더불어 많은 그림이 공유되어 그림의 퀄리티보다는 그림의 느낌과 메시지를 더 살펴보는 추세이기도 합니다. 부담 없이 그림을 그리고 나눌 수 있는 환경이 만들어진 것입니다. 특히 아이패드와 프로크리에이트를 쓰는 사람들에게는 더욱더 좋은 환경이 만들어졌습니다. 전문가처럼 힘을 들이거나, 복잡한 프로그램을 공부하지 않아도 직관적으로 구성되어 몇 가지만 알면 자기 그림 세계를 펼칠 수 있는 '단군 이래 가장 그림 그리기 좋은 시대'에 사는 것입니다.

물론 꾸준한 크로키 연습이나 인물화를 연습하여 퀄리티 있는 그림을 그릴 수도 있습니다. 이것은 많은 연습이 필요한 부분입니다. 디지털 드로잉이라고 해서 그림 실력이 아예 필요하지 않다는 것은 거짓말입니다. 하지만 수정과 삭제가 자유롭고 종이 낭비도 없기에 얼마든지 시도하며 발전해 나갈 수 있다는 것, 내 그림을 손쉽게 공유할 수 있다는 것만으로도 아날로그 그림을 그릴 때보다 그림 그리기 좋은 환경이라는 것도 변하지 않는 사실입니다.

이 책은 아이패드의 프로크리에이트를 이용하여 여러 브러시로 다양한 느낌을 연출하고 여러분만의 그림을 그릴 수 있도록 도와줄 수 있는 방법을 소개합니다. 브러시 중심으로 되어 있기 때문에 내가 그리고자 하는 방향을 알 수 있고, 여러 표현 도구를 꺼내어 써보는 시간이 될 것입니다.

여러분의 취미로운 그림 생활을 응원합니다

마지막으로 항상 나를 믿어주는 아내, 물심양면으로 애써주시는 양가 부모님, 눈에 넣어도 아프지 않은 나의 아들에게 감사합니다. 책이 출간될 수 있도록 도와주신 성안당 최옥현 전무님과 오영미 부장님, 앤미디어 김남권 실장님과 최소영 님에게 감사의 말을 전합니다.

Preview

프로크리에이트를 이용하여 브러시로 그림 그리는 방법을 체계적으로 소개합니다. 이론부터 이론 따라하기, 브러시 사용법 등 이 책에서 공개하는 브러시 노하우를 단계별로 공부해 보세요.

브러시 기초 배우기

브러시로 그림을 그리기 앞서 그림의 기초 이론을 배웁니다. 그림의 기본인 점, 선, 면부터 구도, 브러시 질감 등을 알아보세요.

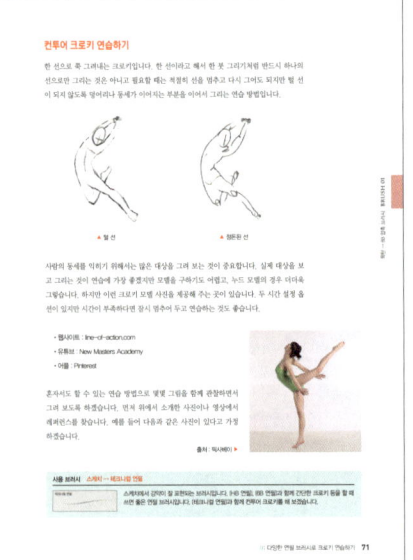

브러시 드로잉 배우기

스케치부터 크로키 등 프로크르에이트에서 제공하는 기본 브러시를 이용하여 그림을 그리는 방법을 소개합니다. 브러시 드로잉의 기본기를 알아보세요.

예제 & 완성 파일

예제 파일과 완성 파일을 제공하고 있으니, 예제를 따라하기 전에 미리보고 직접 따라 그려 보세요.

사용 브러시

예제에서 사용된 브러시를 소개합니다. 브러시의 특성과 형태를 보고, 브러시를 선택하여 사용해 보세요.

예제 미리보기

누구나 쉽게 브러시를 이용한 그림을 그릴 수 있는 예제로 구성하였습니다. 예제 이미지에 사용된 브러시가 표시되어 직접 브러시 적용 결과를 볼 수 있어요.

예제 따라하기

그림 실력이 부족한 독자라도 쉽게 따라할 수 있도록 단계별 따라하기로 구성되어 있습니다. 순서대로 예제를 직접 따라해 보세요.

그리기 팁

브러시로 그리는 과정에서 알아두면 좋은 팁들을 정리해서 소개합니다. 댈희의 그림 노하우를 알아보세요.

7

 Gesture

드로잉 작업의 효율을 높여 주는 제스처

프로크리에이트에서는 효율적인 작업을 위해서 다양한 제스처를 제공하고 있으며, 자신이 원하는 대로 제스처를 설정할 수도 있습니다. 많은 제스처 중에서 기본적이면서도 드로잉 작업에 가장 많이 쓰이는 유용한 제스처 14가지를 소개합니다.

탭하기
레이어나 이미지, 버튼, 빈 화면을 가볍게 터치합니다.

두 손가락으로 탭하기
가장 최근 명령을 취소하는 기능입니다. 그림을 그리다가 실수하거나 마음에 안 들 때 지우개처럼 활용할 수 있어서 가장 많이 활용하는 제스처 중 하나입니다.

누르고 있기
화면을 꾸욱 누르고 있는 제스처입니다. 레이어를 이동하거나, 선을 도형화할 때, 색을 추출할 때 사용합니다.

세 손가락으로 탭하기
두 손가락으로 탭하는 것과 반대되는 명령을 실행할 수 있습니다. 취소한 명령을 다시 되돌릴 때 활용합니다.

드래그 앤 드롭
화면을 누르고 있는 상태에서 대상을 이동시키고 손을 떼는 제스처입니다. 누르고 있기와 함께 연계하여 직관적으로 활용합니다.

두 손가락으로 드래그하기
두 손가락을 화면에 댄 상태에서 원하는 방향으로 움직이면 캔버스를 이동할 수 있습니다.

오른쪽으로 드래그하기
레이어 다중 선택하기, 조정 효과 적용 시 수치 조절 등에 활용합니다.

두 손가락 벌리기
캔버스를 확대하거나 선택된 이미지나 텍스트를 확대할 때 사용합니다.

왼쪽으로 드래그하기
레이어 잠금, 복제, 삭제, 조정 효과 적용 시 수치 조절 등에 활용합니다.

두 손가락 모으기
캔버스를 축소하거나 선택된 이미지나 텍스트를 축소할 때 사용합니다.

누른 상태에서 이동하기
화면에 손가락을 댄 채로 자신이 원하는 방향으로 이동합니다.

두 손가락 돌리기
캔버스를 회전하거나 선택된 이미지나 텍스트를 회전할 때 사용합니다.

두 손가락 꼬집기
레이어를 병합할 때 사용합니다.

애플 펜슬 두 번 두드리기
애플 펜슬을 톡톡 두 번 두드리면 브러시와 지우개가 서로 전환됩니다.

Contents

PART 1 드로잉의 시작! 브러시의 특성과 기능 알아보기

Brush 01 점, 선, 면을 이용한 브러시 살펴보기 — 18
- 점 표현하기 — 19
- 선 표현하기 — 26
- 면 표현하기 — 37

Brush 02 브러시로 색상의 이해도 높이기 — 38
- 12 색상환 알아보기 — 38
- 색채 효과 이해하기 — 39
- 그림자 표현하기 — 45
- 그러데이션 알아보기 — 46

Brush 03 브러시의 질감 특성 알아보기 — 47
- 텍스처 브러시 질감 알아보기 — 47
- 질감 브러시 알아보기 — 50
- 투시 원근법 살펴보기 — 57
- 색채 원근법 표현하기 — 60

Brush 04 프로크리에이트의 기본 도구와 기능 살펴보기 — 61
- 도구 살펴보기 — 61
- 기능 살펴보기 — 65

PART 2 기본 드로잉 브러시로 그림 그리기

Brush 01 다양한 연필 브러시로 크로키 연습하기 — 70
- 컨투어 크로키 연습하기 ｜ 스케치 → 테크니컬 연필 — 71
- 제스처 드로잉 연습하기 ｜ 목탄 → 6B 압축 — 75
- 도형화 크로키 연습하기 ｜ 잉크 → 드라이 잉크 — 78
- 트레이싱 하기 ｜ 스케치 → 나린더 연필 — 82

Brush 02 다양한 질감 브러시로 옷의 질감 표현하기 — 87
- 인물 뼈대 스케치하기 ｜ 스케치 → 더웬트 — 88
- 자연스러운 얼룩이 있는 옷 표현하기 ｜ 서예 → 얼룩 — 89

| 줄무늬 있는 옷 그리기 | 스프레이 → 중간 노즐 | 92 |
| 옷의 땡땡이 무늬 표현하기 | 스케치 → 소프트 파스텔 | 94 |

Brush 03 6B 연필 브러시로 흑백톤의 일상 인스타툰 그리기   97
4컷 인스타툰 그리기 | 스케치 → 6B 연필   98

Brush 04 Procreate 펜슬 브러시로 보슬보슬 고양이 그리기   103
다양한 형태의 고양이 그리기 | 스케치 → Procreat 연필   104

Brush 05 소프트 파스텔 브러시로 색연필 느낌의 그림 그리기   108
인물 스케치하기 | 스케치 → Procreat 연필   109
동물 스케치하기 | 스케치 → Procreat 연필   110
색연필 느낌의 그림 그리기 | 스케치 → Procreat 연필   111
색연필 느낌의 그림 채색하기 | 스케치 → 소프트 파스텔   113

Brush 06 들쭉날쭉한 브러시로 레옹과 마틸다 그리기   115
레옹과 마틸다 스케치하기 | 스케치 → 소프트 파스텔   116
레옹과 마틸다 채색하기 | 페인팅 → 들쭉날쭉한 브러시   117

Brush 07 머큐리 브러시로 필압을 이용한 인물 일러스트 그리기   123
아인슈타인 그리기 | 잉크 → 머큐리   124

Brush 08 모노라인 브러시로 면 느낌의 사람 그리기   127
편안한 복장을 입은 사람 그리기 | 서예 → 모노라인   128

Brush 09 모노라인 브러시로 면 느낌의 강아지 그리기   138
강아지 스케치하기 | 스케치 → 6B 연필   139
강아지 채색하기 | 서예 → 모노라인   140
강아지 꼬리 자연스럽게 완성하기 | 에어브러시 → 소프트 브러시   142

Brush 10 모노라인 변형 브러시로 이모티콘 캐릭터 그리기   143
4컷으로 나누기   144
이모티콘 전용 브러시 만들기   144
동물 이모티콘 그리기 | 서예 → 모노라인 → 복제 및 변형   147

Brush 11 틴더박스 브러시로 질감이 있는 그림자 표현하기   152
자전거 탄 연인 그리기 | 잉크 → 틴더박스   153

Brush 12	**시럽 브러시로 만화 같은 빛과 그림자 표현하기**	**159**
	그림자 속 빛 표현하기	잉크 → 시럽	160

Brush 13	**미디움 브러시로 입체감 있는 곰인형 그리기**	**168**
	곰인형 형태 그리기	에어브러시 → 미디움 브러시	169
	곰인형 털 묘사하기	머티리얼 → 짧은 털	173

Brush 14	**글로밍 브러시로 질감이 느껴지는 화분 그리기**	**177**
	화분 스케치하기	스케치 → 6B 연필	178
	화분 묘사하기	그리기 → 글로밍	179
	줄기와 잎 그리기	그리기 → 프레이시넷	182

Brush 15	**구아슈 브러시로 물을 머금은 화분 그리기**	**185**
	꽃 화분 그리기	페인팅 → 구아슈	186

Brush 16	**페이퍼 데이지 브러시로 잎 무더기 나무 그리기**	**191**
	나무 스케치하기	스케치 → 6B 연필	192
	나무 기둥 그리기	머티리얼 → 펜트리	193
	나뭇잎 그리기	유기물 → 페이퍼 데이지	194

Brush 17	**탄소 막대 브러시로 오래된 가죽 의자 표현하기**	**201**
	의자 스케치하기	스케치 → 소프트 파스텔	202
	의자 질감 표현하기	서예 → 모노라인	204
	의자 채색하기	목탄 → 탄소 막대	205

PART 3 다양한 브러시로 자연스러운 풍경 그리기

Brush 01	**드라이 잉크 브러시로 실내 거실 스케치하기**	**212**
	거실 그리기	잉크 → 드라이 잉크	213

Brush 02	**중간 노즐 브러시로 조명 있는 어두운 침실 그리기**	**218**
	침실 스케치하기	스케치 → 소프트 파스텔	219
	침실 그리기	서예 → 모노라인	220
	침실의 빛 표현하기	스프레이 → 중간 노즐	223

Brush 03	**스튜디오 펜 브러시로 만화 느낌의 갤러리 그리기**	**230**
	갤러리 그리기	잉크 → 스튜디오 펜	231

갤러리 조명 표현하기	산업 → 콘트리트 블럭	234
액자 질감 표현하기	머터리얼 → 당트르카스토	235

Brush 04 재신스키 잉크 브러시로 볼펜 느낌의 건물 스케치하기   236

자연 풍경 속의 건물 스케치하기	연필 → 6B 연필	237
자연 풍경 속의 건물 그리기	잉크 → 재신스키 잉크	238

Brush 05 구아슈 브러시로 물에 번진 수채화 건물 그리기   246

빈티지 느낌의 건물 그리기	스케치 → HB 연필	247
빈티지 느낌의 건물 채색하기	페인팅 → 구아슈	248
빈티지 느낌의 건물 묘사하기	페인팅 → 타마르	249
빈티지 느낌의 건물 질감 표현하기	페인팅 → 프레스코	251

Brush 06 플림솔 브러시로 물기가 많은 수채화 건물 그리기   254

동화 느낌의 건물 그리기	미술 → 플림솔	255
동화 느낌의 건물 질감 표현하기	물 → 물 광택	261

Brush 07 벽토 브러시로 질감을 표현한 유화 건물 그리기   265

유화 건물 그리기	페인트 → 니코 롤	266
유화 건물 질감 표현하기	페인트 → 벽토	270

Brush 08 대양 브러시로 푸른 바다 그리기   272

바다와 하늘 경계 나누기	서예 → 모노라인	273
바다 그리기	요소 → 대양	274
구름과 섬 그리기	요소 → 구름	276
바다와 하늘 질감 묘사하기	가져옴 → Bonobo Chalk	278

Brush 09 프레스코 브러시로 노을 진 산 그리기   281

산 그리기	서예 → 모노라인	282
산의 질감 표현하기	유기물 → 스파이어	285
산의 그림자 묘사하기	유기물 → 레인포레스트	286
노을진 산 그리기	페인팅 → 프레스코	286
노을 그리기	에어브러시 → 소프트 브러시	289
노을진 산 배경에 새 묘사하기	스케치 → 6B 연필	289

Brush 10 물 브러시로 물결과 물고기 그리기   290

물고기 그리기	서예 → 모노라인	291

물고기 그러데이션 표현하기	스프레이 → 중간 노즐	292
물결 그리기	요소 → 물	292
물고기 묘사하기	스케치 → HB 연필	293
물고기 무늬 넣기	텍스처 → 빅토리아풍	296

Brush 11 레인포레스트 브러시로 비가 온 깊은 숲 그리기 297

숲 그러데이션 표현하기	에어브러시 → 소프트 브러시	298
숲 그러데이션 묘사하기	유기물 → 레인포레스트	298
숲의 나뭇잎 그리기	유기물 → 페이퍼 데이지	299
숲의 질감 표현하기	산업 → 녹물	300

Brush 12 눈보라 브러시로 눈 오는 일러스트 그리기 301

눈 오는 날 그리기	스케치 → 소프트 파스텔	302
눈보라 그리기	요소 → 눈보라	306

Brush 13 글리머 브러시로 수많은 별이 있는 우주 그리기 307

주전자 그리기	스케치 → 6B 연필	308
우주의 별 그리기	빛 → 글리머	311
우주 표현하기	빛 → 성운	315

PART 4 캘리그라피! 다양한 효과의 글씨 쓰기

Brush 01 브러시 펜 브러시로 붓터치가 있는 캘리그라피 느낌내기 320

별헤는 밤 글씨 쓰기	서예 → 브러시 펜	321
수채화 느낌의 그림 그리기	페인트 → 프레스코	324
글귀에 맞춰 별 그리기	빛 → 글리머	325
글귀에 그러데이션 표현하기	스프레이 → 대형 노즐	326

Brush 02 셰일 브러시로 사진에 어울리는 손글씨 캘리그라피 327

벚꽃 엔딩 글씨 쓰기	서예 → 셰일 브러시	328

Brush 03 오데온 브러시로 손그림과 어울리는 캘리그라피 333

환경 지키기 글씨 쓰기	서예 → 오데온	334
빛에 반사되는 글씨 표현하기	스프레이 → 미세 노즐	336
글씨와 어울리는 그림 그리기	스케치 → 6B 연필	337

Brush 04 라이트 펜 브러시로 네온 사인 간판 캘리그라피 341

돌담 느낌의 배경 그리기	산업 → 돌담	342

빛나는 글씨 쓰기	빛 → 라이트 펜	342
글씨 뒤의 빛 표현하기	에어브러시 → 소프트 브러시	347
네온 사인 간판 완성하기	서예 → 모노라인	347

PART 5 실전! 브러시 표현법 활용하기

Brush 01 버즈 브러시로 몬드리안 느낌의 그림 그리기 — 358

추상화 거리 그리기	레트로 → 버즈	359
종이 질감 표현하기	텍스처 → 멜라루카	361
아크릴 느낌의 질감 표현하기	페인팅 → 아크릴	362

Brush 02 판다니 브러시로 앤디 워홀 느낌의 그림 그리기 — 363

닭 그리기	잉크 → 판다니	364
닭 묘사하기	스케치 → 6B 연필	376

Brush 03 이볼브 브러시로 고흐 느낌의 그림 그리기 — 377

별이 빛나는 밤에 그리기	그리기 → 스틱스	378
별이 빛나는 밤에 묘사하기	그리기 → 이볼브	380
별이 빛나는 밤에 질감 표현하기	텍스처 → 테설레이티드	383

Brush 04 흩뿌린 물 브러시로 그림에 포인트 표현하기 — 384

규칙적인 형태로 그림 그리기	서예 → 모노라인	385
어두운 부분에 강렬한 질감 표현하기	산업 → 케이지드	388
밝은 부분에 강렬한 질감 표현하기	유기물 → 스파이어	389
규칙적인 그림에 포인트 주기	물 → 흩뿌린 물	389

Brush 05 불탄 나무 브러시로 화강암 재질에 그린듯한 느낌 내기 — 390

나무와 사람 그리기	목탄 → 불탄 나무	391
나무와 사람 질감 표현하기	산업 → 콘트리트 블럭	394
가을 낙엽 표현하기	유기물 → 스노우 검	395

Brush 06 레더우드 브러시로 야수파 느낌의 그림 그리기 — 396

공룡과 폭발하는 화산 그리기	미술 → 레더우드	397

Brush 07 올드 비치 브러시로 대상을 확대한 상상화 그리기 — 400

산과 거대한 나뭇잎 그리기	미술 → 올드 비치	401
나뭇잎에 올라탄 사람 그리기	잉크 → 마커	402
배경 하늘 묘사하기	머티리얼 → 글로버	404

Brush 08 오일 파스텔 브러시로 캐릭터 일러스트 그리기 — 405

코로나 검사 대기줄 그리기 | 스케치 → 오일 파스텔 — 406

코로나 바이러스 표현하기 | 텍스처 – 도브 레이크 — 411

Brush 09 세찬 비 브러시로 비가 내리는 상상화 그리기 — 412

우산 쓰는 사람 그리기 | 스케치 → 소프트 파스텔 — 413

우산 쓰는 사람 채색하기 | 페인팅 → 납작 브러시 — 413

질감 있는 그러데이션 표현하기 | 스프레이 → 중간 노즐 — 416

비오는 숲 그리기 | 유기물 → 페이퍼 데이지 — 420

빗물 그리기 | 요소 → 세찬 비 — 421

비가 내리는 상상화 전체 질감 표현하기 | 텍스처 → 시그넛 — 424

Brush 10 와일드그래스 브러시로 부드러운 물체를 딱딱하게 표현하기 — 425

물고기 사냥하는 곰 스케치하기 | 스케치 → 소프트 파스텔 — 426

물고기 사냥하는 곰 그리기 | 유기물 → 와일드그래스 — 426

물고기와 곰 묘사하기 | 페인팅 → 드라이 브러시 — 427

딱딱한 느낌의 강물 그리기 | 산업 → 중금속 — 429

딱딱한 느낌의 강물 질감 표현하기 | 유기물 → 스파이어 — 430

물고기를 사냥하는 곰 질감 표현하기 | 유기물 → 마운틴 애쉬 — 430

거친 강의 물줄기 그리기 | 텍스처 → 렉탕고 — 431

INDEX — 432

1
드로잉의 시작!
브러시의 특성과 기능 알아보기

드로잉에 앞서 그림을 그리기 위한 기본적인 개념을 짚고 넘어갈 필요가 있습니다. 디지털 드로잉이라고 해서 전통적인 그림 그리기와 완전히 다른 개념의 행위를 하는 것은 아닙니다. 그림을 구현하는 방식은 달라도 점, 선, 면을 구분하는 개념이나 색의 3요소를 잘 활용하는 것은 여전히 중요합니다. 따라서 파트 1에서는 점, 선, 면의 개념, 색상의 이해, 질감의 이해, 구도의 이해를 다루겠습니다. 이런 개념을 그저 설명만 하는 것이 아니라 프로크리에이트라는 어플을 최대한으로 활용하며 개념을 익혀봅니다. 드로잉에 대한 기본 개념과 프로크리에이트 전반을 함께 살펴보는 시간이 되기를 바랍니다.

점, 선, 면을 이용한 브러시 살펴보기

점, 선, 면은 유기적인 관계를 이루고 있습니다. 점이 일정한 간격으로 떨어져 있다면 여전히 점으로서 남아 있지만, 점의 간격을 줄여서 점과 점이 맞닿으면 선이 됩니다. 선들도 간격을 가지면 선으로 남아 있지만, 선과 선이 맞닿으면 면이 됩니다. 이러한 점, 선, 면의 관계를 이해하고 표현하기에 좋은 브러시를 알아 봅니다.

이렇게 점, 선, 면은 그 양과 간격에 의해서 형태가 변하기 때문에 브러시라고 해서 점을 위한 브러시가 따로 있거나, 선만을 위한 브러시가 따로 있는 것은 아닙니다. 아래와 같이 점, 선, 면을 연습해 봅니다.

이렇게 점, 선, 면이 유기적인 느낌으로 되어 있음에도 프로크리에이트에서는 점, 선, 면의 느낌을 좀 더 특화해서 표현할 수 있는 브러시가 있습니다. 점을 표현하기에 유리한 브러시, 선을 그어 표현하기에 좋은 브러시, 면의 표현을 도와주는 브러시로, 각 브러시마다 필압이 있고 없고에 따라서 스트로크 방법이 달라지기도 합니다. 점, 선, 면을 여러 가지 브러시로 연습해 보며 프로크리에이트의 브러시 세계로 함께 가볼까요?

점 표현하기

대부분의 브러시로 점을 표현할 수 있습니다. 브러시를 선택해서 톡톡 찍어내는 스트로크 방식으로 점을 표현할 수 있고, 모양이 있는 브러시의 경우 크기를 줄여서 점을 표현할 수 있습니다. 혹은 브러시의 특성에서 선의 간격을 넓혀서도 가능합니다. 여러 가지 점을 표현해 보도록 합니다.

스케치 → 6B 연필

드로잉에 기본이 되는 브러시로 스케치에서 가장 많이 쓰는 브러시입니다. 필압이 적용되어 있고, 펜을 눕혀서 스트로크하면 넓고 연하게 점이 찍힙니다. 필압이 있는 브러시의 경우 한 번 점을 찍어서는 잘 보이지 않기 때문에 여러 번 돌려가며 점을 표현해야 합니다.

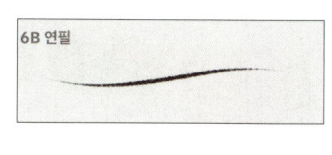

스케치 → 소프트 파스텔

질감이 있는 브러시로 필압이 적용됩니다. 점을 찍어보면서 강약을 조절해 보고 같은 곳에 여러번 스트로크를 하는 방식으로 느낌을 조절할 수 있습니다. 면을 표현하기에 적합한 브러시지만 색연필 느낌의 그림을 그릴 때 점으로도 활용도가 좋습니다.

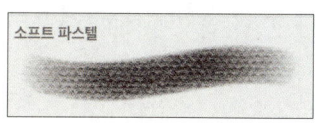

바로 전에 살펴 본 (6B 연필)로 스케치를 하고 (소프트 파스텔)로 땡땡이 무늬를 넣었습니다. 둘 다 색연필 느낌의 그림을 그릴 때 사용하면 좋은 브러시입니다. (스케치)는 색연필 느낌을 내는 브러시가 여러 가지 있어 함께 사용하면 효과가 배가 됩니다.

잉크 → 마커

필압과 농도가 모두 적용되어 있는 난이도가 있는 브러시입니다. 난이도가 있지만 여러 가지 변화를 주기 좋고 겹침 효과를 내기에도 적절하기 때문에 여러 가지 색을 이용해서 수채, 잉크 등 다양한 느낌을 줄 수 있습니다. 단, 검은색에는 겹침 효과가 적용되지 않기 때문에 유의해서 사용해야 합니다. 역으로 이런 특징을 이용하여 두 번째 그림처럼 외곽선을 검은색으로 두고 옅은 색을 이용하여 채색하면 레이어를 따로 나누지 않아도 되는 편리함이 있습니다.

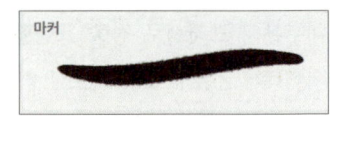

잉크 → 스튜디오 펜

스튜디오 펜은 옛 만화에 자주 쓰이는 펜입니다. CLIP STUDIO PAINT의 기본 펜과 비슷한 느낌을 줍니다. 필압이 있으면서도 농도는 변화가 없기 때문에 그림 실력이 있다면 선의 강세를 통해서 그림을 느낌을 다양하게 가져갈 수 있다는 장점이 있습니다. 점으로 선을 그려서 방향성을 표현해 자유롭게 브러시의 느낌을 익혀보는 것이 좋습니다.

텍스처 → 데시멀

[텍스처]에는 여러 가지 무늬를 나타낼 수 있는 브러시가 있습니다. 그 중에서 [데시멀]은 점으로 된 문양을 나타내기 위한 브러시로 필압에 따라서 농도를 조절할 수 있습니다. 점을 나타내는 브러시지만, 사용할 때 필압을 조절해서 문지르기 방법으로 사용하는 것이 좋습니다. 두 번째 그림처럼 가운데를 중심으로 천천히 펴 바른다는 느낌으로 그리면 점만으로도 입체감을 느낄 수 있는 착시 그림을 그릴 수 있습니다.

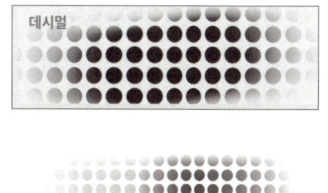

요소 → 눈보라

눈을 표현하기 위해서 만들어진 브러시입니다. 불규칙한 점들을 배치하여 보다 쉽게 눈을 표현할 수 있습니다. 브러시의 크기를 조절하면 점의 크기도 변하는데, 하나의 캔버스에 크기가 다른 점을 배치해 주면 입체감이 느껴지는 눈오는 풍경을 표현할 수 있습니다. 눈 브러시라고 해서 꼭 눈을 표현하는 데 그치지 않고, '불규칙한 점의 모임'이라는 점을 활용하면 두 번째 그림처럼 사람의 수염을 그려 어두운 색감으로 표현할 수 있습니다. 이처럼 브러시의 특징을 잘 파악해 두면 여러 그림에 브러시를 적용할 수 있습니다.

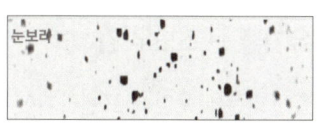

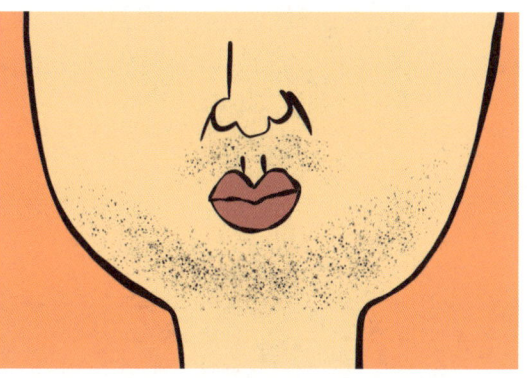

스프레이 → 털어주기

우연의 효과를 이용하는 미술 기법 중 가장 손쉽게 해 볼 수 있는 것 중의 하나가 붓에 물감을 묻힌 후 탁탁 털어주는 방법이 있습니다. 프로크리에이트는 〔흩뿌리기〕, 〔털어주기〕 모두 제공하고 있는데 털어주기가 좀 더 깔끔한 느낌을 주는 브러시이기에 여기서는 털어주기를 소개하겠습니다. 역시 불규칙한 점을 표현하기에 적합하며 브러시의 크기에 다양한 변화를 주면 재밌는 작업이 됩니다. 색감도 다양하게 찍어 보면서 브러시의 느낌을 관찰해 봅니다.

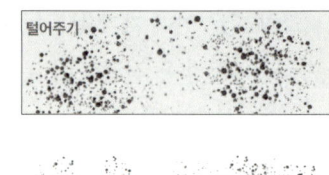

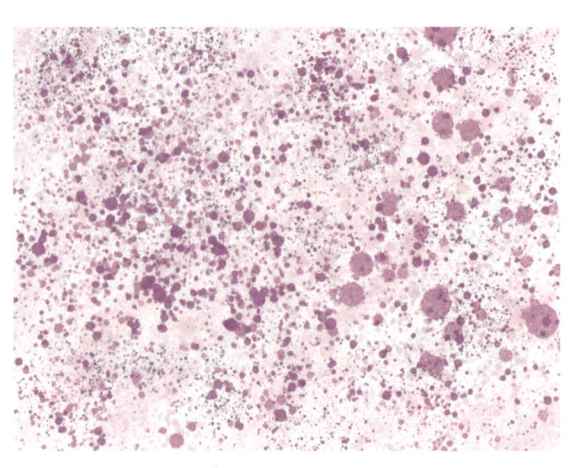

유기물 → 스노우 검

흩날리는 나뭇잎을 표현하기에 좋은 브러시입니다. 필압도 인식하기 때문에 사용자의 의도에 따라서 나뭇잎의 크기를 어느 정도 조절할 수 있습니다. 물론 나뭇잎 모양의 점이 찍히는 원리이기 때문에 더 다채롭게 그리기 위해서는 브러시의 크기를 자주 조절하여 점을 찍듯이 그려주는 것이 좋습니다. 간단한 그림을 표현하기 위해서 선을 그리듯 그어 주면 바람의 방향성이 느껴지는 나뭇잎을 그릴 수 있습니다.

유기물 → 페이퍼 데이지

〔스노우 검〕과 비슷하지만, 나뭇잎의 모양이 다릅니다. 열대 우림을 표현하기에 좋고, 색을 넣으면 캔버스를 꾸미기 적합한 무늬가 만들어집니다. 여러 나뭇잎 브러시와 함께 쓰면 더 좋습니다. 이 브러시로만 표현하는 것은 한계가 있지만, 브러시의 존재를 익혀두면 숲이나 나무, 식물, 찻잔의 무늬 등을 표현할 때 유용하게 쓰입니다.

물 → 물방울

〔물방울〕처럼 흘러내리는 물방울 하나만을 나타낼 수 있는 브러시도 있습니다. 먹물이 흐르거나 피가 흘러내리는 듯한 느낌을 주기에 좋지만 한 캔버스 안에 여러 번 쓰기에는 무리가 있는 브러시입니다. 하지만 한 번 정도 그림에 사용하기에는 훌륭한 모양이기 때문에 작품을 완성할 때 사용하면 좋은 '점' 브러시입니다.

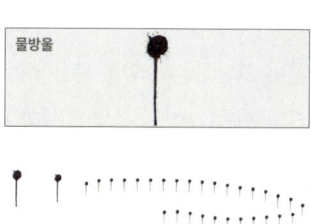

빛 → 글리머

불규칙한 빛 모양의 점이 찍히는 브러시로, 반짝이 효과를 쓰거나 성운의 느낌을 낼 때 좋습니다. 톡톡 찍는 스트로크와 선처럼 그어서 나타내는 스트로크를 적절히 응용하면 멋진 표현이 가능합니다. 여러 번 겹쳐질수록 흰색에 가까워져서 빛의 가산효과를 표현할 수 있습니다.

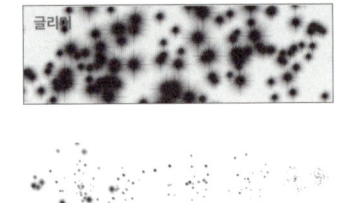

빛 → 보케

빛이 산란하는 느낌을 주는 이 브러시는 한 가지 색만 지정하고 점을 찍거나 선을 그어도 선택한 색과 인접한 여러 색의 점이 찍히는 것을 확인할 수 있습니다. 자체적으로 아웃포커싱한 점을 포함하고 있고, 투명도를 가지고 있어서 어두운 배경의 작품에 활용하면 느낌 있는 그림을 그리는 데 도움을 줄 수 있습니다.

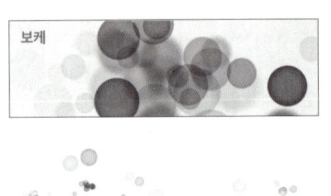

빛 → 플레어

섬광을 표현할 때 쓰는 브러시로 점을 찍듯이 한 위치에 사용하는 것이 일반적입니다. 필요에 따라서 같은 곳에 점을 두 번 찍으면 두 번째 그림과 같이 빛이 더 밝게 빛나는 효과를 볼 수 있습니다. 여러 번 찍을수록 빛의 범위가 일정 크기까지 원의 모양으로 커지고 가운데가 하얗게 빛납니다. 각도를 90° 회전하여 겹치면 대칭이 되면 초신성 느낌을 주는 것도 가능합니다. 브러시의 특징을 잘 알고, 프로크리에이트에서 제공하는 기능들을 조합하면 브러시를 더 다양하게 활용할 수 있습니다.

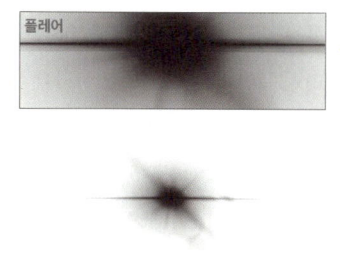

스케치 → 미술 크레용

선으로 그었을 때는 굉장히 거칠게 표현되는 브러시입니다. 점으로 찍었을 때는 가운데 부분이 비어있기 때문에 여러 번 찍으면 투명한 공이나 눈송이처럼 보이는 느낌을 낼 수 있습니다. 브러시에 따라서 이렇게 점으로 표현할 때와 선으로 표현할 때 쓰임이 다른 브러시가 있으므로 여러 브러시를 가지고 점, 선, 면으로 표현해 봅니다.

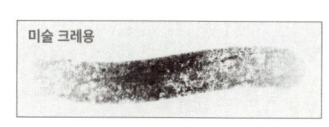

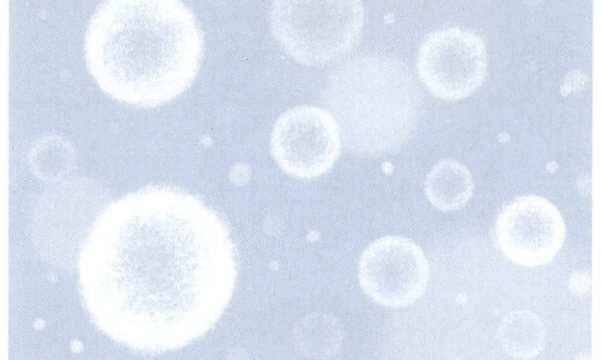

선 표현하기

프로크리에이트에서 제공하는 대부분의 브러시는 선을 긋기에 좋은 브러시들입니다. 선을 표현하는 브러시는 필압의 유무, 투명도의 유무, 원에 가까운 점인지 타원에 가까운 점인지에 따라서 그 특성이 달라집니다. 물론 점 모양이 원이 아니라 사각형, 꽃 모양, 불규칙한 패턴인 경우도 있는데 이런 경우는 특별한 경우에 사용되므로 논외로 합니다. 선의 느낌을 파악하면서 연습해 봅니다.

스케치 → Procreate 펜슬

프로크리에이트에서 제공하는 기본 브러시입니다. 프로크리에이트의 이름이 붙은 만큼 어플의 기본적인 드로잉 느낌을 알 수 있는 브러시로, 보슬보슬한 선이 뾰족하게 다듬은 8B 연필의 느낌을 줍니다. 필압이 약간 들어가 있어서 힘을 빼고 그은 선과 끝까지 주고 그은 선이 차이가 납니다. 가로선을 연습하며 디지털 드로잉의 선 긋기 느낌을 알아봅니다.

Tip | (브러시( ))를 선택한 상태에서 한 번 더 탭하면 브러시 스튜디오로 이동합니다. 이중 (안정화)에서 'StreamLine', '안정화', '움직임 필터링'의 값을 조절하면 많이 보정된 선을 그릴 수 있습니다. 깔끔한 디자인이나 글씨를 쓸 때 유용하지만 많은 브러시들이 보정 값이 없으므로 처음부터 보정에 의존하게 되면 드로잉이 잘 늘지 않고 선도 틀에 갇히기 쉽습니다. 따라서 조금 엉성하고 삐뚤빼뚤 하더라도 여러분의 선을 연습하는 것을 추천합니다.

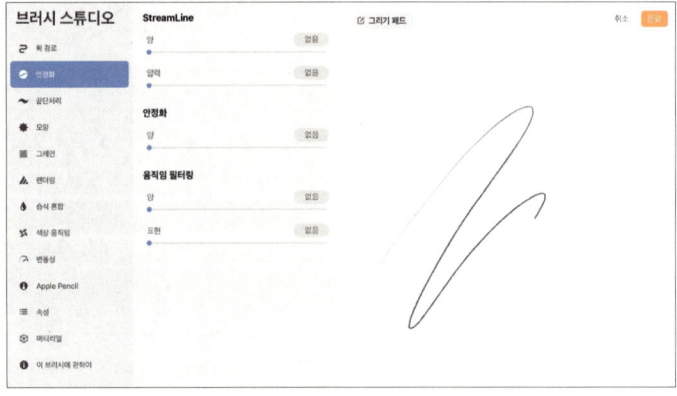

스케치 → 6B 연필

연필 느낌을 낼 수 있고, 아날로그적인 느낌을 주기 때문에 그림 그리는 사람들에게 가장 사랑받는 선 브러시입니다. 필압을 인식하기 때문에 힘의 강약을 표현할 수 있고, 부담 없이 밑그림을 그리는 용도나 크로키, 색연필, 명암 주기 등에 다방면으로 활용할 수 있습니다. 선의 강약, 속도, 흐름을 느끼면서 연습해 두면 좋습니다.

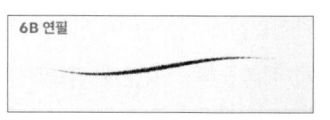

스케치 → 오일 파스텔

따뜻한 질감과 색감으로 많은 사랑을 받고 있는 브러시입니다. 오일 파스텔이지만 크기를 줄여서 쓰면 부드럽게 뭉개지는 색연필 느낌을 낼 수 있습니다. 앞에서 가로 선을 연습해 보았으니 이번에는 대각선 선을 연습해 봅니다. 빠르게 그어서 표현하기보다는 천천히 그으면서 곧은 선을 긋는 연습을 한다는 생각으로 그려 봅니다.

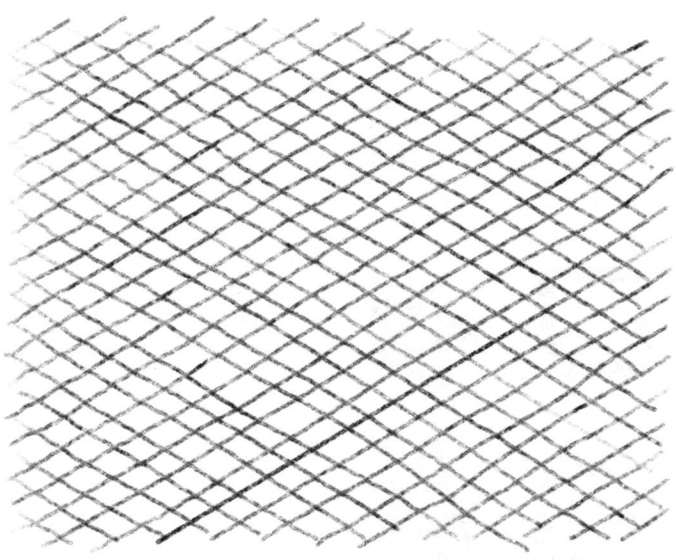

스케치 → 나린더 연필

가지런하게 나오는 이 선은 샤프로 그림을 그리는 듯한 착각을 줍니다. 선이 깔끔하기 때문에 러프하게 스케치한 그림을 다시 보기 좋은 선으로 그릴 때 자주 쓰이는 브러시입니다. 한 번에 그을 수 있는 만큼 긋고 끊은 다음, 조금 간격을 두고 다시 이어 그리는 방식으로 연습합니다. 이번에는 수직선과 대각선, 가로선을 모두 연습해 봅니다.

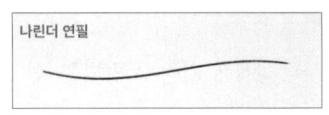

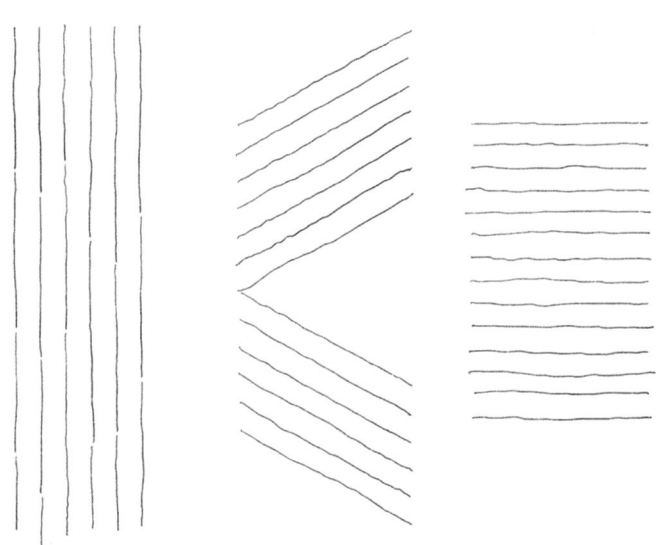

잉크 → 드라이 잉크

물기가 없어 선이 이동하는 동안 갈라지거나 비는 부분이 생기는 브러시입니다. (잉크)에 있는 대부분의 브러시가 필압이 적용되기 때문에 힘을 어떻게 분배하여 선을 그리냐에 따라서 느낌이 다른 선이 나옵니다. 아래의 첫 번째 줄에 있는 도형들은 속도감 있게 그린 것이고, 두 번째 줄에 있는 도형들은 일정한 힘으로 천천히 그린 도형입니다. 브러시의 변화에 적응할 수 있도록 다양한 도형을 그려 봅니다.

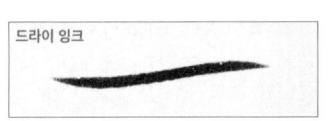

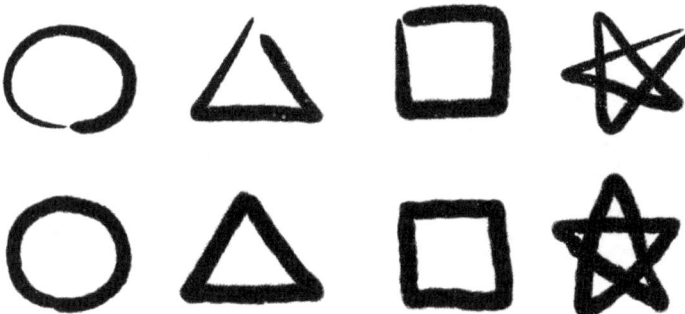

에어브러시 → 미디움 에어브러시

[에어브러시]는 주로 면을 표현하거나 명암을 표현할 때 유용하게 쓰입니다. 에어브러시 류는 필압에서 따라서 투명도가 달라지지만, 선의 굵기는 유지되는 특성이 있습니다. 미리 보기에서 굵기는 같으나 끝 부분이 흐려지면 거의 비슷한 특성을 갖습니다. 생각보다 귀엽고 부드러운 느낌으로 도형을 그려 연습해 봅니다.

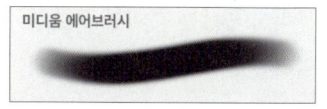

잉크 → 잉카

[잉크] 안에는 [잉카]처럼 굉장히 힘이 느껴지는 브러시도 있습니다. 속도의 강약, 빠르기에 익숙해졌다면 동양화 느낌의 그림을 그려 보는 것도 재미있습니다. 잉카 브러시의 투명도를 50%로 조절하여 채색을 하면 겹쳐지는 부분은 더 진해집니다. 이런 방법도 이용하면 색다른 드로잉의 재미를 찾을 수 있습니다.

잉크 → 사일러신

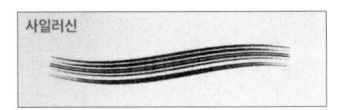

브러시 중에는 특이한 모양의 점이 이어지는 브러시들이 많습니다. [사일러신]도 그 중에 하나입니다. 약 7의 점이 사용자의 펜이 움직이는 방향에 따라서 이어지는 설정으로 특이하게 점을 찍는 듯이 스트로크를 하면 아무것도 표시되지 않으며, 조금이라도 방향을 주어야 선이 그어집니다. 브러시마다 설정이 제각각이기 때문에 여러 특징을 가진 브러시들을 두루 섭렵해 두면 다른 브러시를 사용할 때 보다 빠르게 적응할 수 있습니다.

잉크 → 스튜디오 펜

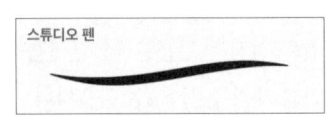

[스튜디오 펜]은 필압이 분명하고, 투명도가 적용되어 있지 않아 캘리그라피를 하기에 적합한 브러시 중 하나입니다. [스튜디오 펜]을 잘 다루려면 필압에 익숙해져야 합니다. 가로선, 세로선, 대각선 방향의 선들을 강약, 약강 순으로 그리면서 필압이 아이패드에 어떻게 적용되는지 감을 잡아두도록 합니다.

잉크 → 바스커빌

브러시의 이름과는 다르게 서예 붓처럼 쓸 수 있는 브러시가 바로 [바스커빌]입니다. 브러시 스트로크할 때 어느 정도 강약을 조절할 수 있게 되었다면 [바스커빌]로 천천히 쓰면서 선의 모양, 두께 변화를 조절하며 글씨를 적어 봅니다. 역입, 역출의 방법도 구사할 수 있어서 능숙하게 브러시를 다루면 서예 브러시로서 훌륭한 역할을 합니다.

ㄱㄴㄷㄹㅁㅂ
ㅏㅑㅓㅕㅜㅠ
가 을 하 늘

- 역입 : 획을 긋기 시작할 때 획이 진행될 반대 방향으로 먼저 붓끝을 거슬러 들어가도록 하는 행위
- 역출 : 획의 마지막 부분에서 획이 진행되던 반대 방향으로 붓을 거두는 방법

잉크 → 중성 펜

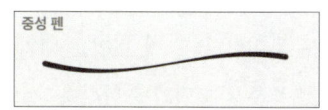

대부분의 브러시가 힘을 주면 굵어지거나 진해지고 힘을 빼면 그 반대가 됩니다. 하지만 [중선 펜]은 그 반대의 성질로 힘을 빼고 그리면 굵은 선을 그을 수 있지만, 힘을 주면 아주 얇은 선이 나옵니다. 직관적인 브러시는 아니라서 다루기 어려운 편이지만 신선한 작업을 할 수 있는 브러시입니다.

잉크 → 틴더박스

[틴더박스]는 선으로서 역할을 잘 수행하며, 선을 겹쳐서 면처럼 만들면 일정한 패턴이 보입니다. 농담(濃淡)이 있는 선이라 스케치를 하면 어수룩하고 서예 느낌으로 쓰면 고급진 느낌을 줄 수 있는 멋진 브러시입니다.

그리기 → 리틀 파인

[리틀 파인]의 경우 필압이 있으면서 투명도가 적용되고, 브러시의 모양도 특이합니다. 먹 느낌을 내기에 좋은 브러시로 수채화의 번지는 효과로 종종 사용되기도 합니다. 선의 강약에 따른 두께와 투명도를 잘 관찰하면서 자유로운 선을 그어 봅니다.

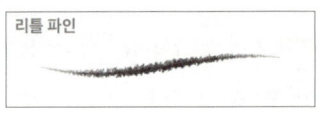

그리기 → 블랙번

브러시 모양을 미리 보기하면, 가운데가 부분이 두꺼울수록 힘의 강약이 더 확실하게 표현됩니다. 속도감 있게 그렸을 때와 천천히 그렸을 때의 느낌이 확연하게 구분되기 때문에 많은 연습이 필요한 브러시입니다. 가운데가 매우 두꺼운 브러시는 대부분 속도감 있는 스트로크가 보기에 좋습니다. 빠르게 그릴 수 있는 쉬운 대상이나 간단한 직선과 곡선으로 연습해 봅니다.

그리기 → 오베론

끝부분의 변화가 큰 브러시입니다. 필압의 영향을 많이 받는 브러시로 잘 쓰면 붓 터치만으로도 감각적인 선을 긋는 데 도움이 됩니다. 선의 방향, 브러시의 크기 등을 자유롭게 바꿔보면서 연습해 봅니다.

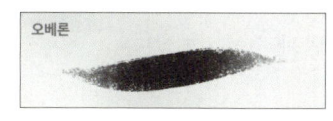

그리기 → 스틱스

굉장히 심하게 갈라진 (스틱스)라는 브러시입니다. 선을 그어보면 타이어 바퀴 자국이 난 듯한 불규칙한 선이 됩니다. 그림을 표현하기 힘들 때, 독특한 느낌을 내고 싶을 때 유용하게 활용할 수 있습니다. 새로운 브러시들을 조합하여 색다른 그림을 그리는 과정은 꽤 즐거우므로 무료로 제공되는 기본 브러시들을 꾸준히 관찰하고 써보는 것을 추천합니다.

미술 → 오로라

실제 오로라의 느낌은 아닌 이 브러시는 한 가지 색상을 선택해서 선을 그으면 인접 색이 함께 표시되는 브러시입니다. 인접 색이 섞여 있는 면이나 선을 표현해야 할 때 적합한 브러시로서 추상화나 서양화 느낌을 낼 때 사용 가능합니다.

서예 → 쿠나니

[쿠나니]는 비스듬한 세로 선의 점으로 이루어진 필압이 없는 브러시입니다. 이렇게 한 쪽 방향으로만 길쭉한 점의 브러시들은 방향에 따라서 굵기가 다르게 표시됩니다. [쿠나니]는 가로 선은 두껍게 표현되고 세로 선은 얇게 표현됩니다. 조금 갈라진 납작 붓을 세로로 세운 상태로 그린다고 상상하면 됩니다. 이 반대의 경우도 있어 브러시의 점 모양을 확인하면서 그림을 그리면 원하는 브러시를 좀 더 빨리 찾아서 작업할 수 있습니다.

서예 → 모노라인

[모노라인]은 변화가 없는 라인이라는 뜻으로 필압도 없고, 투명도도 없습니다. 그저 같은 굵기의 선이 그어질 뿐입니다. 이 때문에 큰 노력이나 연습이 없어서 이 브러시를 쓰는 것은 어렵지 않습니다. 이모티콘 작가들이 가장 많이 쓰는 선이며, 인스타그램에서 만화를 연재하시는 분들도 많이 사용합니다. 설정에서 지터 값과 안정화 값을 조정하면 자신만의 개성을 가질 수 있어 많은 사람이 애용하는 브러시입니다.

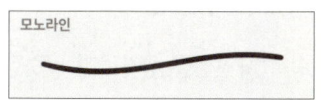

서예 → 분필

초승달 모양의 점이 이어지는 브러시입니다. 분필 느낌과 같이 미세한 점들이 흩어져 있는 듯하게 선을 그을 수 있습니다. 칠판에 낙서한다고 생각하고 사람 얼굴의 정면, 위, 아래, 좌, 우로 그리고 눈코입의 위치를 조금씩 바꾸어서 방향감을 표현합니다. 낙서처럼 그리는 이모티콘이나 인스타툰에서도 이런 방향성을 표현하는 것은 그림을 다채롭게 해주기 때문에 바람직합니다.

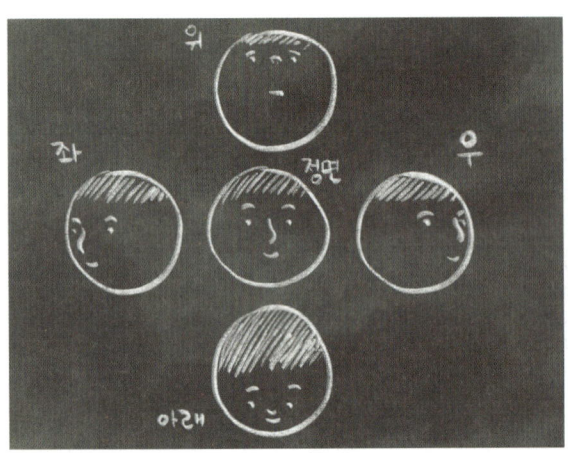

서예 → 수성 펜

수성 사인펜을 생각하면 비슷한데, 필압이 생각보다 커서 일정한 힘으로 선을 그어야 우리가 생각했던 수성 펜 느낌입니다. 아날로그적인 브러시에 가까운 편으로 만화나 드로잉 등에 활용하면 좋습니다. 관절의 위치를 생각해서 아래 빨간색 뼈대처럼 동작을 생각해서 그리는 연습을 합니다.

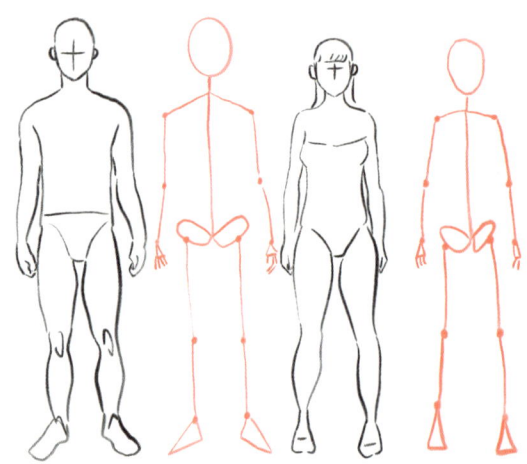

잉크 → 잉크 번짐

물이 조금 많이 섞인 잉크 느낌입니다. 선의 기복이 크지 않기 때문에 필기용 수성 사인펜으로 낙서하는 듯한 느낌을 주기도 합니다. 빨강, 파랑 필기용 수성 사인펜을 써본 분들이라면 쉽게 이해하실 것 같습니다. 앞서 뼈대를 바탕으로 다양한 동세를 연출해 봅니다. 몸의 근육이 어떻게 붙을지 생각하기보다는 전체적인 움직임의 흐름이 어떻게 되는지 생각하면서 연습하면 도움이 됩니다.

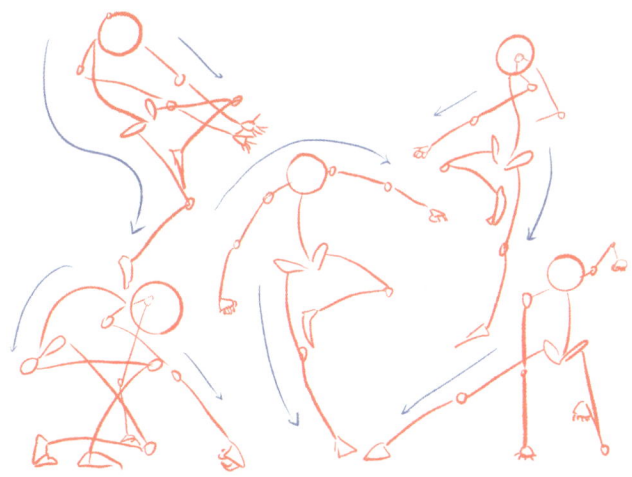

면 표현하기

스케치 → 오일 파스텔

선으로도 쓸 수 있지만 크기를 키워서 겹쳐서 그리거나 문지르기, 지그재그 스트로크를 통해서 면을 만들기 좋은 브러시입니다. 브러시 라이브러리에서 보았을 때 두꺼운 브러시들이 면을 표현하기 좋은 브러시입니다. (오일 파스텔)의 경우 겹쳤을 때 실제 오일 파스텔처럼 뭉개지는 느낌을 낼 수 있습니다.

브러시로 색상의 이해도 높이기

Brush 02 이론편

색을 이해하기 위해서는 색의 3속성을 짚고 넘어가야 하며, 색상 탭에서 색상, 명도, 채도의 개념을 프로크리에이트의 확실하게 다루고 있습니다. 더불어 색의 대비와 명시성과 주목성 등 기본적인 색의 개념을 브러시와 함께 살펴보겠습니다.

12 색상환 알아보기

페인팅 → 스펙트라

스펙트라는 번짐이 있는 부드러운 물감으로 색을 표현하면 굉장히 따뜻한 느낌을 주기 때문에 사랑스러운 그림을 그릴 때 종종 선택하는 브러시입니다. 프로크리에이트의 [색상(●) → 디스크]는 12 색상환을 적용해 놓은 [색상]이 있습니다. 스펙트라 브러시로 12 색상환을 그려 봅니다.

[스펙트라]의 번짐 효과는 넓은 면을 칠했을 때 더 분명하게 나타납니다. 브러시에 힘을 주게 되면 빈틈없이 채워지므로 스펙트라 브러시만의 질감을 내고 싶다면 손에 힘을 빼고 슬슬 문지르듯이 채색해 줍니다.

색채 효과 이해하기

페인팅 → 물에 젖은 아크릴

갈라진 아크릴 붓에 물감을 묻혀서 그리는듯한 느낌의 브러시입니다. 이 브러시로 채도와 명도에 대해서 간단히 살펴보도록 합니다. 프로크리에이트 [색상(●) → 클래식]을 선택하면 색의 3속성이 표시됩니다. 첫 번째 줄부터 색상, 채도, 명도입니다. 이중 채도는 색이 얼마나 선명한지를, 명도는 색의 밝기를 의미합니다.

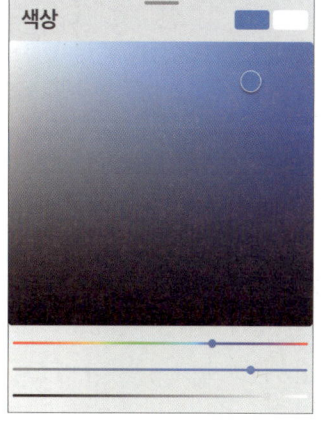

[색상(●)]에서 붉은색 계통을 지정한 다음 채도와 명도에 변화를 주도록 하겠습니다. 첫 번째 줄은 채도를 점차적으로 낮추어 붉은색이 회색이 되어가는 과정, 두 번째 줄은 명도를 점차적으로 낮추어 밝은 회색이 검은색이 되어가는 과정입니다. 여러 가지 색을 써보고 자신의 그림에 어울리는 발색을 찾아보는 것이 좋습니다.

한 가지 이상의 색을 배합하여 조화, 질서, 강조 등의 미적 효과를 내는 것을 배색이라고 합니다. 일반적으로 잘 알려진 배색을 [물에 젖은 아크릴]로 캐릭터를 그려 비교해 봅니다.

- 난색 : 노랑, 주황, 빨강 계열의 색으로 따뜻하고 동적인 느낌을 줍니다.

- 한색 : 파랑, 남색 계열의 차가운 색으로 차분하고 정적인 느낌을 줍니다.

- 명시성과 주목성 : 빨강, 노랑, 초록 등으로 멀리서도 잘 보이는 강렬한 색상으로 표지판이나 신호등에 많이 사용하고 있습니다.

- 색상 대비 : 같은 색이라도 인접한 색에 따라서 다른 느낌을 줍니다. 왼쪽의 주황색보다 오른쪽의 주황색이 더 붉게 느껴지는 것을 알 수 있습니다.

- 채도 대비 : 채도가 인접한 색의 채도에 따라서 상대적으로 달라 보이는 현상을 이야기합니다. 왼쪽은 안쪽 색보다 바깥쪽 파란색이 채도가 높아서 안쪽은 상대적으로 채도가 낮아 보입니다. 반면 오른쪽은 회색 바탕이 채도가 낮아 상대적으로 안쪽 색상은 채도가 높게 느껴집니다.

- 명도 대비 : 인접 색을 비교했을 때 상대적으로 명도가 높은 쪽이 더 명도가 확연하게 높아 보이는 현상입니다. 같은 분홍색이라도 배경색이 회색일 때보다 검은색일 때 분홍색이 더 밝아 보이는 것을 알 수 있습니다.

- 보색 대비 : 보색인 색을 인접하게 배치하면 서로의 영향으로 색이 더 뚜렷하게 보이는 현상입니다.

프로크리에이트의 〔색상(●) → 하모니〕에서는 보색과 관련된 여러 가지 기능을 제공하고 있어서 초보자에게 여러 가지 어울리는 배색을 추천해 주고 있습니다. 유용한 기능을 함께 살펴보며 배색에 대한 감각을 익혀보도록 합니다.

- 보색 : 기본적인 보색을 추천해 줍니다. 하모니를 이루는 두 가지 색을 알 수 있습니다.

- 보색 분할 : 하나의 색을 선택하면 보색과 인접한 두 색을 추천해 줍니다. 서로 어울리는 세 가지 색을 알 수 있습니다.

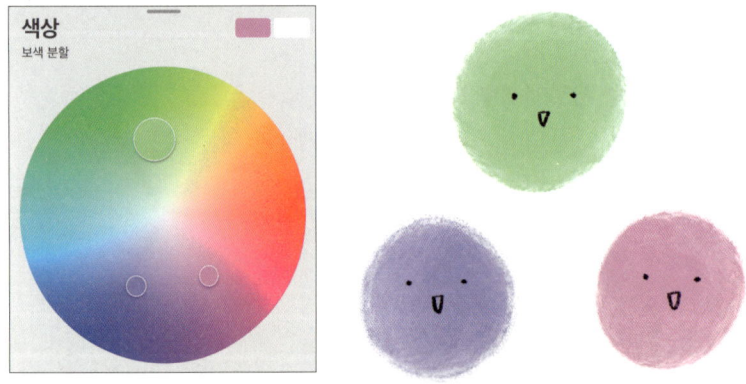

- 유사 : 하나의 색을 선택하면 보색과 인접한 두 색을 추천해 줍니다. 서로 어울리는 세 가지 색을 알 수 있습니다.

- 삼합 : 하나의 색을 선택하면 인접한 두 색을 추천해 줍니다. 비슷한 색이기 때문에 유사 색이라고 합니다.

- 사합 : 색상환에서 사각형을 이루는 네 가지 색을 추천해 줍니다.

• 명암과 그러데이션

명암(明暗)은 밝고 어두움을 뜻하는 한자어입니다. 특별한 3D 프로그램 없이 평면에 2D로 그릴 때 명암을 잘 표현한다면 대상의 입체감이나 양감을 보다 효과적으로 표현할 수 있습니다. 빛의 방향에 의해서 그림자가 생기는 방향과 밝은 부분이 결정되고, 빛의 양에 따라서 그림자가 짙어지거나 옅어지기도 합니다. 빛과 그림자는 늘 이렇게 함께 상호작용을 하면서 그림을 더욱 풍성하게 만듭니다.

▲ 출처 : 픽사베이

빛과 그림자를 표현하는 방법은 다양합니다. 데생을 상상할 수도 있지만 많은 양을 그려야 하는 애니메이션에서는 약간의 그림자만 표현해서 적당한 양감을 주는 경우도 많습니다. 또 같은 애니메이션이라도 포스터와 같이 멈춰 있는 한 장의 그림이라면 빛과 그림자를 더 풍부하게 표현하기도 합니다.

▲ 출처 : 픽사베이

결국, 중요한 것은 목적에 맞게 취사선택하여 빛과 그림자를 표현하는 것이 핵심입니다. 이를 위해서 다양한 레퍼런스를 바탕으로 어떤 시각 효과를 내고 싶은지 고민하여 내 그림에 적용하는 것이 중요합니다.

▲ 출처 : 픽사베이

프로크리에이트에서는 단순한 빛 표현과 심도 있는 빛 표현이 가능한 브러시들을 구비하고 있습니다. 때에 맞춰 적절하게 선택하고 연습하기만 하면 됩니다.

그림자 표현하기

서예 → 모노라인

[모노라인]처럼 단순한 선으로도 명암을 표현할 수 있습니다. 첫 번째 그림은 그림자 표현이 없는 경우입니다. 캐릭터 형식으로 그릴 경우, 특별한 경우를 제외하고는 그림자를 넣지 않습니다. 두 번째 그림은 바닥에 그림자가 생긴 경우입니다. 바닥에 그림자만 넣어도 더욱 형체를 분명히 해 주는 효과가 있습니다. 세 번째 그림은 그림자를 보다 확실하게 표현하여 밝은 부분과 어두운 부분을 구분하였습니다. 보다 입체감이 있는 것을 느낄 수 있습니다.

그러데이션 알아보기

에어브러시 → 소프트 브러시

필압에 따라서 브러시의 투명도가 달라지는 브러시 종류들이 색이 점차적으로 자연스럽게 변화하는 톤(tone)을 표현하기에 적합합니다. 연필 브러시나 잉크 브러시로 아래의 구를 표현하려면 많은 시간을 들여야 하지만 소프트 브러시와 같은 종류를 이용하면 아주 짧은 시간에 그려 낼 수 있습니다.

톤이 서서히 바뀌는 것을 그러데이션이라고 합니다. 그러데이션은 배경을 표현하거나 인물을 표현할 때 자주 사용하는 기법입니다. 무채색이나 유채색의 톤(tone)을 인식하고 표현해 보는 연습은 그림 실력에 큰 도움을 주니 서툴더라도 자주 표현해 보면 도움이 됩니다. 아래는 소프트 브러시로 무채색 톤, 한 가지 색 계열의 톤, 두 가지 이상의 톤, 여러 색의 조화를 나타낸 것입니다. (소프트 브러시)의 경우 겹치는 부분에서 자연스럽게 그러데이션 효과가 나타나기 때문에 초보자도 쉽게 적응할 수 있는 브러시입니다.

브러시의 질감 특성 알아보기

디지털 드로잉이 가지는 가장 큰 한계는 바로 질감 표현이 실제 드로잉에 비해서 어렵다는 것입니다. 실제 평면이 아닌 종이와 물감의 독특한 배합과 우연이 만들어 내는 다양한 경우의 수를 표현하기 쉽지 않기 때문입니다. 프로크리에이트에서는 스트로크에서 생기는 우연이나 종이의 질감, 붓의 느낌을 살릴 수 있는 많은 브러시를 제공하고 있습니다. 다양한 질감을 익혀두고 있으면 여러 가지 상황에서 창의적으로 활용할 수 있습니다.

텍스처 브러시 질감 알아보기

[텍스처]에는 그림의 질감을 살리기 위한 브러시들이 대거 모여 있습니다. 얼핏 보면 비슷하게 보이기 때문에 어느 정도 질감의 느낌이나 특징을 숙지해 두지 않으면 필요할 때 사용하기 힘듭니다. [텍스처]의 브러시 질감을 알아보겠습니다.

텍스처 → 테셀레이티드

아라비아 양피지 종이 느낌의 무늬입니다. 이색적인 패턴 채색이나 양탄자, 양피지 느낌을 내고 싶을 때 쓰면 좋은 브러시입니다.

텍스처 → 타르카인

세월이 많이 묻은 한지 느낌의 브러시입니다. 옛 고서나 오래된 가죽 표면 등을 묘사할 때 적용해 볼 만한 브러시입니다. 개인마다 질감을 받아들이는 것은 경험의 폭이나 기억에 따라 다를 수 있으므로 자세히 관찰해보고 기억해 두는 것이 좋습니다.

텍스처 → 커러웡

대리석 같이 매끈하면서도 단단한 질감의 브러시입니다. 텍스처 브러시들은 필압을 인식하는 데 힘을 최대한 주면 빈틈이 없이 채색되는 특징이 있어 힘 조절이 필수입니다.

텍스처 → 멜라루카

코코넛의 표면이나 우굴쭈굴한 종이, 헤진 가죽 느낌이 나는 브러시입니다. 엔티크한 느낌을 내기에 좋은 브러시로 은은하게 사용하면 그림의 질감이 한층 좋아져 활용도가 좋은 브러시입니다.

텍스처 → 도브 레이크

앞서 (커러웡)이 표면이 매끄럽고 단단한 재질이었다면 (도브 레이크)는 표면이 더 거칠고 단단한 재질의 브러시입니다. 바닷가에서 우연히 발견한 수석의 무늬 같은 느낌도 듭니다.

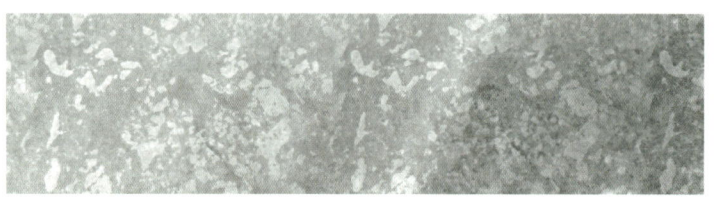

텍스처 → 렉탕고

자세히 들여다보면 톱밥을 눌러 붙여 놓은 합판처럼 거칠지만, 어느 정도 매끈할 것 같은 느낌을 주는 브러시입니다.

텍스처 → 시그넛

우리가 일반적으로 써본 도화지 느낌의 브러시로 무난하게 질감을 추가할 수 있는 브러시입니다. 수채화 그림을 그릴 때 후보정 작업으로 시그넛 재질을 추가해 보는 것을 추천합니다.

텍스처 → 그런지

텍스처 브러시 용도로 전혀 상관없는 대상에 우연적인 브러시를 써보는 것도 좋습니다. 밋밋한 면으로만 이뤄진 산등성이보다는 그런지 브러시를 적용한 맨 앞과 뒤의 산이 더 재밌는 모습입니다. 그림이 밋밋할 때 [그런지]를 사용해 보도록 합니다.

텍스처 → 목재

목재 느낌을 내는 브러시입니다. 왼쪽 그림은 실제 나무 사진이고, 오른쪽 그림은 〔목재〕를 이용한 것입니다. 텍스처 브러시는 분명 손으로 그리는 것보다는 압도적인 퀄리티를 자랑하지만, 원래 나무에 비하면 인위적인 느낌입니다. 이렇게 텍스처 브러시는 만능이 아니라 필요에 따라서 부분적으로 활용하는 것을 추천합니다.

질감 브러시 알아보기

특별한 재질을 흉내 내는 것이나 어떤 패턴을 표현하는 것 등도 여러 〔브러시(/)〕에 분포해 있습니다. 함께 알아보도록 하겠습니다.

빛 → 성운

우주나 하늘의 질감을 표현할 때 쓸 수 있는 브러시로 다른 빛 브러시와 마찬가지로 색이 겹칠수록 밝아지는 가산 혼합을 하는 브러시입니다. 매번 그릴 때마다 다른 느낌의 채색을 할 수 있는 브러시로, 우연의 효과가 많이 개입되는 브러시이기도 합니다.

그리기 → 블랙번

힘을 적게 주면 러프한 스타일의 면을 얻을 수 있고, 힘을 주어 색칠하면 빈틈이 없는 면을 채색할 수 있습니다. 아래는 (6B 연필)로 그린 선 아래 레이어에 (블랙번)으로 색을 나누어 채색한 것입니다. 하늘색에서 노란색으로 갈수록 펜에 힘을 주어 스트로크를 한 모습입니다.

스케치 → 소프트 파스텔

(소프트 파스텔)의 크기를 크게 조절하여 캔버스를 채색하면 '종이 질감'을 확인할 수 있습니다. (텍스처)에 여러 질감, 재질의 브러시가 있지만, 확실한 종이 느낌을 주려면 (스케치)의 (소프트 파스텔)을 사용하는 것이 좋습니다. 아래 왼쪽 그림은 원본, 오른쪽 그림은 (소프트 파스텔)을 사용하여 질감을 추가한 것으로 색상은 어두워졌지만 종이 질감의 재질이 확실해졌습니다. 채도는 다른 설정으로 추가할 수 있어 문제 되지 않습니다.

요소 → 물

일렁이는 물을 표현하고 싶을 때가 있다고 생각해 봅니다. 그러면 막막함이 앞설 것입니다. 이런 어려움을 [물]을 잘 활용하면 해결할 수 있습니다. 물 브러시의 크기를 다양하게 변화하여 스트로크하면 더 자연스럽습니다.

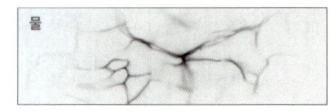

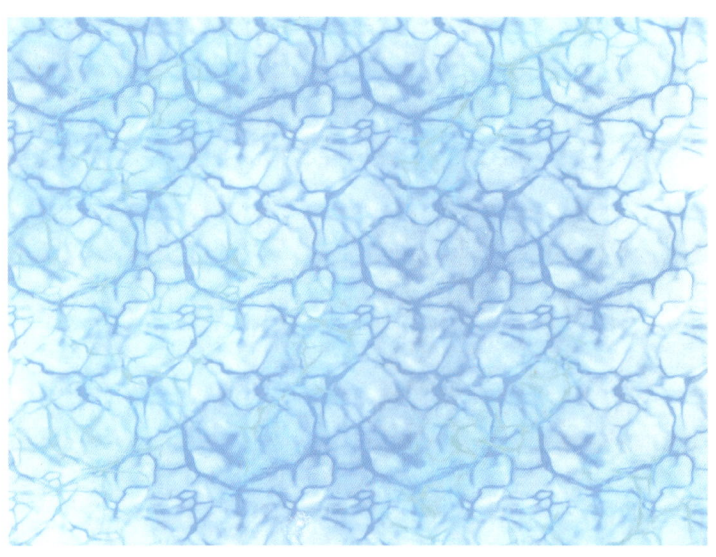

요소 → 대양

[물]이 가까이서 본 물을 자연스럽게 표현해 주도록 도와주는 브러시라면 [대양]은 멀리서 본 물을 자연스럽게 표현하도록 도와주는 브러시입니다. 여러 다른 브러시 재질과의 조합이 좋은 브러시입니다.

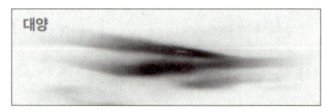

요소 → 구름

[구름]은 생각보다 많이 사용되는 브러시입니다. 하늘을 표현할 때 자주 쓰이기도 하거니와 프로크리에이트의 여러 기능과 함께 사용하면 꽤 그럴듯합니다. [구름]을 이용하여 여러 가지 시도를 해보시기 바랍니다.

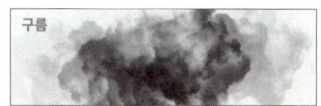

스프레이 → 초미세 노즐

[스프레이]에는 초미세 노즐, 미세 노즐, 중간 노즐, 대형 노즐 등 노즐 브러시가 많습니다. 크기에 따라서 활용하면 되는데, 그라피티 느낌을 표현할 때 좋은 브러시 모음이라 할 수 있습니다. 꼭 그라피티가 아니더라도 아래 그림처럼 몽실몽실한 재질을 표현하는 것도 좋습니다.

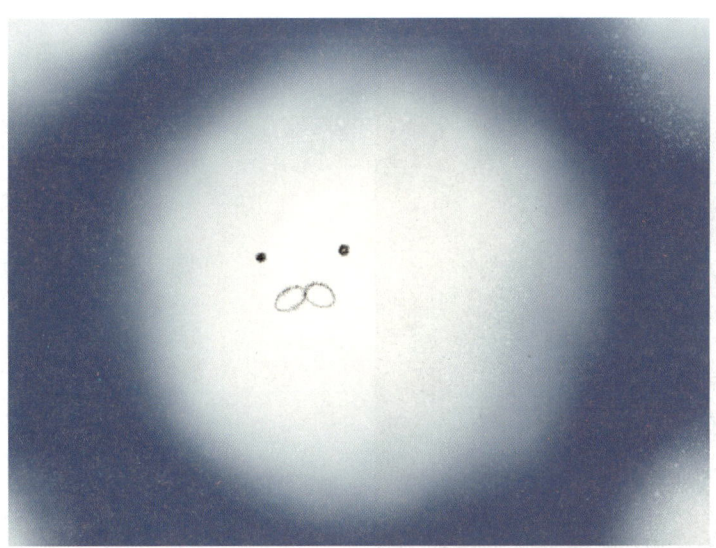

머티리얼 → 퓌르노

표범 무늬를 표현할 수 있는 브러시입니다. 호피 무늬의 옷을 표현하거나 해당 동물을 표현하기에도 좋습니다. 자세히 관찰해 보면 무늬가 일정 크기로 반복되기 때문에 개체 회전, 변형 등을 함께 이용하는 것이 좋습니다.

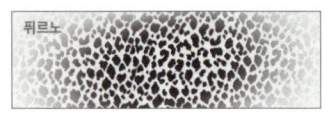

머티리얼 → 블랙우드

오래된 나무를 고목을 표현할 때 쓰는 브러시입니다. 나무를 표현하는 브러시가 여러 가지 있어 나무 브러시들을 모아서 하나의 폴더에 정리해 두는 것도 좋은 방법입니다.

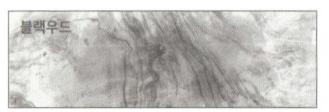

산업 → 케이지드

〔산업〕에는 공사 현장에 있을 법한 여러 건축 재료들을 표현할 수 있는 브러시들이 있습니다. 〔케이지드〕는 철조망을 표현할 수 있는 브러시로 모양이 반복되기 때문에 역시 명암이나 색감, 추가 텍스처로 변화를 주는 것이 좋습니다.

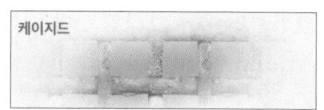

산업 → 뒤틀린 나무

역시 나무를 표현하기에 좋은 브러시입니다. 가공되지 않는 나무의 표면을 묘사하기에 좋은 브러시이므로 기억해 두면 활용할 기회가 있을 것입니다.

산업 → 돌담

브러시의 이름 그대로 돌담을 표현할 때 쓰기 좋은 브러시입니다. 다만 [산업]의 브러시들은 너무 사실적인 느낌이기 때문에 그림 풍에 맞춰서 사용하면 됩니다.

가져옴 → Bonobo Chalk

프로크리에이트 이전 버전에 있던 브러시로 현재 버전에서는 제공되지 않습니다. [스프레이]의 노즐 브러시들과 비슷한 느낌입니다. 명암이나 질감을 표현하기에 굉장히 유용하니 다운로드하여 활용해 보시기 바랍니다.

투시 원근법 살펴보기

우리는 앞에 있는 대상은 크게 그리고 멀리 있는 대상은 작게 그립니다. 우리의 생활 속에서 겪은 사실적인 경험이니 어려울 것이 없습니다. 프로크리에이트에서는 (그리기 가이드 → 원근)을 선택하여 1점 투시도법에서 3점 투시도법까지 점을 찍어서 가이드 선을 마련할 수 있습니다.

먼저 소실점을 이해할 필요가 있습니다. 소실점은 시선이 모이는 곳이라고 할 수 있습니다.

1점 투시도법

다음 그림을 보면 시선이 한 곳으로 모입니다. 이런 투시를 1점 투시라고 합니다.

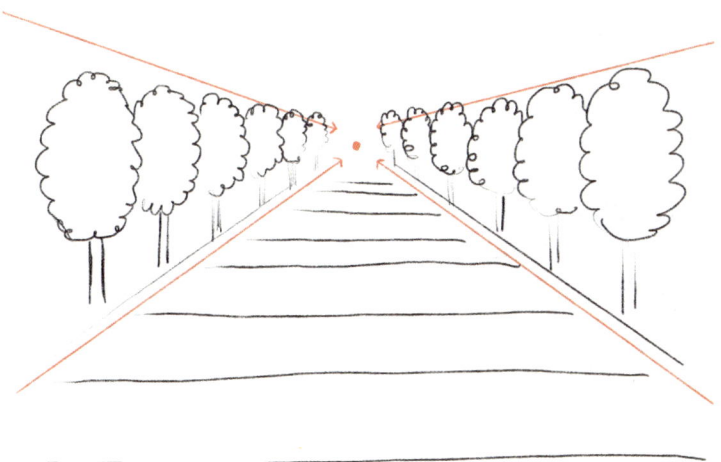

다음 그림을 통해 가운데 소실점이 있지만, 소실점이 화면 바깥에도 위치할 수 있다는 것을 할 수 있습니다. 가장 쉬운 방법은 사각진 사물의 외곽선에 연장선을 그어서 확인하는 방법입니다.

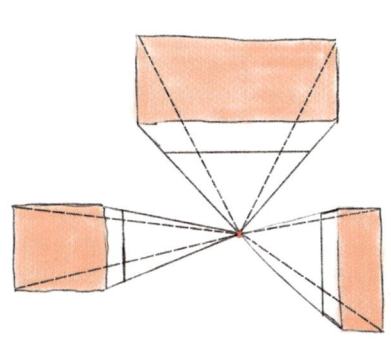
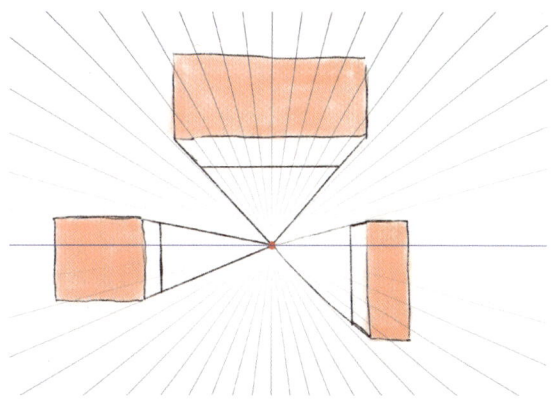

1점 투시는 물체를 정면으로 놓여있을 때 적용된다고 기억하면 됩니다. 가로, 세로가 수평, 수직이 되는 것으로 대각선만 소실점에 의해서 각도가 정해집니다. 프로크리에이트에서 가이드 선을 넣으면 두 번째 그림 같이 됩니다.

2점 투시도법

2점 투시도법은 사물의 정면이 아닌 대각선에서 바라보았다고 생각하면 쉽습니다. 세로 선은 수직으로 유지가 되는데 나머지 가로 선들이 소실점을 향해서 기울어져 있습니다. 양쪽에 소실점이 있는데 가로 선들의 경사가 완만한 경우, 소실점이 화면 밖에 있는 경우도 생길 수 있습니다.

◀ 2점 투시도법으로 찍은 교회 사진(출처 : 픽사베이)

이 교회 사진 역시 2점 투시도법 방법으로 찍은 사진입니다. 왼쪽과 오른쪽의 소실점이 모두 화면 바깥에 있지만 세로 선이 수직이고 가로 선의 시선이 좌우 양쪽으로 흩어지기 때문에 2점 투시도법이라는 것을 알 수 있습니다.

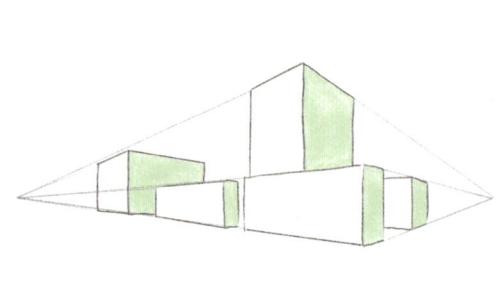
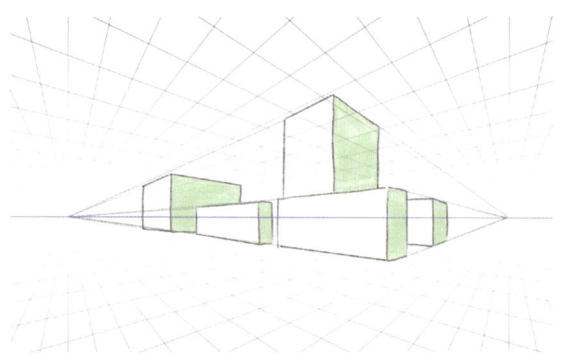

2점 투시도법이 적용되었을 때 건물을 그리면 왼쪽 그림과 같은 형식으로 그릴 수 있습니다. 하나의 건물을 먼저 그리고 소실점을 찾은 다음 가이드 선에 맞춰서 여러 건물도 그려 주면 쉽습니다. 프로크리에이트에서는 소실점 위치에 각각 점을 찍어주면 2점 투시도법 가이드를 완성할 수 있습니다.

3점 투시도법

3점 투시도법의 세 개의 소실점이 있습니다. 2점 투시도법처럼 시선이 양쪽으로 구분되는 가운데, 시선의 높이가 대상과 같지 못하고 위나 아래로 빗나가 있을 때 3점 투시가 됩니다. 쉽게 생각하면 2점 투시로 바라보는 대상을 위나 아래에서 바라보는 경우입니다. 아래 그림의 예시에서 확인할 수 있듯이 세 개의 소실점이 있습니다.

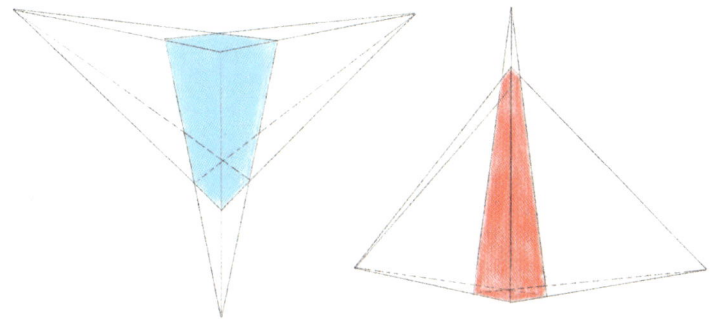

프로크리에이트에서는 최대 3개의 소실점을 표시할 수 있습니다. 점 세 번만 원하는 위치에 찍으면 3점 투시도법에 알맞은 그림을 그릴 수 있습니다.

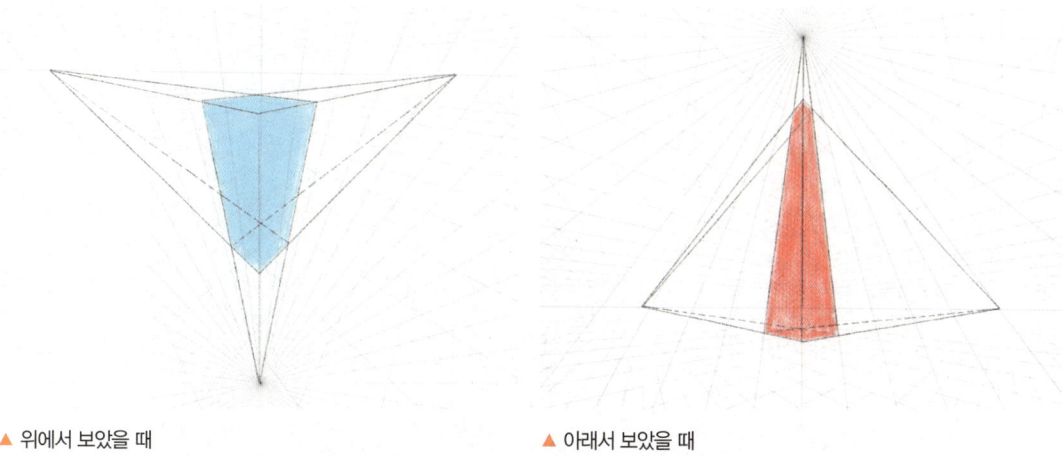

▲ 위에서 보았을 때   ▲ 아래서 보았을 때

추가로 화면 밖의 소실점이 있다고 언급했는데, 프로크리에이트에는 이런 상황에도 캔버스 바깥에 소실점을 표시하는 방법으로 투시도법을 적용할 수 있으니 아래 그림을 참고하시기 바랍니다.

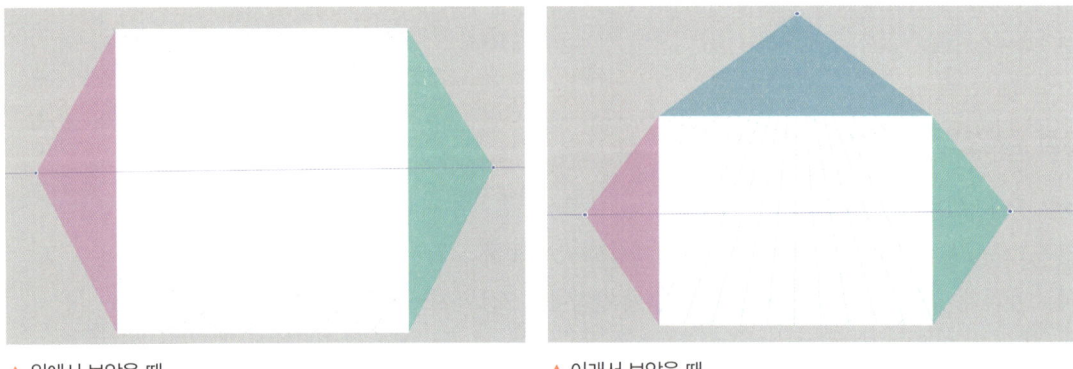

▲ 위에서 보았을 때   ▲ 아래서 보았을 때

색채 원근법 표현하기

투시 원근법 외에도 공기 원근법 또는 색채 원근법이라고 부르는 원근법이 있습니다. 사물이 멀어지면 명도, 농도, 채도를 옅게 하는 방식으로 표현합니다. 공기 때문에 잘 보이지 않는 원리로 앞으로 그림을 그릴 때 먼 거리에 있는 사물은 의식적으로 흐리거나 옅게 그려 봅니다.

▲ 채도와 명도를 점차 적으로 낮춰 원근감이 느껴지게 만든 모습

Brush 04 이론편

프로크리에이트의 기본 도구와 기능 살펴보기

프로크리에이트의 브러시 연습에 앞서 기본적인 프로크리에이트의 기능을 익히는 과정이 꼭 필요합니다. 프로크리에이트라는 프로그램 자체가 굉장히 직관적으로 간편하게 기능을 배치, 구성했기 때문에 간단하게 살펴보고 실습해 보는 것만으로도 기능들을 쉽게 익힐 수 있습니다. 그림을 시작하기에 앞서 반드시 알아야 하는 필수 기능을 살펴보겠습니다.

도구 살펴보기

브러시

[브러시(✏️)]를 탭하여 표시되는 브러시 라이브러리에서 브러시를 선택할 수 있습니다. 무료로 제공하는 브러시 모음은 총 18개입니다. 모음별로는 비슷한 특성을 가진 편이니 브러시를 꼼꼼히 살펴보는 것이 좋습니다.

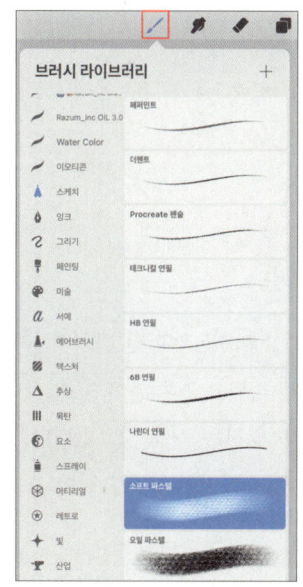

스머지

[스머지(👆)]는 문지르기 기능으로 색을 섞거나 그러데이션을 표현할 수 있습니다. 마찬가지로 어떤 브러시를 선택하느냐에 따라서 다른 느낌의 문지르기 기능을 사용할 수 있습니다.

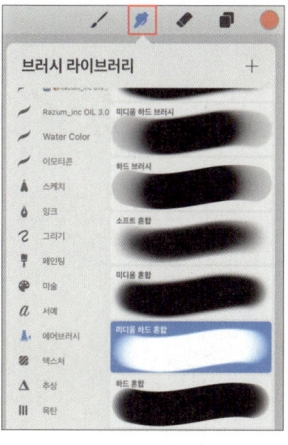

지우개

〔지우개(✎)〕를 선택하면 붓과 같은 종류의 브러시를 선택하여 그리는 것과 같은 효과로 개체를 지울 수 있습니다.

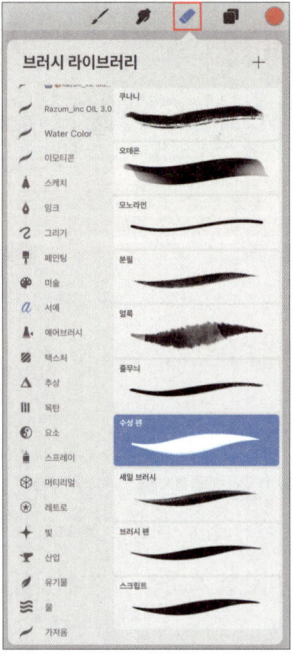

레이어

〔레이어(▣)〕를 탭하면 레이어 순서를 정렬하거나 레이어에 특별한 효과를 줄 수 있습니다. 특히 레이어의 순서를 익히는 것이 중요합니다. 벽돌을 올려놓듯이 위에 있는 레이어가 가장 앞에 보이는 원리입니다.

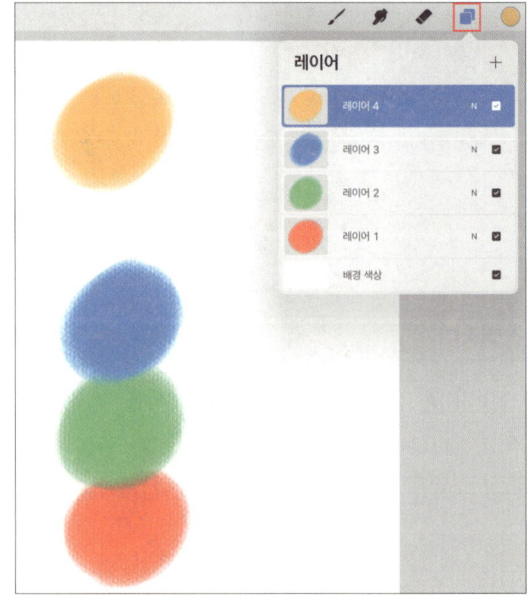

레이어의 (N)을 탭하면 '불투명도'를 조절할 수 있고 레이어의 성격을 정할 수 있습니다. 많이 사용되는 기능은 '곱하기', '보통', '스크린', '오버레이', '소프트 라이트', '광도' 등입니다.

색상

(색상)을 탭하면 색상을 지정할 수 있습니다. 디스크, 클래식, 하모니, 값, 팔레트로 이루어져 있습니다.

- 디스크 : 바깥 원에서 12 색상환을 한눈에 볼 수 있고 안쪽 원에서는 명도와 채도를 조절합니다.

- 클래식 : 색의 3요소인 색상, 채도, 명도가 순서대로 표시되어 있어 원하는 색을 찾기 쉽습니다.

- 하모니 : 12 색상환에서 색상과 채도를 선택할 수 있게 구성되어 있고, 아래 바에서 명도를 조절할 수 있습니다. 선택한 색과 어울리는 색상을 추천합니다. (보색)을 탭하면 보색, 보색 분할, 유사, 삼합, 사합 기능을 활용해 어울리는 배색을 찾을 수 있습니다.

- 값 : 16진 값을 알고 있거나 RGB 수치 등을 알고 있는 경우 수치를 적으면 해당 색을 얻을 수 있습니다. 반대로 해당 색의 16진 값을 확인할 수 있는 기능입니다.

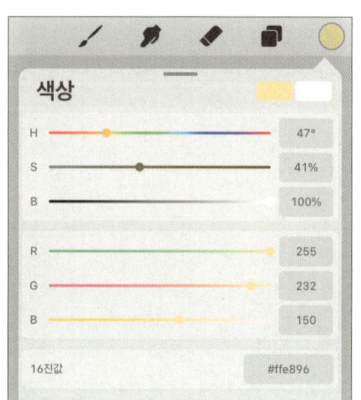

- 팔레트 : 기본 팔레트와 내가 만든 팔레트가 모여 있는 곳입니다. 좋아하는 색을 팔레트에 잘 모아 두면 두고두고 유용하게 쓸 수 있습니다.

기능 살펴보기

동작

[동작]은 추가, 캔버스, 공유, 비디오, 설정으로 이루어져 있습니다. 자세한 기능을 알아보도록 하겠습니다.

- 추가 : 파일, 사진, 텍스트를 추가할 수 있습니다.

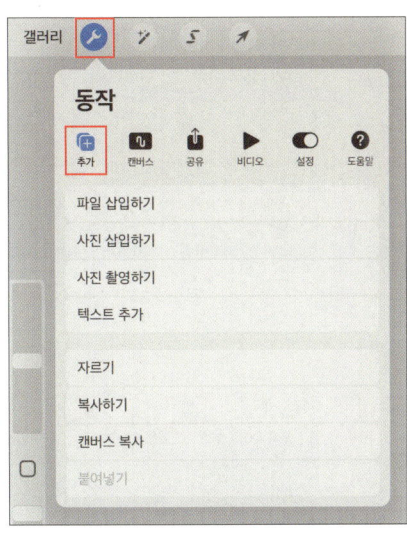

- 캔버스 : 캔버스의 크기를 변경하거나 애니메이션 어시스트 기능, 그리기 보조 등의 기능을 활성화 및 비활성화 할 수 있습니다.

- 공유 : 원하는 포맷으로 파일을 저장하거나 공유 할 수 있습니다.

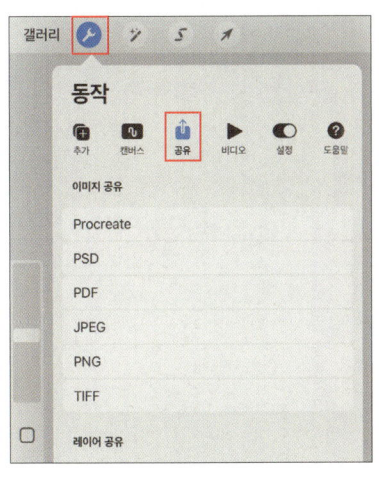

- 비디오 : 타임랩스 녹화 기능을 켜두면 그림 그리는 과정을 빠르게 다시 재생하여 볼 수 있습니다.

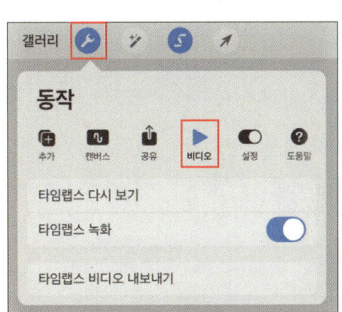

- 설정 : 프로크리에이트 전반의 설정을 할 수 있습니다.

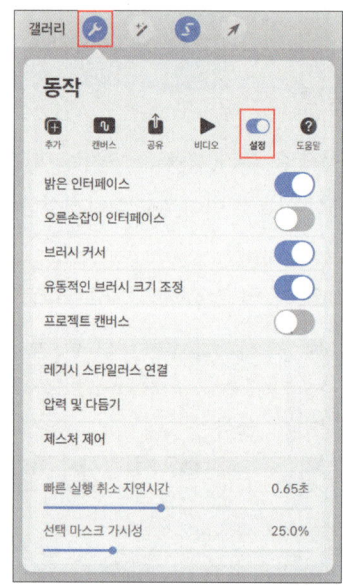

조정

크게 색상 조정, 흐림 효과 조정, 보정 효과, 픽셀 유동화 기능이 있습니다. 예제에서 하나씩 다루어 보면서 기능을 익혀보도록 하겠습니다.

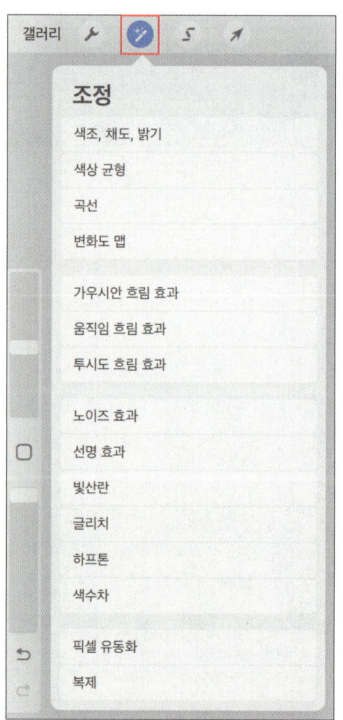

선택

원하는 부분을 올가미, 직사각형, 타원 등으로 선택할 수 있습니다.

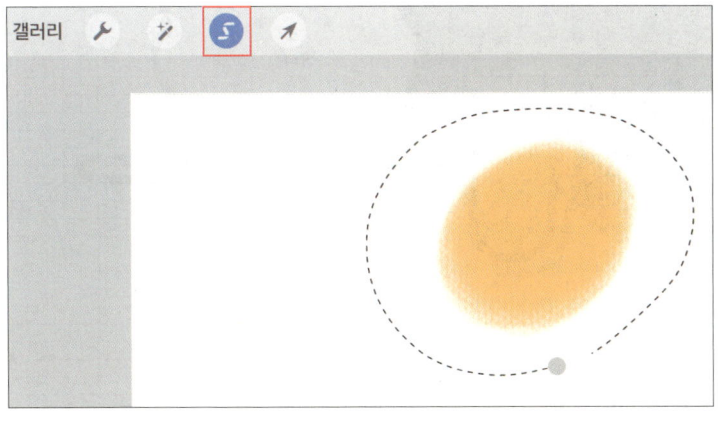

변형

선택된 부분을 원하는 곳으로 이동할 수 있습니다. 아무것도 선택되지 않은 상태로 (변형)을 탭하면 개체 전체를 이동할 수 있게 됩니다.

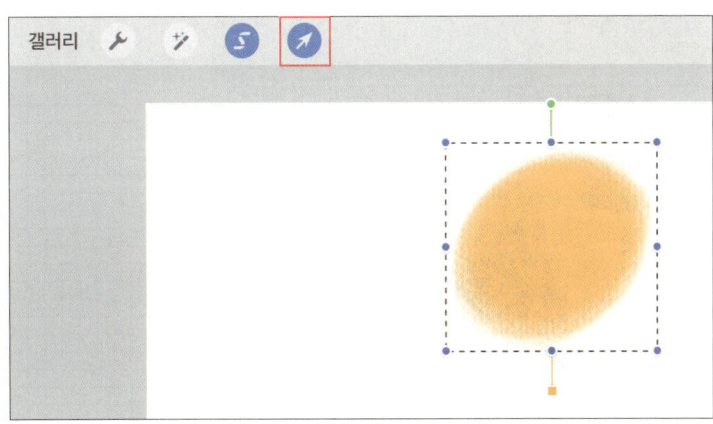

2

기본 드로잉 브러시로
그림 그리기

우리 주변에서 가장 관찰하기 쉽고 많이 그리는 것은 사람과 동물입니다. 이유를 생각해보면 애정을 줄 수 있는 대상이 일반적으로는 교감을 할 수 있는 사람이나 동물이기 때문입니다. 드로잉의 기초가 되는 연필, 잉크 펜, 목탄, 마커 등의 선이 중심이 되는 브러시를 중심으로 브러시 여행을 본격적으로 시작해 보겠습니다. 사람과 동물을 그려나가면서 그림에서 스케치 역할을 하는 브러시가 어떤 특성을 지니고 있는지 실습을 통해 익히고 느껴보시기 바랍니다.

Brush 01

6B 압축 브러시

다양한 연필 브러시로 크로키 연습하기

크로키는 그리고자 하는 것을 관찰해서 대상의 형태나 특이점을 빠르게 표현하는 스케치 기법으로 속사화라고도 부릅니다. 관찰력과 손의 감각을 증진 시키는 훈련법이기도 한 크로키는 데생, 모작 이전에 부담 없이 그릴 수 있는 그림의 영역이기도 합니다. 빠른 속도에 집착할 필요는 없고, 관찰력을 바탕으로 눈과 손의 협응력을 기른다고 생각하여 접근하면 좋습니다. 크로키 종류는 컨투어 크로키, 제스처 크로키, 도형화, 덩어리 잡기 등이 있습니다. 하나씩 연습하면서 익혀보도록 합니다.

컨투어 크로키 연습하기

한 선으로 쭉 그려내는 크로키입니다. 한 선이라고 해서 한 붓 그리기처럼 반드시 하나의 선으로만 그리는 것은 아니고 필요할 때는 적절히 선을 멈추고 다시 그어도 되지만 털 선이 되지 않도록 덩어리나 동세가 이어지는 부분을 이어서 그리는 연습 방법입니다.

▲ 털 선   ▲ 정돈된 선

사람의 동세를 익히기 위해서는 많은 대상을 그려 보는 것이 중요합니다. 실제 대상을 보고 그리는 것이 연습에 가장 좋겠지만 모델을 구하기도 어렵고, 누드 모델의 경우 더욱 그렇습니다. 하지만 이런 크로키 모델 사진을 제공해 주는 곳이 있습니다. 두 시간 설정 옵션이 있지만 시간이 부족하다면 잠시 멈추어 두고 연습하는 것도 좋습니다.

- 웹사이트 : line-of-action.com
- 유튜브 : New Masters Academy
- 어플 : Pinterest

혼자서도 할 수 있는 연습 방법으로 몇몇 그림을 함께 관찰하면서 그려 보도록 하겠습니다. 먼저 위에서 소개한 사진이나 영상에서 레퍼런스를 찾습니다. 예를 들어 다음과 같은 사진이 있다고 가정하겠습니다.

출처 : 픽사베이 ▶

사용 브러시   스케치 → 테크니컬 연필

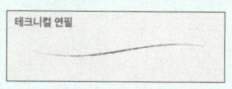

스케치에서 강약이 잘 표현되는 브러시입니다. (HB 연필), (6B 연필)과 함께 간단한 크로키 등을 할 때 쓰면 좋은 연필 브러시입니다. (테크니컬 연필)과 함께 컨투어 크로키를 해 보겠습니다.

01 프로크리에이트를 실행하고 갤러리 화면에서 새 캔버스를 만들기 위해 (+) 버튼을 탭합니다.

- 예제 파일 : 02\컨투어 크로키.jpg
- 완성 파일 : 02\컨투어 크로키1_완성.Procreate, 컨투어 크로키2_완성.Procreate, 컨투어 크로키1_완성.jpg, 컨투어 크로키2_완성.jpg

02 (+) 버튼을 탭하면 새로운 캔버스가 여러 개 나옵니다. 처음이니 가볍게 (사각형)을 선택합니다.

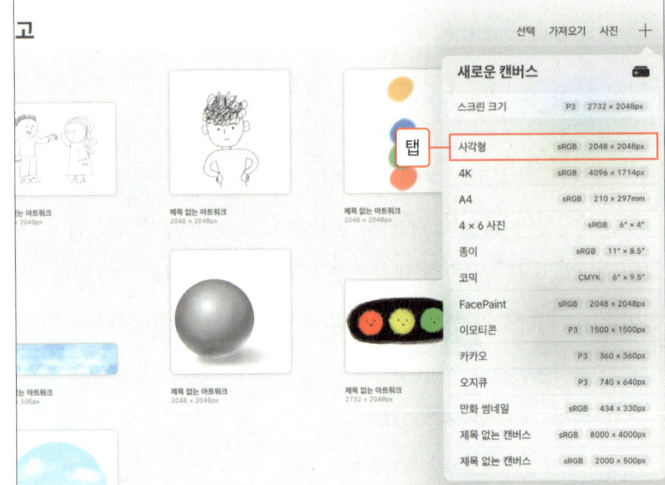

TIP 자신에게 필요한 사이즈를 선택할 수도 있고 (새로운 캔버스) 오른쪽에 위치한 (아이콘)을 탭하여 나만의 사이즈를 설정할 수도 있습니다.

03 프로크리에이트 작업 화면이 표시됩니다.

04 | (동작(🔧) → 캔버스 → 그리기 가이드)를 활성화합니다. 가이드를 활성화하면 그림을 그리면서 인체의 비율을 비교할 때 도움이 됩니다.

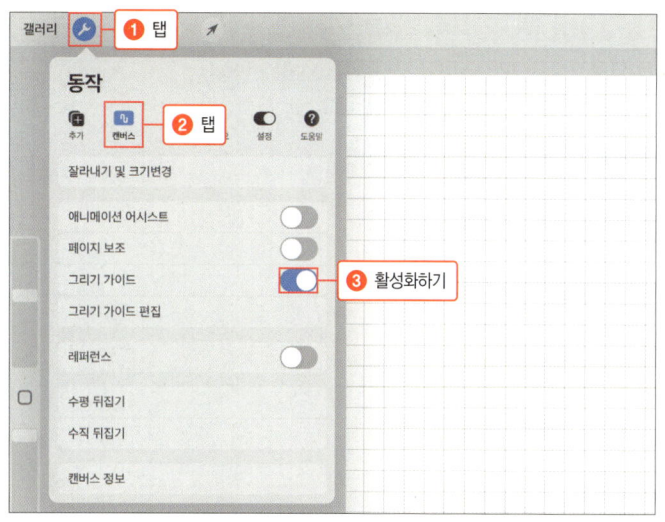

05 | (브러시(✏️) → 스케치 → 테크니컬 연필)을 선택하고 대략의 비율을 표시합니다. 얼굴, 몸통, 다리 부분을 관찰한 것을 바탕으로 나눕니다.

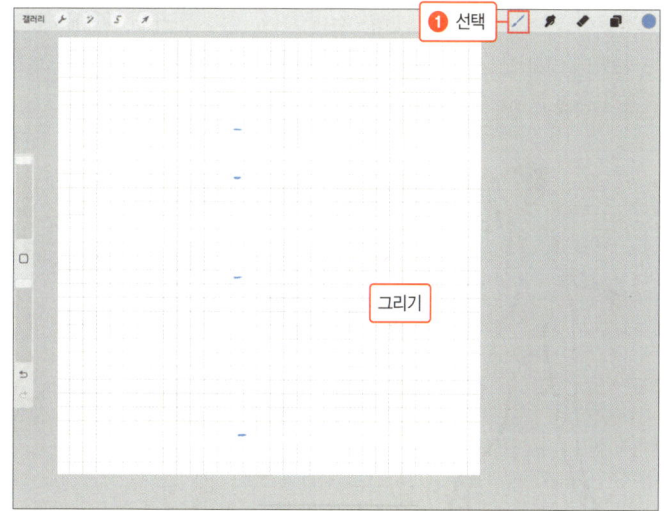

06 | 얼굴의 크기, 팔다리의 길이, 각도 등을 간단히 표현합니다.

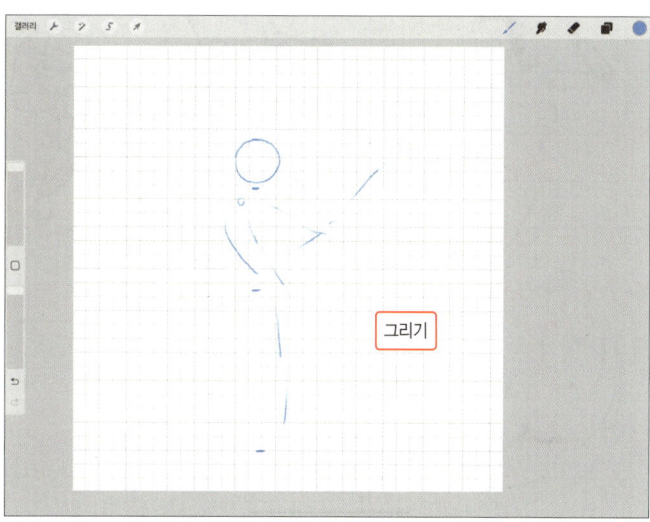

07 선을 많이 끊지 않으려고 노력하면서 크로키를 해 보았습니다. 좀 더 자신감이 붙으면 선의 강약을 표현하며 그리는 것도 좋습니다.

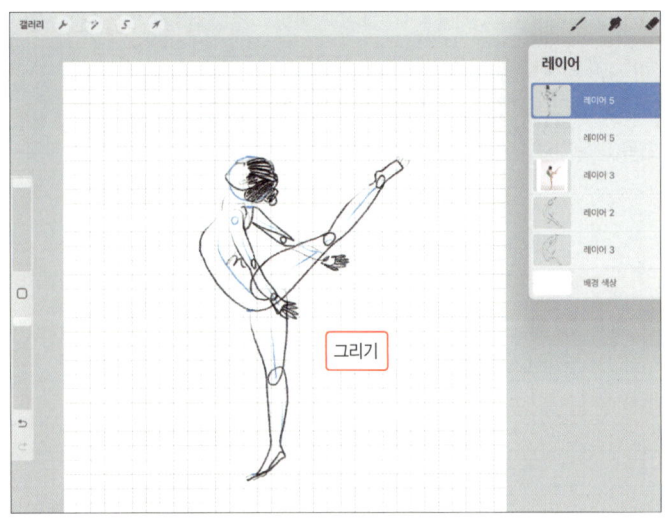

08 다양한 자료를 보고 그리다 보면 자연스럽게 여러 레이어에 내 작품들이 쌓이게 됩니다. 디지털 드로잉은 캔버스의 크기에 따라 다르지만 보통 몇십에서 몇백 페이지의 레이어를 활용할 수 있어 크로키 공책 한 권의 양을 하나의 캔버스에 저장할 수 있습니다.

제스처 드로잉 연습하기

컨투어 드로잉이 목각인형처럼 각각의 관절에 집중해서 그림을 그렸다면 제스처 드로잉은 척추를 중심으로 한 뼈대의 흐름에 집중하여 그림을 그리는 것입니다. 컨투어 크로키처럼 선을 아끼는 느낌보다는 동작의 흐름을 표현하는 방향으로 스케치를 하게 됩니다. 그러므로 동작을 표현함에 있어 컨투어 드로잉보다는 좀 더 동작을 과장되게 그려서 원래의 그림과는 다른 느낌으로 가져가도 좋습니다. 선을 위주로 동세를 잡아가는 제스처 드로잉을 같이 해 보겠습니다.

01 동세가 확실한 제스처 드로잉을 하기 위해 곡선과 직선을 쉽게 찾을 수 있는 레퍼런스를 참고하겠습니다. 파일 앱 02 폴더에서 '제스처 크로키.jpg' 파일을 참고합니다.

- 예제 파일 : 02\제스처 크로키.jpg
- 완성 파일 : 02\제스처 크로키1_완성.Procreate, 제스처 크로키2_완성.Procreate, 제스처 크로키1_완성.jpg, 제스처 크로키2_완성.jpg

▲ 출처 : 픽사베이

02 먼저 모델의 동세를 파악합니다. 팔과 양발이 이루는 C자 모양을 찾을 수 있습니다. (브러시(◨) → 목탄 → 6B 압축)을 선택하고 가장 큰 동세를 먼저 표현합니다.

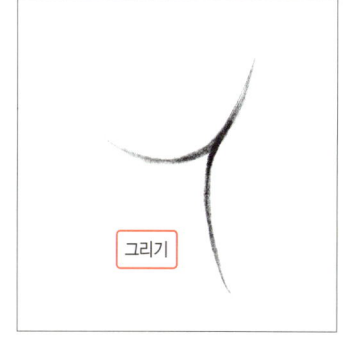

사용 브러시   목탄 → 6B 압축

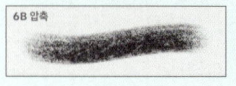

제스처 드로잉은 굵은 선과 얇은 선을 오가는 느낌의 스케치입니다. 따라서 브러시도 굵기가 좀 있는 브러시가 좋은데, 실제 재료는 목탄을 많이 씁니다. 프로크리에이트에서도 (목탄) 브러시 탭이 있으니 그중에서 접근하기 쉬운 (6B 압축)으로 제스처 드로잉을 해 보겠습니다. 펜을 세워서 스트로크할 때와 눕혀서 스트로크할 때의 두께가 급격하게 달라지는 브러시이므로 이를 적극 활용합니다.

03 얼굴의 위치와 나머지 팔 한 쪽도 원과 일자선으로 위치를 잡습니다.

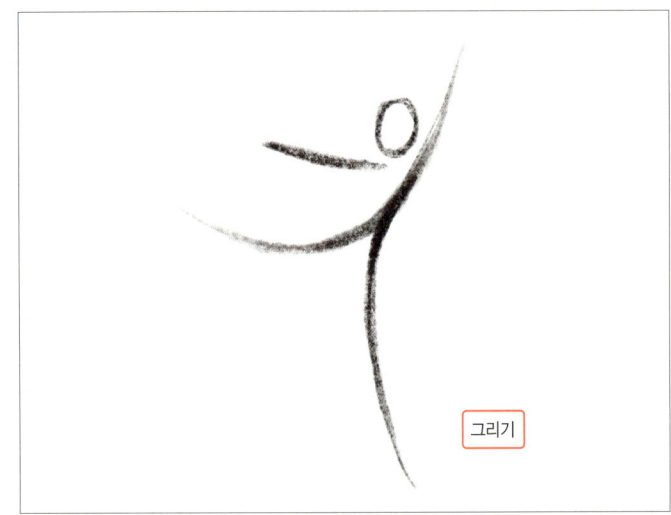

그리기

04 동세가 얼굴, 팔다리의 위치가 잡혔으므로 나머지 형태를 쉽게 완성할 수 있습니다.

그리기

05 순서에 맞춰 색을 달리해서 다른 예시를 그려 보겠습니다. 처음에 동세를 선으로 잡은 다음 양감을 선을 두껍게 해서 표현하고 간단한 세부 표현을 하는 순서입니다. 빨간색으로 동세를 표현합니다.

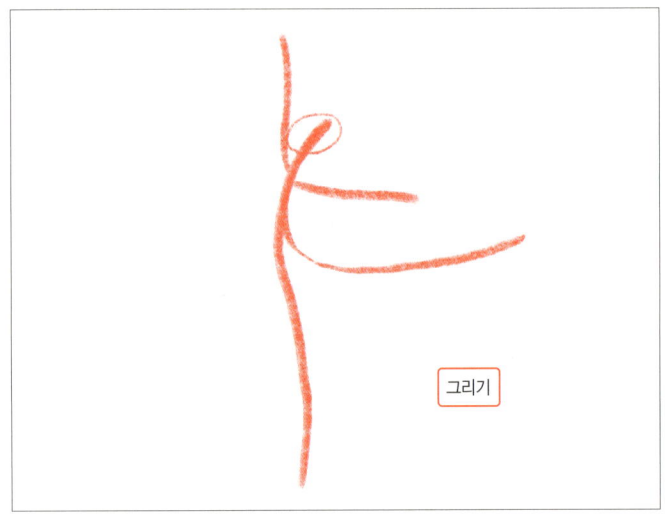

그리기

06 그 위에 파란색으로 양감이나 전체적인 형태감을 잡습니다.

07 마지막으로 갈색으로 간단한 세부 묘사를 통해서 스케치를 완성합니다.

08 순서대로 과정을 따로 보면 다음 그림과 같습니다. 제스처 크로키를 연습하면 동세를 파악하는데 큰 도움이 됩니다. 몸 전체를 곡선으로 파악하고 (6B 압축)과 같이 두께감이 있는 브러시로 연습하면 세부적인 것에 매몰되지 않고 크로키를 즐길 수 있습니다.

도형화 크로키 연습하기

대상을 원이나 사각형 등의 도형으로 그리는 스케치 방법입니다. 인체 해부학에 맞춰서 뼈를 이해하는 것이 좋지만 초보자의 경우 이것이 어려울 수 있어 몸통을 직사각형, 골반을 사다리꼴, 머리를 원으로 간단하게 표현하는 방법입니다.

몸통

골반

머리

선, 방향

뼈와 근육의 연관성을 파악해 가는 단계에서 도형화 크로키는 굉장히 난이도 있는 방법입니다. 여기서는 간단하게 입문자, 초보자에게 개념을 소개하겠습니다. 먼저 정면을 바라보고 있을 때의 모습입니다. 평면 도형을 통해서 얼굴과 몸통, 골반으로 나누어 큼직한 덩어리를 표현합니다.

정면 - 바른

정면 - 기울임

사용 브러시 잉크 → 드라이 잉크

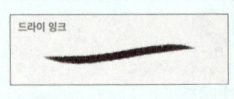

도형화 크로키는 인체를 도형으로 그리다 보니 시원시원한 선을 그리기 쉬운 편입니다. 필압이 있으면서 속도감이 잘 드러나는 (드라이 잉크)로 도형화 크로키를 연습해 보겠습니다.

위의 개념이 익숙해지면 비스듬한 모습을 상상해 봅니다. 몸통이나 골반의 각도가 달라지면서 팔다리가 어디에 붙어있을까를 생각해 보는 단계입니다. 여기서 더 나아가 근육과 뼈대를 이해해 보겠습니다. 캐릭터나 만화에서는 이 정도의 단계를 거치는 것만으로 굉장히 자연스러운 그림을 그릴 수 있습니다.

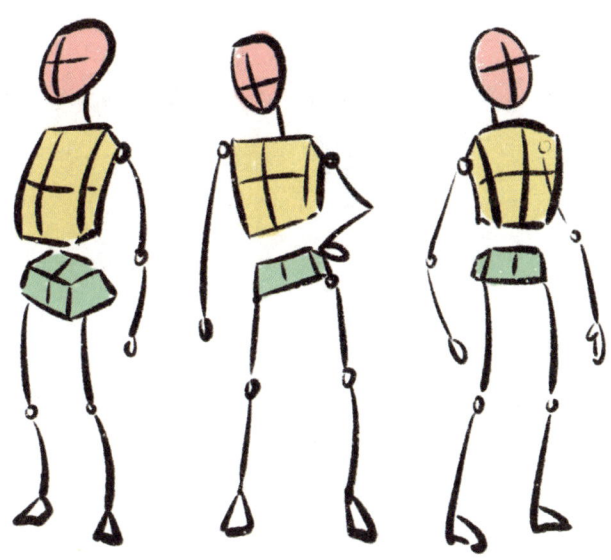

01 〔동작( )〕 → 추가 → 사진 삽입하기를 선택하고 파일 앱 02 폴더에서 '도형화 크로키.jpg' 파일을 불러옵니다.

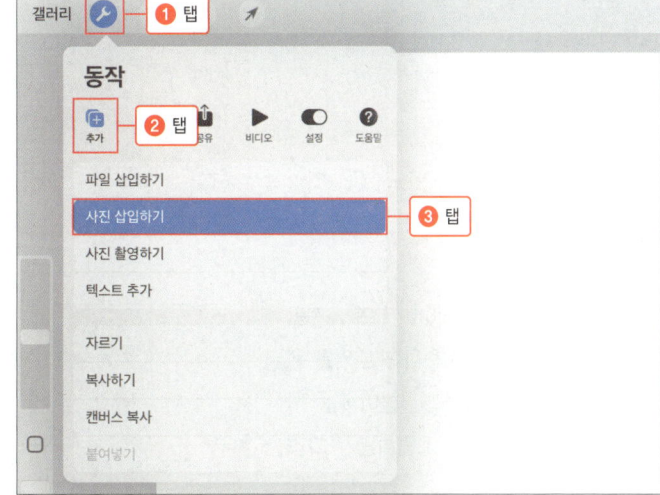

- 예제 파일 : 02\도형화 크로키.jpg
- 완성 파일 : 02\도형화 크로키_완성.Procreate, 도형화 크로키_완성.jpg

02 | 사진 레이어를 선택한 다음 (변형 (⬈))을 탭합니다. 가운데 두 사람을 그리기 위해 두 사람이 캔버스의 가운데 위치하도록 크기를 조절합니다.

03 | (레이어(▣))에서 (+) 버튼을 탭하여 '레이어 2'를 추가합니다. '레이어 1'의 (N)을 탭하여 불투명도를 '50%'로 조절합니다.

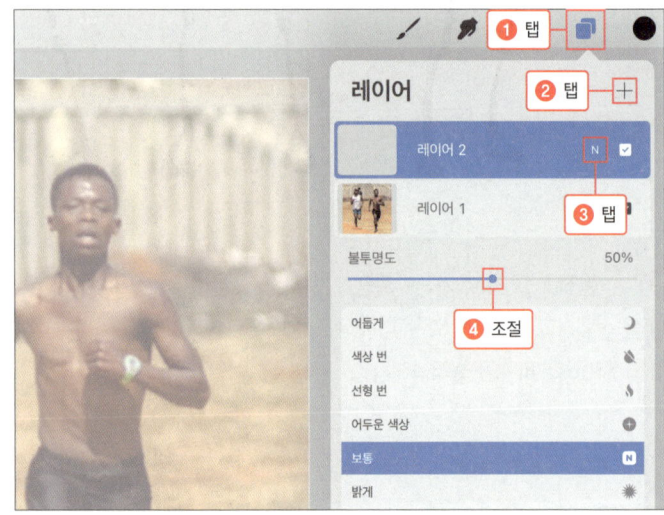

04 | 반쯤 투명해진 '레이어 1'의 사진을 참고하여 '레이어 2'에 도형화 크로키를 합니다. 몸통이 되는 사각형과 골반이 되는 사다리꼴이 어떻게 보일까 고민하면서 그려 봅니다.

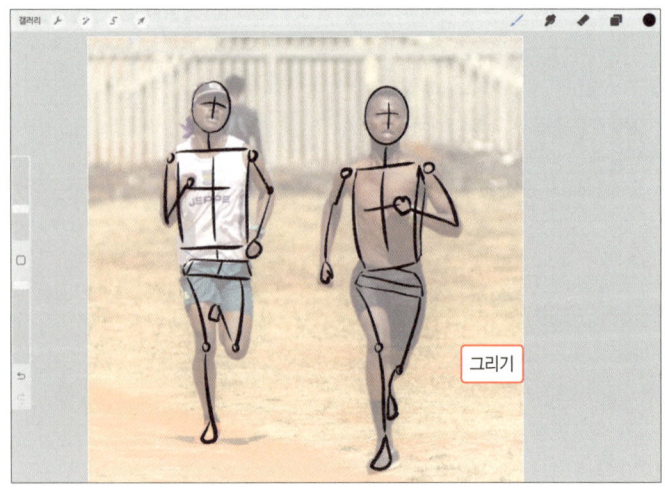

05 〔레이어〕에서 '레이어 1'을 체크 해제하여 '레이어 2'의 도형화된 모습을 확인합니다.

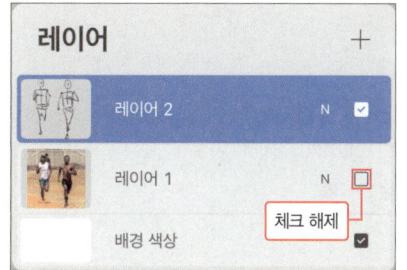

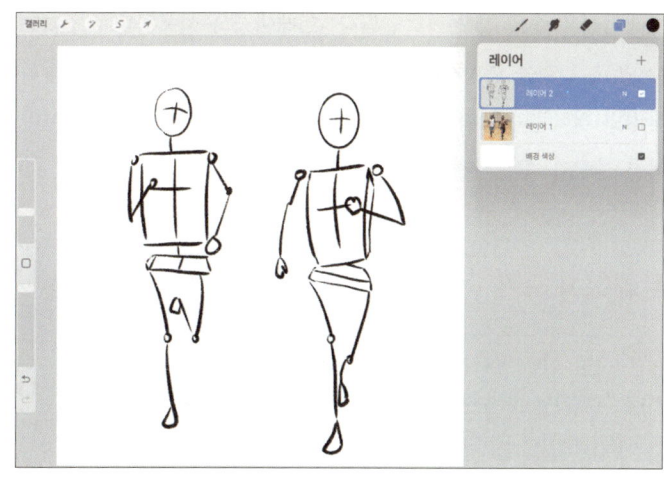

06 도형과 선을 바탕으로 나머지 모습도 간단하게 스케치하여 도형화 크로키를 마칩니다.

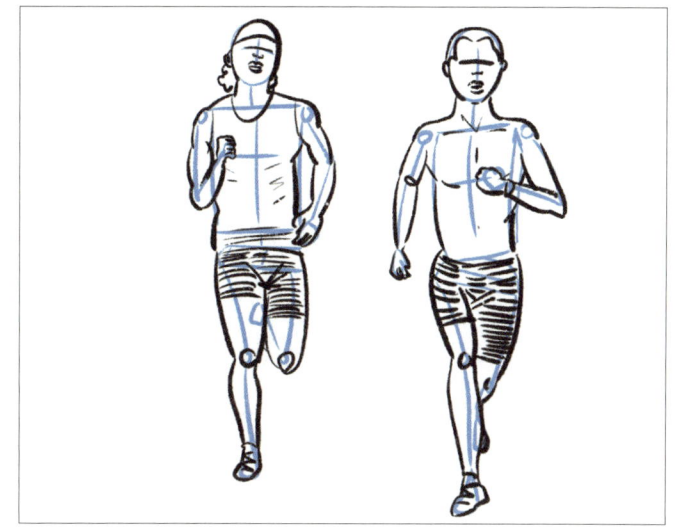

07 도형을 제거하여 그림과 같이 스케치를 완성합니다.

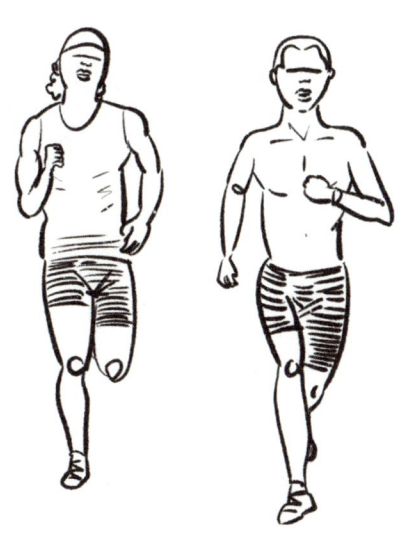

트레이싱은 좋은 창작 방법입니다. 트레이싱을 이용하면 복잡하거나 어려운 것을 표현할 수 있고, 원형을 변형하여 색다른 느낌의 그림을 그릴 수도 있습니다. 상업적 용도로 사용하려면 저작권이 허락된 이미지만 사용해야 하지만 취미 그림이라면 내가 찍은 사진이나, 다른 사람이 찍은 사진 등을 참고할 수 있습니다.

트레이싱 하기

01 | (동작( )) → 추가 → 사진 삽입하기)를 선택하고 파일 앱 02 폴더에서 '트레이싱.jpg' 파일을 불러옵니다.

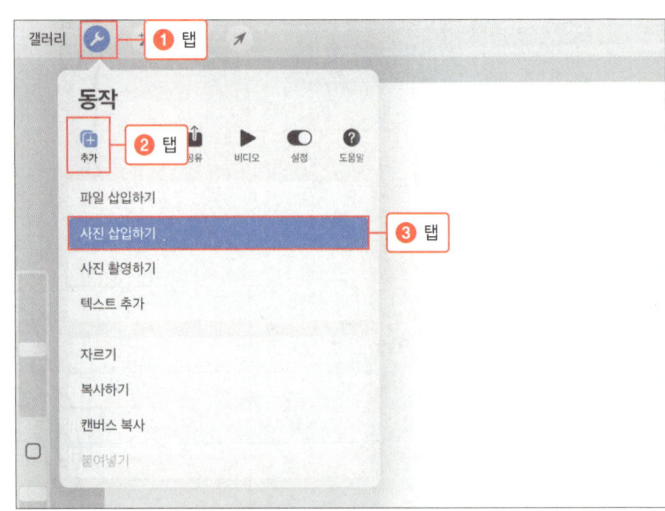

- 예제 파일 : 02\트레이싱.jpg, 텍스처.jpg
- 완성 파일 : 02\트레이싱_완성.Procreate, 트레이싱_완성.jpg

02 | 캔버스와 트레이싱할 대상의 위치를 고려하여 (변형( )) → 균등)을 선택한 다음 사진 크기를 조절합니다.

TIP 목적에 따라 자유형태, 왜곡, 비틀기 등을 활용할 수도 있습니다.

03 | (레이어(□))에서 (+) 버튼을 탭하여 '레이어 2'를 추가하고 '레이어 1'의 (N)을 탭하여 불투명도를 '30%'로 조절합니다.

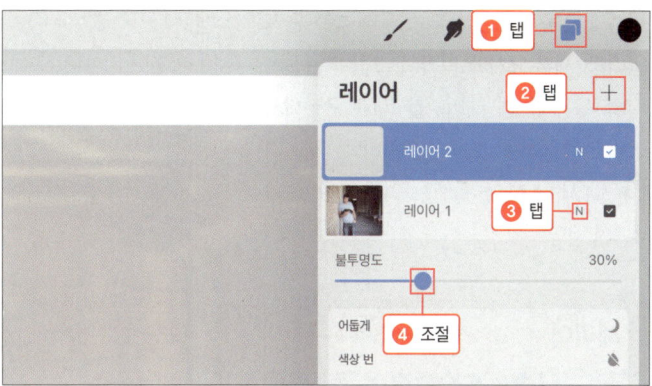

04 | (브러시(✏))→ 스케치 → 나린더 연필)을 선택하고 '레이어 2'에서 대상의 전체적인 윤곽을 따라 그려 줍니다.

사용 브러시 스케치 → 나린더 연필

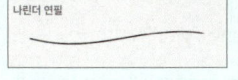

(나린더 연필)은 필압에 따라 투명도가 차이가 나기는 하지만 두께가 거의 일정해서 깔끔한 선을 따기 좋은 브러시입니다. (나린더 연필)을 눕혀서 스트로크하면 얇고 두꺼운 선을, 나린더 연필을 세웠다면 얇고 단정한 연필 느낌의 브러시를 확인할 수 있습니다. 러프한 스케치를 정돈할 때도 활용하는 브러시로 트레이싱에도 적합합니다.

05 | (레이어(□))에서 '레이어 1'을 체크 해제합니다. 대상의 외곽선을 중심으로 윤곽을 딴 것만으로도 드로잉이 반쯤 완성이 되었습니다.

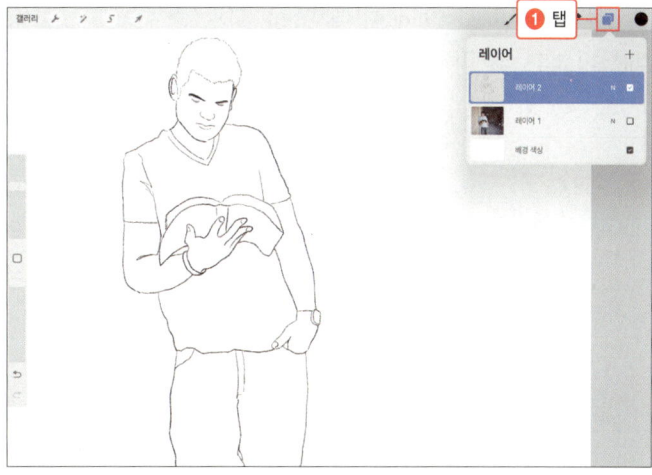

01 다양한 연필 브러시로 크로키 연습하기 **83**

06 | 다음 단계는 세부 묘사를 하는 단계입니다. 세부 묘사에 따라서 그림이 완전히 달라지기 때문에 레이어를 따로 구분해서 그리고 수정하는 것을 추천합니다. (레이어(■))에서 (+) 버튼을 탭하여 '레이어 3'을 추가합니다.

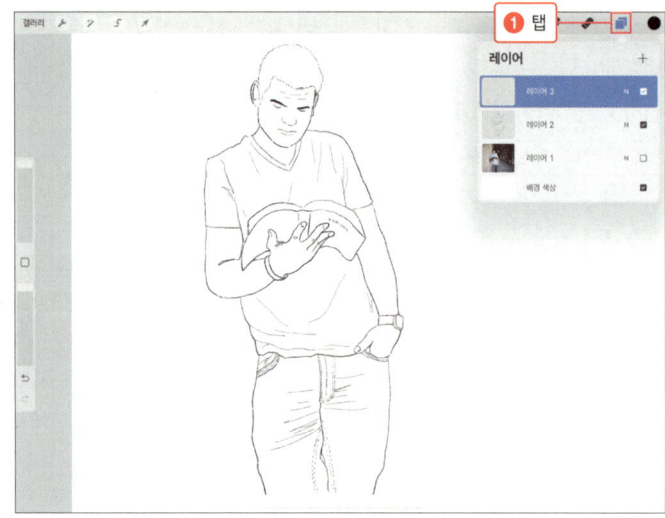

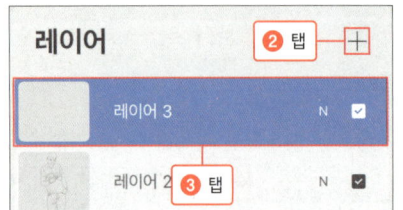

07 | '레이어 3'에 세부 묘사를 합니다. 머리카락을 구불거리는 선으로 채우기도 하고, 책을 채색한 것처럼 일자선을 반복해서 그려도 좋습니다. 바지를 채색한 것처럼 연필을 눕혀서 채색하는 방법도 있습니다.

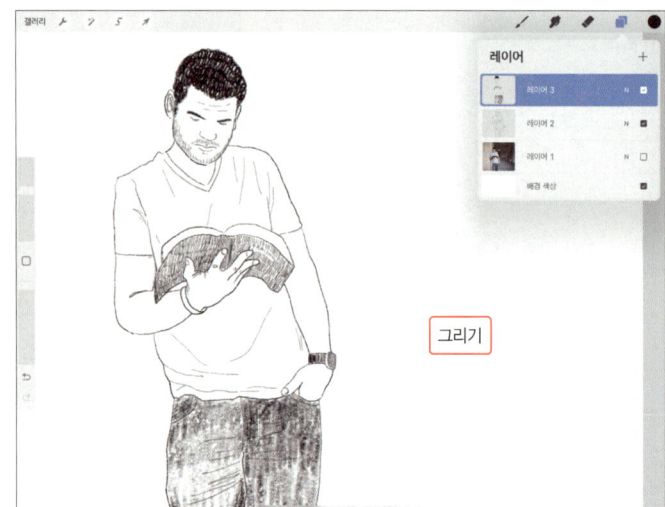

08 | 간단한 명암 표현을 위해서 레이어를 생성하겠습니다. (레이어(■))에서 (+) 버튼을 탭하여 '레이어 4'를 추가합니다.

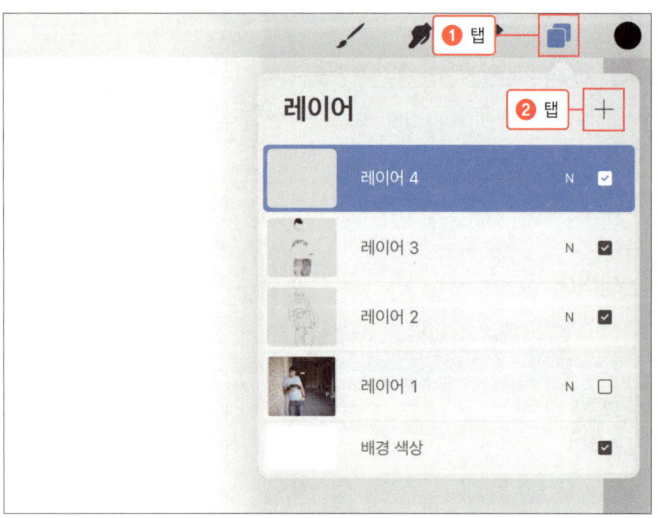

09 | 브러시의 크기를 최대로, 불투명도를 '1%'로 조절합니다. 연필 브러시들은 불투명도를 아주 낮게 해주어야 투명도의 차이를 잘 확인할 수 있습니다.

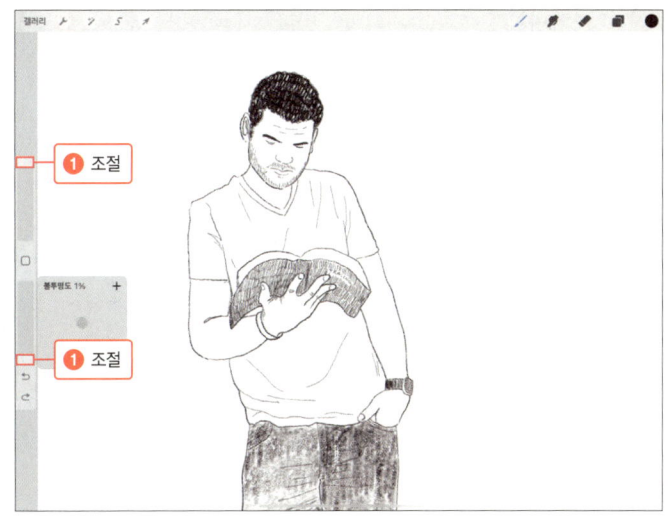

10 | '레이어 4'에 간단한 그림자를 표현합니다. 이제 그림에 아날로그적인 느낌을 내기 위해서 텍스처 파일을 가져오겠습니다. 앞으로 그리는 그림 대부분을 텍스처 이미지 위에 그릴 것입니다.

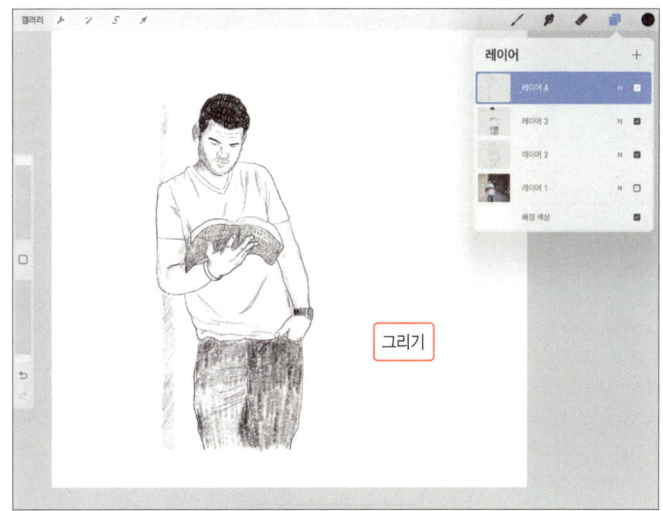

11 | (동작( ) → 추가 → 사진 삽입하기)을 탭하여 파일 앱 02 폴더에서 '텍스처.jpg' 파일을 불러옵니다.

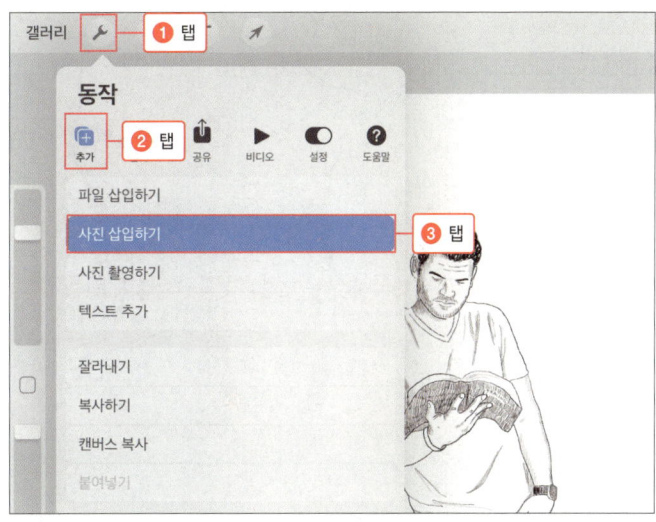

TIP 항상 파일에서 가져오고 싶다면 (파일에 저장)을 탭하여 저장해도 좋습니다.

12 | 내 캔버스를 모두 덮을 수 있는 만큼의 크기로 조절합니다.

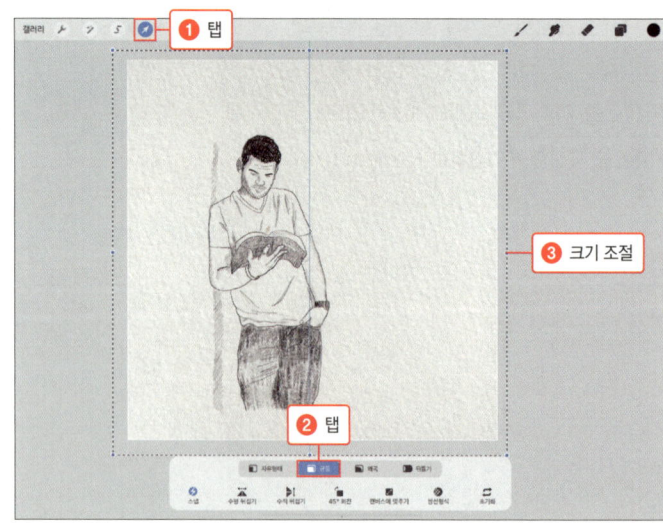

13 | 완성된 스케치를 확인합니다.

다양한 질감 브러시로 옷의 질감 표현하기

어릴 적 사람 모양의 종이에 여러 가지 옷을 입혀 보며 노는 종이 인형 놀이를 해본 적이 있습니다. 프로크리에이트에서도 레이어를 활용하면 비슷한 느낌의 놀이를 할 수 있습니다. 레이어 별로 다른 옷 스타일을 그려 보면서 간단한 옷을 그리는 연습을 하고 더불어 몇 가지 브러시를 추가로 살펴보도록 하겠습니다.

- 예제 파일 : 02\텍스쳐.jpg
- 완성 파일 : 02\옷 입히기1_완성.procreate, 옷 입히기1_완성.jpg, 옷 입히기2_완성.procreate, 옷 입히기2_완성.jpg, 옷 입히기3_완성.procreate, 옷 입히기3_완성.jpg

⑤ 더웬트
② 얼룩
④ 소프트 파스텔
③ 중간 노즐

사용 브러시

① 스케치 → 더웬트

더웬트

보슬보슬한 느낌이 나면서도 점의 간격이 조금 넓어서 귀여운 느낌이 나는 브러시입니다. 스케치하기에 좋습니다.

② 서예 → 얼룩

얼룩

먹이 퍼지는 느낌을 흉내 낼 수 있는 브러시로 적절한 스트로크로 그림에 재미를 더하기 좋습니다. 불투명도가 최대가 아니라서 겹치질 때 나타나는 얼룩도 재미를 주는 요소입니다.

③ 스프레이 → 중간 노즐

중간 노즐

적당한 스프레이 노즐로 가장 무난하게 활용할 수 있는 스프레이 브러시입니다. 외곽으로 갈수록 러프한 느낌의 점들이 퍼지는 것을 확인할 수 있습니다. 브러시 크기에 민감한 브러시입니다.

④ 스케치 → 소프트 파스텔

소프트 파스텔

두께감이 있는 스케치용 브러시이지만, 채색하면 색연필 느낌이 나기 때문에 대중적으로 많이 쓰이는 브러시입니다.

인물 뼈대 스케치하기

01 (동작(🔧) → 추가 → 사진 삽입하기)을 탭하여 파일 앱 02 폴더에서 '텍스처.jpg' 파일을 불러옵니다. (브러시(✏️) → 스케치 → 더웬트)를 선택하고 '레이어 1'에서 사람의 뼈대를 그립니다. 옷을 그려야 하기 때문에 부담 없는 동세를 선택하여 뼈대를 잡는 것을 추천합니다.

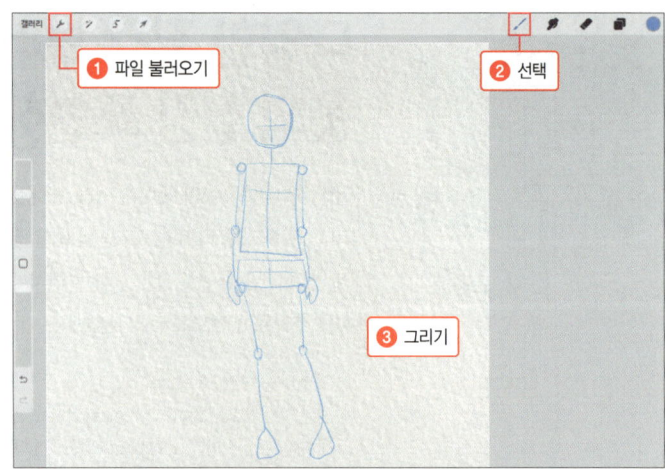

사용 브러시   스케치 → 더웬트

(더웬트)는 일반적인 연필 브러시로 필압을 인식하는 구간이 적어 비교적 안정적인 선을 표현하기 쉽고, 눕혔을 때 넓은 면의 선을 표현할 수 있습니다. (6B 연필)보다 변화가 적은 브러시라고 생각하면 쉽습니다. 더웬트 브러시로 어릴 적 했던 종이 인형 놀이 비슷하게 그림을 그려 보도록 하겠습니다.

02 (레이어(🗂))에서 (+) 버튼을 탭하여 '레이어 2'를 추가합니다. 뼈대를 바탕으로 몸의 형태를 그립니다.

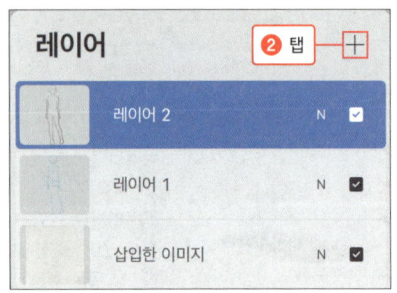

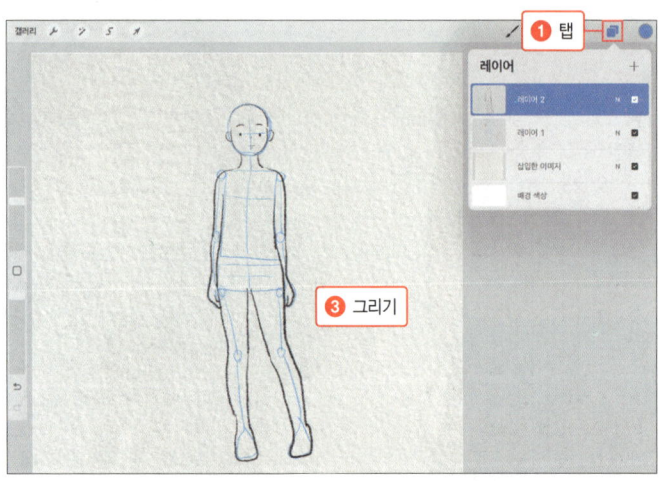

03 헤어스타일, 옷 표현을 간단히 해 보기 위해서 새로운 레이어를 만듭니다. (레이어(🗂))에서 (+) 버튼을 탭하여 '레이어 4'를 추가하고 '레이어 1'을 체크 해제합니다.

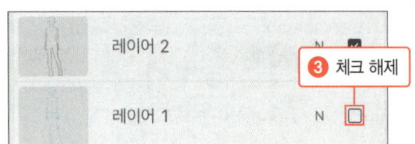

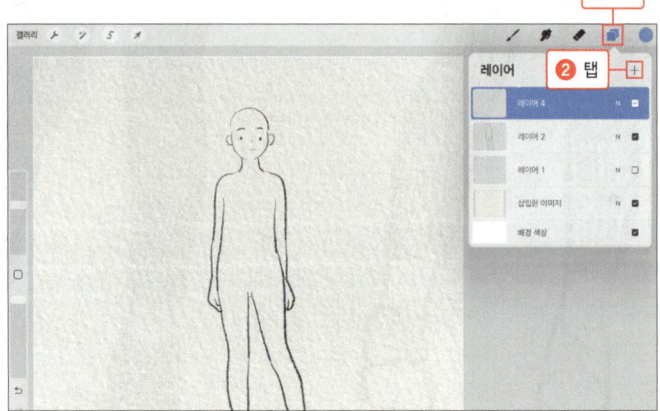

자연스러운 얼룩이 있는 옷 표현하기

01 머리카락을 그립니다. 원하는 머리 모양이 있다면 그려 봅니다.

TIP 예제에서는 짧은 머리에 머리띠를 착용한 스타일을 표현해 보았습니다.

02 같은 레이어에 옷도 표현합니다. 그리다 보면 몸과 옷이 구분이 안 될 수 있습니다. 이럴 때는 [레이어(■)]에서 몸의 형태를 표현한 '레이어 2'의 [N]을 탭하여 불투명도를 '50%'로 조절합니다.

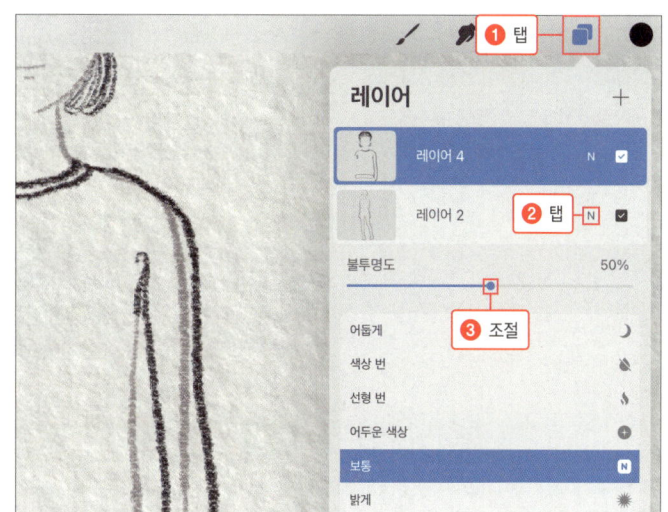

03 상의와 치마를 표현합니다.

TIP 몸의 동세를 생각하여 옷의 주름을 그립니다.

04 레깅스를 표현합니다. 검은색으로 표현하기 위해서 스케치 부분에서 지그재그로 표현하기 쉬운 길이를 연달아 그어 있는 방법으로 채색해 봅니다.

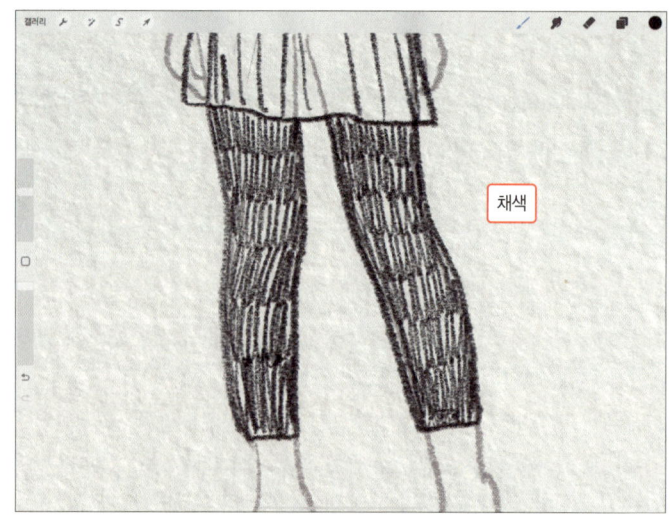

05 신발도 간단히 표현합니다.

06 옷을 채색해 보겠습니다. 채색할 레이어를 만들기 위해 (레이어(■))에서 (+) 버튼을 탭하여 '레이어 5'를 추가합니다. '레이어 4'와 '레이어 5'를 오른쪽으로 드래그하여 다중 선택하고 (그룹)을 탭하여 그룹화합니다.

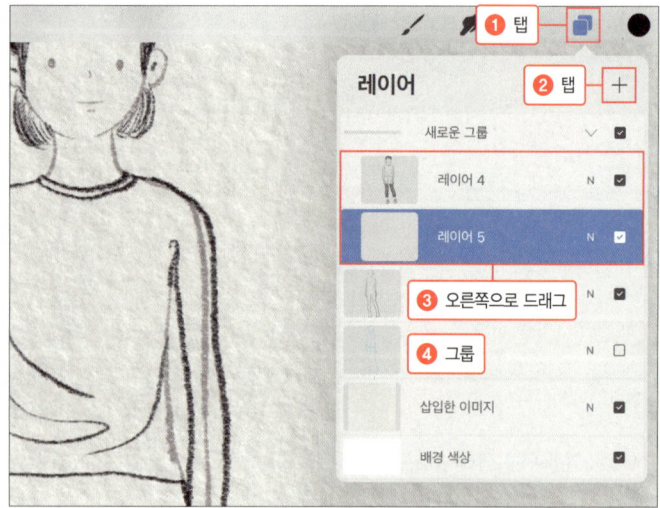

07 〔브러시(✎) → 서예 → 얼룩〕을 선택하고 〔색상(●)〕을 '검은색'으로 지정하여 치마를 채색합니다.

사용 브러시   **서예 → 얼룩**

디지털의 깔끔한 채색 방법이 아니라 아날로그적인 자연스러운 얼룩을 흉내 내는 브러시입니다.

08 〔얼룩〕을 여러 번 칠하면 겹칩 효과가 발생합니다. 브러시의 느낌을 느끼면서 채색하고 치마 바로 아래의 다리 부분에는 그늘이 지기 때문에 함께 채색해 주도록 합니다.

09 〔색상(●)〕을 '빨간색'으로 지정하여 상의도 채색합니다. 상의도 마찬가지로 〔얼룩〕으로 채색합니다.

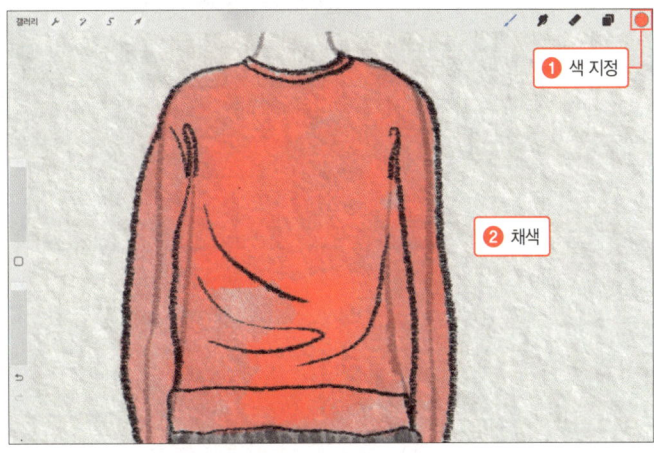

10 | (레이어(■))에서 캐릭터의 몸을 그렸던 '레이어 2'의 (N)을 탭하여 불투명도를 '최대'로 조절하여 느낌을 확인합니다.

줄무늬 있는 옷 그리기

01 | 다른 옷을 입혀보기 위해서 '새로운 그룹'을 체크 해제하고 (+) 버튼을 탭하여 '레이어 7'을 추가합니다. '레이어 2'의 (N)을 탭하여 불투명도를 다시 '50%'로 조절합니다.

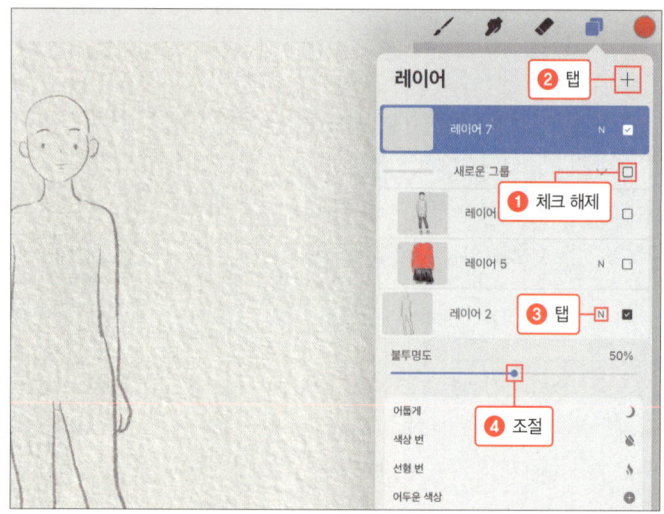

02 | '레이어 7'에서 헤어스타일을 표현합니다. 짧은 머리에 귀걸이를 해 보았습니다.

03 청 자켓에 줄무늬 티를 레이어드한 느낌으로 스케치합니다.

TIP 오버핏의 청 자켓을 그릴 때 팔 부분을 여유 있게 그리고 손을 넣은 주머니를 중심으로 옷 주름을 표현합니다.

04 딱 붙은 검은 바지 느낌으로 그리고 신발도 스케치합니다.

05 스케치가 끝나면 (레이어(■))에서 (+) 버튼을 탭하여 '레이어 8'을 추가하고 '레이어 7', '레이어 8'을 오른쪽으로 드래그하여 다중 선택한 다음 (그룹)을 탭하여 그룹으로 지정합니다.

06 〔색상(●)〕을 지정하고 〔브러시(✏️)〕
→ 스프레이 → 중간 노즐을 선택합니다.
브러시 크기를 조절하여 자켓과 티셔츠를
채색합니다.

TIP 〔중간 노즐〕은 겹침 효과가 따로 없으므
로 펜을 자주 떼었다 그려도 상관없습니다.

사용 브러시   스프레이 → 중간 노즐

스프레이 브러시도 채색을 하기에 좋은 브러시입니다. 꼼꼼하게 메꾸는 에어 브러시와는 다른 느낌이
라 자주 활용해 보며 느낌을 익히는 것이 좋습니다.

07 채색을 다하면 〔레이어(■)〕에서 '레
이어 2'의 〔N〕을 탭하고 몸통 레이어의 불투
명도를 다시 '최대'로 조절하여 느낌을 확인
합니다.

옷의 땡땡이 무늬 표현하기

01 마지막으로 다른 옷을 입히기 위해
서 〔+〕 버튼을 탭하여 '레이어 10'을 추가합
니다. '레이어 2'를 제외한 이전에 만든 레이
어는 모두 체크 해제합니다.

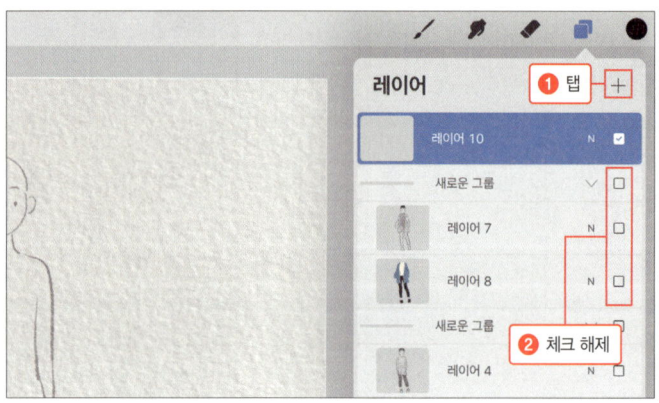

02 | '레이어 10'에서 머리카락을 그립니다. 머리카락의 색에 변화를 주기 위해 (레이어(■))에서 (+) 버튼을 탭하여 '레이어 11'을 추가합니다. '레이어 11'을 한 번 더 탭하여 (클리핑 마스크)를 선택합니다.

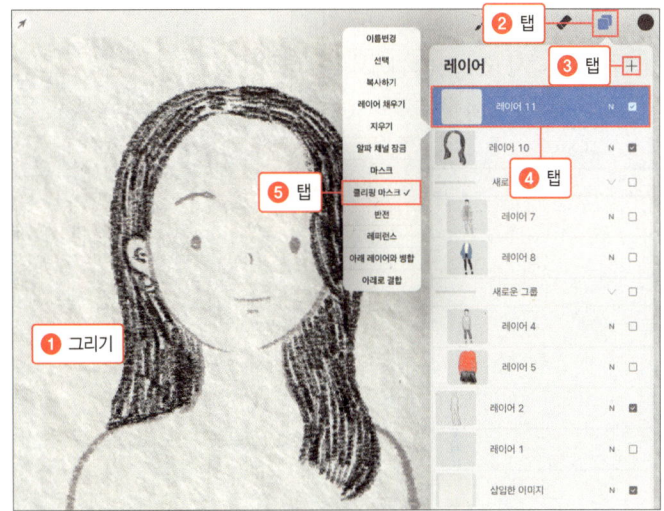

TIP 클리핑 마스크를 설정하면 아래쪽에 귀속된 레이어의 그림이 그려져 있는 부분에만 그림이 덧입혀지는 형식으로 그림이 그려집니다.

03 | (색상(●))을 '갈색'으로 지정하여 갈색으로 머리를 채색합니다. '레이어 11'에 그림을 그리면 '레이어 10'의 그림이 있는 부분에만 표시됩니다.

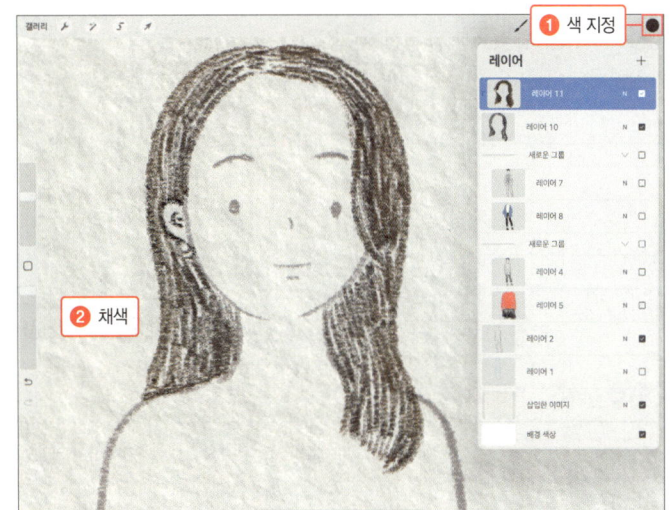

04 | 염색된 머리를 간단하게 완성했습니다. 머리는 클리핑 마스크 처리가 된 레이어가 있으므로 몸통은 새로운 레이어에 그리겠습니다. (레이어(■))에서 (+) 버튼을 탭하여 '레이어 12'를 추가하고 **줄무늬 있는 옷 그리기**의 05번과 같은 방법으로 '레이어 10'에서부터 '레이어 12'까지 그룹으로 지정합니다.

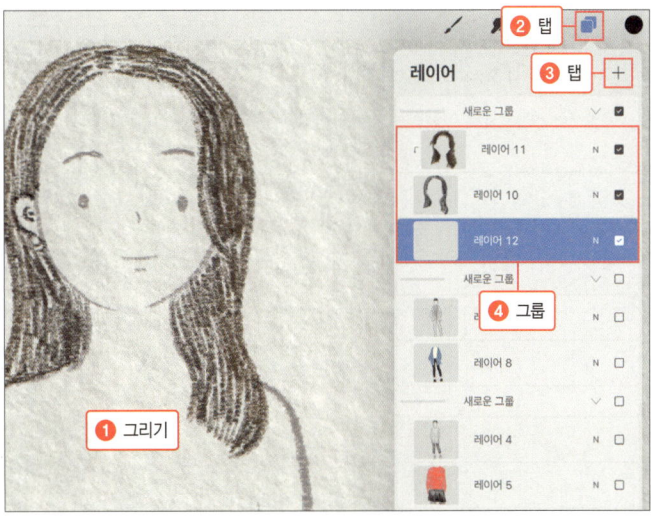

05 '레이어 12'에 원피스를 그렸습니다. 채색을 위해 다시 (레이어(■))에서 (+) 버튼을 탭하여 '레이어 14'를 추가합니다.

06 초록색 땡땡이 원피스를 입혀 보도록 하겠습니다. (색상(●))을 '초록색'으로 지정하고 (브러시(✐) → 스케치 → 소프트 파스텔)을 선택하여 원피스를 채색합니다.

사용 브러시 스케치 → 소프트 파스텔

 색연필 느낌을 주는 브러시입니다. 색감이 매우 좋아 채색할 때 많은 사람이 애용하는 브러시입니다.

07 (색상(●))을 '흰색'으로 지정하고 동그란 땡땡이를 표현하여 완성합니다.

96 PART 2. 기본 드로잉 브러시로 그림 그리기

Brush 03

6B 연필 브러시

6B 연필 브러시로 흑백톤의 일상 인스타툰 그리기

채색하지 않아도 재밌는 그림은 얼마든지 그릴 수 있습니다. 페이스북과 인스타그램 등 SNS를 통해서 흑백 톤의 그림을 그리는 사람들을 많이 볼 수 있습니다. 간단한 러프 스케치와 본 스케치만으로도 초보자도 잘 그린 그림을 그릴 수 있습니다. 이렇게 쉽게 일상을 그릴 수 있다면 재미있는 에피소드를 그려서 간직하고 주변 사람과 나누기도 수월할 것입니다. 즐거운 일상 그리기를 같이 해 볼까요?

● 완성 파일 : 02\6B 연필 4컷 만화_완성.procreate, 6B 연필 4컷 만화_완성.jpg

사용 브러시

스케치 → 6B 연필

필압에 따라서 두께나 진하기의 변화가 유려하다고 볼 수 있는 〈6B 연필〉 브러시입니다. 손 그림과 비슷하게 구현할 수 있는 브러시로 사실 스케치, 밑그림 용도로 가장 사랑받는 브러시입니다.

4컷 인스타툰 그리기

01 한 번쯤 보았을 인스타툰 형식으로 일상을 기록해 보겠습니다. 네 컷 만화 형식으로 표현할 것이기 때문에 미리 캔버스를 구분해 두면 좋습니다. (동작(🔧) → 캔버스 → 그리기 가이드 편집)을 선택합니다.

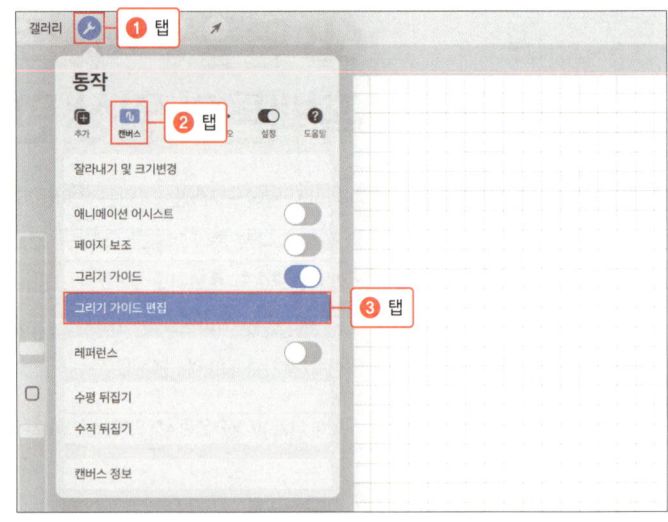

02 격자 크기를 '990px'로 조절하고 4등분 합니다. 예제에서는 각 컷에 들어갈 내용을 '힘들다 → 더 지친다 → 눕는다 → 힐링'으로 단어를 구상하여 그려 보겠습니다.

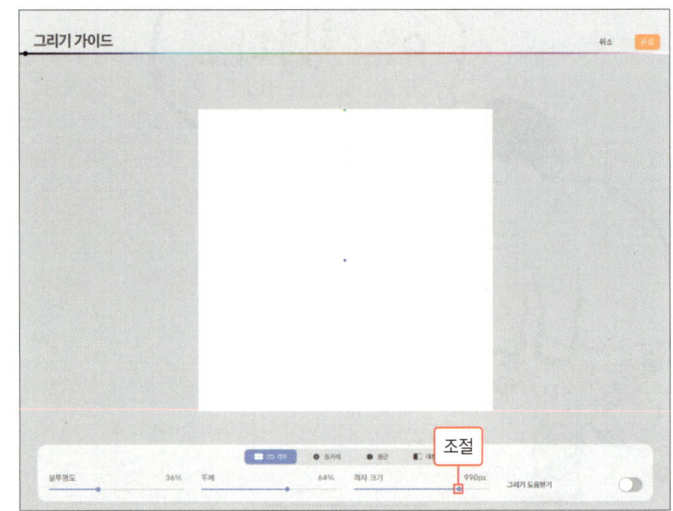

03 (브러시(✏️) → 스케치 → 6B 연필)을 선택합니다. 먼저 힘든 것을 표현하기 위해 몸이 아래로 처진 채로 걷는 사람을 표현하고 대사도 적어 봅니다.

04 두 번째는 더 지친 모습을 위해서 엎드려서 부들부들 떠는 상태로 스케치하고 대사도 적어 봅니다.

05 세 번째는 아예 지쳐서 쓰러진 모습을 그렸습니다. 몸 주변에 먼지를 그리고 '털썩'이라는 단어도 적어 방금 누운 모습을 표현했습니다. 마지막 컷이 엔딩이기 때문에 미리 고양이가 걸어오는 모습을 그렸습니다.

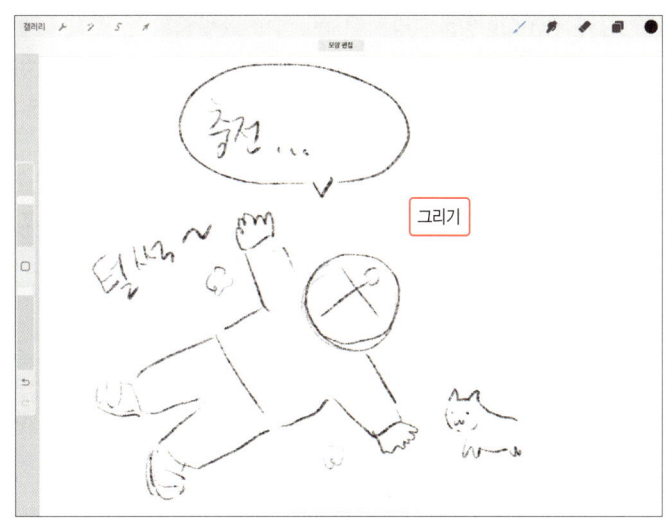

06 네 번째 컷은 고양이가 사람의 배 위에 올라와서 '식빵 굽기'하는 모습을 그릴 예정입니다. 여전히 그 자리에 누워있을 예정이라 이미 그려둔 것을 활용하려고 합니다. (선택(s) → 올가미)를 탭하여 세 번째 컷 사람을 드래그하여 지정하고 (복사 및 붙여넣기)를 탭합니다.

07 (변형( ))을 탭하여 복사된 부분을 네 번째 컷 위치로 이동합니다.

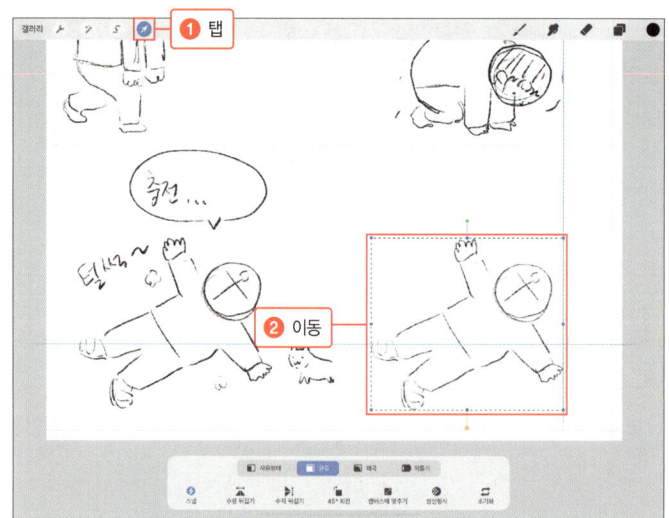

08 배 위에 고양이를 그리고 대사도 적어 네 컷의 만화의 스토리를 마무리합니다.

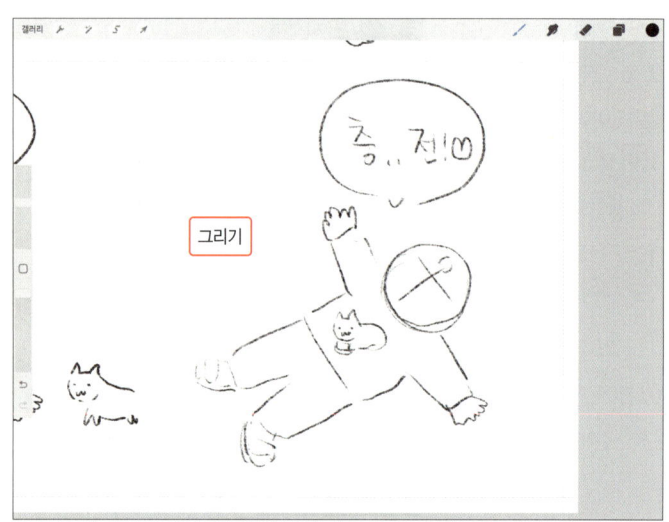

09 본 스케치를 해 보겠습니다. (레이어( ))에서 (+) 버튼을 탭하여 '레이어 2'를 추가하고 '레이어 1'의 (N)을 탭하여 불투명도를 '30%'로 조절합니다. 다시 '레이어 2'를 선택하여 그림을 그립니다.

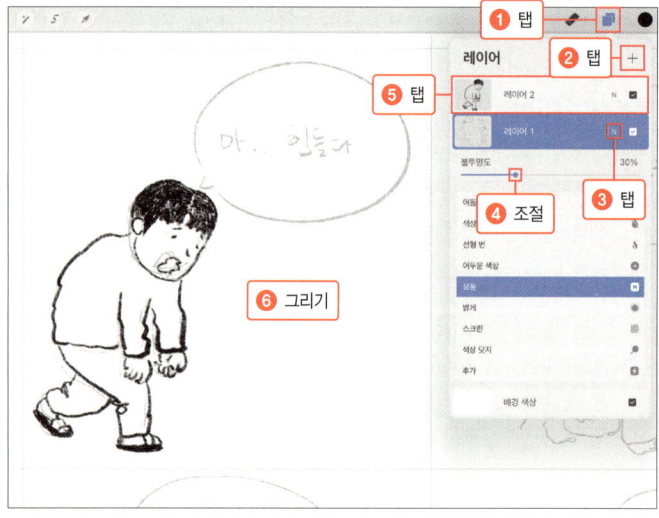

10 펜을 눕혀 스트로크하는 방법으로 바지를 채색하여 손 그림 느낌을 표현합니다.

11 러프하게 써 두었던 대사도 깔끔하게 다시 써줍니다.

12 두 번째 컷도 마찬가지로 명료하고 깔끔하게 그립니다. 캐릭터의 바지를 채색한 방법과 같은 방법으로 바닥에 그림자를 표현해 주면 약간의 입체감이 생깁니다.

13 세 번째 컷도 깔끔하게 그립니다. 그리면서 마음에 안 들었던 선을 수정해도 좋습니다.

TIP 그림자 부분에 펜을 눕혀 스트로크 하면 자연스러운 그림자를 만들 수 있습니다.

14 네 번째 컷도 깔끔한 선으로 다듬습니다. 눕는 자세를 약간 변형하고 싶어 팔과 다리에 변화를 조금 주었습니다. 이렇게 자기 마음에 들게 변형하는 과정을 통해 그림이 완성됩니다.

15 완성한 그림을 확인하기 위해 (레이어(■))에서 '레이어 1'을 체크 해제합니다. 깔끔하게 완성된 네 컷 만화가 완성되었습니다.

Brush

04

Procreate 펜슬 브러시

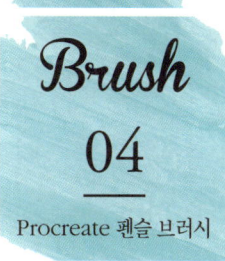

Procreate 펜슬 브러시로 보슬보슬 고양이 그리기

반려동물과 함께 하는 인구가 많아지면서 사랑스러운 반려동물을 그리고 싶은 욕구도 함께 증가했습니다. 처음부터 너무 잘 그리려고 하면 쉽지 않습니다. 쉬운 형태와 만화적인 표현으로도 동물을 그리는 즐거움을 느낄 수 있습니다.

- 완성 파일 : 02\Procreate 펜슬 고양이_완성.procreate, Procreate 펜슬 고양이_완성.jpg

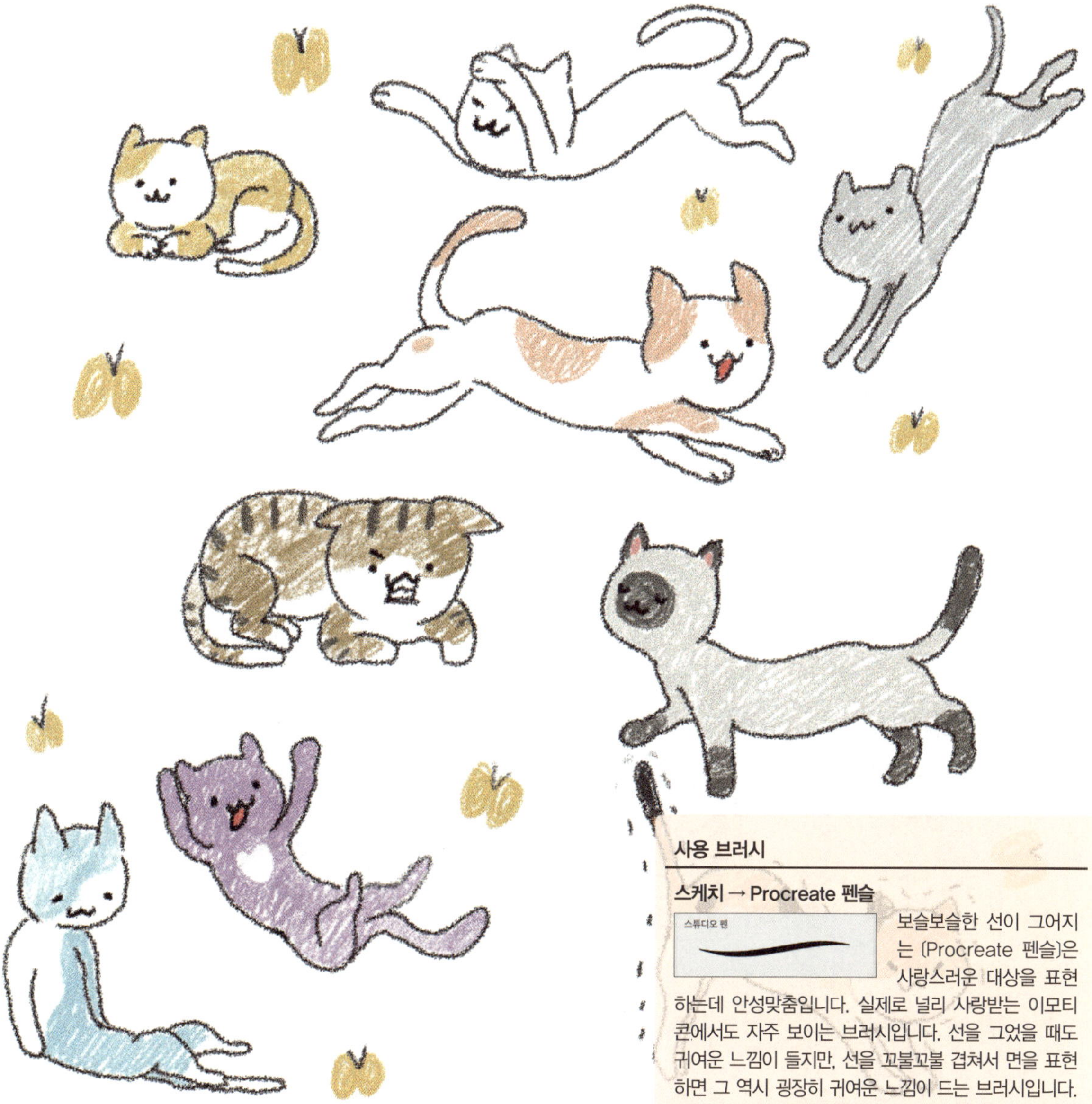

사용 브러시

스케치 → Procreate 펜슬

보슬보슬한 선이 그어지는 (Procreate 펜슬)은 사랑스러운 대상을 표현하는데 안성맞춤입니다. 실제로 널리 사랑받는 이모티콘에서도 자주 보이는 브러시입니다. 선을 그었을 때도 귀여운 느낌이 들지만, 선을 꼬불꼬불 겹쳐서 면을 표현하면 그 역시 굉장히 귀여운 느낌이 드는 브러시입니다. (Procreate 펜슬)과 함께 사랑스러운 고양이들을 그려 봅시다.

다양한 형태의 고양이 그리기

01 ｜ (브러시(✎) → 스케치 → Procreate 펜슬)을 선택하고 동그라미와 선들로 고양이의 형태를 잡습니다. 유연한 고양이는 굉장히 다양한 자세가 가능하기에 우리들의 상상력을 충분히 받아줄 수 있을 것입니다. 예제에서는 9마리의 고양이 형태를 그려 보았습니다.

02 ｜ 뼈대를 잡았으면 이를 바탕으로 스케치를 해야 합니다. (레이어(■))에서 (+) 버튼을 탭하여 '레이어 2'를 추가합니다. 뼈대는 참고만 할 것이기 때문에 '레이어 1'의 (N)을 탭하여 불투명도를 '30%'로 조절합니다.

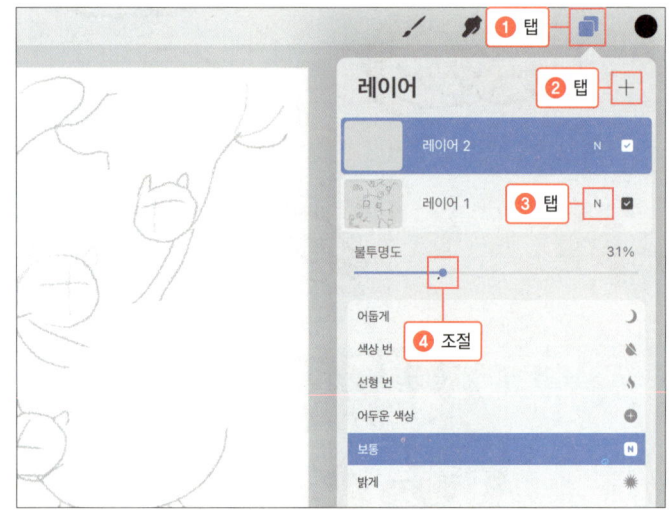

03 ｜ 뼈대를 바탕으로 살을 붙여 고양이를 완성합니다. 완벽한 스케치가 아니어도 괜찮으니 부담 없이 살을 붙여 나갑니다.

04 모든 뼈대에 살을 붙여 스케치를 완성합니다.

05 채색하기 위해서 [레이어(■)]에서 [+] 버튼을 탭하여 '레이어 3'을 추가하고 '레이어 3'을 스케치 레이어인 '레이어 2'의 아래로 이동합니다. 뼈대는 이제 필요 없으므로 '레이어 1'을 체크 해제합니다.

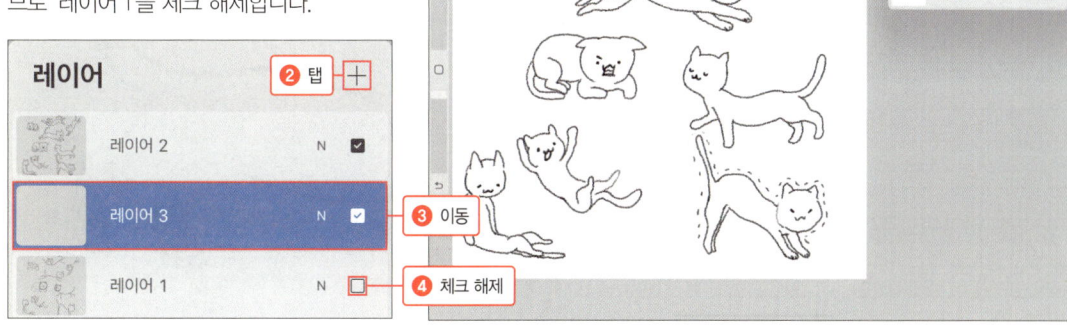

06 [색상(●)]을 '회색'으로 지정하여 고양이를 채색합니다.

07 무늬가 있는 고양이도 그려 봅니다.

TIP '배경 색상'이 흰색이면 굳이 흰색은 칠하지 않아도 됩니다.

08 샴고양이도 그려 봅니다. (색상(●)) '회색', '짙은 고동색', '분홍색'으로 지정하여 채색합니다. 부분부분 빈틈이 있게 채색하면 그 나름대로 귀여운 채색이 됩니다.

10 같은 방법으로 다른 고양이도 채색합니다. 보라색이나 하늘색 같은 특이한 색으로 채색하여 나만의 고양이를 표현해도 좋습니다.

10 그림의 허전함을 메꾸고 통일성을 주기 위해서 고양이들의 중간중간에 나비를 그려 넣습니다. 노란 동그라미 두 개와 'V' 모양의 더듬이만 표현해도 귀여운 나비가 완성됩니다.

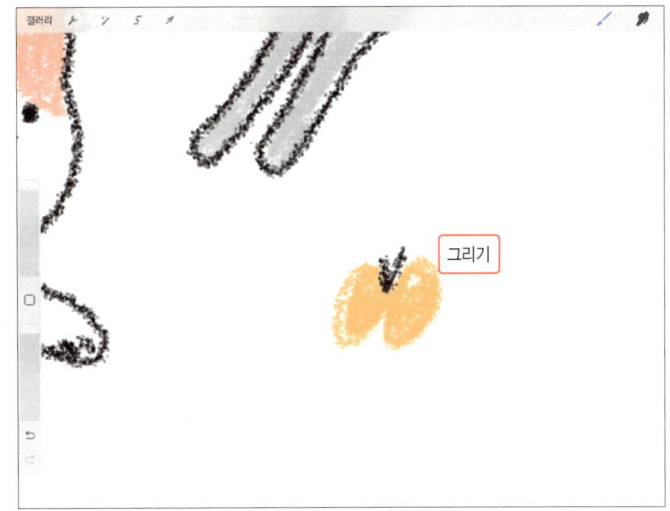

11 완성된 그림에 좀 더 손 그림 느낌을 주기 위해 (조정(🪄) → 노이즈 효과)를 탭합니다.

12 (구름)을 탭하고 슬라이더를 좌우로 드래그하여 노이즈 효과를 '30%'로 조절하여 완성합니다.

Brush 05
소프트 파스텔 브러시

소프트 파스텔 브러시로 색연필 느낌의 그림 그리기

처음에 아이패드를 켜고 프로크리에이트를 실행하면 빈 캔버스가 보입니다. 무엇을 그려야 할지 막막하고 잘 그릴 자신도 없기 마련입니다. 이럴 때 그저 이것저것 단순하면서도 쉬운 그림을 끄적끄적해 보는 것을 추천합니다. 우리가 그림에 흥미를 가지고 그리기 시작한 시점을 생각해 보면 대부분 연습장이나 책에 그리는 부담 없는 그림을 그릴 때였을 겁니다. 그때처럼 재미 삼아 색연필 느낌의 브러시로 이런저런 형태를 그려 봅시다.

- 완성 파일 : 02\사람 얼굴 스케치_완성.procreate, 동물 스케치_완성.procreate, 소프트 파스텔 일러스트_완성.procreate, 사람 얼굴 스케치_완성.jpg, 동물 스케치_완성.jpg, 소프트 파스텔 일러스트_완성.jpg

사용 브러시

❶ 스케치 → Procreate 펜슬

처음 그림을 시작할 때 쓸 브러시는 프로크리에이트 어플의 기본 브러시입니다. 몽실몽실한 선이 처음 그림을 그리는 여러분의 마음을 몽글몽글한 아이의 기분으로 돌아가게 만들어 줄 법한 브러시입니다.

❷ 스케치 → 소프트 파스텔

아이들이 쓰는 색연필같이 귀여운 느낌의 브러시입니다. 어딘가 빈틈이 있어 보이는 브러시로 슥 문지르기만 해도 사랑스러운 채색이 가능한 브러시입니다.

인물 스케치하기

01 새로운 캔버스를 만듭니다. 먼저 여러 가지 얼굴을 그려 보면서 그림의 재미를 찾아 나가 보겠습니다. (브러시(✏️) → 스케치 → Procreate 펜슬)을 선택하고 동그라미, 네모, 세모부터 다양한 형태의 도형을 그립니다.

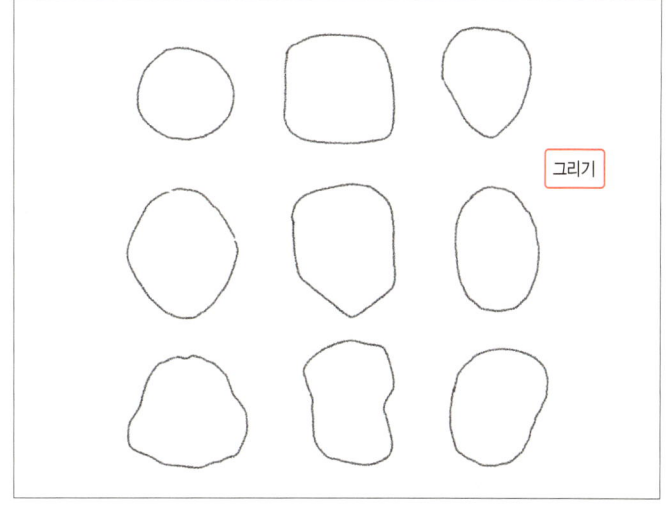

02 그려 놓은 형태에 다양한 스타일의 머리카락을 그립니다. 지그재그나 5:5 머리, 곱슬머리, 민머리, 파마머리 등 생각나는 대로 그려 봅니다.

03 얼굴 형태에 어울릴 것 같은 눈코입을 그립니다. 정해진 것은 없이 느낌 가는 대로 그려 9명의 얼굴을 완성했습니다.

동물 스케치하기

01 이제 동물을 그려 보겠습니다. 새로운 그림을 그리기 위해 새로운 캔버스를 만들어 보겠습니다. (레이어(⬛))에서 (+) 버튼을 탭하여 '레이어 2'를 추가하고 기존에 스케치한 '레이어 1'을 체크 해제 합니다.

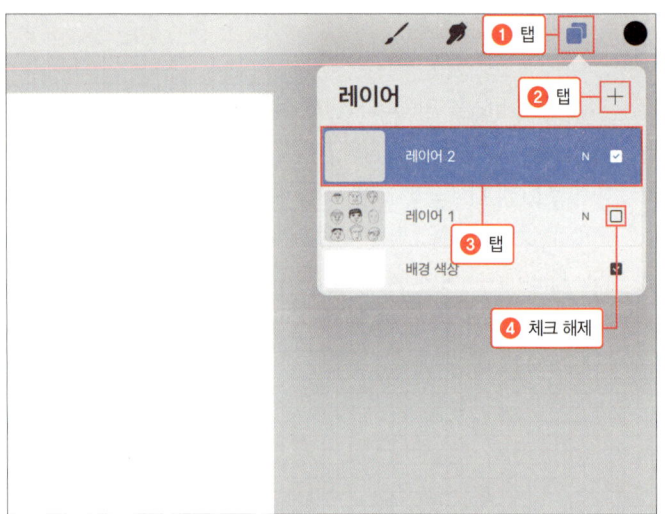

02 동물의 기다란 몸통을 그립니다. 어떤 동물이 될지는 아직 알 수 없으니 길게도 그려보고 짧게도 그려 봅니다.

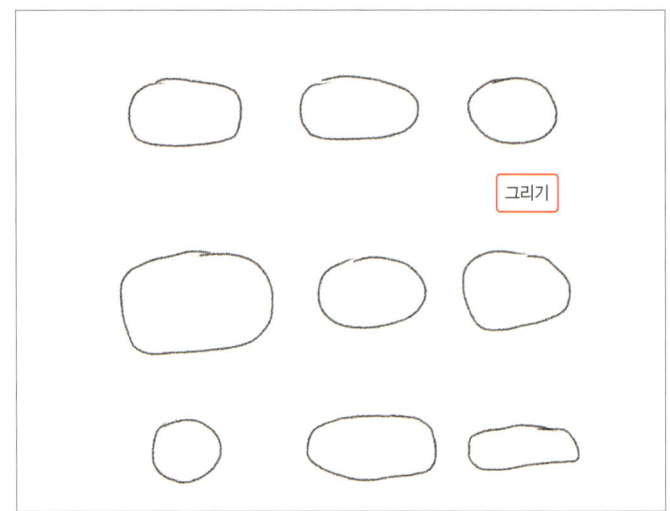

TIP 통일된 형태가 아니어도 되니 다양하게 그려 봅니다.

03 몸통에 어울릴 것 같은 얼굴을 그립니다. 겹치는 부분이 자연스럽게 생깁니다. (지우개(✏))를 선택한 다음 얼굴과 몸통 선이 겹치는 부분을 지웁니다.

TIP (지우개(✏))도 (브러시(✏))와 마찬가지로 왼쪽 상단 바에서 크기 조절이 가능합니다.

04 굴과 몸통을 잘 보고 생각나는 동물의 눈, 코, 입, 귀, 꼬리 등을 표현합니다. 강아지, 양, 소, 돼지, 고양이, 닭, 기린뿐만 아니라 외계 생명체나 사람 얼굴을 가진 미지의 동물을 그려도 재밌습니다.

색연필 느낌의 그림 그리기

01 이번에는 낙서 후에 간단히 채색해 보는 시간을 가져보도록 합니다. 먼저 스케치하여 편지 봉투를 그려 보겠습니다. **동물 스케치하기**의 01번과 같은 방법으로 레이어를 추가하고 사각형에 선 세 가닥을 그려 편지 봉투를 완성합니다.

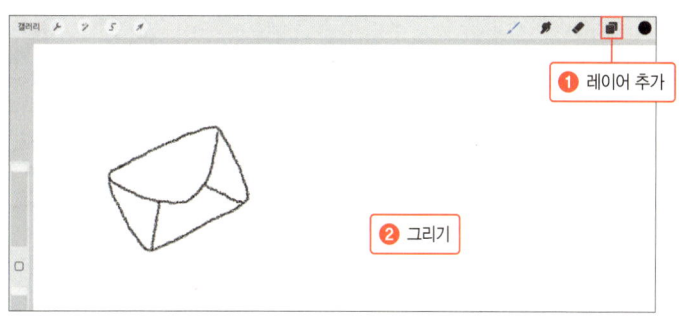

02 다음은 무지개를 그려 보겠습니다. 양쪽 구름 두 개를 그리고 반원으로 여러 번 이어주면 귀여운 스티커 혹은 일러스트 느낌의 무지개를 완성할 수 있습니다.

03 찻잔과 찻잔 받침을 그려 봅니다. 나중에 동그라미 안에 커피가 담긴 것을 채색으로 표현할 예정이므로 빈 잔으로 둡니다.

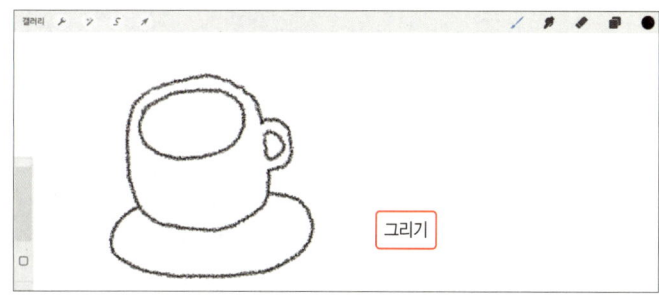

04 카메라를 그립니다. 모서리가 둥근 사각형을 그려 카메라 본체를 표현하고 원 두 개를 겹쳐 렌즈를 그립니다. 셔터 스위치나 플래시 터지는 작은 사각형도 그리면 완성입니다.

05 튤립 삼총사도 그립니다. 뾰족한 머리에 둥근 얼굴, 줄기와 이파리 두 개면 귀엽게 완성입니다.

06 자동차도 그려 보겠습니다. 원래 자동차는 더 복잡하지만 여기서는 간단한 일러스트 형태의 자동차를 그려 봅니다.

07 머리에 떠오르는 집을 그려 봅니다.

TIP 예제에서는 세모와 네모를 조합해서 간단한 형태의 집을 그려 보았습니다.

08 | 마주 보기를 하며 자라나는 이파리를 그려 봅니다.

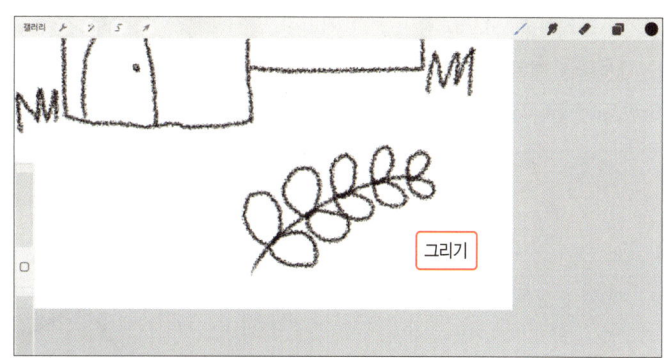

09 | 스케치가 끝났습니다. 채색하기 위해 '레이어 3' 아래에 새로운 레이어를 만들어 보겠습니다. (레이어(⬛))에서 '레이어 2'를 선택하고 (+) 버튼을 탭하면 '레이어 4'가 '레이어 3'의 아래 만들어집니다.

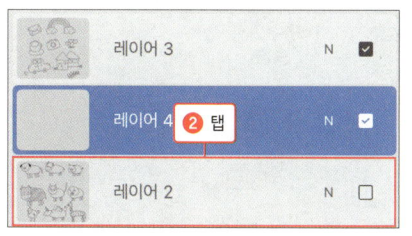

색연필 느낌의 그림 채색하기

01 | (브러시(✏️) → 스케치 → 소프트 파스텔)을 선택하고 원하는 색으로 채색하면 되는 간단한 작업입니다. 두 손가락으로 축소, 확대, 이동 회전이 가능하므로 자신이 채색하기 편한 작업 상태로 만들고 채색 작업을 하면 됩니다.

사용 브러시   스케치 → 소프트 파스텔

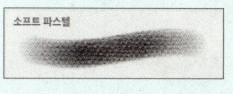

채색은 두께가 두껍고 재질의 느낌이 부드러운 (소프트 파스텔)로 해 보겠습니다. 같은 (스케치)에 있어서 찾기가 쉽고 색연필 느낌의 귀여운 브러시입니다.

02 스케치 때 표현하지 못했던 커피잔도 내용물을 채워 넣고 찻잔의 무늬도 간단하게 넣어 봅니다.

03 채색이 모두 끝나면 스케치 레이어와 채색 레이어를 그룹화해 주면 좋습니다. '레이어 3'과 '레이어 4'를 오른쪽으로 드래그하여 다중 선택하고 (그룹)을 탭합니다.

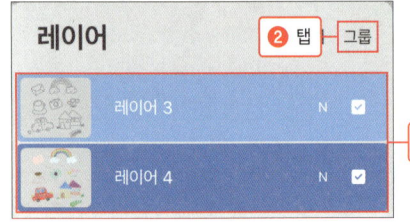

04 그림과 같이 (새로운 그룹)에 레이어가 들어갑니다. 추가 수정이나 그림의 복사, 이동, 선택할 일이 있을 때 편리하게 관리할 수 있습니다.

들쭉날쭉한 브러시

들쭉날쭉한 브러시로
레옹과 마틸다 그리기

붓으로 별생각 없이 슥슥 채색해서 그린 그림을 본 적이 있을 것입니다. 이런 그림을 좋아하는 사람이 생각보다 많습니다. 무엇보다 그림을 그리는 사람이 자신이 표현하고자 하는 바를 스트레스를 받지 않으면서 재밌게 그릴 수 있다는 점이 가장 큰 장점일 것입니다. 그림이 서투른 사람이 그려도 매력 있는 그림으로 만들어 주는 브러시를 소개합니다.

● 완성 파일 : 02\들쭉날쭉 레옹 마틸다_완성.procreate, 들쭉날쭉 레옹 마틸다_완성.jpg

사용 브러시

① 스케치 → 소프트 파스텔

소프트 파스텔

두께가 비교적 두꺼운 브러시로 스케치하기 좋습니다.

② 스케치 → 들쭉날쭉한 브러시

들쭉날쭉한 브러시

들쭉날쭉하게 선과 면을 표현할 수 있는 브러시로 이름도 (들쭉날쭉한 브러시)입니다. 특히 면을 표현할 때 일정하지 않아서 부담 없이 채색했다는 느낌을 줍니다.

06 들쭉날쭉한 브러시로 레옹과 마틸다 그리기 115

레옹과 마틸다 스케치하기

01 (브러시(✏️) → 스케치 → 소프트 파스텔)을 선택하고 선글라스와 모자를 쓴 레옹을 간단히 스케치합니다.

TIP 선글라스, 비니, 수염, 넓은 어깨를 강조하여 그립니다.

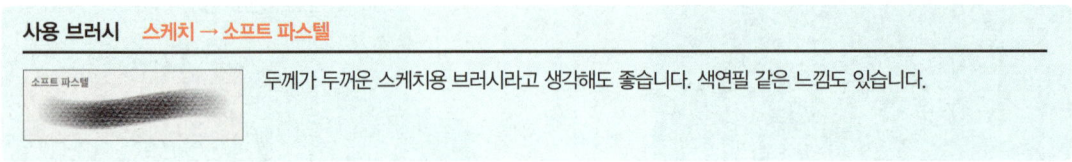

사용 브러시 　**스케치 → 소프트 파스텔**

두께가 두꺼운 스케치용 브러시라고 생각해도 좋습니다. 색연필 같은 느낌도 있습니다.

02 레옹 왼쪽에 선글라스와 비니를 쓴 마틸다를 그립니다.

TIP 전체적인 형태를 먼저 그리고 액세서리를 나중에 그립니다.

03 길과 건물을 구분하는 선을 긋습니다.

TIP 1점 투시도법을 이용하여 캔버스의 중앙으로 시선이 모이도록 합니다.

04 (레이어(📄))에서 (+) 버튼을 탭하여 '레이어 2'를 추가하고 '레이어 1' 아래로 이동합니다. '레이어 1'의 (N)을 탭하여 불투명도를 '30%'로 조절합니다.

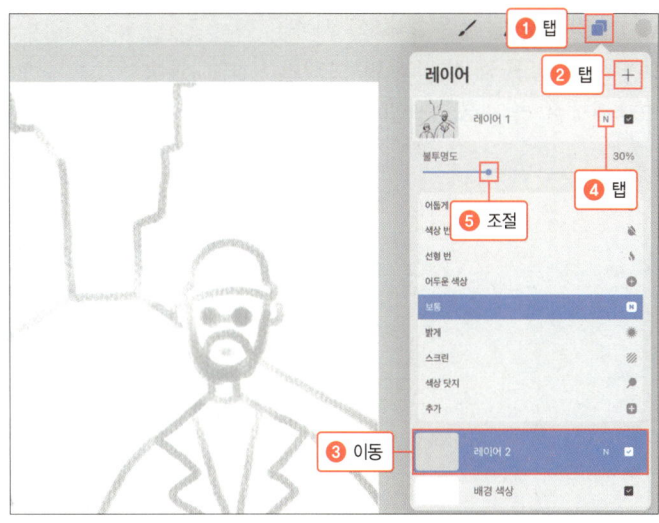

레옹과 마틸다 채색하기

01 (브러시(✏️)) → 페인팅 → 들쭉날쭉한 브러시)를 선택하고 (색상(⬤))을 '회색'으로 지정하여 바닥을 채색합니다.

사용 브러시 페인팅 → 들쭉날쭉한 브러시

선을 그으면 불규칙하게 빈틈이 생기는 효과를 주는 브러시입니다. 스트로크 방향과 브러시의 크기에 따라서 각기 다른 붓질 느낌을 줍니다.

02 (색상(⬤))을 '밝은 주황색'으로 지정하여 하늘을 채색합니다.

03 [색상(●)]을 '짙은 회색'으로 지정하여 양쪽의 건물을 채색합니다. 먼저 크기를 크게 해서 큰 면을 먼저 채색합니다.

04 브러시 크기를 작게 조절하여 채색되지 않은 부분을 한 번 더 채색합니다.

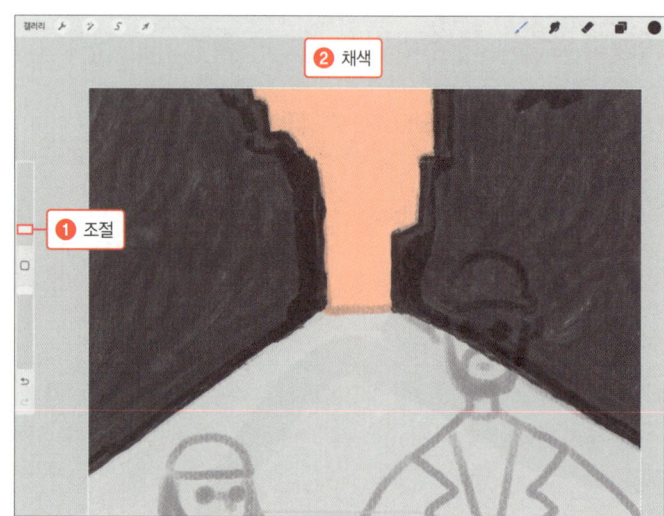

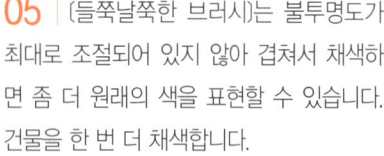

TIP 채색하다 수정하고 싶은 부분이 생기면 왼쪽 바의 [□] 버튼을 탭하여 색 추출하여 수정합니다.

05 [들쭉날쭉한 브러시]는 불투명도가 최대로 조절되어 있지 않아 겹쳐서 채색하면 좀 더 원래의 색을 표현할 수 있습니다. 건물을 한 번 더 채색합니다.

06 | [레이어(■)]에서 [+] 버튼을 탭하여 '레이어 3'을 추가하고 '레이어 2' 위로 이동합니다. '레이어 2'를 체크 해제합니다.

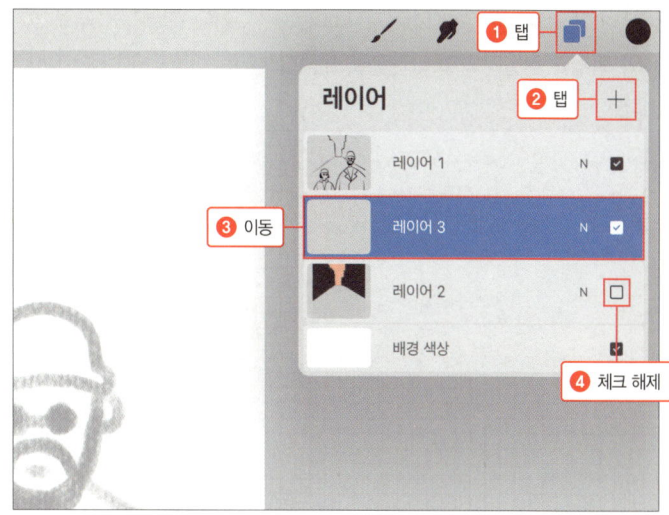

07 | [색상(●)]을 '살구색'으로 지정하여 피부를 채색합니다.

08 | [색상(●)]을 '카키색'으로 지정하여 레옹의 비니와 마틸다의 외투를 채색합니다.

09 | 〔색상(●)〕을 '갈색'으로 지정하여 레옹의 외투와 마틸다의 머리카락을 채색합니다.

10 | 〔색상(●)〕을 '검은색'으로 지정하여 레옹의 수염과 눈썹, 코, 선글라스 등을 표현합니다.

11 | 마틸다의 선글라스, 눈썹, 코, 목걸이 등도 그립니다.

12 〔색상(●)〕을 '짙은 분홍색'으로 지정하여 마틸다의 비니와 두 사람의 입과 볼터치를 그립니다.

13 〔레이어(▣)〕에서 '레이어 1'을 체크 해제하고 나머지 레이어를 체크 표시하여 〔들쭉날쭉한 브러시〕로 그린 그림을 확인합니다. 그림에서 디테일을 좀 더 묘사할 수 있는 부분을 찾습니다.

14 다시 '레이어 1'을 체크 표시하고 〔색상(●)〕을 '검은색'으로 지정하여 마틸다 모자의 털 모양을 그립니다.

06 들쭉날쭉한 브러시로 레옹과 마틸다 그리기 **121**

15 옷의 주름도 그려 형태를 명확히 합니다.

16 다시 (레이어(■))에서 '레이어 1'을 체크 해제하고 그림을 확인합니다. 불투명도가 최대가 아닌 브러시 특성 때문에 캐릭터가 약간 투명하게 보입니다.

17 '레이어 3'을 오른쪽으로 드래그하여 복제합니다. 캐릭터가 더 선명해지는 것을 확인할 수 있습니다. 더 표현하거나 다듬을 부분이 있다면 수정하여 그림을 완성합니다.

머큐리 브러시로
필압을 이용한 인물 일러스트 그리기

많은 색을 쓰지 않고도 멋들어진 그림을 그릴 수 있습니다. 한 가지 색을 포인트로 주어도 되고 두세 개의 색을 포인트로 주어도 됩니다. 가장 어두운 부분을 한 가지 색으로 정하고, 또 다음 어두운색을 다른 한 가지 색으로 정해 간단하게 채색해 보면 느낌 있는 그림을 그릴 수 있을 뿐만 아니라 명암을 파악하는 데 도움이 되기도 합니다. 누구나가 다 아는 아인슈타인 이미지를 트레이싱하여 즐겁게 채색하는 시간을 가져 봅시다.

- 예제 파일 : 02\머큐리 아인슈타인.jpg, 텍스처.jpg
- 완성 파일 : 02\머큐리 아인슈타인_완성.procreate, 머큐리 아인슈타인_완성.jpg

사용 브러시

잉크 → 머큐리

(잉크)에 가장 먼저 등장하는 브러시입니다. 필압을 꽤 민감하게 반응하는 브러시로 그리다 보면 우연의 효과를 기대하기 좋은 브러시입니다. 스트로크가 겹쳤을 때 면이 뭉개지는 반응이 재미있는 브러시입니다. 단순히 겹치게 그려도 보고, 겹친 상태에서 면을 펴 바르면 희한한 경계가 나타납니다.

아인슈타인 그리기

01 〔동작(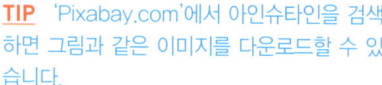) → 추가 → 사진 삽입하기〕을 탭하여 파일 앱 02 폴더에서 '머큐리 아인슈타인.jpg' 파일을 불러와 캔버스 중앙에 맞춥니다.

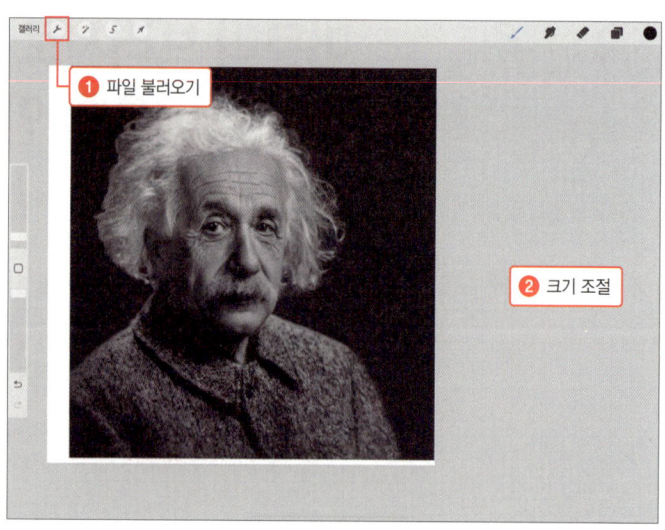

TIP 'Pixabay.com'에서 아인슈타인을 검색하면 그림과 같은 이미지를 다운로드할 수 있습니다.

02 〔레이어(■)〕에서 〔+〕 버튼을 탭하여 '레이어 2'를 추가하고 선택합니다. 이때 사진 이미지가 있는 '레이어 1'의 〔N〕을 탭하여 불투명도를 '30%'로 조절합니다.

03 〔브러시(✏) → 잉크 → 머큐리〕를 선택하고 브러시 크기를 '2%'로 조절합니다. 〔레이어(■)〕에서 '레이어 2'를 선택하고 아인슈타인의 외형을 따라 그립니다.

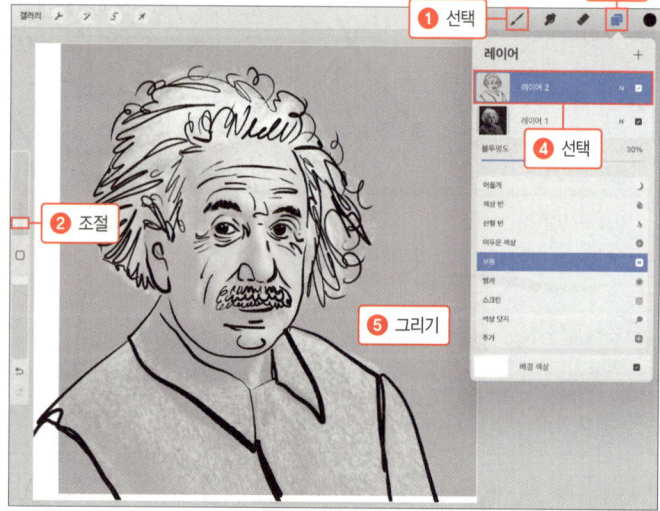

TIP 브러시 크기가 크면 필압을 민감하게 인식하기 때문에 작은 크기로 작업하는 것을 추천합니다.

04 이제 채색을 해 보겠습니다. 명암이 들어가는 부분을 쉽게 확인하기 위해서 (레이어(■))에서 '레이어 1'의 (N)을 탭하여 불투명도를 '80%'로 조절하고 (+) 버튼을 탭하여 '레이어 3'을 추가하고 '레이어 2' 아래로 이동합니다.

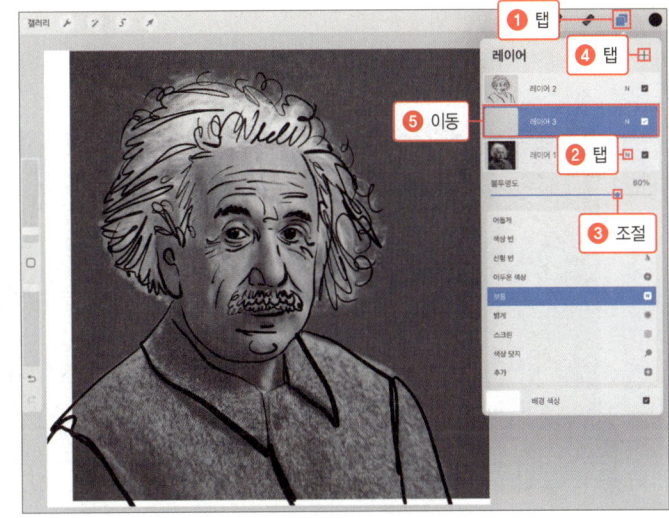

05 (색상(●))을 '탁한 노란색'으로 지정하여 이미지에서 약간 어두운 부분을 칠해 줍니다. 옷 부분에 점을 찍는 듯한 스트로크를 하면 면이 겹치는 부분에서 독특한 무늬가 생기는 것을 볼 수 있습니다.

06 어두운 부분을 채색하기 위해 (레이어(■))에서 (+) 버튼을 탭하여 '레이어 4'를 추가하고 '레이어 2' 아래로 이동합니다. '레이어 3'의 (N)을 탭하여 불투명도를 '30%'로 조절합니다.

07 머큐리 브러시로 필압을 이용한 인물 일러스트 그리기 **125**

07 이미지에서 가장 어둡게 그림자가 진 곳을 찾아 (색상(●))을 '탁한 남색'으로 지정하여 채색합니다. 같은 부분에 여러 번 채색하면 두 번째 이미지와 같이 잉크가 번진 듯한 흔적이 남습니다.

TIP 원하는 느낌이 날 때까지 스트로크를 반복하며 브러시의 느낌을 익힙니다.

08 두 가지 색 모두 채색이 끝나면 다시 '레이어 3'의 (N)을 탭하여 불투명도를 '최대'로 조절합니다.

09 밋밋한 느낌을 보완하기 위해 02 폴더에서 이전에 사용한 '텍스처' 파일을 '레이어 3' 아래로 불러옵니다. 본인이 원하는 느낌을 선택하여 저장합니다.

Brush 08
모노라인 브러시

모노라인 브러시로
면 느낌의 사람 그리기

유독 깔끔한 그림들을 자세히 보면 형태를 구분 짓는 최소한의 외곽선을 사용해 면의 느낌이 강하게 듭니다. 이번에는 레이어를 잘 구분하여 면 느낌의 일러스트를 그려 보도록 하겠습니다. 레이어를 나누는 작업이 어색하게 느껴질 수도 있지만 복잡한 그림일수록 레이어를 잘 구분해 두어야 하므로 간단한 그림부터 연습해 보도록 합니다.

● 완성 파일 : 02\모노라인 사람_완성.procreate, 모노라인 사람_완성.jpg

사용 브러시

서예 → 모노라인

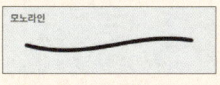

깔끔한 면을 채우기에 모노라인 브러시 만한 것이 없습니다. 필압이 없어 투명도나 두께가 일정하므로 형태를 잡는 데 매우 유리합니다. 모노라인의 Color Drop 기능을 적극적으로 활용하여 드로잉을 해 봅시다.

편안한 복장을 입은 사람 그리기

01 [브러시(✏️) → 서예 → 모노라인]을 선택하고 간단하게 도형으로 사람의 형태를 잡습니다. 얼굴이 작고 어깨가 넓은 큼지막한 느낌의 사람을 그리기 위하여 비율을 조정했습니다.

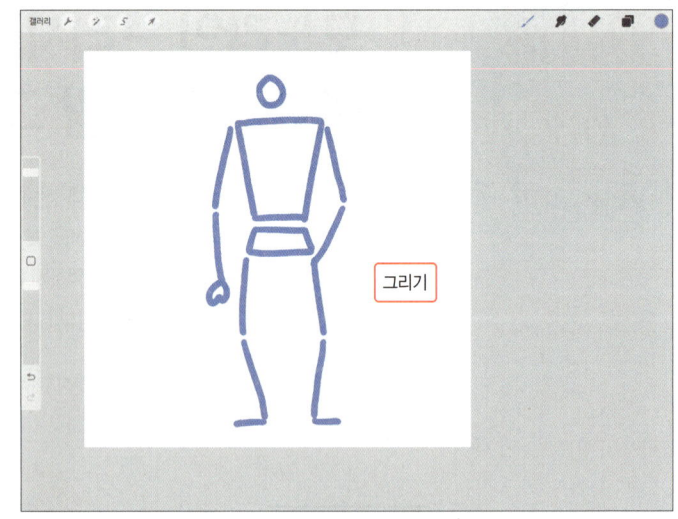

02 스케치를 이어가기 위해서 [레이어(🗐)]에서 [+] 버튼을 탭하여 '레이어 2'를 추가하고 선택합니다. '레이어 1'의 (N)을 탭하여 불투명도를 '30%'로 조절합니다.

03 편안한 복장의 사람을 그렸습니다. 원하는 형태로 그리되 연습하는 단계이니 너무 복잡하지 않은 자세, 복장으로 그리는 것을 추천합니다.

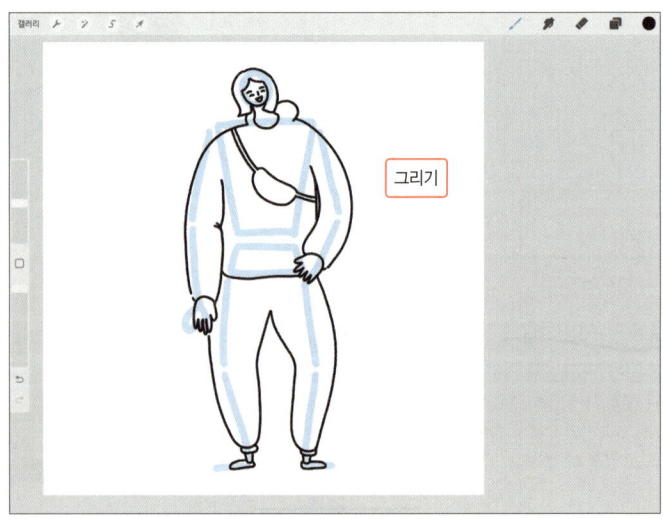

04 스케치를 마치고 채색하기 위해 (레이어(■))에서 (+) 버튼을 탭하여 '레이어 3'을 추가합니다. 이때 '레이어 1'을 체크 해제하고 '레이어 2'의 (N)을 탭하여 불투명도를 '30%'로 조절합니다.

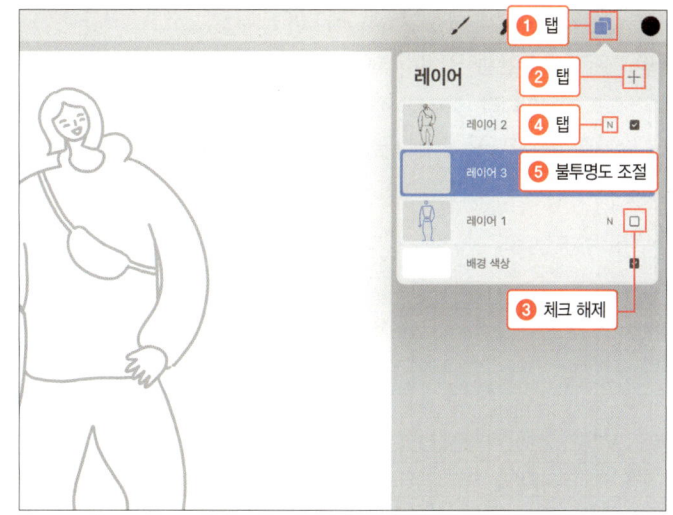

05 피부 부분부터 채색하겠습니다. 피부가 드러나는 곳을 빈틈없이 외곽선을 그린 다음 (색상(●))을 '갈색'으로 지정하고 드래그하여 채색합니다.

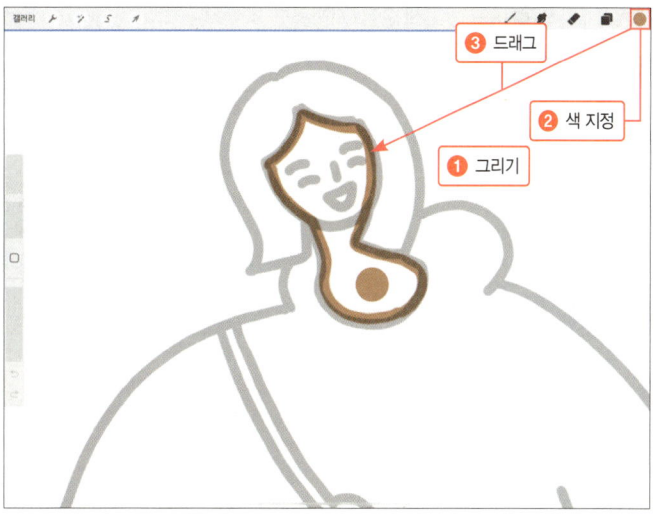

TIP 색상을 드래그하는 상태에서 상단에 파란색 슬라이더가 나타나는 데 이것은 '한계값'을 표시해 주는 것으로, 어느 정도의 빈틈을 채워줄 수 있는지를 표시합니다. 파란색 바는 좌우로 조절 가능하며, 너무 왼쪽에 있으면 채색이 잘되지 않고, 너무 오른쪽에 있으면 바탕까지 채색이 되므로 원하는 부분만 채색이 되도록 조절해야 합니다.

06 얼굴, 손, 발목 부분을 모두 '레이어 3'에서 채색합니다.

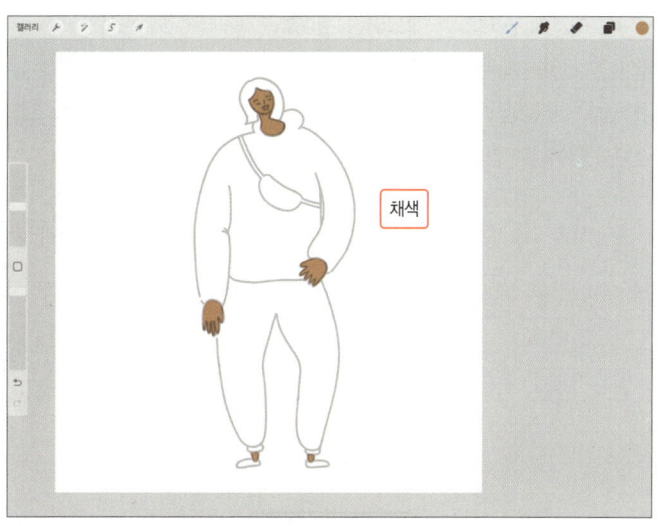

07 | 상의를 채색해 보겠습니다. [레이어 (■)]에서 [+] 버튼을 탭하여 '레이어 4'를 추가하고 선택합니다. 피부를 채색한 부분이 상의에 가려지지 않게 해야 합니다. '레이어 4'를 피부 레이어인 '레이어 3'의 아래로 이동합니다.

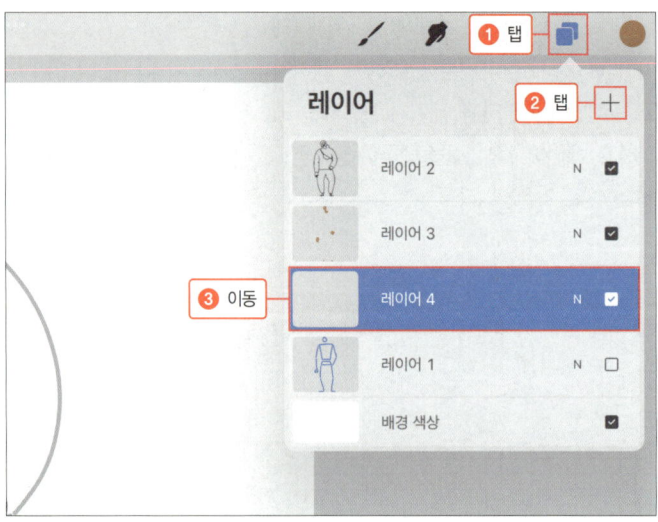

08 | [색상(●)]을 '초록색'으로 지정하고 05번과 같은 방법으로 외곽선을 그린 다음 드래그하여 채색합니다.

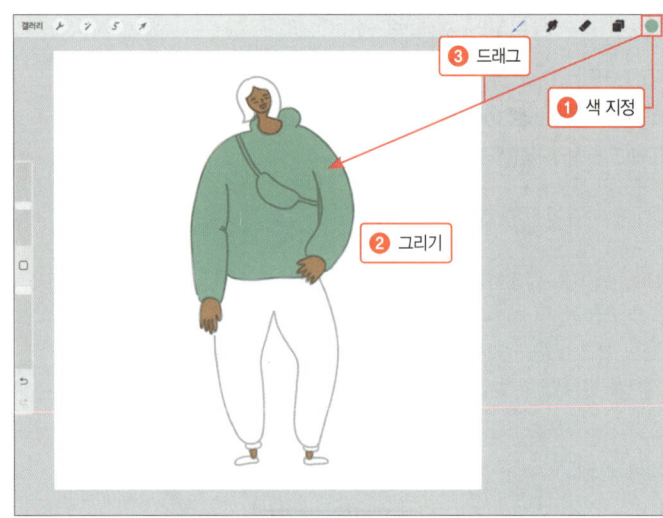

TIP 이처럼 드래그하여 채색하는 방법을 'Color Drop'이라고 합니다.

09 | 이후에 스케치한 레이어를 보이지 않게 할 것이기 때문에 채색할 때 다른 부위가 만나는 부분에 빈틈이 생기지 않게 약간 겹쳐서 채색해야 합니다.

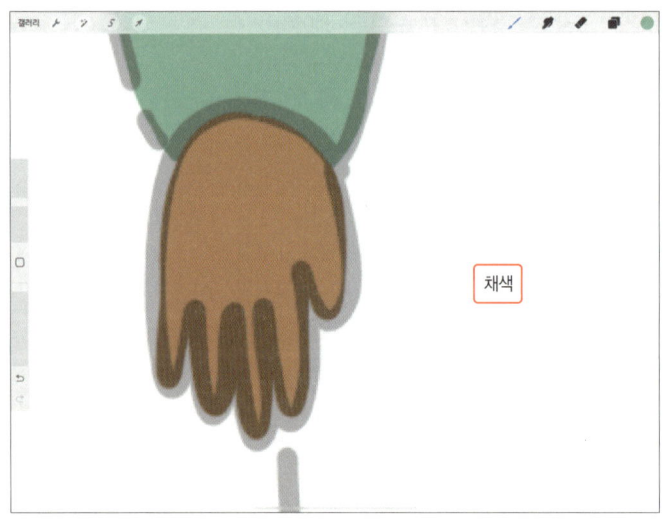

10 | 하의를 채색해 보겠습니다. (레이어)에서 (+) 버튼을 탭하여 '레이어 5'를 추가합니다. 상의가 하의보다 더 앞에 있으므로 '레이어 5'를 상의 레이어인 '레이어 4'의 아래로 이동합니다.

11 | 하의도 (색상(●))을 지정하고 드래그하여 채색합니다.

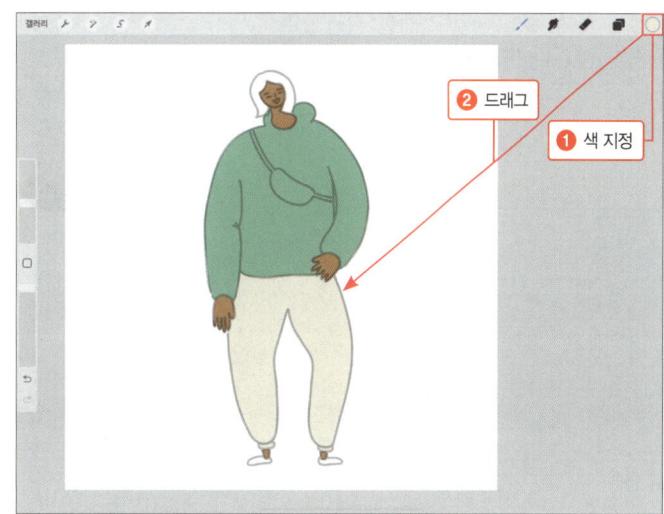

TIP 옷의 색상은 임의로 채색해 보시기 바랍니다. 다만 너무 짙은 색으로 칠하면 후에 형태를 구분 짓는 외곽선을 넣을 때 잘 보이지 않기 때문에 채도가 높은 색상을 선택하면 좋습니다.

12 | 하의를 채색할 때도 다리 부분과 만나는 부분이 끊어지지 않도록 채색합니다.

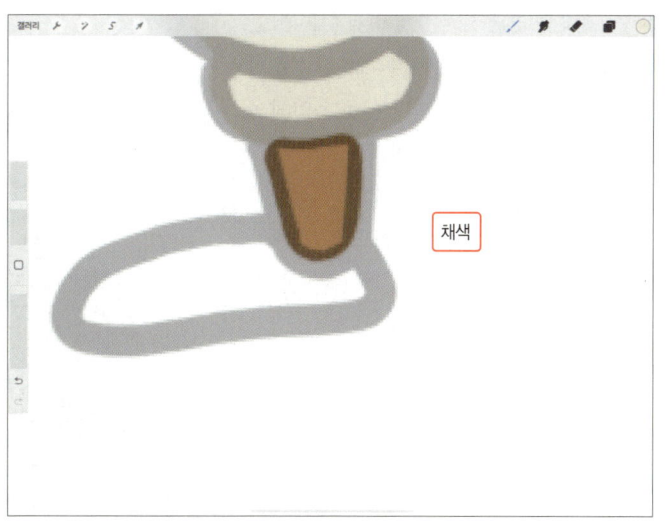

13 신발을 채색해 보겠습니다. (레이어(⬛))에서 (+) 버튼을 탭하여 '레이어 6'을 추가합니다. '레이어 6'을 하의 레이어인 '레이어 5'의 아래로 이동합니다.

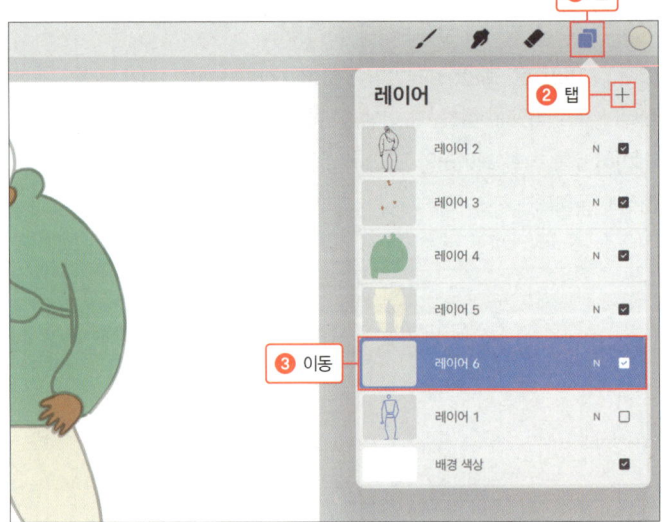

14 (색상(●))을 '짙고 탁한 갈색'으로 지정하여 신발을 채색합니다.

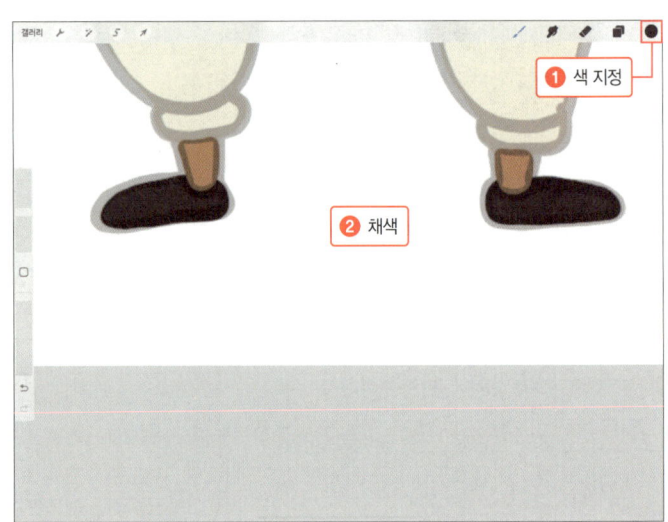

15 머리카락을 채색하기 위해 (레이어(⬛))에서 (+) 버튼을 탭하여 '레이어 7'을 추가합니다. 그림에서 피부나 옷보다 앞에 오는 부분이 있으므로 '레이어 7'을 피부 레이어인 '레이어 3'의 위로 이동합니다. (색상(●))을 '노란색'으로 지정하고 드래그하여 채색합니다.

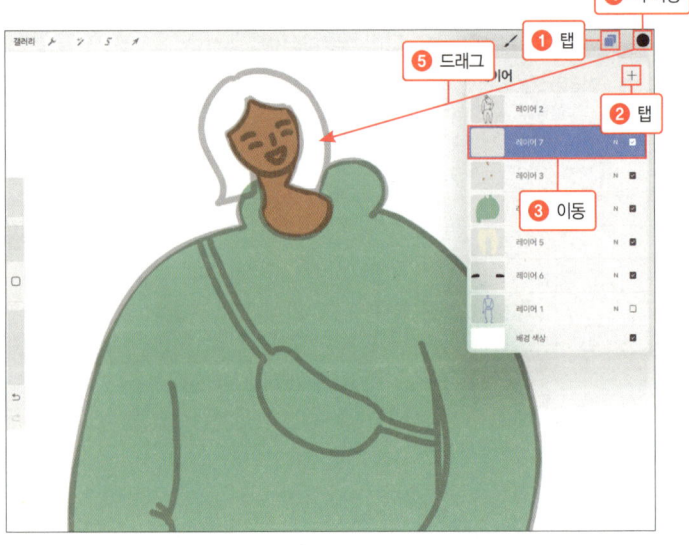

16 가방을 채색하기 위해 (레이어( )) 에서 (+) 버튼을 탭하여 '레이어 8'을 추가 합니다. 가방이 상의 위에 있으므로 '레이어 8'을 상의 레이어인 '레이어 4'의 위로 이동 합니다.

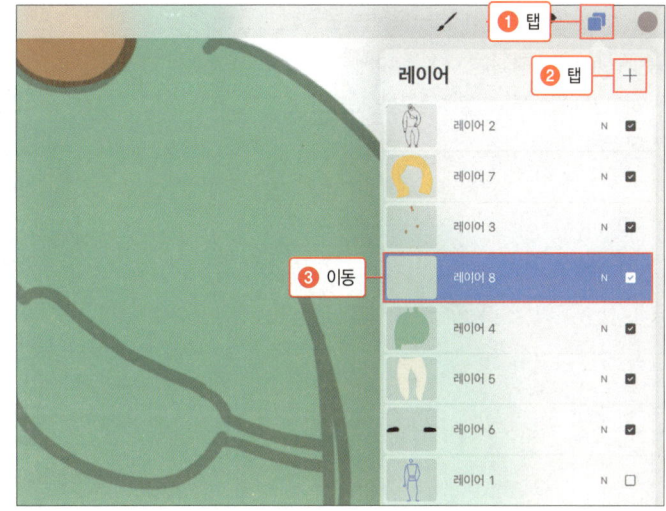

17 (색상( ))을 지정하고 가방의 끈 부분은 얇기 때문에 브러시로 직접 채색하고 가방의 몸통 부분은 'Color Drop' 방법으로 드래그하여 채색합니다.

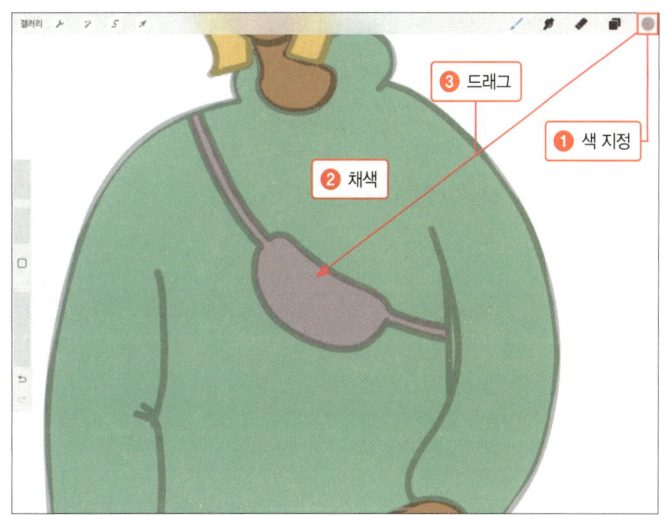

18 기본 채색이 끝난 다음 (레이어( )) 에서 '레이어 2'를 체크 해제하면 면으로만 표현된 인물이 완성되었습니다. 채색한 부분 중 빈틈은 없는지 잘 확인합니다.

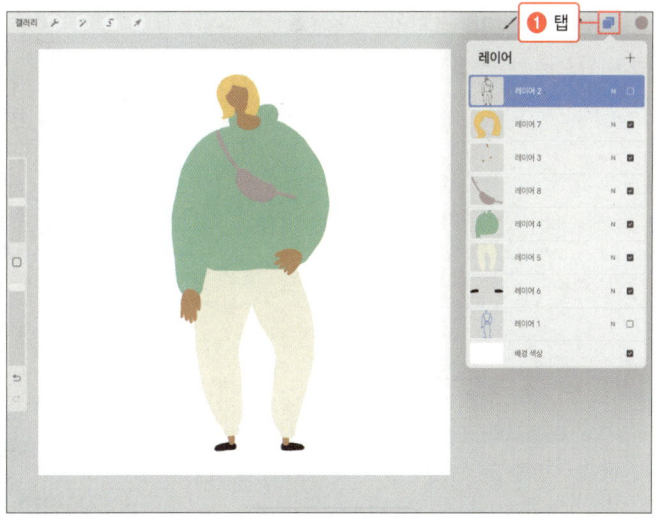

19 면 안쪽에 형태를 구분하는 윤곽선을 표시하기 위해 '레이어 2'를 다시 체크 표시하고 (N)을 탭하여 불투명도를 '10%'로 조절합니다.

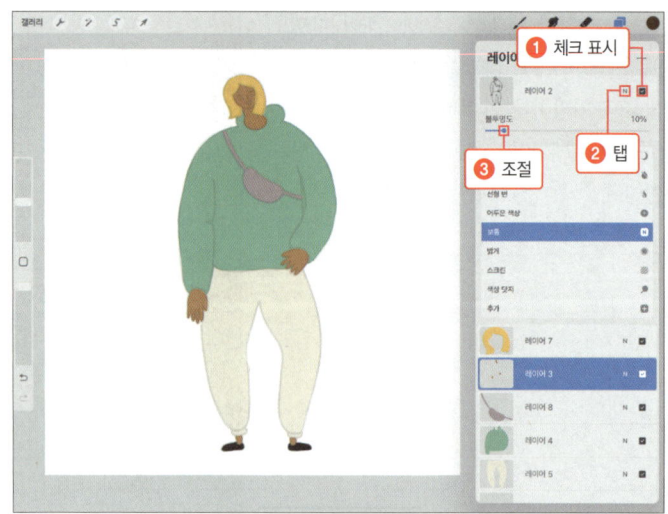

20 얼굴부터 윤곽선을 그리겠습니다. 피부 레이어인 '레이어 3'을 선택하고 (색상(●))을 피부 색상과 같은 '갈색'으로 지정한 다음 맨 하단의 명도 슬라이더를 왼쪽으로 드래그하여 원래 색보다 진한 색으로 지정합니다.

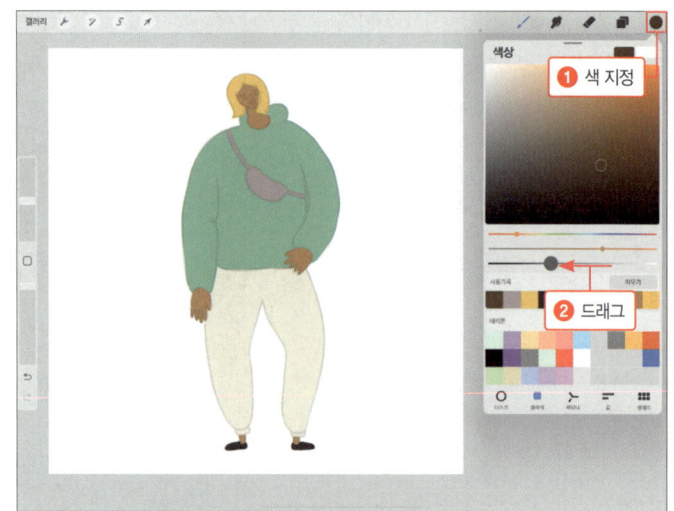

21 눈코입을 그립니다. 입은 (색상(●))을 '흰색'으로 지정하여 직접 채색합니다.

TIP 레이어를 구분하지 않고 채색되어 있는 레이어에서 바로 그리는 경우는 'Color Drop'을 사용하지 못합니다.

22 '레이어 2'를 체크 해제하면 손 부분도 뭉개지는 부분이 있습니다. 이런 부분을 찾아서 윤곽선을 그립니다.

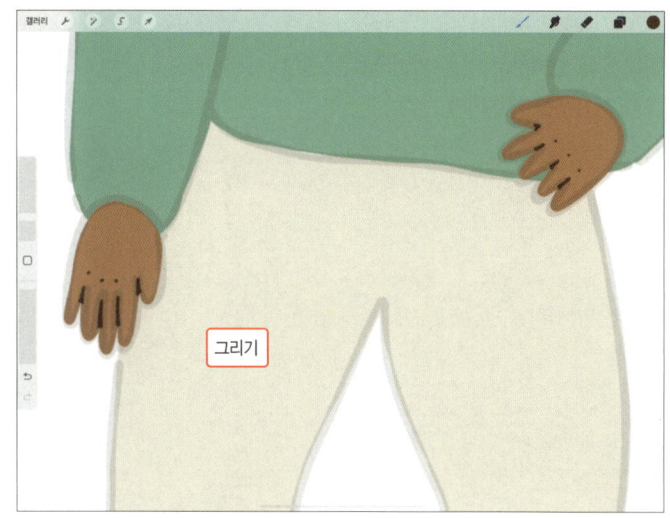

23 (색상(●))을 상의를 채색한 색상으로 지정하고 명도 슬라이더를 드래그하여 원래 채색한 색보다 짙은 색으로 지정합니다.

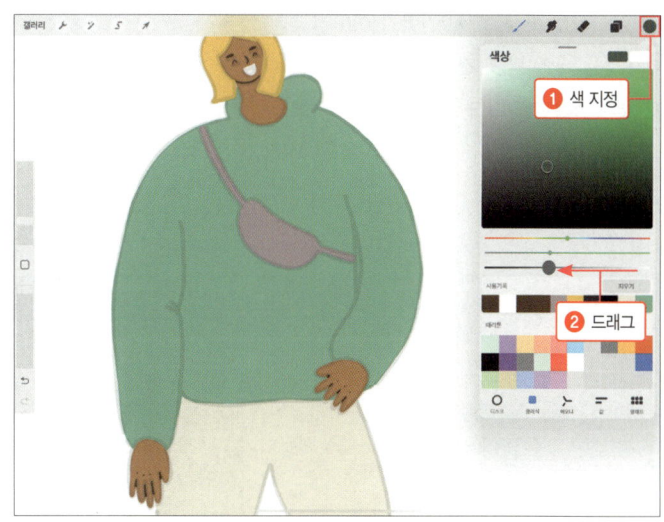

24 팔 안쪽과 몸통이 하나로 보이는 부분에 선을 그려 구분하고 약간의 무늬도 넣습니다.

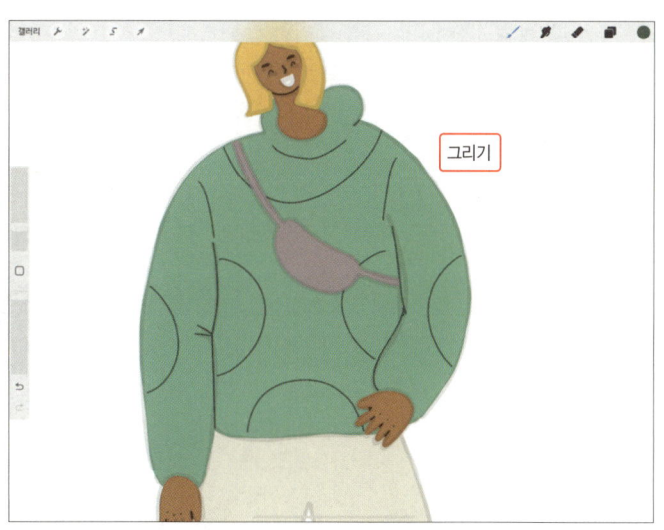

25 〔레이어(🗐)〕에서 하의 레이어인 '레이어 5'를 선택하고 같은 방법으로 윤곽선과 바지 주름을 그립니다.

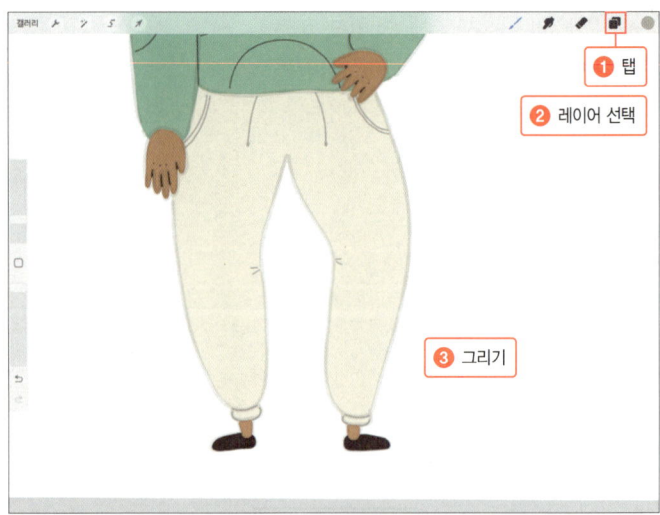

26 〔레이어(🗐)〕에서 가방 레이어인 '레이어 8'을 선택하고 같은 방법으로 가방에도 윤곽선을 그립니다. 가방의 경우 상의와 더 겹쳐 보일 수 있어 전체적으로 윤곽선을 그립니다.

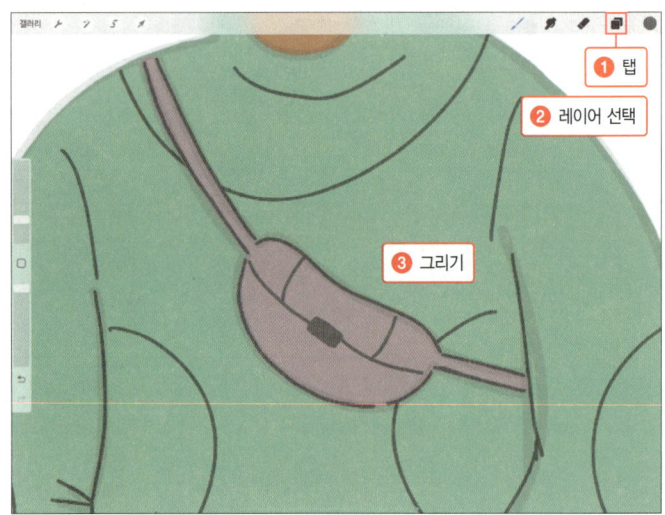

27 〔레이어(🗐)〕에서 머리카락 레이어인 '레이어 7'을 선택하고 같은 방법으로 약간의 머리 모양을 그려 표현합니다.

28 | 채색 및 윤곽선 그리기 작업이 끝나면 (레이어(■))에서 스케치한 '레이어 2'를 체크 해제하고 확인합니다.

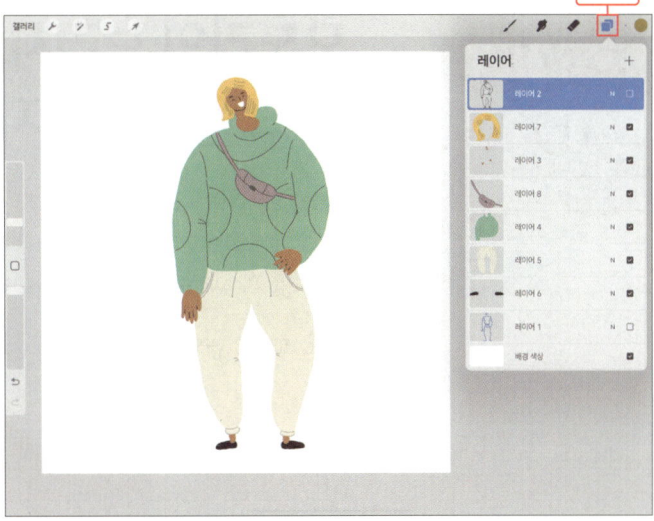

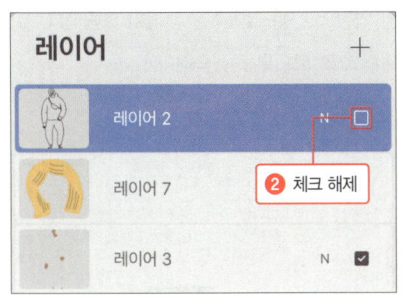

❶ 탭
❷ 체크 해제

29 | 때에 따라서 배경을 바꿔보며 느낌을 확인하는 것도 좋습니다. (레이어(■))에서 가장 아래 위치한 '배경 색상'을 선택하여 배경 색상을 바꿀 수 있습니다. (색상(●))을 원하는 색으로 지정하여 완성하고 저장합니다.

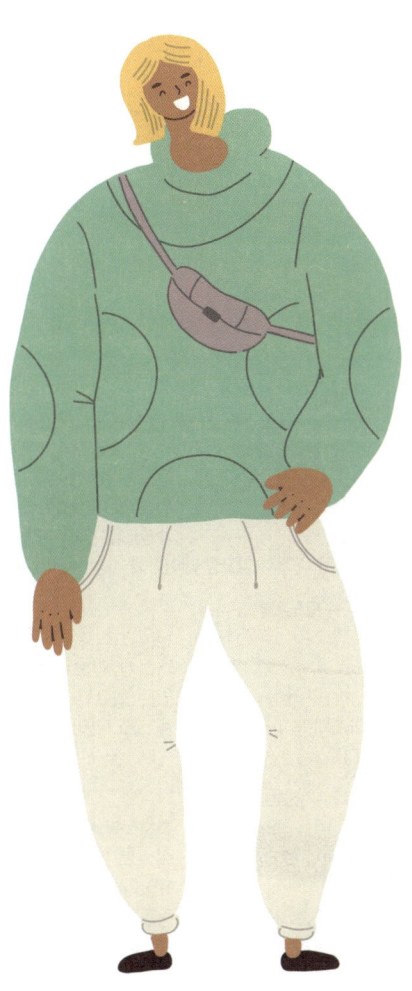

색 지정

모노라인 브러시로
면 느낌의 강아지 그리기

깔끔한 일러스트 느낌으로 그리는 것도 색다른 즐거움을 줍니다. 선을 최소화하여 강아지를 그리고, 면으로는 형태 구분이 불가능한 부분만 약간의 선을 그어주는 원리로 그립니다. 그림의 재미를 위해서 하트와 꼬리 흔들기도 추가해서 그려 보도록 하겠습니다.

● 완성 파일 : 02\모노라인 강아지_완성.procreate, 모노라인 강아지_완성.jpg

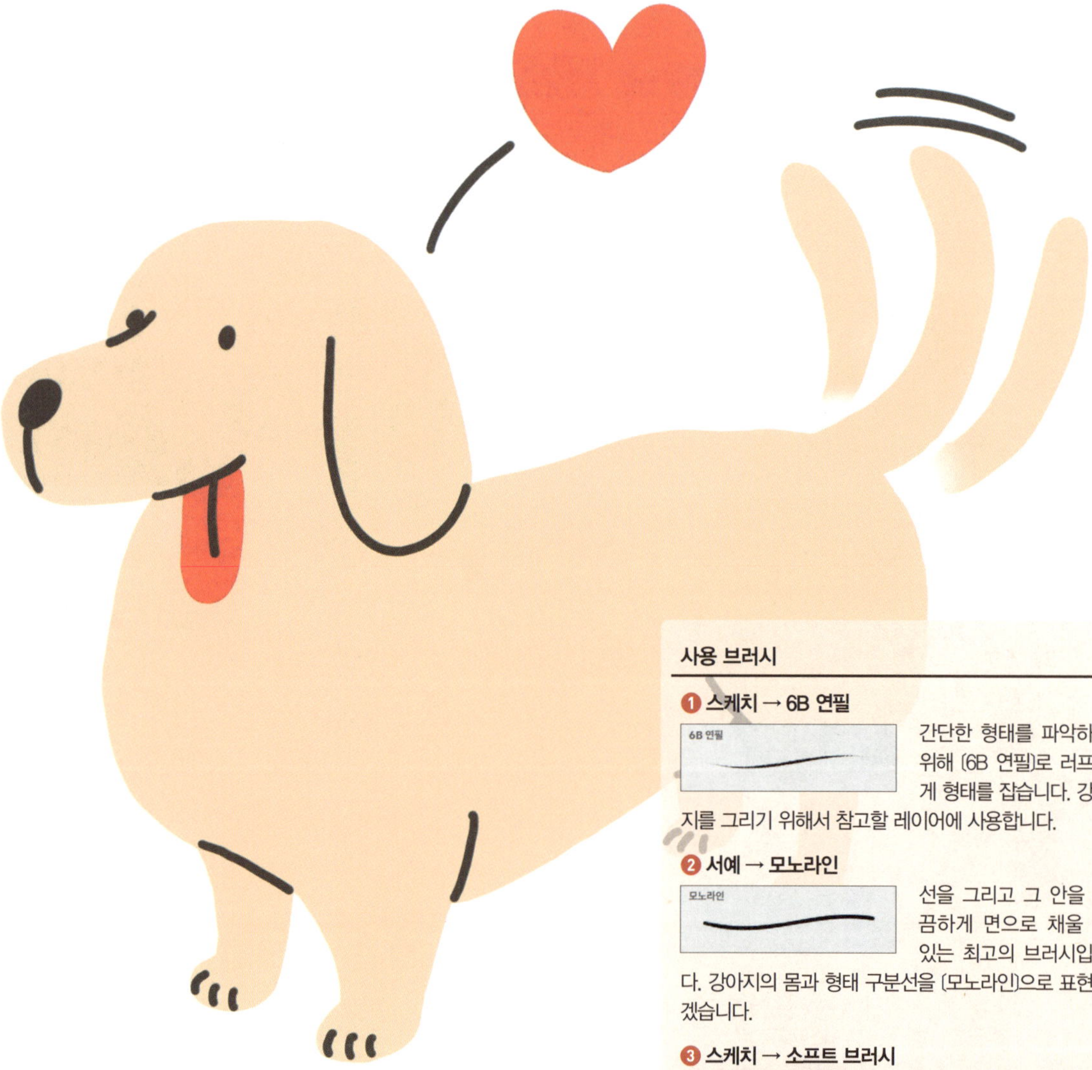

사용 브러시

① 스케치 → 6B 연필

간단한 형태를 파악하기 위해 (6B 연필)로 러프하게 형태를 잡습니다. 강아지를 그리기 위해서 참고할 레이어에 사용합니다.

② 서예 → 모노라인

선을 그리고 그 안을 깔끔하게 면으로 채울 수 있는 최고의 브러시입니다. 강아지의 몸과 형태 구분선을 (모노라인)으로 표현하겠습니다.

③ 스케치 → 소프트 브러시

점진적인 색의 변화나 면의 변화를 표현할 때 활용합니다. 이번 예시에서는 강아지의 꼬리를 흔드는 모습을 표현하기 위해 서서히 색이 사라지는 부분을 표현하기 위해 사용합니다.

강아지 스케치하기

01 (브러시(✎) → 스케치 → 6B 연필)을 선택하고 원과 선으로 강아지의 뼈대를 그립니다. 눈, 코, 입의 위치도 대강 잡습니다.

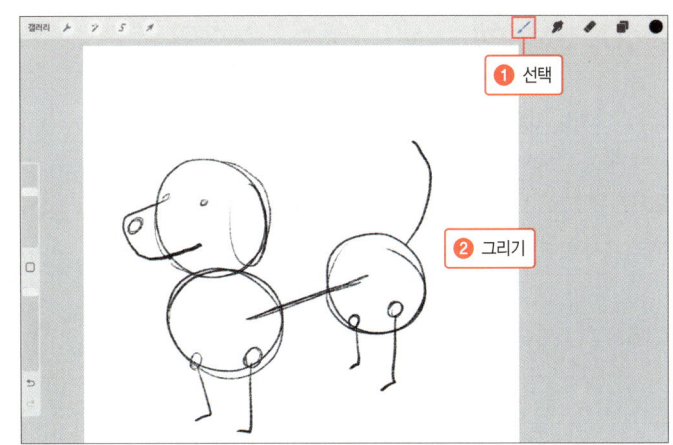

사용 브러시 스케치 → 6B 연필

러프한 스케치를 하기에 좋은 (6B 연필)로 강아지의 뼈대를 잡아보도록 하겠습니다.

02 뼈대를 바탕으로 스케치해 보겠습니다. (레이어(▣))에서 (+) 버튼을 탭하여 '레이어 2'를 추가하고 선택합니다. '레이어 1'의 (N)을 탭하여 불투명도를 '20%'로 조절하고 '레이어 2'에 스케치를 완성합니다.

03 스케치가 끝나면 채색을 할 차례입니다. '레이어 2'의 (N)을 탭하여 불투명도를 '30%'로 조절하고 (+) 버튼을 탭하여 '레이어 3'을 추가한 다음 '레이어 2'의 아래로 이동합니다. '레이어 1'을 체크 해제하여 스케치가 보이지 않게 합니다.

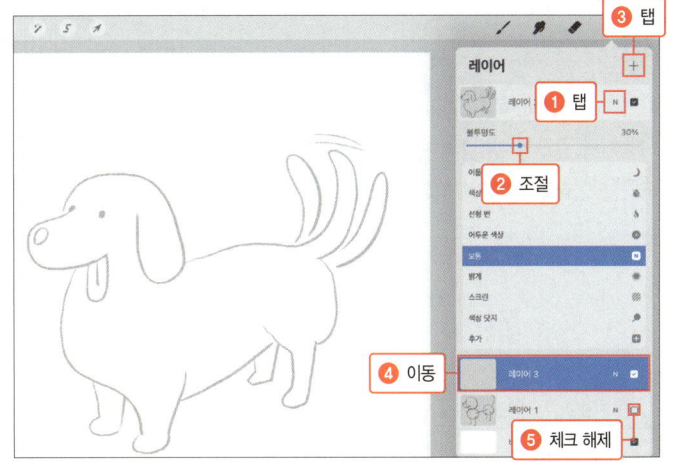

강아지 채색하기

01 [브러시(✏️) → 서예 → 모노라인]을 선택하고 'Color Drop'을 사용하기 위해 외곽선을 그려 보겠습니다. 외곽선을 그릴 때 스케치 선과 반쯤 겹치도록 그립니다.

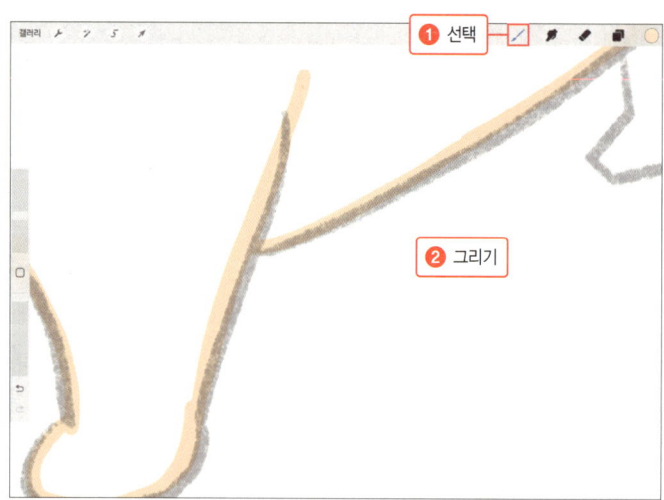

사용 브러시   서예 → 모노라인

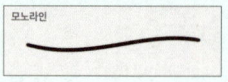   깔끔한 채색을 위한 최고의 선택은 역시 [모노라인] 브러시입니다.

02 빈틈없이 외곽선을 그린 다음 [색상(●)]을 '살구색'으로 지정하고 드래그하여 채색합니다.

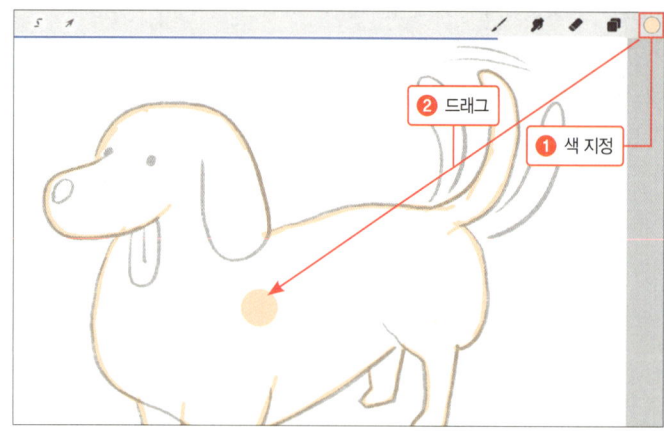

03 면을 구분하는 선과 강아지의 눈, 코, 입 등을 표현하기 위해서 두 번째 채색 레이어가 필요합니다. [레이어(▣)]에서 [+] 버튼을 탭하여 '레이어 4'를 추가하고 '레이어 3'의 위로 이동합니다.

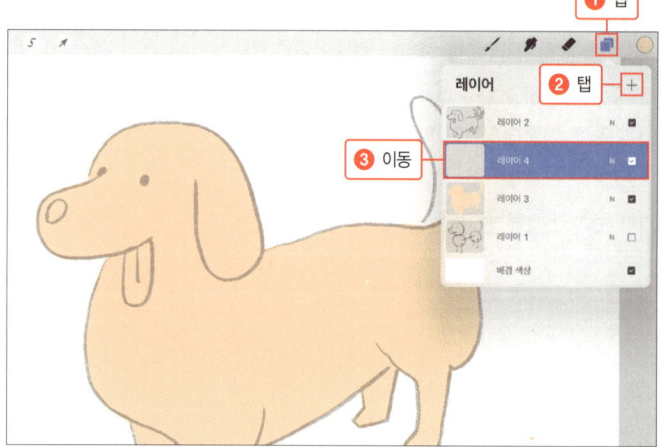

04 [색상(●)]을 '고동색'과 '빨간색'으로 지정하고 형태의 구분이 필요한 부분에만 선을 긋거나 채색을 합니다.

TIP 예제에서는 눈, 코, 입, 귀 등 얼굴 부분과 다리 부분 일부에 선을 그었습니다.

05 꼬리 흔드는 부분도 완성하기 위해 [레이어(●)]에서 [+] 버튼을 탭하여 '레이어 5'를 추가합니다. '레이어 3'은 채색할 때 혼란을 줄 수 있으므로 체크 해제합니다.

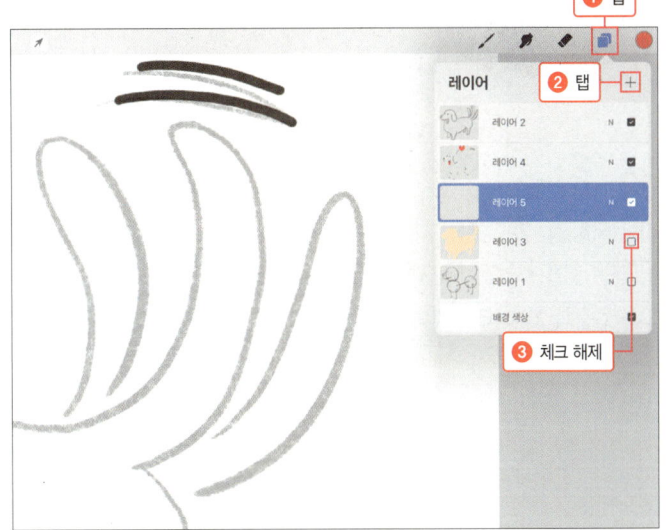

06 [모노라인]으로 외곽선을 딴 다음 [색상(●)]을 다시 '살구색'으로 지정하고 드래그하여 채색합니다.

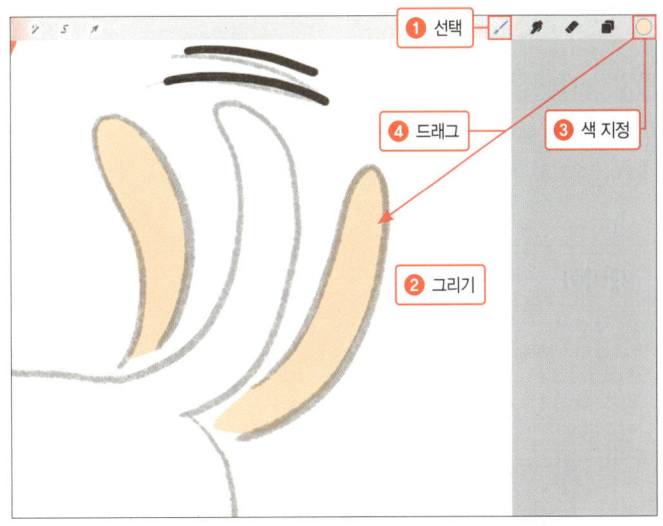

강아지 꼬리 자연스럽게 완성하기

01 지우개 역시 브러시를 선택할 수 있습니다. 몸통과 이어지는 꼬리 부분을 자연스럽게 지우기 위해서 (지우개(◆)) → 에어브러시 → 소프트 브러시)를 선택합니다.

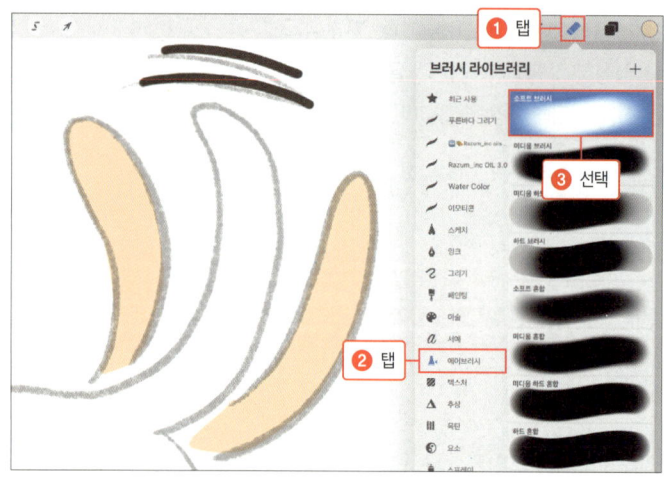

사용 브러시 에어브러시 → 소프트 브러시

 점진적인 색의 변화를 표현하려면 (에어브러시)에 있는 브러시들을 활용합니다.

02 지우개 크기를 조절하고 몸통 쪽부터 서서히 좌우로 문질러 지웁니다. 처음 지울 때는 힘을 주었다가 마지막 지우는 부분으로 갈수록 힘을 빼야 합니다.

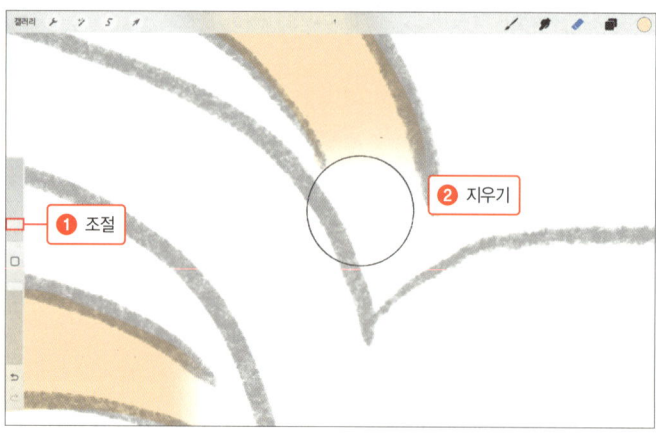

03 마지막으로 (레이어(◆))에서 '레이어 2'를 체크 해제하여 비활성화하면 면 느낌의 강아지를 완성할 수 있습니다.

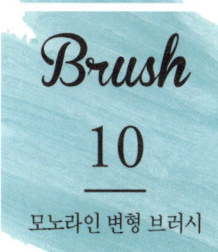

모노라인 변형 브러시로
이모티콘 캐릭터 그리기

이모티콘은 우리나라에서 많은 사람에게 가장 사랑받는 그림입니다. 사실 어느 지점에서는 이미 낙서의 수준을 넘어섰지만, 여전히 단순하고 쉽게 그리는 것만으로도 대중의 사랑을 받을 수 있는 매체가 이모티콘일 것입니다. 이모티콘을 잘 그리기 위한 브러시 설정을 알아보고, 몇 가지 동물을 그려 봅시다.

● 완성 파일 : 02\모노라인 변형 이모티콘_완성.procreate, 모노라인 변형 이모티콘_완성.jpg

사용 브러시

서예 → 모노라인 → 복제 및 변형

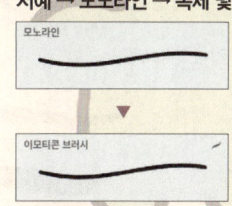

이모티콘을 그리기 위해서는 깔끔하고 가시성이 높은 형태를 그려야 합니다. 펜슬을 다루는 능력이 뒷받침된다면 보통 (모노라인)을 활용해 이모티콘을 그리는 것이 좋습니다. 하지만 디지털 드로잉이 처음이거나, 보다 부담 없이 이모티콘 느낌의 그림을 그리고 싶다면 약간의 브러시 설정 변화가 필요합니다. 필압에 따라 두께나 투명도에 영향이 없는 (모노라인)을 복제하여 브러시 속성을 이모티콘을 그리기 적합하게 바꾸어 그려 보도록 하겠습니다.

4컷으로 나누기

01 | 네 개의 캐릭터를 그리기 전에 구분을 위해 가이드 선을 추가하겠습니다. (동작(▸) → 캔버스 → 그리기 가이드)를 활성화하고 (그리기 가이드 편집)을 선택합니다.

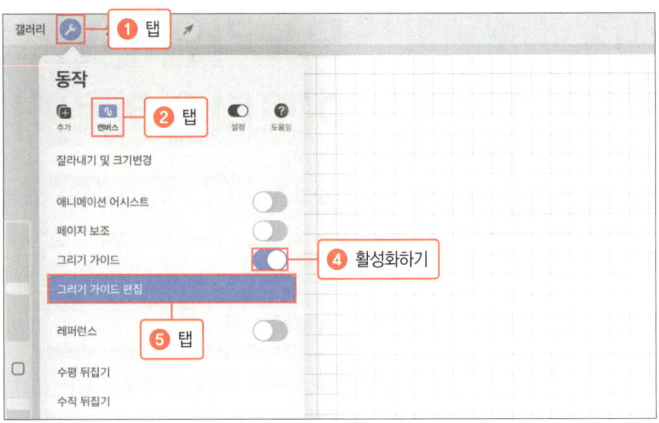

02 | (격자 크기)를 '950px'로 조절하면 네 개의 칸이 생깁니다.

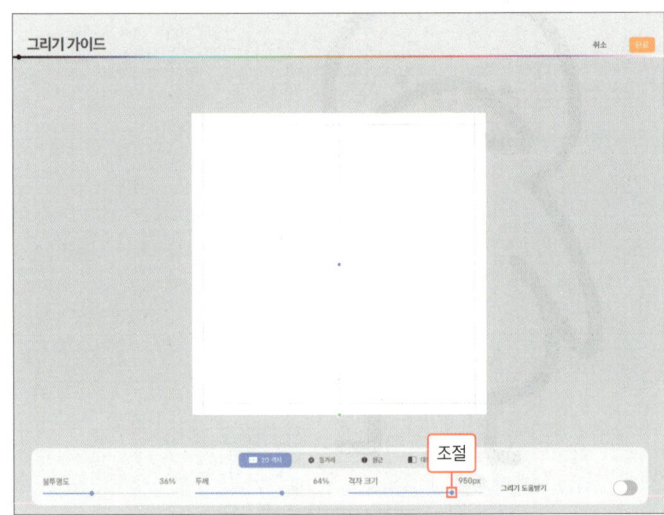

이모티콘 전용 브러시 만들기

01 | 이모티콘 전용 브러시를 만들겠습니다. (브러시(✏) → 서예 → 모노라인)을 왼쪽으로 드래그하여 (복제)를 탭합니다.

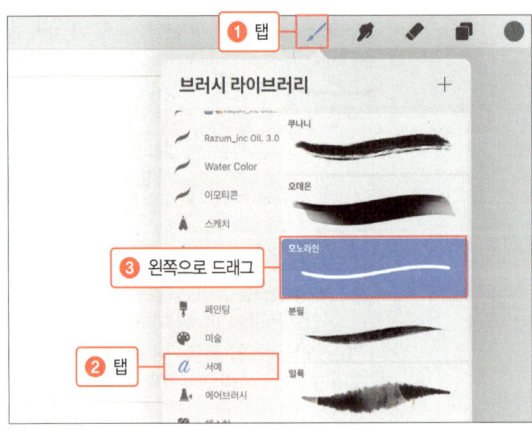 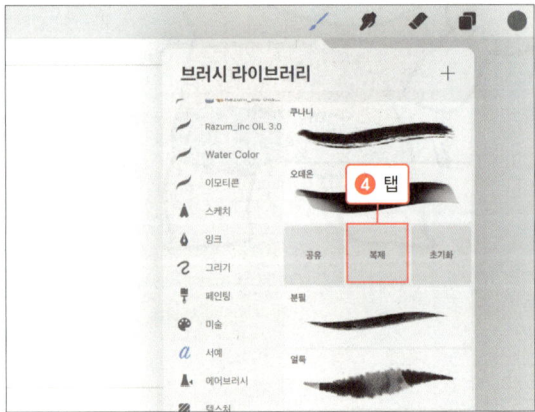

02 〔모노라인 1〕이 만들어졌습니다. 〔모노라인 1〕을 탭하여 〔브러시 스튜디오〕를 활성화합니다.

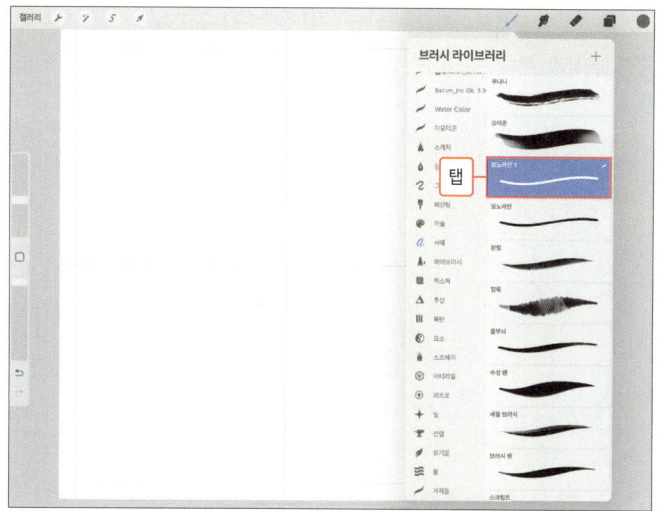

03 처음에 보이는 탭은 〔획 경로〕입니다. 우리는 〔획 경로〕, 〔안정화〕, 〔이 브러시에 관하여〕를 수정하여 사용하겠습니다. 〔획 경로〕의 '획 속성'에서 '간격'은 점들 간의 거리를 뜻합니다. 간격 슬라이더를 높게 조절하면 점이 멀어집니다.

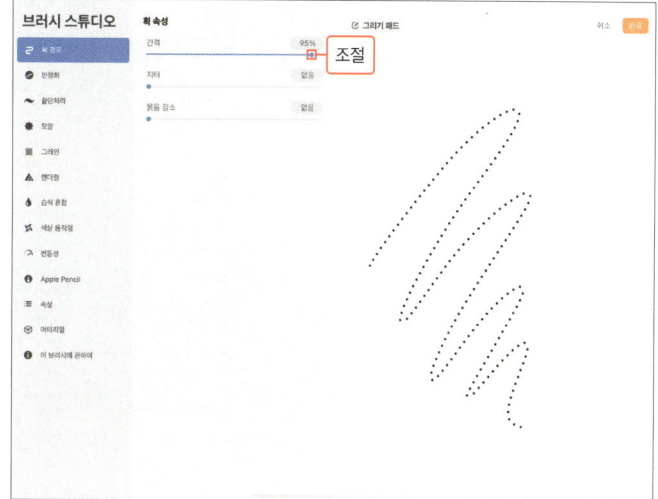

04 '획 속성'에서 '지터'는 점들이 경로에서 얼마만큼 이탈하는지를 설정하는 기능입니다.

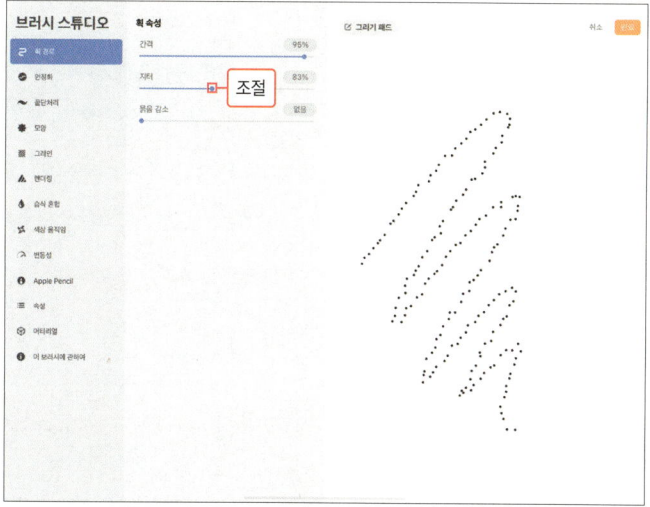

05 '획 속성'에서 '묽음 감소'는 선이 진행됨에 따라 점차 흐려지는 정도를 의미합니다.

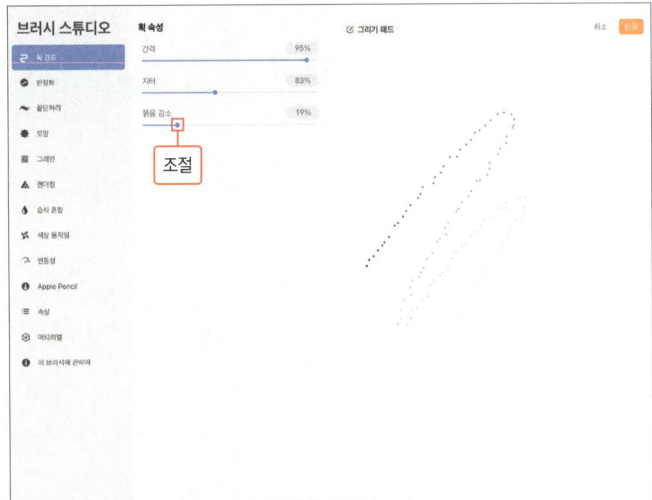

06 슬라이더를 드래그하여 '간격'을 '17%', '지터'를 '20%', '묽은 감소'를 '없음'으로 조절합니다.

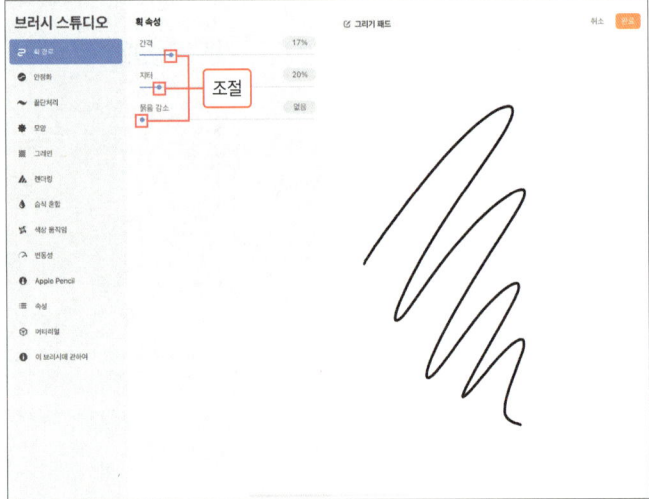

TIP '간격'과 '지터'를 적절히 조절하면 형태를 그릴 때 실수한다는 느낌을 줄여줄 수 있습니다.

07 [안정화]를 탭합니다. 'StreamLine'은 선의 흐름을 통제하는 것입니다. 쉽게 생각하면 손떨림을 보정하는 기능입니다. 수치가 너무 높으면 원하는 선이 나오지 않을 수 있어 적절히 조절하는 것이 좋습니다.

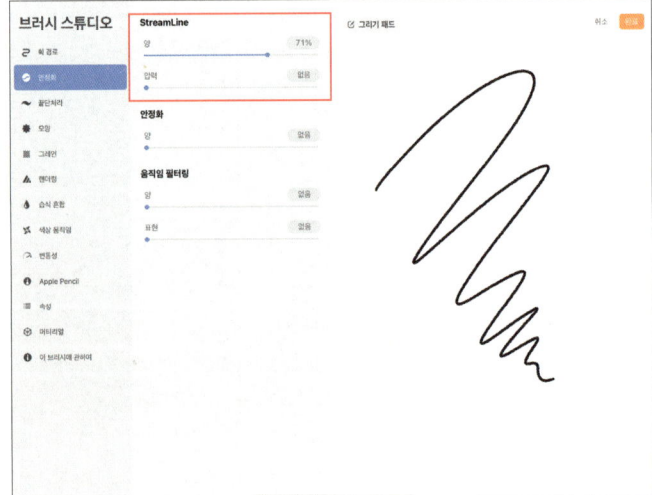

08 여기에서는 'StreamLine'의 '양'을 '50%', '안정화'의 '양'을 '30%', '움직임 필터링'의 '양'을 '20%'로 조절합니다.

TIP '안정화'는 손떨림 보정과 비슷하지만, 스트로크의 속도와 관련이 더 깊습니다. 안정화가 높을수록 빠르게 지나가는 선 중에서 초반의 선만 인식합니다. 'StreamLine'보다 보정의 강도가 세기 때문에 수치를 너무 높지 않게 설정해야 합니다. '움직임 필터링'이 높으면 선이 '1자'에 가깝게 표현됩니다.

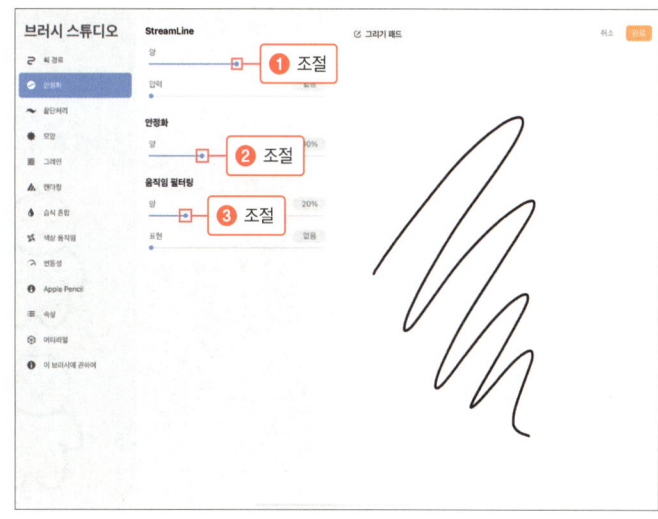

09 (이 브러시에 관하여)에서는 브러시 이름을 변경할 수 있습니다. '모노라인 1' 부분을 탭하여 '이모티콘 브러시'로 변경한 다음 (완료) 버튼을 탭하여 이모티콘 브러시를 완성합니다.

동물 이모티콘 그리기

01 캔버스로 돌아와서 (이모티콘 브러시)를 선택하고 첫 번째 칸에 간단한 사람의 형태를 그립니다. 캐릭터의 참고 형태로 사용하는 용도이니 간단하게 그립니다.

02 [레이어(□)]에서 '레이어 1'을 왼쪽으로 드래그하여 복제하고, 복제된 레이어를 두 번째 칸으로 이동합니다. 같은 방법으로 나머지 칸에도 참고 캐릭터를 복제하여 이동합니다.

03 모든 레이어를 두 손가락으로 꼬집어 레이어를 합칩니다.

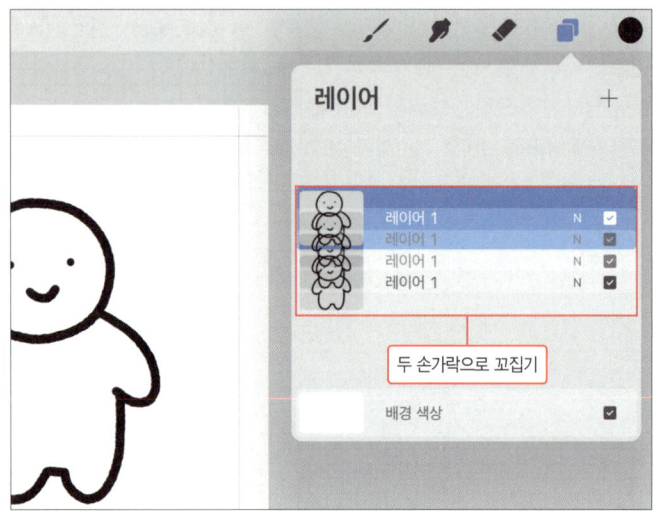

04 [레이어(□)]에서 [+] 버튼을 탭하여 '레이어 2'를 추가합니다. '레이어 1'의 [N]을 탭하여 불투명도를 '20%'로 조절합니다.

05 첫 번째 참고 캐릭터 위에 오리를 그립니다. 최대한 단순하게 그리는 것이 포인트입니다.

TIP 선이 두꺼울수록 실수하는 느낌이 적습니다. 하지만 선이 너무 두꺼우면 답답한 느낌을 줄 수 있기 때문에 브러시 크기를 적절히 조절하여 사용합니다.

06 (색상(●))을 '흰색'과 '노란색'으로 지정하여 채색합니다. 이모티콘은 어릴 적 그렸던 포스터처럼 많은 색을 쓰지 않는 것이 좋습니다.

07 두 번째는 토끼를 그립니다. 아예 참고 스케치를 무시하고 팔다리를 짧게 그려봅니다.

08 (색상(●))을 '분홍'으로 지정하여 채색하고 볼터치도 표현합니다.

TIP 이모티콘은 원색이나 미색을 많이 씁니다. 핸드폰으로 작게 보았을 때 가시성이 확보되어야 하고, 예쁜 색상이라고 인식하는 미색을 쓰는 것이 좋습니다.

09 세 번째는 옷을 입힌 곰을 그리겠습니다. 브러시 크기를 '1%'로 조절하여 그리겠습니다. 선이 얇아질수록 구불구불한 캐릭터가 되고, 두꺼울수록 깔끔하게 캐릭터가 나옵니다. 다만 너무 두꺼우면 답답한 느낌을 줄 수 있습니다.

10 (색상(●))을 '원색 계열'로 지정하여 채색합니다.

TIP 미색 계통의 색은 사랑스러운 느낌을 주고 원색 계통의 색은 활달한 느낌입니다. 캐릭터에 성격에 맞춰 색을 고릅니다.

11 이모티콘의 동물은 매우 다양해 공룡 같은 캐릭터도 가능합니다. 이모티콘은 사람의 형태를 하는 것이 감정이입, 표현 면에서 유리하기 때문에 공룡도 사람의 형태를 참고하여 그립니다.

12 [색상(●)]을 '밝은 녹색'으로 지정하여 채색합니다.

13 [레이어(■)]에서 '레이어 1'을 체크 해제하고 완성된 캐릭터를 확인합니다. 마음에 드는 캐릭터가 있다면 이모티콘 만들기에 도전해 보는 것을 추천합니다.

Brush 11
틴더박스 브러시

틴더박스 브러시로
질감이 있는 그림자 표현하기

그림자는 그림의 입체감을 더해주고 그림의 완성도를 높여 주는 존재입니다. 디지털 드로잉에서는 별개의 색상을 지정하지 않아도 그림자가 적용되는 바탕색에 따라 적절한 그림자 색이 입혀지는데, 프로크리에이트에서도 마찬가지입니다. 레이어의 '곱하기' 기능을 활용하여 누구나 쉽게 그림자를 표현할 수 있습니다. 명암이 뚜렷한 예시 그림을 트레이싱하고 그림자를 적용해 보는 시간을 갖도록 하겠습니다.

● 예제 파일 : 02\틴더박스 연인.jpg   ● 완성 파일 : 02\틴더박스 연인_완성.procreate, 틴더박스 연인_완성.jpg

사용 브러시

잉크 → 틴더박스

틴더박스

머큐리 브러시와 마찬가지로 필압을 민감하게 인식하는 브러시이면서도 불투명도는 영향을 주지 않기 때문에 스케치와 채색에 모두 편리한 브러시입니다. 특히 채색하면 오돌토돌한 벽에 페인트를 칠한 듯한 느낌이 나는 재미있는 브러시입니다. 함께 [틴더박스]를 활용해 그림을 그려 보도록 하겠습니다.

자전거 탄 연인 그리기

01 ㅣ (동작( )) → 추가 → 사진 삽입하기)를 탭하여 파일 앱 02 폴더에서 '연인.jpg' 파일을 불러온 다음 크기를 조절합니다.

02 ㅣ (레이어( ))에서 다운로드한 이미지 레이어의 (N)을 탭하여 불투명도를 '30%'로 조절하고 (+) 버튼을 탭하여 '레이어 2'를 추가합니다.

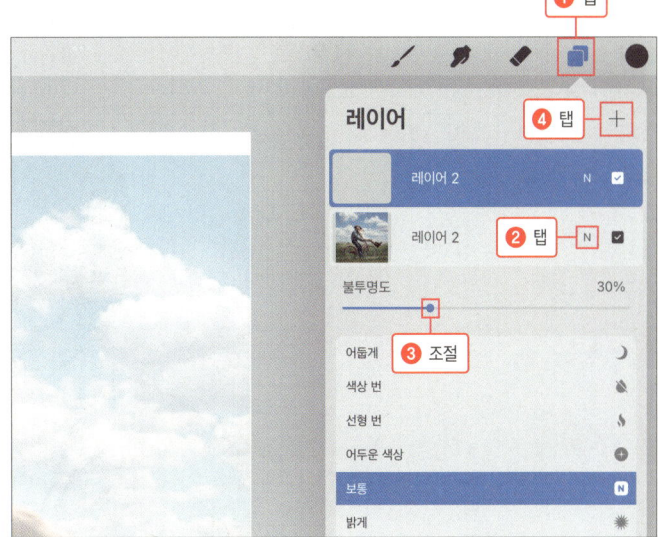

03 ㅣ (브러시( ) → 잉크 → 틴더박스)를 선택하고 추가한 '레이어 2'에 외곽선을 따라 그어 스케치를 완성합니다.

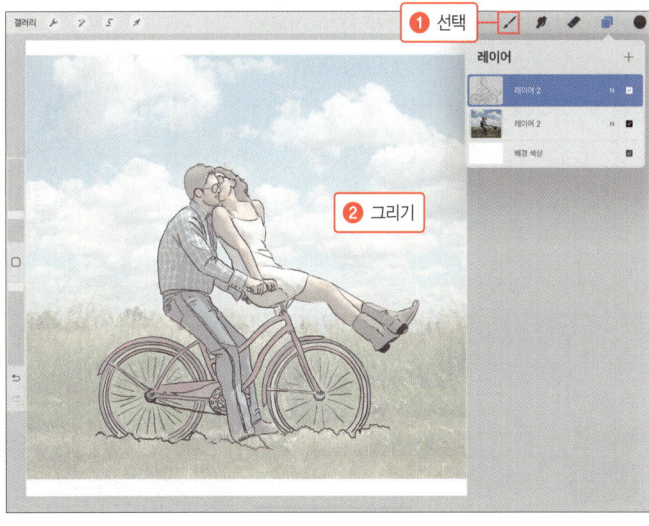

04 | 채색을 하기 위해 (레이어(⬚))에서 (+) 버튼을 탭하여 '레이어 3'을 추가합니다.

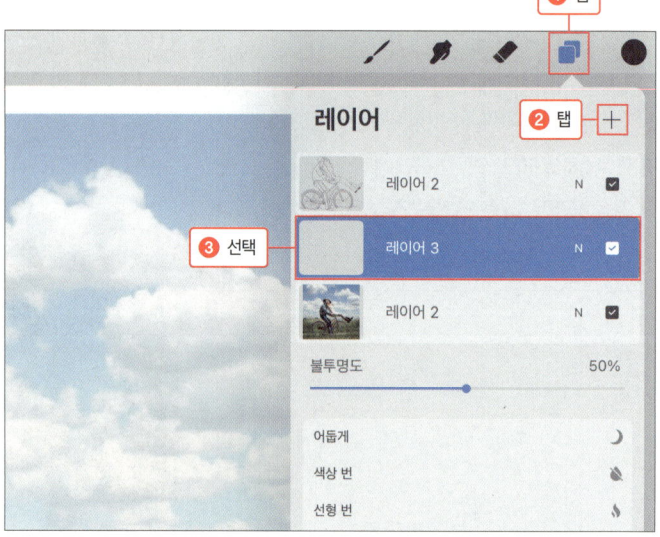

05 | (틴더박스)를 선택하고 (색상(●))을 원하는 색으로 지정하여 채색합니다. 자세히 관찰해 보면 (틴더박스)의 독특한 면의 질감이 보입니다.

06 | 채색하는 색상에 따라서 채색 여부가 잘 확인되지 않는 경우가 있습니다. 이 경우 (레이어(⬚))에서 '배경 색상'을 채색하는 색상과 구분되는 색상으로 지정하면 됩니다.

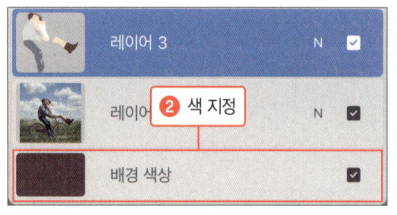

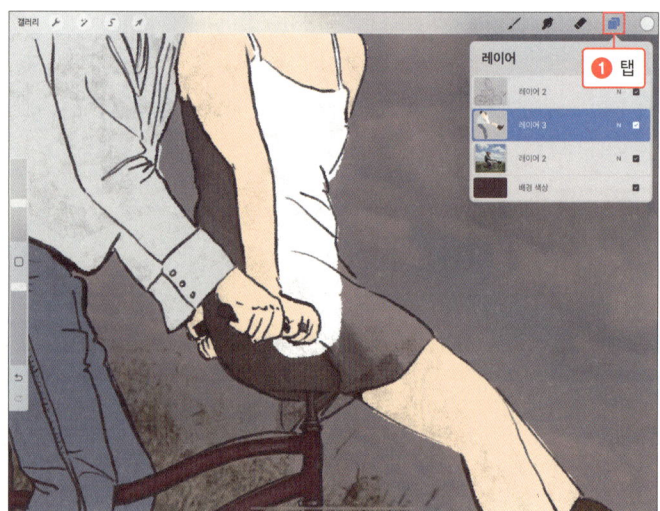

07 '배경 색상'과 원본 이미지에서 체크 표시, 체크 해제를 반복하여 채색 과정을 확인합니다. 빈 곳이 없도록 채색을 완료합니다.

08 이제 그림자를 표현해 보겠습니다. 그림자를 표현할 레이어를 새로 만듭니다. (레이어(■))에서 (+) 버튼을 탭하여 '레이어 4'를 추가하고 '레이어 4'를 한 번 더 탭하여 (클리핑 마스크)를 선택합니다.

TIP (클리핑 마스크)는 아래에 그림이 그려진 곳에만 덧입혀서 그릴 수 있습니다.

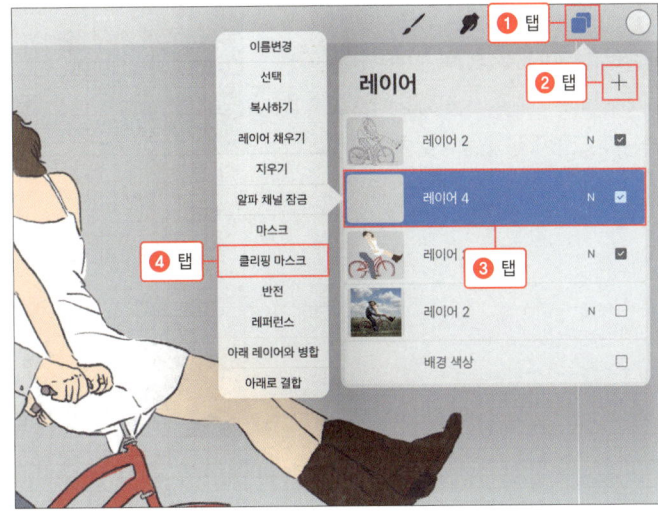

09 '레이어 4'의 (N)을 탭하여 맨 위에 있는 (곱하기)를 선택합니다.

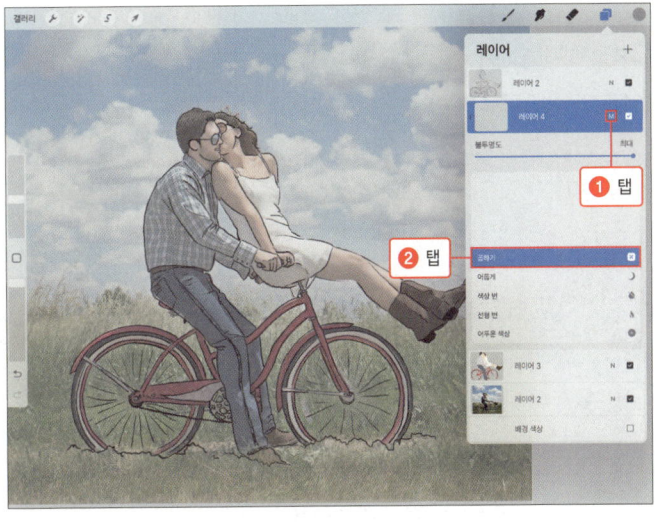

TIP (곱하기)는 두 가지 색을 겹치는 기능으로 아래 레이어에 있는 색을 기준으로 클리핑 마스크의 색을 반영하는 기능입니다.

10 그림자를 표현해 보겠습니다. (색상(●))을 '회색'으로 지정합니다.

11 (레이어(■))에서 원본 이미지를 체크 표시하고 (N)을 탭하여 불투명도를 '50%'로 조절하면 그림자 진 부분을 확인할 수 있습니다. 그림자 진 곳을 모두 채색합니다.

12 그림자를 찾아서 모두 채색한 다음 원본 이미지를 체크 해제하면 그림과 같이 완성할 수 있습니다.

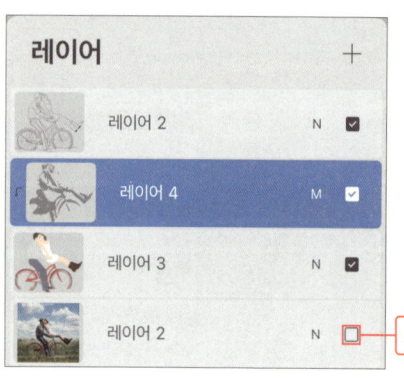

13 그림자가 너무 진하기 때문에 어색해 보이므로 그림자 레이어의 불투명도를 조절해야 합니다. '레이어 4'의 (N)을 탭하여 불투명도를 '30%' 정도로 조절합니다.

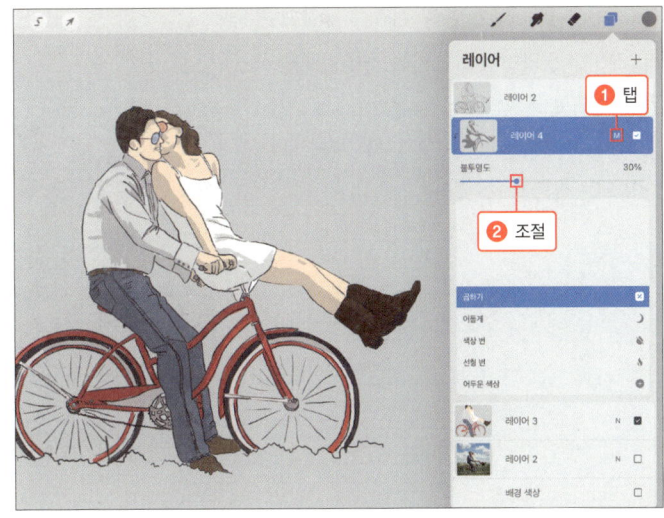

14 남자의 셔츠에 무늬를 그려 넣기 위해 '레이어 3'을 선택한 상태로 (+) 버튼을 탭하여 '레이어 5'를 추가하면 자연스럽게 클리핑 마스크가 추가됩니다.

TIP 클리핑 마스크가 추가되지 않았다면 '레이어 5'를 한 번 더 탭하고 (클리핑 마스크)를 선택하여 클리핑 마스크 레이어로 만듭니다.

15 '레이어 5'에서 원본 이미지를 참고하여 체크 무늬를 그려 넣습니다.

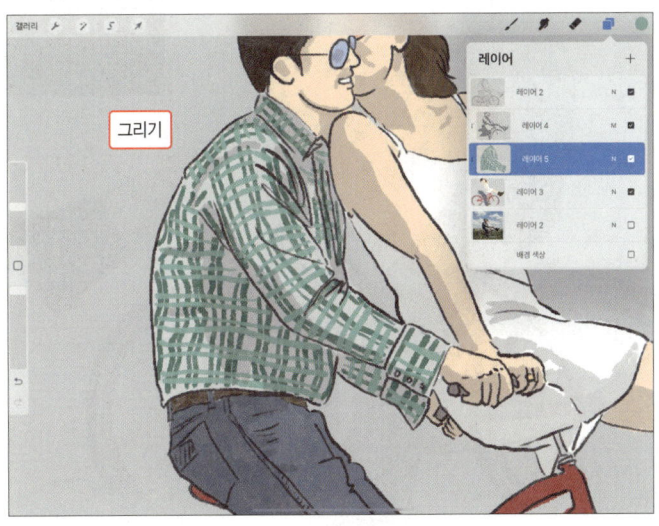

16 그림과 어울리도록 [레이어(⬛)]에서 '레이어 5'의 (N)을 탭하여 불투명도를 '70%' 정도로 조절합니다. 다시 원본 이미지를 체크 표시하면 바탕은 실사, 피사체는 그림이 되는 작품을 완성할 수 있습니다.

17 원본 이미지에서 체크 표시, 체크 해제를 반복해 보면 느낌이 다른 그림을 확인할 수 있습니다. 저장하고 또 다른 아이디어가 생기면 다시 작업해도 좋습니다.

Brush

12

시럽 브러시

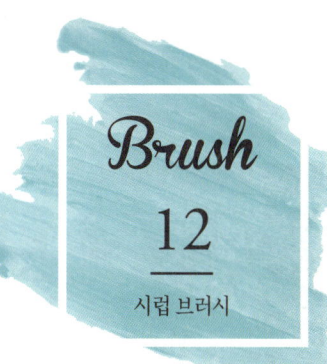

시럽 브러시로 만화 같은 빛과 그림자 표현하기

바로 이전 예제에서 그림자를 표현하는 방법을 알아보았습니다. 이번에는 빛이 강한 부분을 어떻게 표현하는지 알아보겠습니다. 빛과 어둠을 이렇게 간단하게 표현하는 것을 익혀두는 것만으로 스케치가 잘 된 그림들을 아주 멋지게 채색할 수 있습니다. 간단한 예시로 빛과 그림자를 표현하는 핵심적인 기능 몇 가지를 익혀봅시다.

- 예제 파일 : 02\시럽 빛과 그림자.jpg
- 완성 파일 : 02\시럽 빛과 그림자_완성.procreate, 시럽 빛과 그림자_완성.jpg

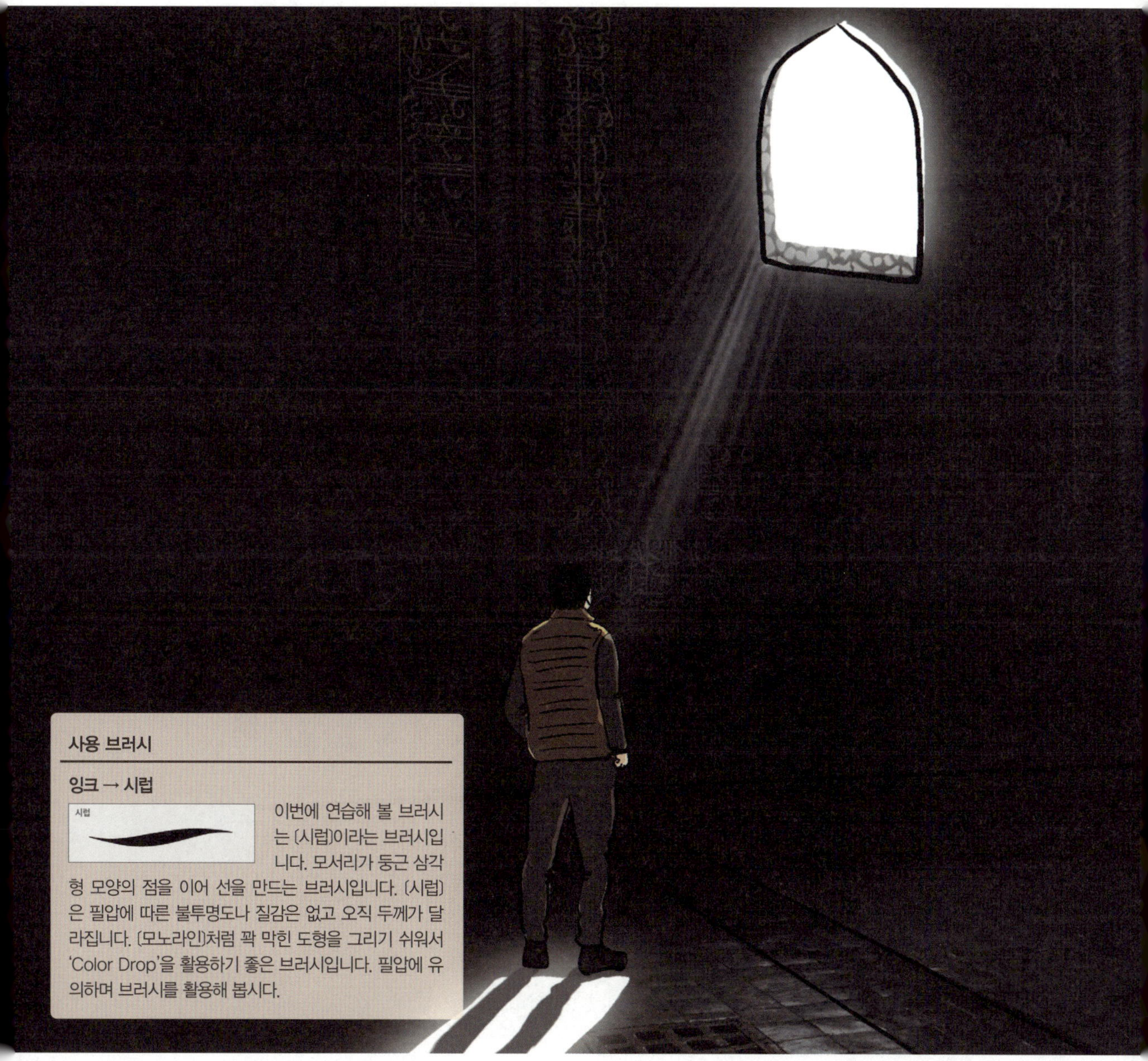

사용 브러시

잉크 → 시럽

이번에 연습해 볼 브러시는 [시럽]이라는 브러시입니다. 모서리가 둥근 삼각형 모양의 점을 이어 선을 만드는 브러시입니다. [시럽]은 필압에 따른 불투명도나 질감은 없고 오직 두께가 달라집니다. [모노라인]처럼 꽉 막힌 도형을 그리기 쉬워서 'Color Drop'을 활용하기 좋은 브러시입니다. 필압에 유의하며 브러시를 활용해 봅시다.

그림자 속 빛 표현하기

01 | (동작( )) → 추가 → 사진 삽입하기)를 탭하여 파일 앱 02 폴더에서 '시럽 빛과 그림자.jpg' 파일을 불러온 다음 크기를 조절합니다. 기능을 익히는 것이 목적으로 간략화해서 일부만 그려 보도록 하겠습니다.

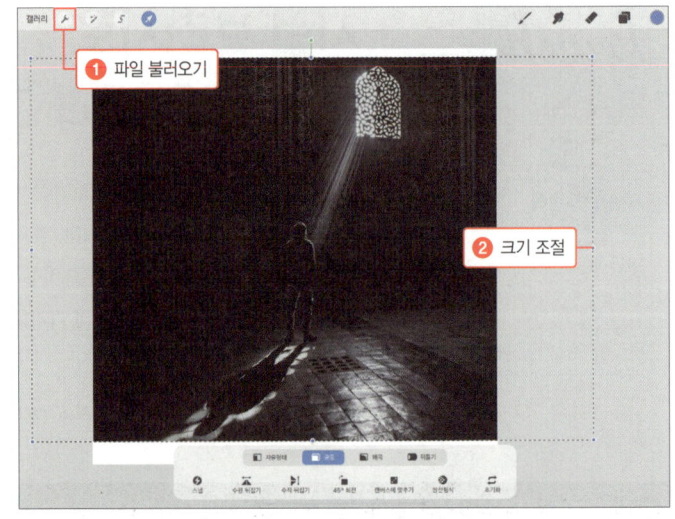

02 | (레이어( ))에서 사진 이미지의 (N)을 탭하여 불투명도를 '20%'로 조절한 다음 (+) 버튼을 탭하여 '레이어 1'을 추가합니다. '레이어 1'에 외곽선을 그려 트레이싱 작업을 합니다. 창문 모양이 복잡한 것은 생략하고 간단하게 표현합니다.

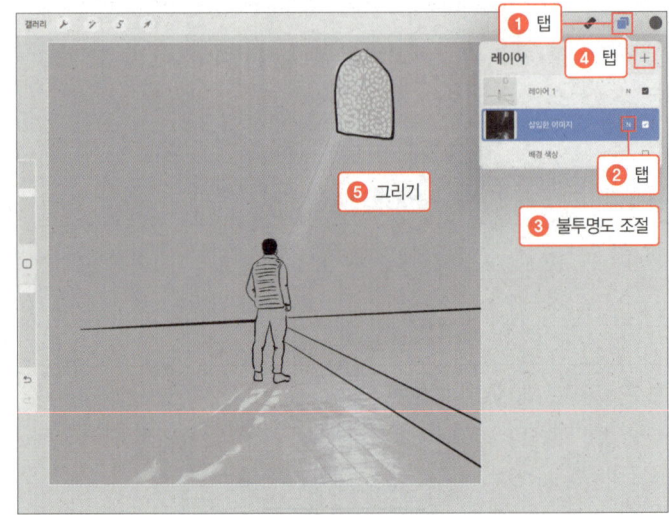

03 | 채색해 보겠습니다. (레이어( ))에서 (+) 버튼을 탭하여 '레이어 2'를 추가합니다. '레이어 2'를 '레이어 1' 아래로 이동합니다.

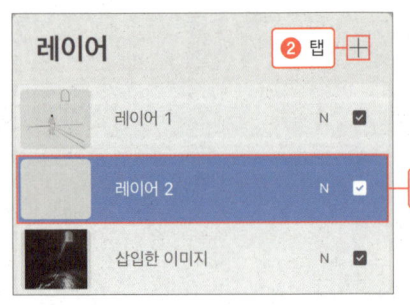

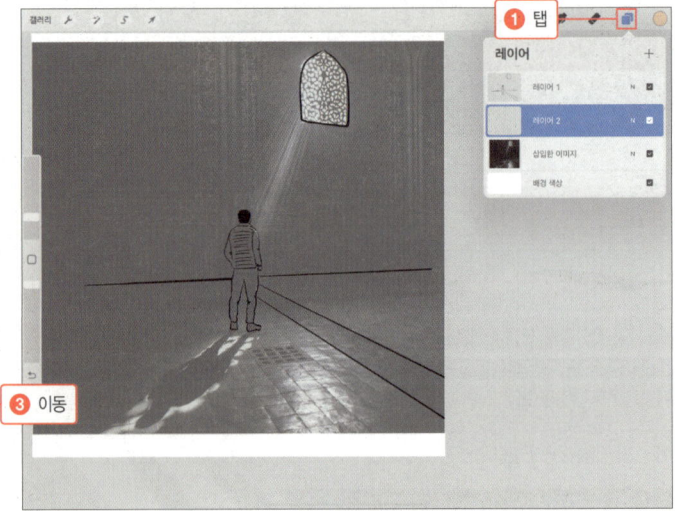

04 〔브러시(✏️) → 잉크 → 시럽〕을 선택하고 〔색상(●)〕에서 원하는 색상을 지정하여 채색합니다.

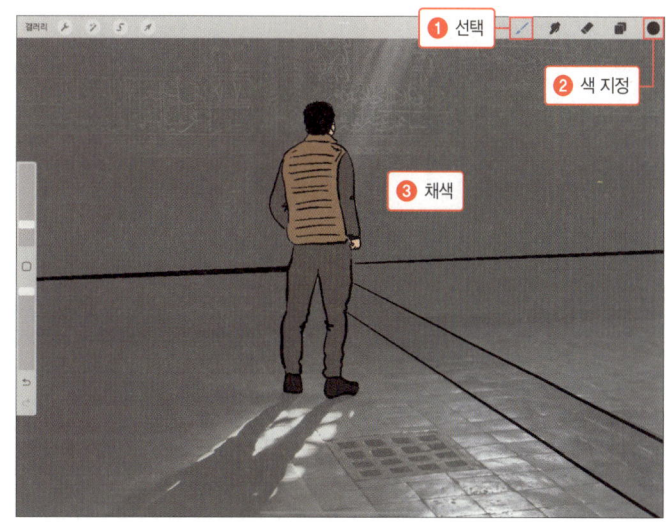

05 창문을 채색해 보겠습니다. 〔레이어(▦)〕에서 〔+〕 버튼을 탭하여 '레이어 3'을 추가합니다.

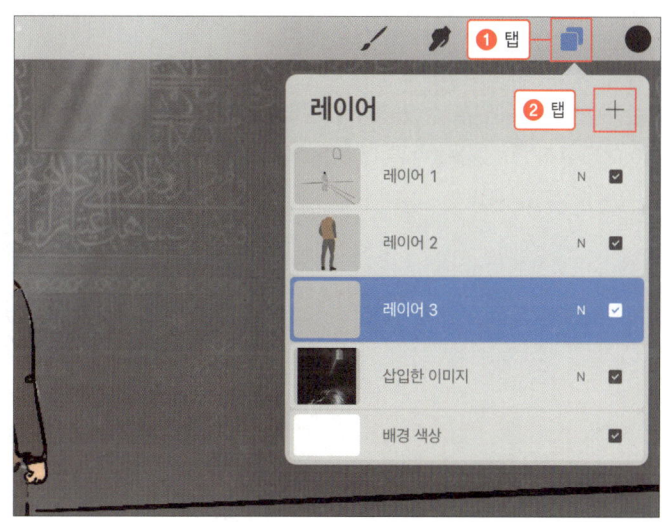

06 〔색상(●)〕을 '흰색'으로 지정하여 창문과 빛이 들어오는 부분을 채색합니다. 그 다음 '레이어 3'을 왼쪽으로 드래그하여 복제하고 위에 있는 '레이어 3'의 이름을 '레이어 4'로 바꿉니다.

07 | 빛이 번지는 효과를 표현하기 위해서 '레이어 4'를 선택한 상태에서 [조정( )] → 가우시안 흐림 효과]를 탭합니다.

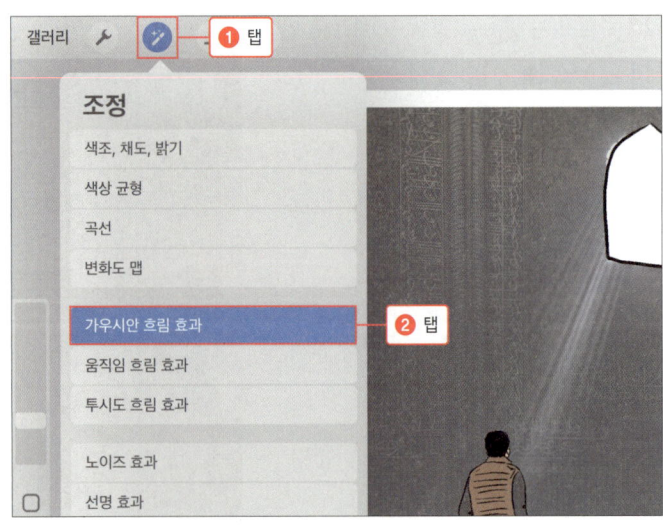

08 | 좌우로 드래그하여 가우시안 흐림 효과를 '15%'로 정도로 조절합니다. 빛이 번지는 듯한 느낌을 얻을 수 있습니다. 여러 레이어를 추가하여 사용할수록 더 밝은 빛을 표현할 수 있습니다.

09 | 이제 그림자를 표현하기 위해서 [레이어( )]에서 [+] 버튼을 탭하여 '레이어 5'를 추가하고 한 번 더 '레이어 5'를 탭하고 [클리핑 마스크]를 선택합니다.

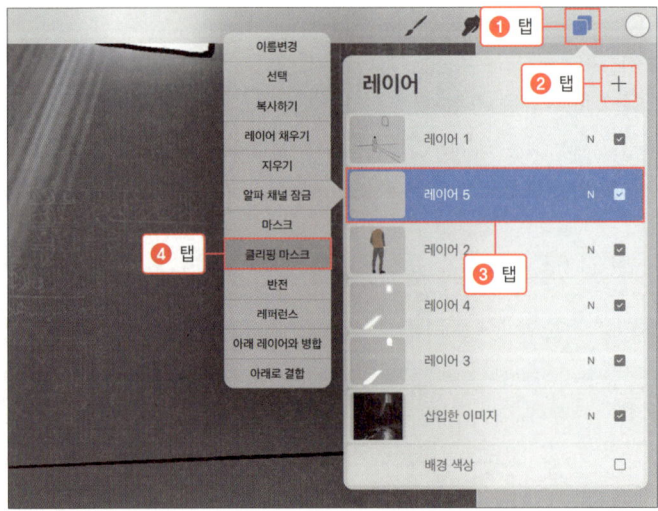

10 | '레이어 5'의 (N)을 탭하여 (곱하기)를 선택하고 (색상(●))을 '회색'으로 지정합니다.

11 | (레이어(■))에서 '레이어 2'의 (N)을 탭하여 불투명도를 '40%'로 조절합니다. 빛이 있는 곳과 그림자가 있는 곳을 확인하고 그림자 부분을 채색합니다.

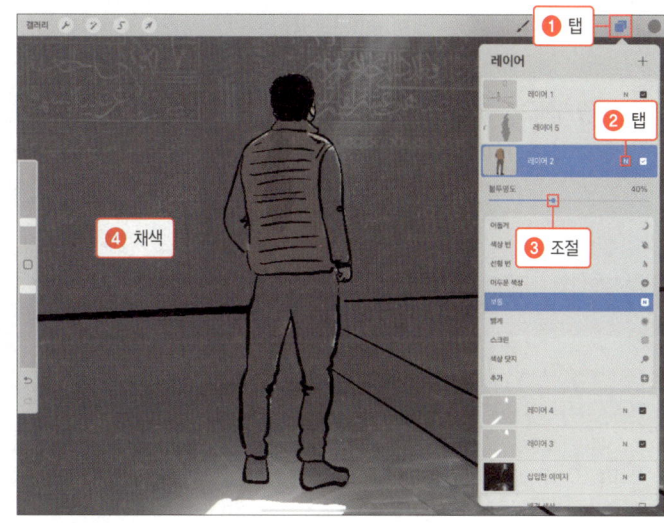

12 | 이번에는 빛을 표현하기 위해 (레이어(■))에서 (+) 버튼을 탭하여 '레이어 7'을 추가하고 '레이어 2'의 클리핑 마스크로 만듭니다. (N)을 탭하여 (오버레이)를 선택합니다.

TIP (소프트 라이트), (하드 라이트), (선명한 라이트) 등 전구 아이콘이 들어간 것들이 모두 빛 표현을 도와주는 기능입니다. 전구의 모양이 빛 방향을 알려주므로 참고하여 활용하면 좋습니다.

13 〔색상(●)〕을 '노란색'으로 지정하여 빛이 들어오는 부분을 채색합니다.

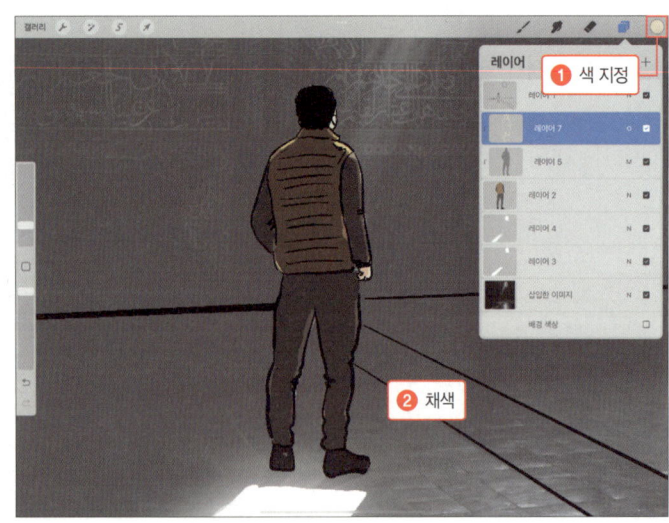

14 사람 발밑에 있는 그림자를 표현해 보겠습니다. '레이어 2', '레이어 5', '레이어 7'을 두 손가락으로 꼬집어 합칩니다.

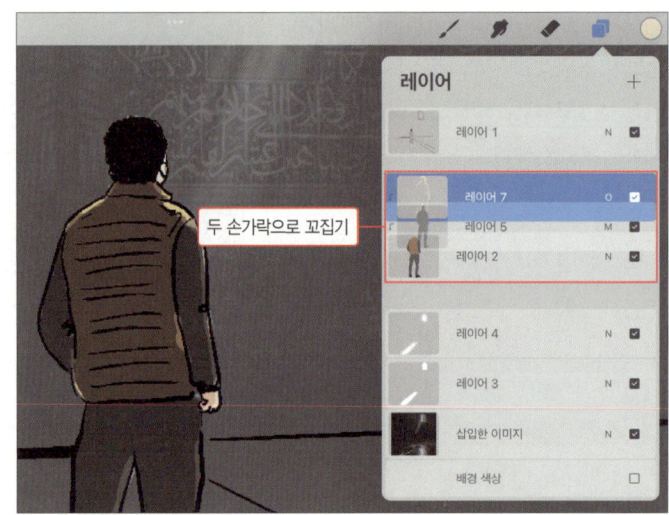

15 합쳐진 '레이어 2'가 만들어집니다.

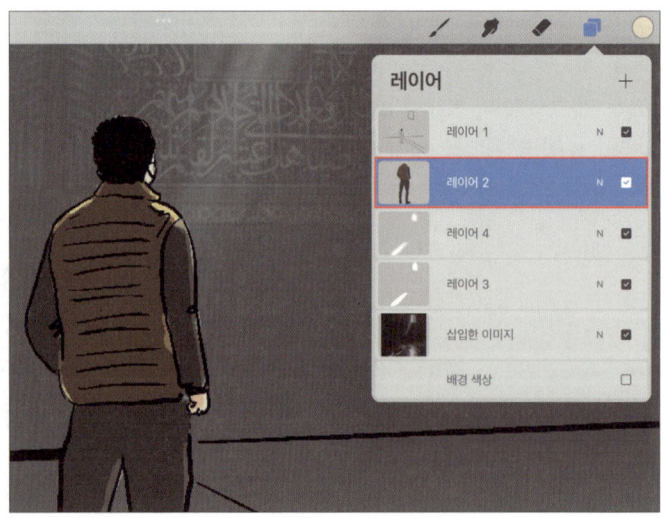

TIP 꼬집어서 레이어를 합치면 맨 아래에 있는 레이어 이름으로 합쳐진 레이어가 만들어집니다.

16 | '레이어 2'를 왼쪽으로 드래그합니다. (복제)를 탭하여 '레이어 2'를 복제하고 복제된 '레이어 2'를 한 번 더 탭하여 (알파 채널 잠금)을 선택합니다.

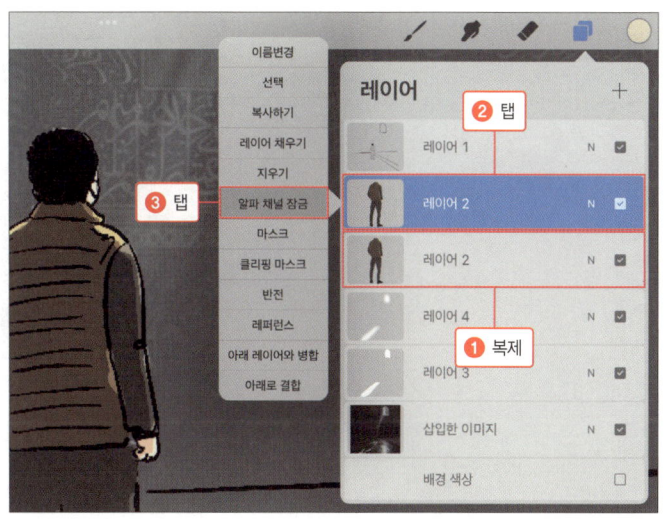

17 | (색상(●))을 '어두운 회색'으로 지정하여 채색합니다. 채색이 끝나면 (레이어(■))에서 '레이어 2'의 알파 채널 잠금을 해제합니다.

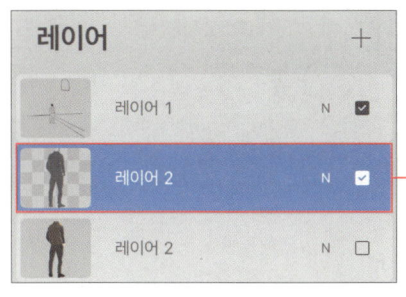

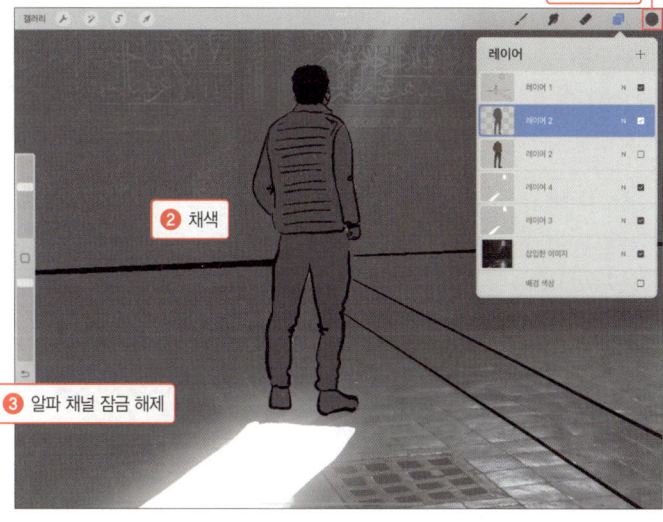

18 | 채색한 '레이어 2'를 선택하고 (변형(▲) → 왜곡 → 수직 뒤집기)를 활성화하여 발밑으로 이동합니다.

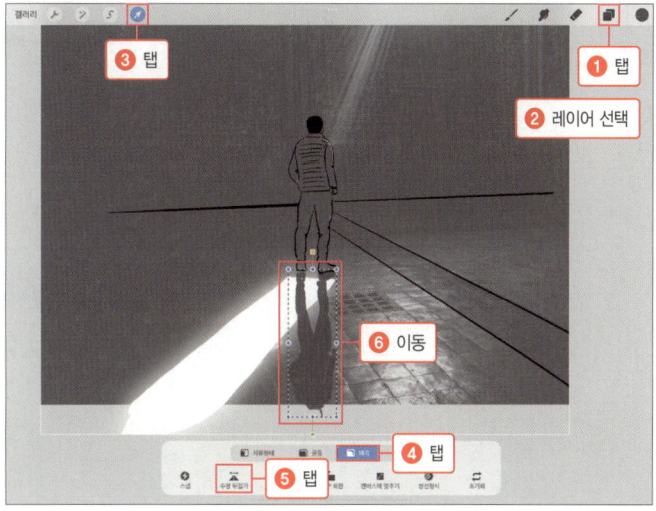

19 이어 (왜곡)을 탭하여 창문 쪽으로 그림자를 조정합니다.

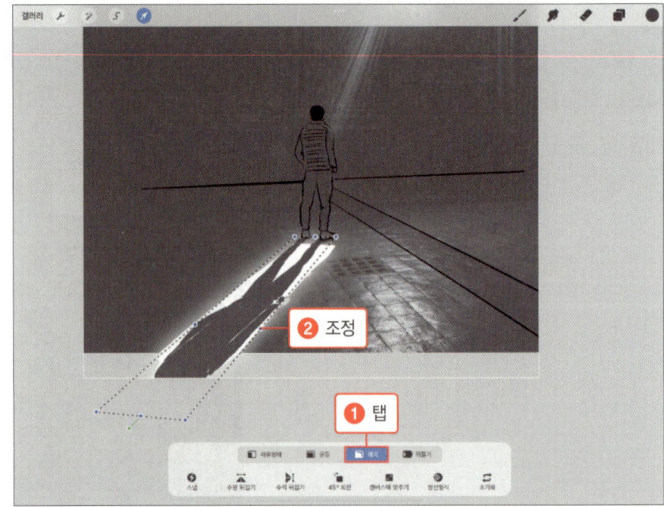

20 팔 부분이 어색하게 비어있습니다. 이 부분을 같은 색상으로 지정하여 덧칠하여 수정합니다.

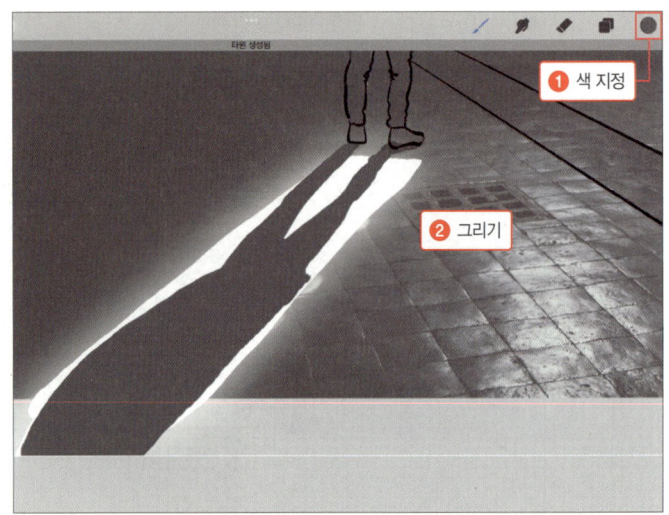

21 (조정( ) → 투시도 흐림 효과)를 선택합니다.

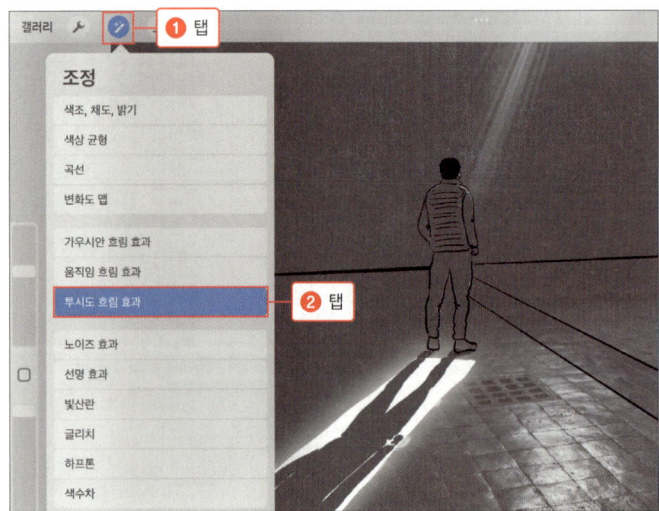

22 | 점이 생깁니다. 투시도 기준이 되는 점으로 점에 가까울수록 흐림 효과가 덜하고 멀수록 흐림 효과가 강하게 적용됩니다. 발밑에 점을 두고 좌우로 드래그하여 흐림 효과를 적용합니다.

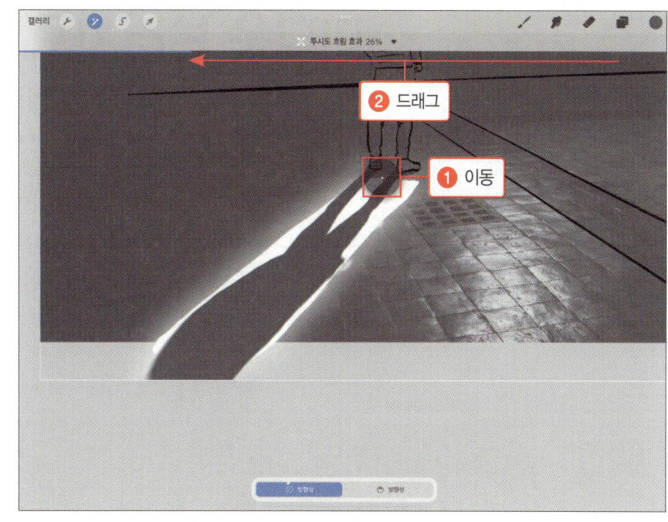

23 | 이렇게 캔버스에 꽉 차지 않는 경우 모든 레이어를 선택하고 크기를 조절할 수 있습니다. (레이어(■))에서 레이어를 오른쪽으로 드래그하여 모두 선택하고 (변형(➚))을 탭하여 캔버스에 꽉 차게 조절하여 수정합니다.

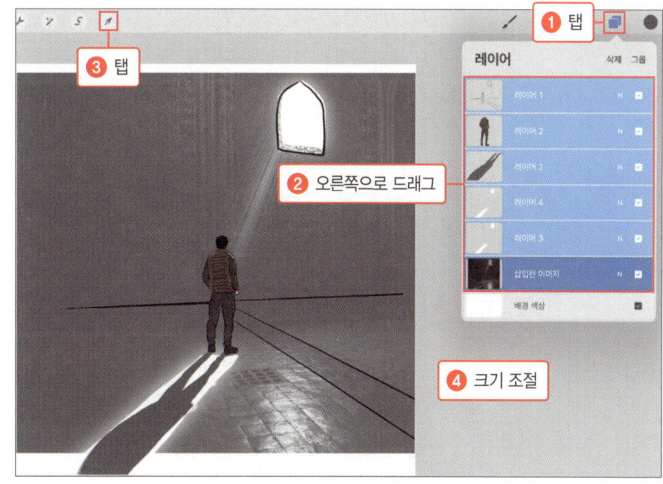

24 | 크기를 조절한 다음 (레이어(■))에서 '삽입한 이미지'의 (N)을 탭하여 불투명도를 다시 '최대'로 조절합니다. 이렇게 빛과 그림자를 함께 표현해 보았습니다.

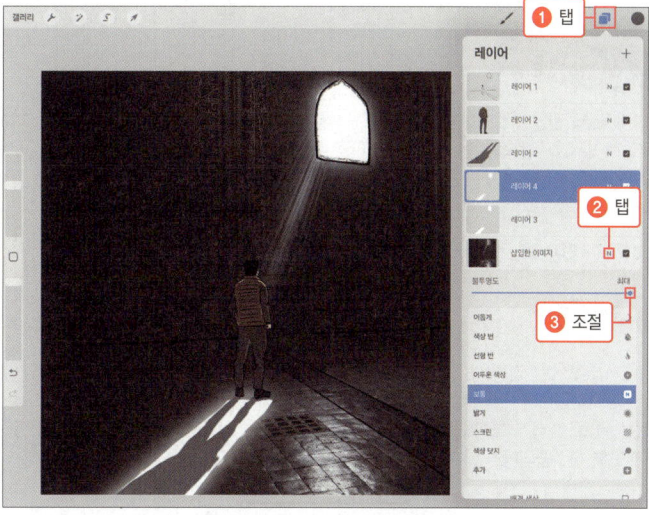

Brush 13
미디움 브러시

미디움 브러시로 입체감 있는 곰인형 그리기

곰인형은 오래전부터 집마다 하나씩 있을 만큼 사랑받아 왔습니다. 푸근한 몸과 귀여운 얼굴을 가진 곰돌이를 그리는 일 역시 사랑스러운 작업입니다. 이번에는 입체감이 좀 더 살아있으면서 털이 보송보송 살아있는 곰을 함께 그려 봅시다. 보송보송한 털들이 포근한 느낌을 줄 것입니다.

● 완성 파일 : 02\미디움 곰인형_완성.procreate, 미디움 곰인형_완성.jpg

❶ 미디움 브러시
❷ 짧은 털

사용 브러시

❶ 에어브러시 → 미디움 브러시

(미디움 브러시)는 경계면이 그러데이션 느낌으로 서서히 흐려지는 브러시입니다. 형태와 면을 주로 표현할 때 활용하기 좋습니다. (소프트 브러시)와 비슷하지만 연한 부분이 (소프트 브러시)보다 적어서 빠르게 면을 표현할 수 있는 특징이 있습니다.

❷ 머티리 → 짧은 털

동물의 짧은 털을 일일이 그리는 것은 너무나도 버겁고 시간도 많이 걸립니다. 이런 자잘한 털들을 빠르게 표현할 수 있는 브러시가 바로 (짧은 털)입니다. 이번 예제에서는 곰의 형태 외곽에 (짧은 털)로 손쉽게 보송보송한 털을 만들어 보는 시간을 갖도록 하겠습니다.

곰인형 형태 그리기

01 (브러시(✏️) → 에어브러시 → 미디움 브러시)를 선택하고 머리가 될 부분을 동그랗게 면을 만듭니다. (색상(●))을 '초록색'으로 지정하여 얼굴을 그립니다.

TIP 색상은 나중에 변경할 수 있습니다. 원하는 색상을 지정하여 그려 보도록 합니다.

사용 브러시 에어브러시 → 미디움 브러시

부드러운 느낌의 브러시인 (미디움 브러시)를 선택해 면으로 형태를 표현하겠습니다.

02 몸통을 그려 보겠습니다. (레이어(🗂))에서 (+) 버튼을 탭하여 '레이어 2'를 추가합니다.

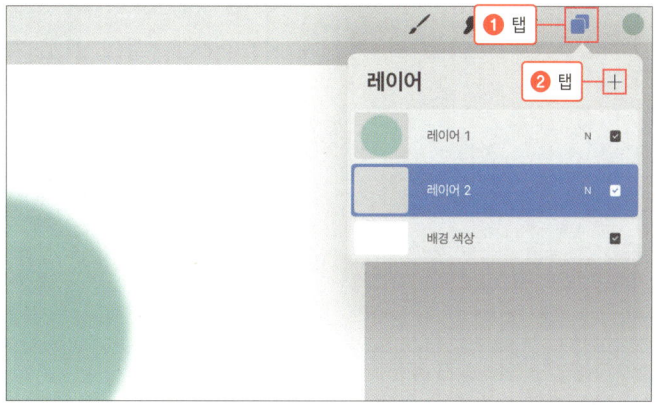

03 '레이어 2'에 몸통을 그립니다. 팔은 따로 그리려고 몸통과 다리, 귀를 그렸습니다.

04 팔을 그리기 위해서 (레이어(■))에서 (+) 버튼을 탭하여 '레이어 3'을 추가합니다.

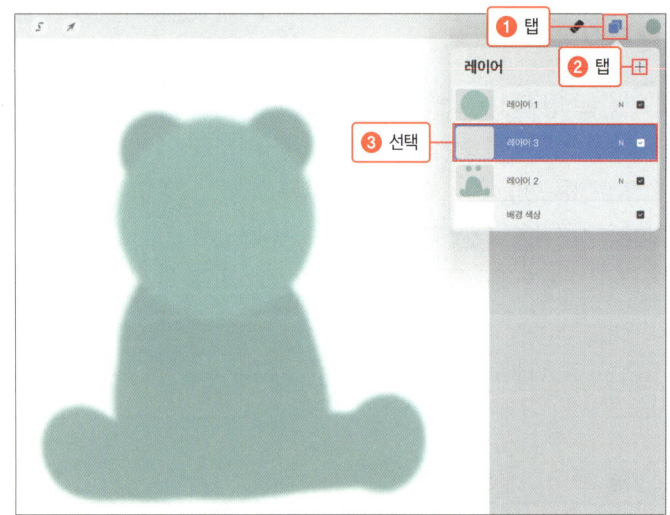

05 몸통과 구분 짓기 위해서 (색상(●))을 명도가 더 낮은 색상으로 지정하여 '레이어 3'에 팔을 그립니다.

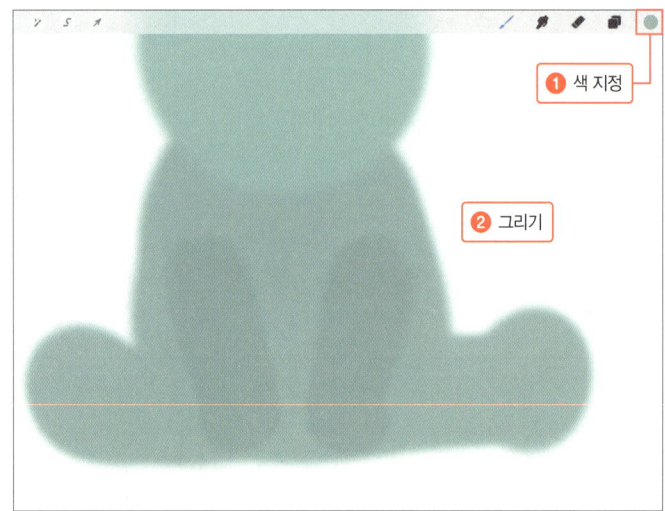

06 얼굴에 입체감을 주기 위해서 (레이어(■))에서 (+) 버튼을 탭하여 '레이어 4'를 추가하고 레이어를 한 번 더 탭하여 (클리핑 마스크)를 선택합니다. '레이어 4'가 '레이어 1'의 클리핑 마스크로 만들어집니다.

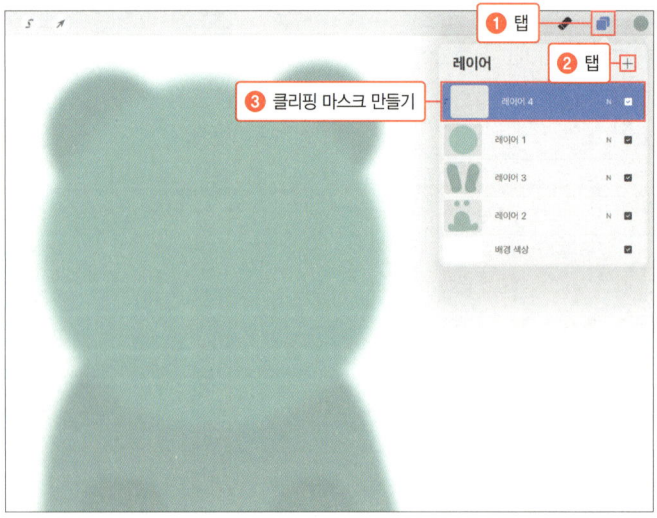

07 | 우리가 아는 '구'를 떠올려 봅니다. 가운데는 명도가 조금 높은 색상으로, 아랫부분은 명도가 좀 더 낮은 색상으로 지정하여 그림과 같이 그려 줍니다. 브러시 크기를 조절해 가며 작업합니다.

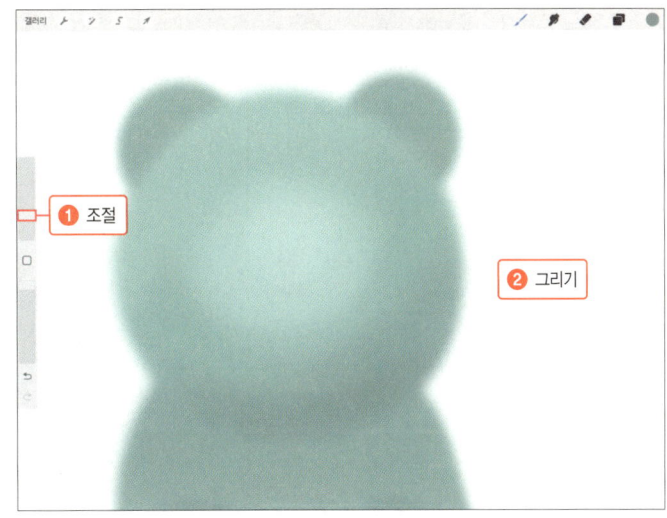

08 | 몸도 입체감을 주기 위해서 [레이어(📄)]에서 [+] 버튼을 탭하여 '레이어 5'를 추가하고 레이어를 한 번 더 탭하여 [클리핑 마스크]를 선택합니다. '레이어 5'가 '레이어 2'의 클리핑 마스크로 만들어집니다.

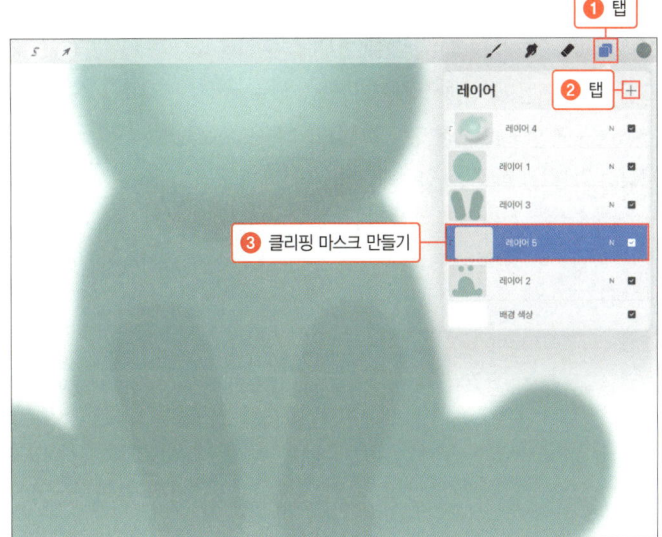

09 | 몸을 원통이라고 생각해 가운데는 밝고 양쪽 가장자리는 어둡게 표현합니다. 곰 발바닥이 되는 부분도 어둡게 표현합니다.

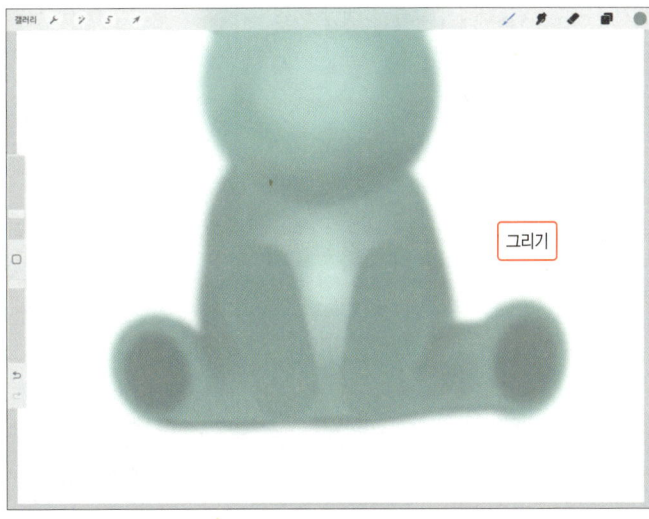

10 팔도 입체감을 표현하기 위해서 06번, 08번과 같은 방법으로 '레이어 6'을 추가하고 '레이어 3'의 클리핑 마스크로 만들어 줍니다.

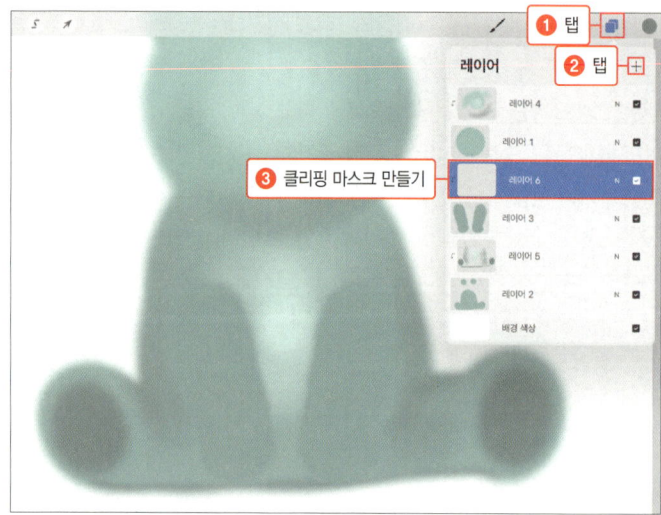

11 팔을 원기둥이라고 생각해 가운데는 조금 밝게, 가장자리는 어둡게 표현합니다. 팔이 몸통과 붙으면서 생기는 그림자를 떠올리며 가장자리를 좀 더 어둡게 그립니다.

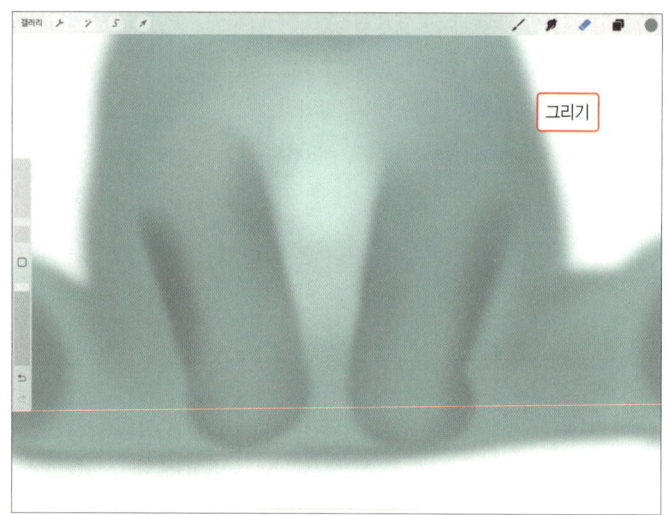

12 (레이어(▣))에서 몸통과 귀가 있는 '레이어 2'를 선택해 귀의 안쪽 부분을 밝게 표현합니다.

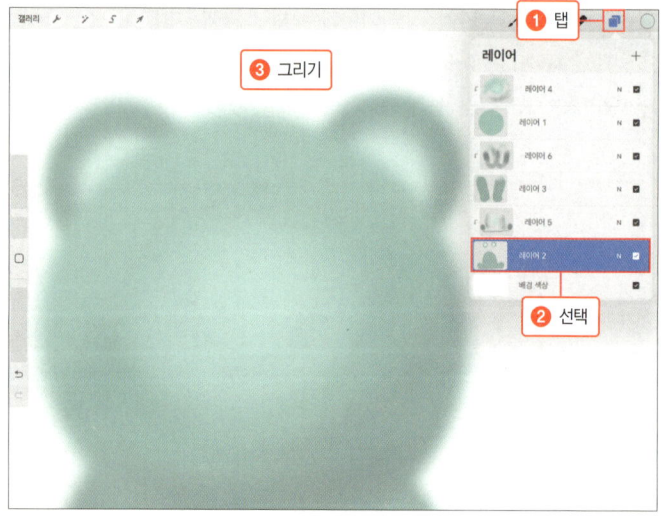

곰인형 털 묘사하기

01 〔브러시(✏️) → 머티리얼 → 짧은 털〕을 선택하고 얼굴을 털부터 작업해 보겠습니다. '레이어 1'을 선택합니다.

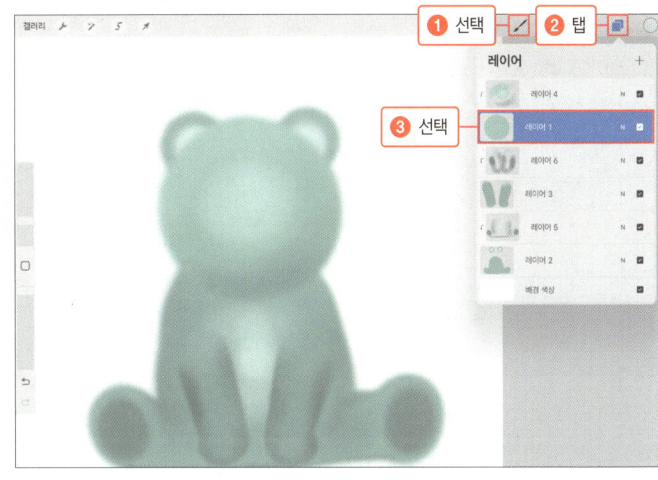

사용 브러시 머티리얼 → 짧은 털

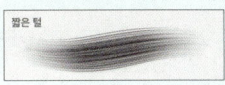

브러시 이름 그대로 짧은 털을 표현하기에 좋은 브러시입니다. 작은 점들이 사각형 모양에 군집해 있어 짧은 털을 표현하려면 스트로크를 짧게 툭툭 가져가야 합니다. 계속 펜슬을 떼지 않고 선을 그으면 짧은 털이 아니라 긴 털이 표현됩니다.

02 털의 〔색상(⚫)〕을 몸과 비슷하거나 살짝 밝은 색으로 지정하여 그립니다. 확대해서 털을 관찰하면 그림과 같이 짧은 털이 보송보송 나 있는 모습이 됩니다.

03 '레이어 2'를 선택하고 몸 부분의 난 털도 표현합니다. 곰의 배도 털처럼 표현해 그려 주면 더 자연스럽게 보입니다. 같은 방법으로 '레이어 3'을 선택하고 털을 표현합니다.

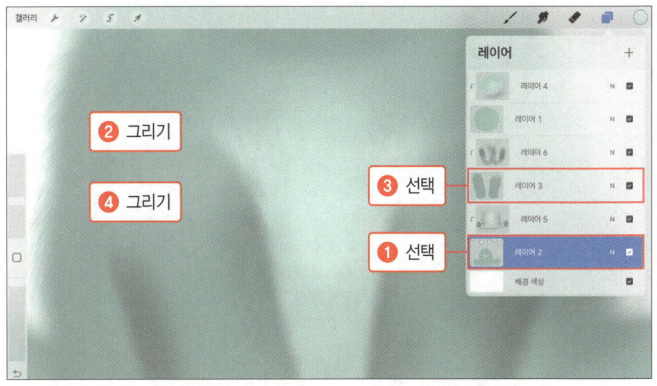

04 | 눈, 코, 입, 발톱 등을 표현하기 위해서 (레이어(■))에서 (+) 버튼을 탭하여 '레이어 7'을 추가하고 맨 위로 이동합니다.

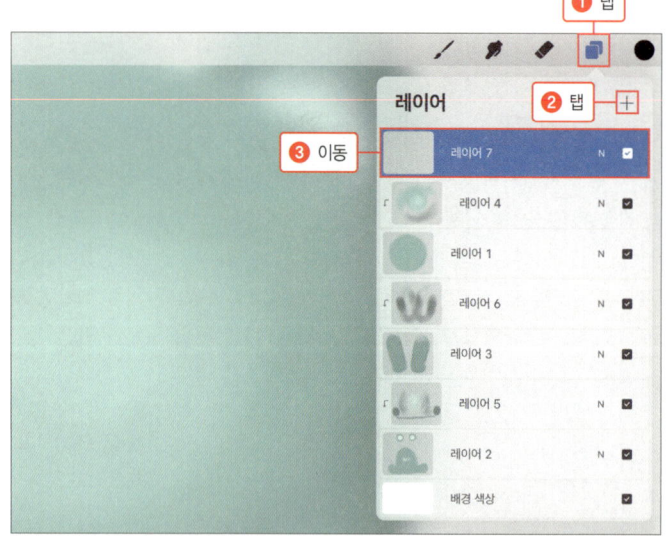

05 | 다시 (브러시(✏)) → 에어브러시 → 미디움 브러시)를 선택하고 브러시 크기를 조절해서 얼굴에 눈코입을 그립니다.

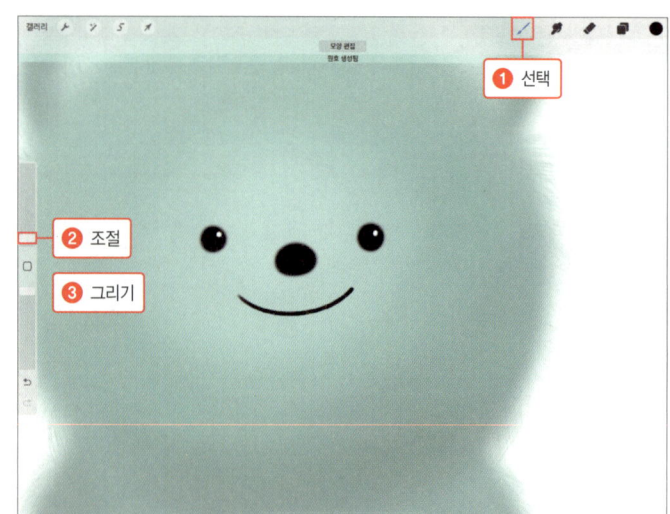

TIP (스케치 → 6B연필)로 눈, 코, 입을 그려도 자연스러운 느낌을 줄 수 있습니다.

06 | 앞발의 발톱과 뒷발의 발바닥도 양쪽 모두 표현합니다.

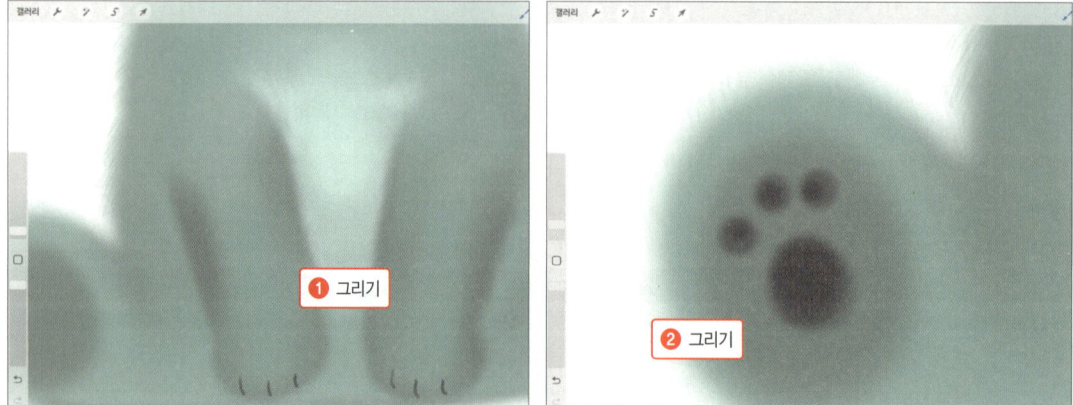

07 그림자를 간단하게 주기 위해 (레이어(▣))에서 (+) 버튼을 탭하여 '레이어 8'을 추가하고 맨 아래로 이동합니다.

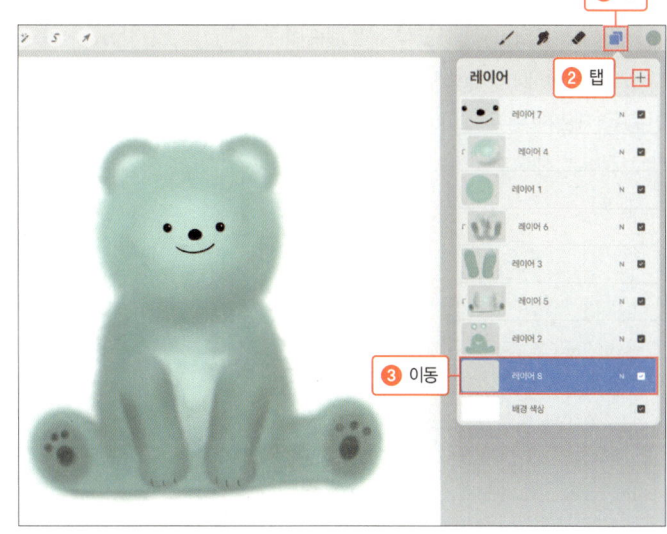

08 (색상(●))을 '검은색'으로 지정하여 그림자를 그립니다.

09 팔이 짧아서 어색한 부분이 보입니다. 팔 레이어인 '레이어 3'을 선택하고 (변형(↗) → 자유형태)를 탭하여 길이를 늘여 위치를 조절합니다.

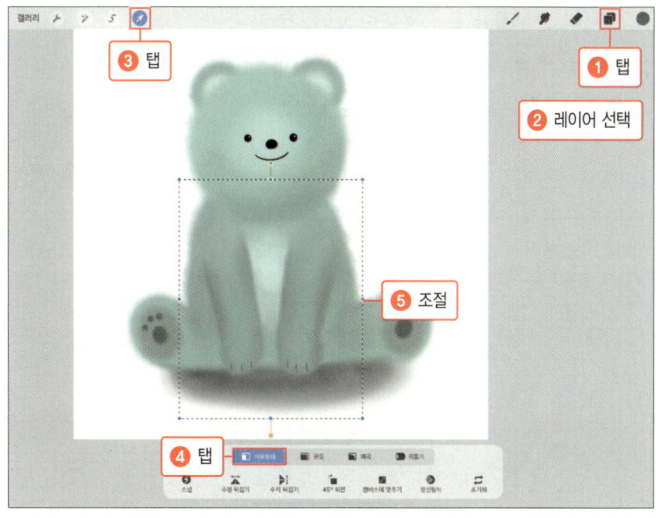

10 이제 곰의 색상을 조절해 보겠습니다. (레이어(■))에서 그림자 레이어인 '레이어 8'을 제외한 모든 레이어를 두 손가락으로 꼬집어 합칩니다.

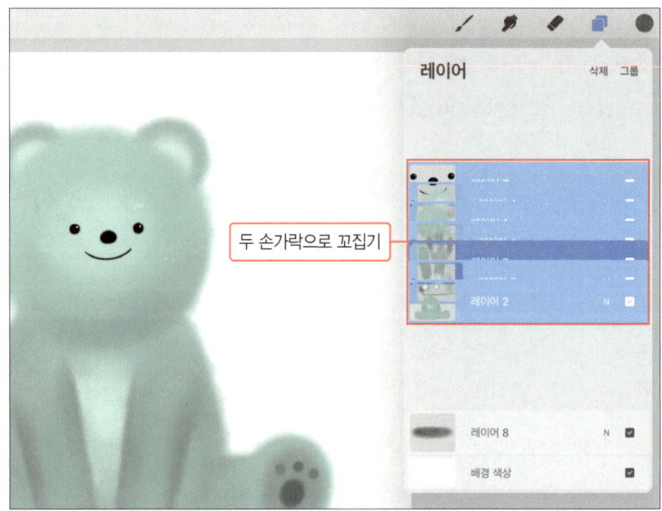

11 합쳐진 레이어를 선택한 상태로 (조정 → 색조, 채도, 밝기)를 선택합니다.

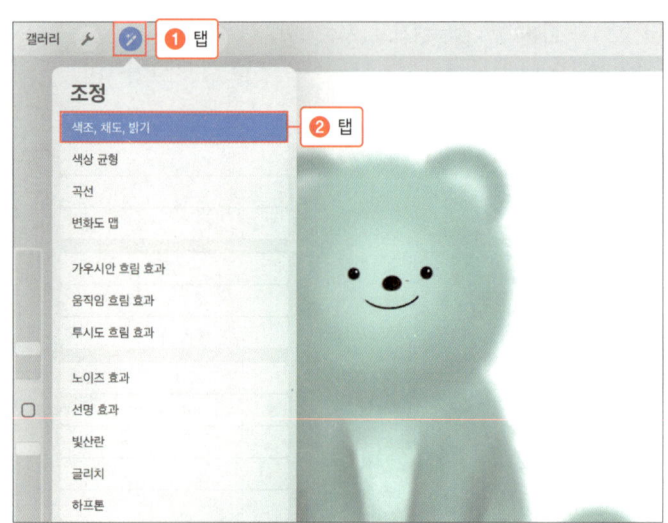

12 (색조) 부분을 '노란색'으로 드래그하면 갈색 곰이 됩니다. 여러 가지로 색조, 채도, 밝기를 조정하여 원하는 색의 곰을 만듭니다.

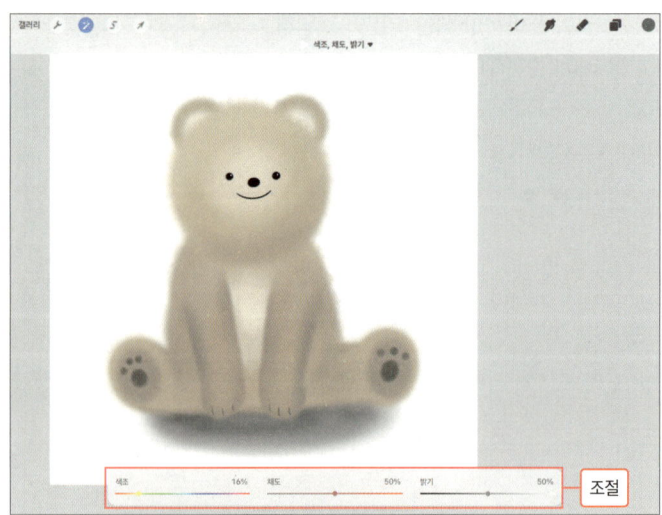

TIP 채도가 높을수록 상큼한 느낌을 표현할 수 있고, 밝기가 밝을수록 화사한 느낌을 줍니다. 밝기는 민감하게 반응하므로 조금씩 조절해야 합니다.

Brush 14
글로밍 브러시

글로밍 브러시로
질감이 느껴지는 화분 그리기

멋진 나무나 꽃을 그리는 것만큼 예쁘게 놓여 있는 화분을 그리는 일 역시 재미난 일입니다. 화원에서 기본적으로 파는 밝은 흙색의 화분과 초록색으로 덮인 식물들이 줄줄이 걸려 있으면 꽤 운치가 있습니다. 화분의 질감과 식물의 질감이 재밌는 브러시들과 함께 그림을 그려 보겠습니다.

● 완성 파일 : 02\글로밍 화분_완성.procreate, 글로밍 화분_완성.jpg

사용 브러시

❶ 스케치 → 6B 연필

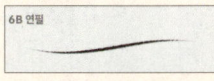

어느 그림과도 잘 어울리는 (6B 연필)로 화분의 줄과 매듭을 그리겠습니다.

❷ 그리기 → 글로밍

흙을 잘 굳힌 듯한 질감을 표현하기 위해 (글로밍)을 활용하겠습니다. 질감 자체로도 충분히 재미있는 브러시이기 때문에 다른 그림에도 활용해 보는 것을 추천합니다. 이번 그림에서는 화분의 질감을 표현하겠습니다.

❸ 그리기 → 프레이시넷

물기가 있는 물감을 표현하기 좋은 브러시입니다. 식물을 표현할 때도 유용한 브러시입니다.

화분 스케치하기

01 | 화분 같은 좌우대칭의 개체를 그릴 때 그리기 가이드의 대칭 기능을 이용하면 좋습니다. (동작(🔧) → 캔버스 → 그리기 가이드)를 활성화하고 (그리기 가이드 편집)를 선택합니다.

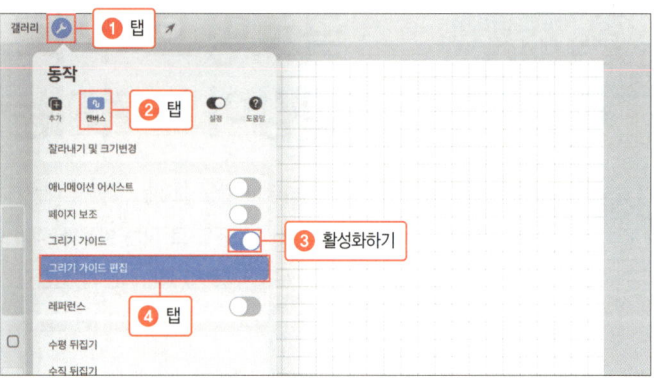

02 | (그리기 가이드)의 하단 메뉴에서 (대칭)을 선택합니다.

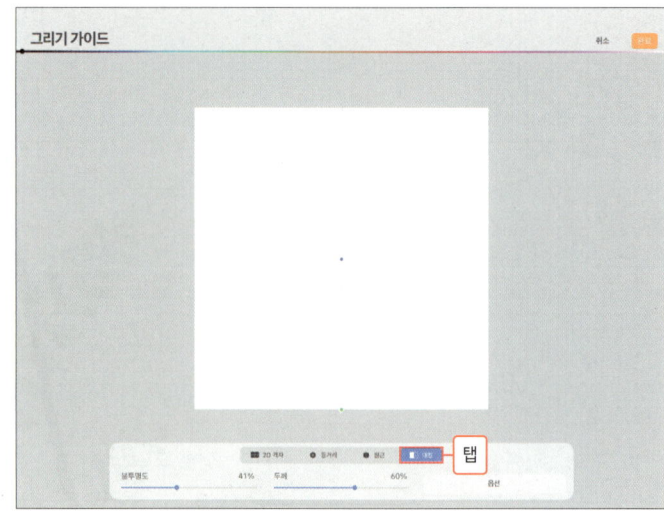

03 | (브러시(✏️) → 스케치 → 6B 연필)을 선택하고 대칭 기능을 활용해 화분과 줄을 그립니다. 반쪽만 그리는 것을 여러 번 반복하면 안정된 그림을 그릴 수 있습니다.

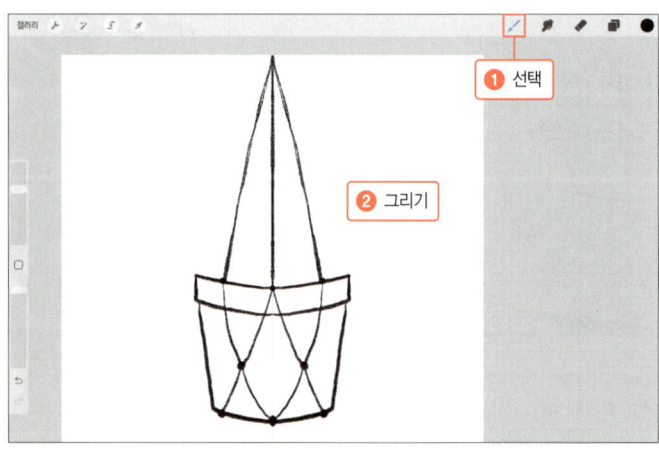

TIP '화분 윗부분 → 화분 아랫부분 → 줄 → 매듭' 순서로 그리면 좀 더 쉽게 그릴 수 있습니다.

사용 브러시   스케치 → 6B 연필

역시 스케치하기 편한 (6B 연필)로 스케치를 진행하겠습니다. 그리고 이 브러시 역시 질감이 좋은 편이기 때문에 화분의 줄과 매듭 부분도 함께 그리겠습니다.

04 스케치를 바탕으로 채색을 진행하기 위해 (레이어(■))에서 (+) 버튼을 탭하여 '레이어 2'를 추가합니다. '레이어 1'의 (N)을 탭하여 불투명도를 '30%'로 조절합니다.

화분 묘사하기

01 (브러시(✏)) → 그리기 → 글로밍)을 선택하고 (색상(●))을 '살구색'으로 지정하여 화분을 채색합니다. 브러시의 특성상 깔끔한 채우기가 어렵기 때문에 스케치보다 조금 더 넓게 채색합니다.

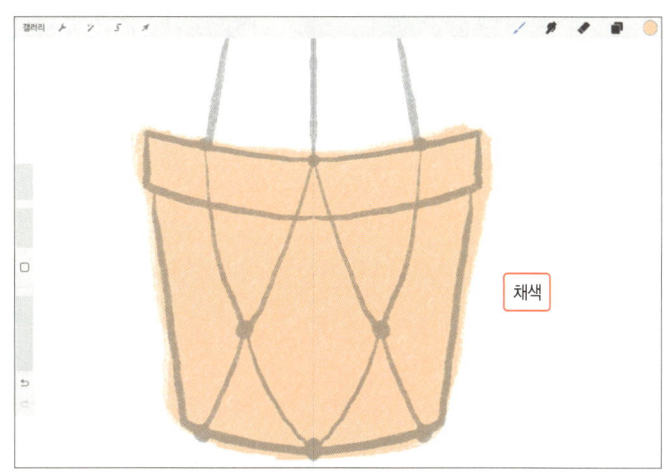

사용 브러시 그리기 → 글로밍

질감이 있는 브러시 중에서 제가 생각했을 때 화분의 질감과 비슷한 브러시를 골랐습니다. 질감이 있는 브러시는 이렇게 자신이 느꼈던 대상과 비슷한 질감의 브러시라고 생각하면 그림에 적용해 보며 느낌을 익힙니다.

02 (지우개(✏)) → 서예 → 모노라인)을 선택해 깔끔하게 지웁니다. 깔끔하게 지울 수 있는 다른 브러시를 선택해도 좋습니다.

03 화분의 단이 지는 곳에 그림자를 표현하기 위해 채도와 명도를 조금 낮춘 색으로 지정하고 선을 긋습니다.

TIP 스케치 레이어인 '레이어 1'을 체크 해제하여 보이지 않게 하면 그림과 같은 모습입니다.

04 줄과 매듭을 표현하기 위해서 (레이어(■))에서 (+) 버튼을 탭하여 '레이어 3'을 추가합니다. 줄이 화분 앞에 보이기 위해 '레이어 3'을 화분 레이어인 '레이어 2'의 위로 이동합니다.

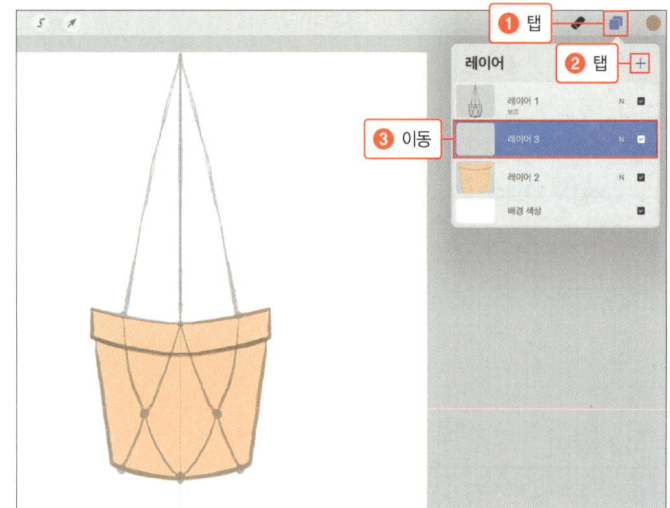

05 줄은 (6B 연필)로 그리겠습니다. 그림과 같이 '1자' 선을 그을 때는 선을 긋고 펜슬을 떼지 않고 기다리면 도형 보정에 의해서 곧은 선이 만들어집니다.

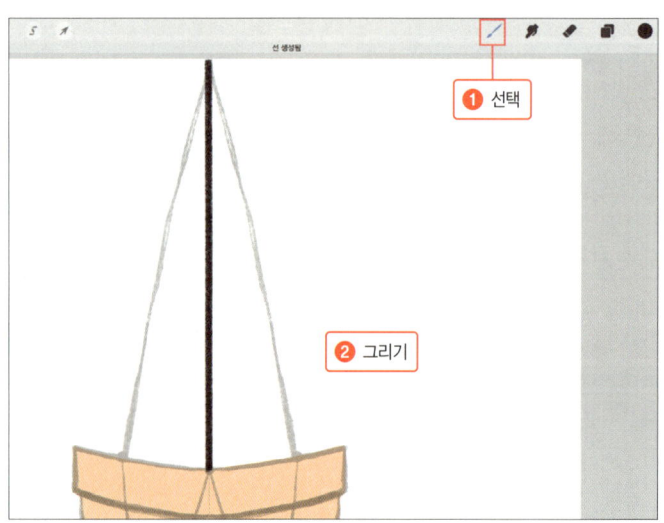

06 다른 선도 모두 스케치에 맞춰서 그립니다.

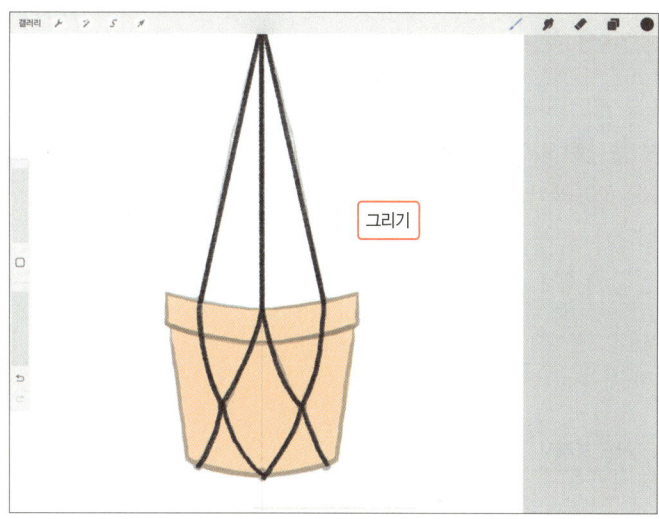

07 줄 매듭 부분의 (색상(●))을 '검은색', '탁한 흙색'으로 지정하여 표현합니다.

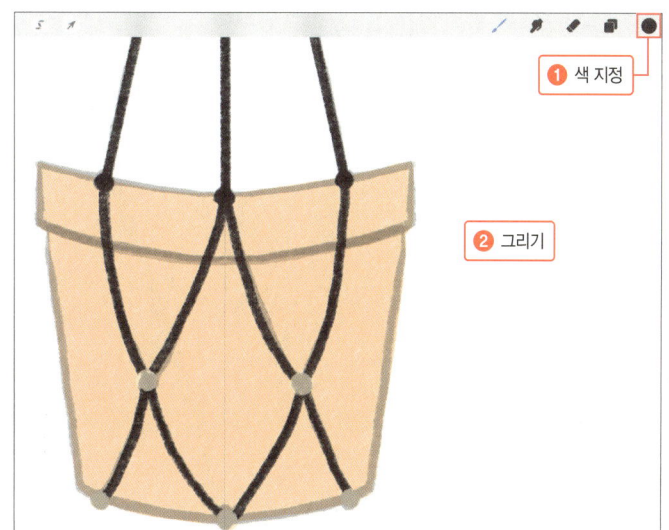

08 식물은 화분 앞으로 나온 식물과 위쪽으로 뻗은 식물을 그리겠습니다. 먼저 위쪽으로 뻗은 식물을 그리기 위해 (레이어(■))에서 (+) 버튼을 탭하여 '레이어 4'를 추가하고 화분 레이어인 '레이어 2'의 아래로 이동합니다.

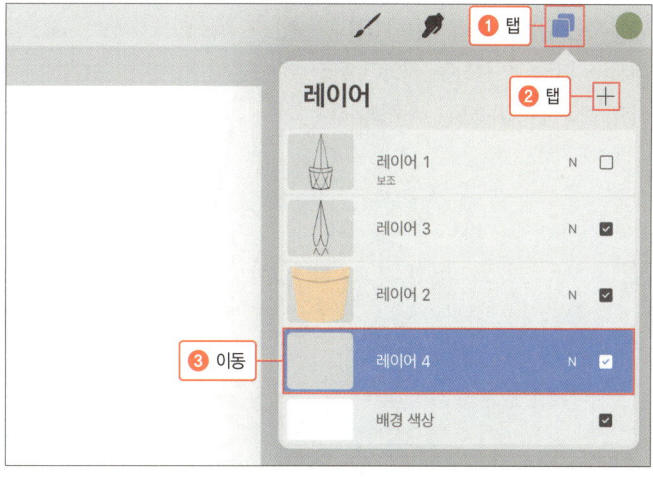

줄기와 잎 그리기

01 (브러시(✎)) → 그리기 → 프레이시넷)을 선택하고 (색상(●))을 '초록색'으로 지정하여 줄기의 가닥을 필요한 만큼 그립니다.

TIP 예제에서는 총 12개의 가닥을 그릴 예정입니다. 풍성한 식물을 상상하며 가닥을 잡습니다.

사용 브러시 그리기 → 프레이시넷

역시 질감이 있는 브러시입니다. 물기를 머금은 듯한 브러시이기 때문에 식물과 잘 어울린다고 생각합니다. (프레이시넷)을 활용하여 잎을 그려 보겠습니다.

02 줄기의 맨 위에 잎을 하나 그리고 마주 보기 잎이 나 있는 형식으로 잎을 그려 하나씩 완성합니다.

03 줄기마다 잎을 모두 완성하고 좀 더 뒤에 있는 잎들을 그리기 위해 (레이어(▣))에서 (+) 버튼을 탭하여 '레이어 5'를 추가하고 '레이어 4'의 아래로 이동합니다.

04 뒤쪽에 있는 줄기의 잎을 그려 보겠습니다. 뒤쪽에 있는 식물이므로 공간감을 주기 위해 원래 썼던 초록색보다 명도가 낮은 색상을 지정하여 01번-02번과 같은 방법으로 식물을 그립니다.

05 이번에는 화분 앞쪽으로 늘어진 식물을 표현하겠습니다. [레이어(■)]에서 [+] 버튼을 탭하여 '레이어 6'을 추가하고 '레이어 6'을 '레이어 2'의 위로 이동합니다.

06 01번-02번과 같은 방법으로 세 가닥의 식물을 그립니다.

07 좀 더 어두운 잎을 표현하기 위해 (레이어(■))에서 (+) 버튼을 탭하여 '레이어 7'을 추가합니다. '레이어 7'을 '레이어 6'의 아래로 이동합니다.

08 (색상(●))을 명도가 낮은색으로 지정하여 화분에 있는 식물 그리기를 완성합니다.

구아슈 브러시로
물을 머금은 화분 그리기

SNS를 살펴보면 꽃을 잘 그리는 사람, 꽃만 전문적으로 그리는 사람 등 다양한 사람이 그린 꽃 그림을 볼 수 있습니다. 꽃을 그릴 때 대부분 오일 파스텔이나 수채화를 이용한 기법을 사용하는데, 디지털 드로잉에서 현실의 오일 파스텔이나 수채화 느낌을 내려면 노력이 많이 필요하고 후보정 작업도 까다롭습니다. 수채화의 경우, 프로크리에이트에서는 어느 정도 간단한 수채화 일러스트 느낌을 내는 브러시가 있습니다. 함께 알아보도록 합니다.

● 완성 파일 : 02\구아슈 화분_완성.procreate, 구아슈 화분_완성.jpg

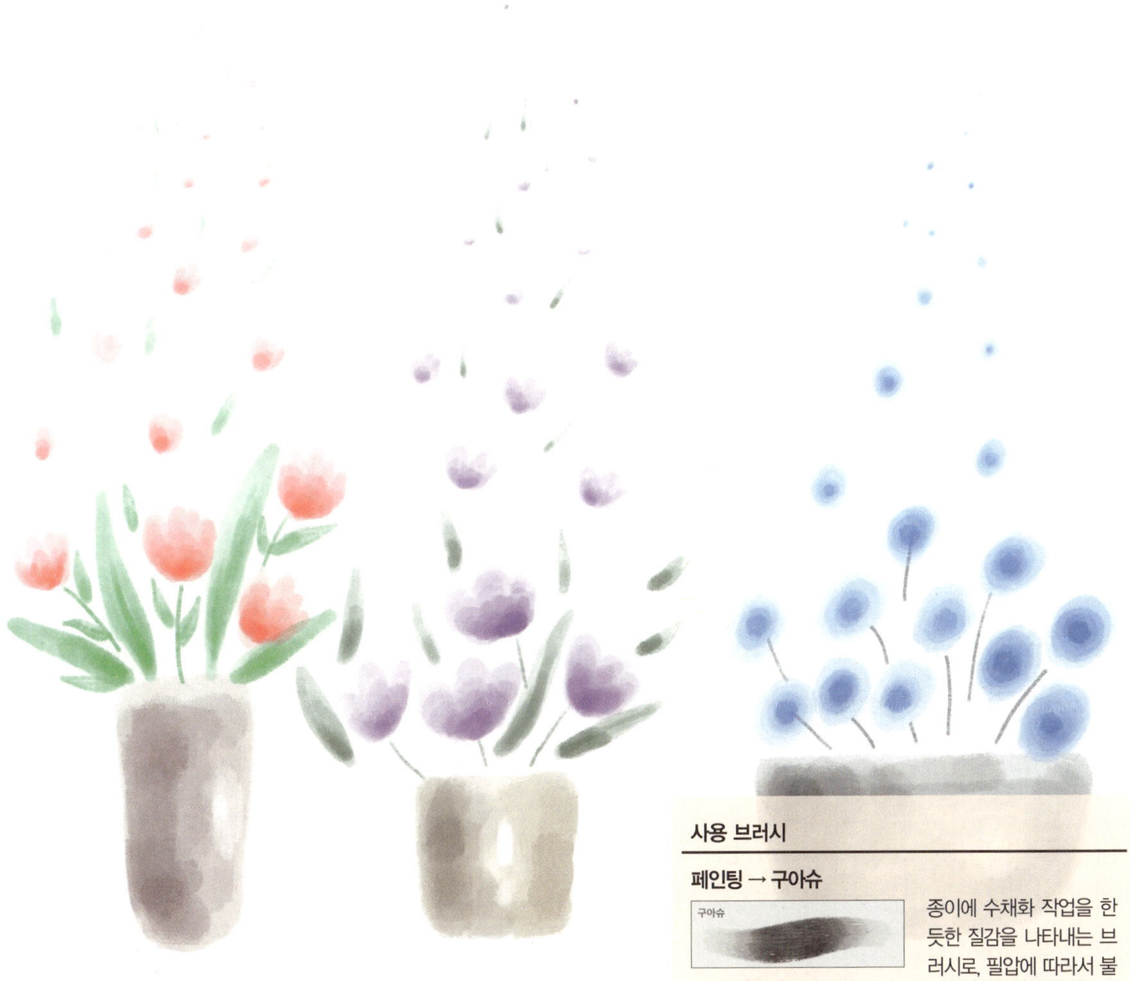

사용 브러시

페인팅 → 구아슈

종이에 수채화 작업을 한 듯한 질감을 나타내는 브러시로, 필압에 따라서 불투명도의 차이가 많은 브러시입니다. 스트로크를 꾹 누르기보다는 수채화처럼 여러 번 덧칠하여 표현하는 스트로크가 어울리는 브러시입니다.

꽃 화분 그리기

01 (브러시(✏️) → 페인팅 → 구아슈)를 선택하고 브러시 크기를 조절하여 화분 세 개에 담긴 꽃을 스케치합니다.

02 스케치를 바탕으로 채색하겠습니다. (레이어(▣))에서 (+) 버튼을 탭하여 '레이어 2'를 추가합니다. '레이어 1'의 (N)을 탭하여 불투명도를 '30%'로 조절합니다.

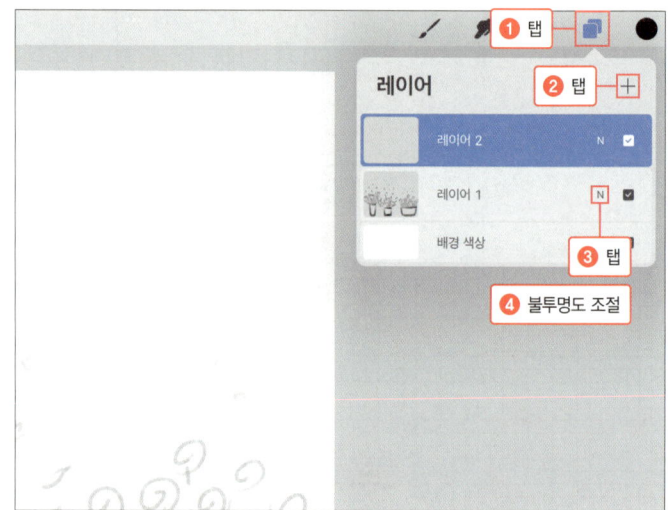

03 화분을 먼저 채색합니다. (색상(●))을 '빨간색', '노란색', '파란색'으로 지정하여 채색합니다. 여러 번 반복해서 겹침 효과를 볼 수 있도록 손에 힘을 빼고 그립니다.

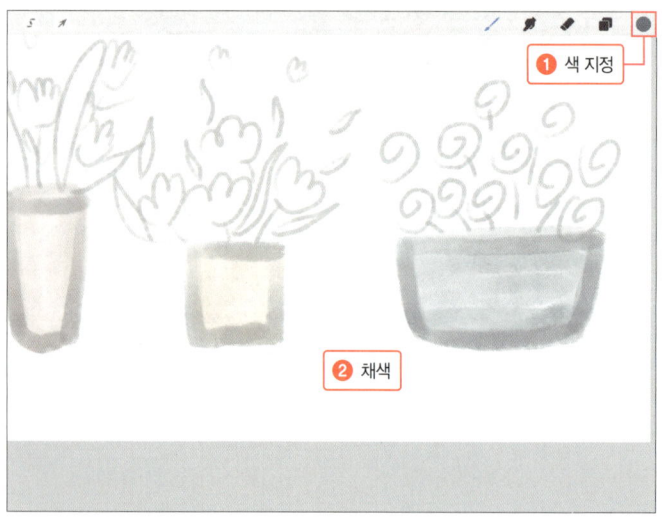

04 | 여러 번 반복해서 채색하면 그림과 같은 느낌을 줄 수 있습니다.

05 | 빛이 나는 부분을 표현하고 싶다면 〔색상(●)〕을 '흰색'으로 지정하여 점을 찍듯 여러 번 스트로크합니다.

TIP 빛의 방향을 미리 정하고 채색하는 것이 좋습니다. 예제에서는 왼쪽 상단에서 빛이 들어오는 것으로 표현했습니다.

06 | 같은 방법으로 세 개의 화분을 채색합니다.

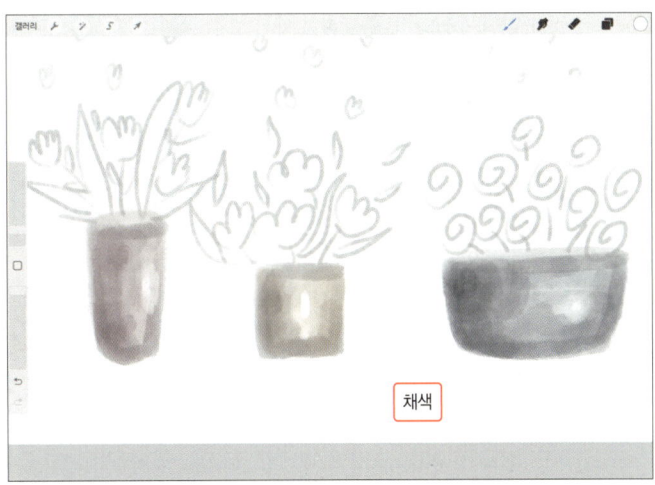

07 꽃은 다른 레이어에 그려 보겠습니다. (레이어(■))에서 (+) 버튼을 탭하여 '레이어 3'을 추가합니다.

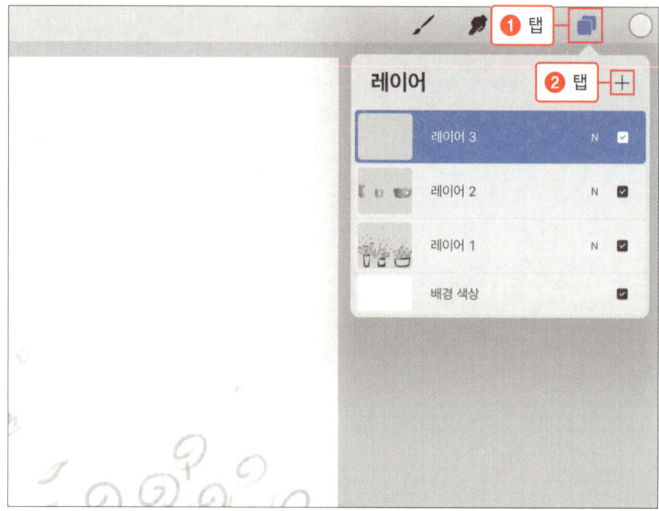

08 화분과 마찬가지로 처음에는 약하게 스트로크해서 채색합니다.

09 그림과 같이 꽃이나 잎을 표현할 때 여러 번에 나눠서 중복 채색을 하면 조금씩 번지는 효과를 볼 수 있습니다.

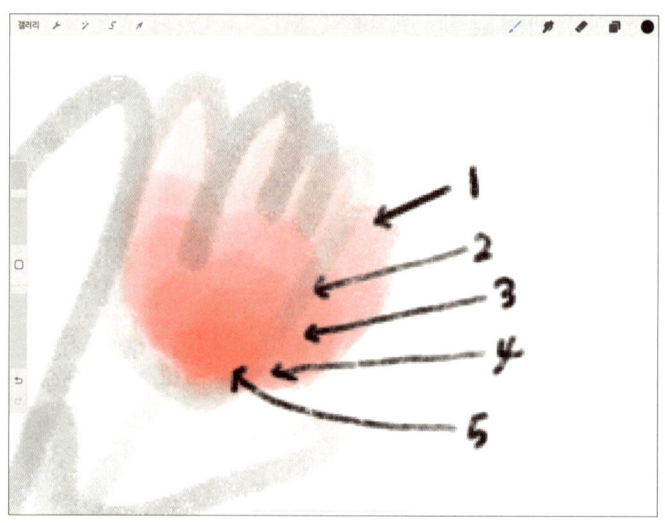

10 꽃들을 09번과 같은 방법으로 모두 채색합니다.

11 09번과 다르게 진한 부분부터 조금씩 넓게 둥글게 채색하는 방법으로 표현할 수도 있습니다.

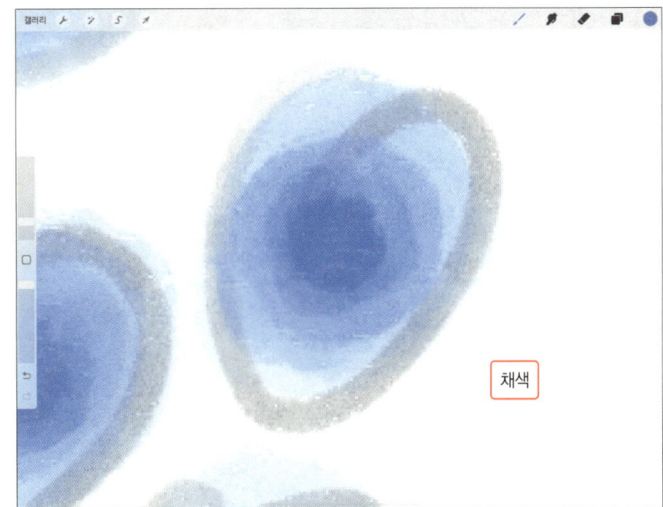

TIP 브러시의 크기를 조절하면서 점을 찍듯이 스트로크 채색하는 것도 하나의 방법입니다.

12 잎을 표현하기 위해 (레이어(■))에서 (+) 버튼을 탭하여 '레이어 4'를 추가하고 '레이어 3'과 '레이어 2'의 사이로 이동합니다.

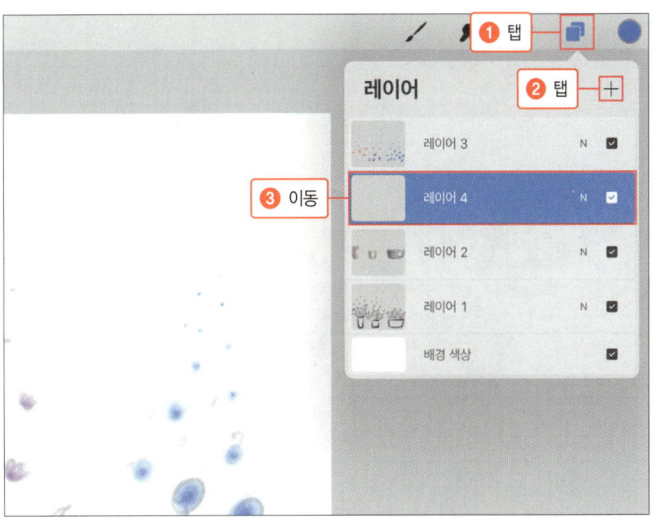

15 구아슈 브러시로 물을 머금은 화분 그리기 **189**

13 (색상(●))을 '초록색'으로 지정하여 잎도 꽃과 같이 채색합니다.

14 09번, 11번과 같은 방법으로 잎을 채색합니다. '레이어 1'을 체크 해제하고 채색이나 표현이 모자란 부분을 보충해 주면 완성입니다.

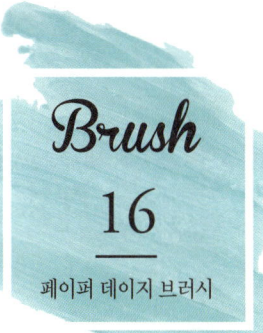

페이퍼 데이지 브러시로
잎 무더기 나무 그리기

나무를 표현하는 방법은 여러 가지입니다. 면으로 표현하는 방법도 있고, 나뭇잎을 필요한 부분에만 하나하나 그리는 방법도 있습니다. 이번에 소개할 나무 그리기는 나뭇잎 브러시를 문질러서 나뭇잎이 곳곳에 잘 보이도록 하는 방법입니다. 더불어 이전 예제에서 배웠던 그림자 표현도 복습해 봅시다.

- 예제 파일 : 02\텍스처.jpg
- 완성 파일 : 02\페이퍼 데이지 나무_완성.procreate, 페이퍼 데이지 나무_완성.jpg

사용 브러시

❶ 스케치 → 6B 연필

나무의 형태를 잡기 위해서 스케치 하는 용도로 (6B 연필) 브러시를 활용하겠습니다.

❷ 머터리얼 → 펜트리

나무의 거친 결을 표현하기 위해서 (펜트리)를 활용하겠습니다.

❸ 유기물 → 페이퍼 데이지

나뭇잎을 하나하나 그리지 않아도 나뭇잎을 무더기로 한 번에 그릴 수 있는 브러시입니다. (페이퍼 데이지)로 나무를 쉽게 그려 보겠습니다.

나무 스케치하기

01 [브러시(✏️) → 스케치 → 6B 연필]을 선택하고 동그라미와 네모를 이용하여 나무 모양을 그립니다.

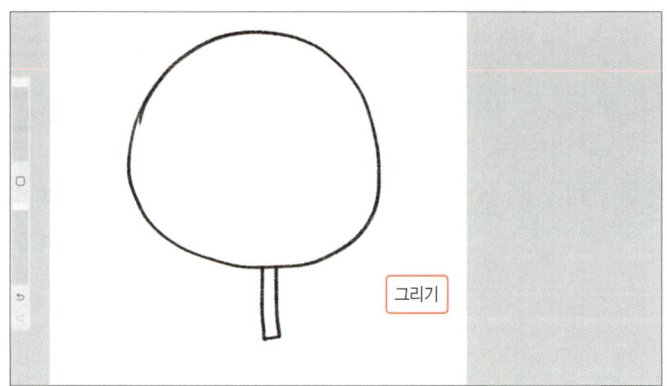

사용 브러시 스케치 → 6B 연필

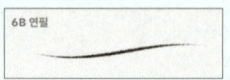

나무의 형태를 파악하기 위해서 간단하게 스케치를 하겠습니다. 스케치에 유용한 [6B 연필]을 선택합니다.

02 [레이어(🗂)]에서 '레이어 1'의 [N]을 탭하여 불투명도를 '30%'로 조절하고 [+] 버튼을 탭하여 '레이어 2'를 추가합니다. 나무에 형태에 맞춰 나뭇가지가 어떻게 뻗어 있을지 생각해 보고 나뭇가지를 그립니다.

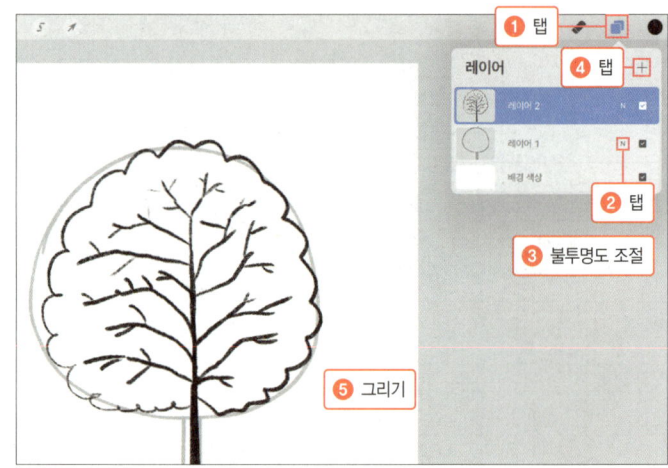

03 [레이어(🗂)]에서 '레이어 2'의 [N]을 탭하여 불투명도를 '30%'로 조절하고 [+] 버튼을 탭하여 '레이어 3'을 추가합니다. 간단한 나무의 덩어리를 표현합니다. 덩어리의 앞뒤를 구분할 수 있는 정도면 충분합니다.

TIP 나무도 나뭇가지를 중심으로 덩어리가 있습니다. 덩어리를 파악하면 음영을 표현하기 좋습니다.

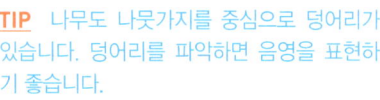

04 〔레이어(■)〕에서 '레이어 3'을 마지막으로 스케치가 끝났습니다. '레이어 3'의 〔N〕을 탭하여 불투명도를 '30%'로 조절하고 〔+〕 버튼을 탭하여 '레이어 4'를 추가합니다.

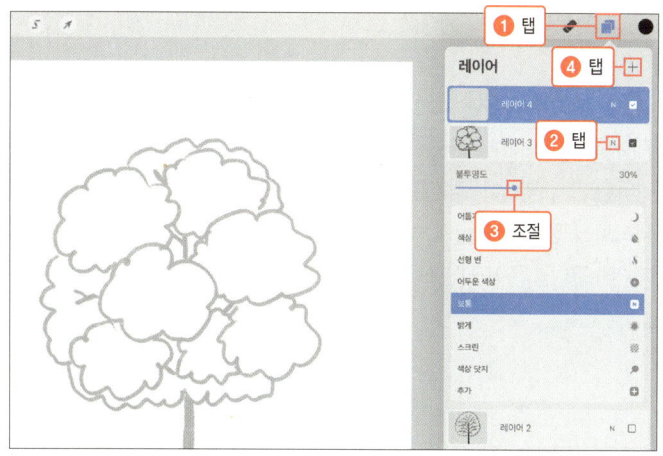

나무 기둥 그리기

01 〔브러시(✎) → 머티리얼 → 펜트리〕를 선택하고 나무의 기둥을 그립니다. 나무 모양을 상상하며 좌우의 질감을 조절해 그립니다.

사용 브러시 머티리얼 → 펜트리

질감도 나무 느낌이고 선을 그었을 때 선의 외곽이 나무의 질감과 닮아서 선택했습니다. 〔펜트리〕를 선택해 나무의 두께보다 조금 얇게 조절합니다.

02 같은 방법으로 덩어리 사이에 보이는 나뭇가지를 그립니다. 나뭇가지를 기준으로 뒤에 있는 나뭇잎과 앞에 있는 나뭇잎을 나눠 그리겠습니다. 〔레이어(■)〕에서 〔+〕 버튼을 두 번 탭하여 '레이어 5', '레이어 6'을 추가하고 '레이어 4'를 중심으로 위아래 위치하게 이동한 다음 '레이어 6'을 선택합니다.

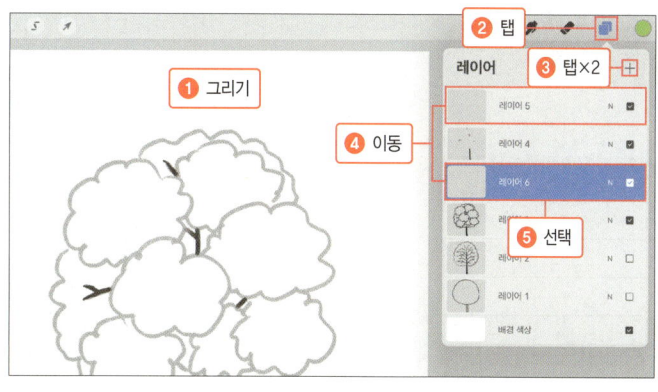

나뭇잎 그리기

01 나뭇가지 뒤에 있는 나뭇잎을 그리기 위해 (브러시(◧) → 유기물 → 페이퍼 데이지)를 선택하고 (색상(●))을 '밝은 녹색'으로 지정하여 둥글게 스트로크하고 군데군데 구멍을 뚫어 자연스럽게 그립니다.

사용 브러시 유기물 → 페이퍼 데이지

나뭇잎 모양의 더미를 표현하는 브러시입니다. 크기에 따라서 화초처럼 표현할 수도 있고 나무를 표현할 수도 있습니다. (페이퍼 데이지)를 선택합니다.

02 명암을 표현하기 위해서 (레이어(▣))에서 (+) 버튼을 탭하여 '레이어 7'을 추가하고 '레이어 6'의 클리핑 마스크로 만듭니다.

03 (색상(●))을 '명도가 낮은 녹색'으로 지정하여 전체 나뭇잎 덩이의 중간과 아랫부분을 그립니다.

04 03번과 같은 방법으로 명도를 서서히 낮춰가면서 덩어리를 표현합니다.

TIP 덩어리마다 아래쪽에 그림자가 지기 때문에 어두운 명도의 색을 덩어리의 아랫부분 위주로 추가합니다.

05 빛이 드는 부분을 표현하기 위해서 (색상(●))을 '밝은 녹색'으로 지정하여 덩어리의 위쪽과 구멍이 뚫려 있는 부분에 덧그립니다.

06 (레이어(■))에서 '레이어 5'를 선택하고 이번에는 앞쪽의 나뭇잎 덩이를 그립니다. 마찬가지로 구멍이 있도록 자연스럽게 그립니다.

TIP 더 편하게 확인하며 그리기 위해 '레이어 6'을 체크 해제하여 보이지 않게 했습니다.

07 | (레이어(■))에서 (+) 버튼을 탭하여 '레이어 8'을 추가하고 '레이어 5'의 클리핑 마스크로 만듭니다.

08 | 뒤쪽에 있는 나뭇잎 덩이를 표현하는 방법과 같은 방법으로 덩이의 아랫부분을 명도가 낮은 색으로 나뭇잎을 덧칠합니다.

09 | 덩어리마다 입체감이 살아나도록 명도를 점차 낮춘 색을 이용하여 덧칠합니다.

10 덩어리의 위쪽 부분과 구멍 난 부분에 (색상(●))을 '밝은 녹색'으로 지정하여 덧칠해 빛 표현을 더 합니다.

11 (레이어(■))에서 나무를 그린 레이어를 모두 체크 표시하여 완성된 나무를 확인합니다. 나뭇잎 브러시의 크기나 사용한 색에 따라서 느낌이 매번 달라집니다.

12 그림자 표현을 해 보겠습니다. 나무를 그린 레이어 모두를 오른쪽으로 드래그하여 다중 선택하고 (그룹)을 탭하여 그룹화합니다.

16 페이퍼 데이지 브러시로 잎 무더기 나무 그리기 **197**

13 | '새로운 그룹'을 왼쪽으로 드래그하여 (복제)를 탭합니다.

14 | 복제된 '새로운 그룹'을 두 손가락으로 꼬집어 합칩니다.

15 | 합쳐진 레이어를 탭하고 (알파 채널 잠금)을 선택합니다.

TIP (알파 채널 잠금)을 적용하면 그림이 이미 그려진 곳에만 색을 칠할 수 있습니다.

16 두께가 두꺼운 (미디움 브러시)와 같은 브러시를 선택하고 (색상(●))을 '검정에 가까운 녹색'으로 지정하여 채색합니다.

17 (변형(↗) → 왜곡)을 탭하여 위치를 이동하고 형태를 조절하여 그림자를 만듭니다.

18 그림자의 위치를 나무보다 뒤에 있게 하기 위해 (레이어(▣))에서 그림자를 표현한 '레이어 6'을 나무를 그린 '레이어 6' 아래로 이동합니다.

19 (조정( )→ 가우시안 흐림 효과)를 탭하여 '2%'로 조절하면 보다 자연스러운 그림자 표현이 가능합니다.

20 잎의 느낌을 더 내기 위해서 이제는 다양한 색을 이용해 점을 찍는 스트로크로 잎을 여러 번 찍습니다. 시간을 두고 그릴수록 풍성한 느낌의 그림을 그릴 수 있습니다.

21 파일 앱 02 폴더에서 '텍스처.jpg' 파일을 불러와 레이어의 맨 아래에 추가하면 또 다른 느낌의 나무를 확인할 수 있습니다. 레이어를 나누어 작업하면 수정이 쉬우므로 원하는 느낌의 나무를 그릴 때까지 시간을 들여 연습해 봅니다.

Brush 17
탄소 막대 브러시

탄소 막대 브러시로 오래된 가죽 의자 표현하기

우리가 매일 사용하는 가구 중 하나는 의자입니다. 각 레이어에 의자를 육면체처럼 세 부분으로 나누고 명도를 구분하는 방법을 이용하여 입체감을 쉽게 표현해 봅니다. 더불어 질감이 있는 브러시로 의자의 가죽 느낌도 구현해 보도록 하겠습니다.

● 완성 파일 : 02\탄소 막대 의자_완성.procreate, 탄소 막대 의자_완성.jpg

사용 브러시

① 스케치 → 소프트 파스텔

의자 형태를 잡기 위해서 두꺼운 연필 브러시로 (소프트 파스텔)을 사용하겠습니다.

② 서예 → 모노라인

빈틈없는 면을 만들 수 있는 (모노라인)으로 기본 채색을 하겠습니다.

③ 목탄 → 탄소 막대

오래된 의자의 가죽 질감을 표현하기 위해서 탄소 막대 브러시를 사용하겠습니다. 거칠면서도 매끄러움이 동시에 느껴지는 의자의 가죽을 표현해 봅니다.

의자 스케치하기

01 (브러시(✏️)) → 스케치 → 소프트 파스텔)을 선택하고 먼저 의자의 형태를 잡습니다. 의자의 방석 부분을 보면 직육면체입니다. 크게 3가지 색으로 채색할 예정입니다.

사용 브러시 스케치 → 소프트 파스텔

면에 가까운 두꺼운 선으로 애벌 스케치를 하기 위해서 (소프트 파스텔)을 활용합니다.

02 팔걸이 부분은 따로 그리겠습니다. (레이어(🗂))에서 (+) 버튼을 탭하여 '레이어 2'를 추가합니다.

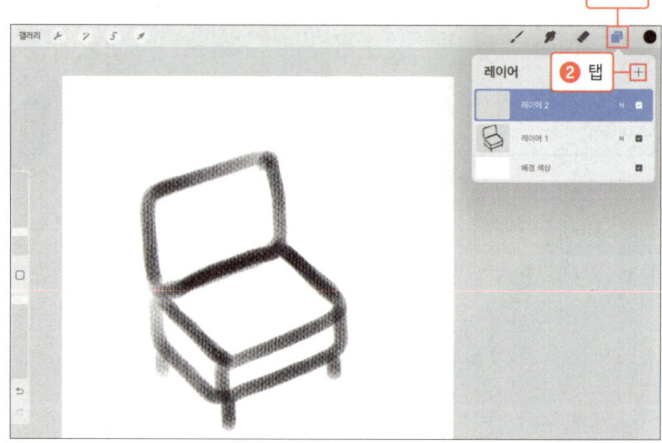

03 (색상(●))을 '파란색'으로 지정하여 팔걸이 부분을 예상해 그린 다음 스케치를 위해 (레이어(🗂))에서 (+) 버튼을 탭하여 '레이어 3'을 추가합니다. '레이어 1', '레이어 2'의 (N)을 탭하여 불투명도를 '30%'로 조절합니다.

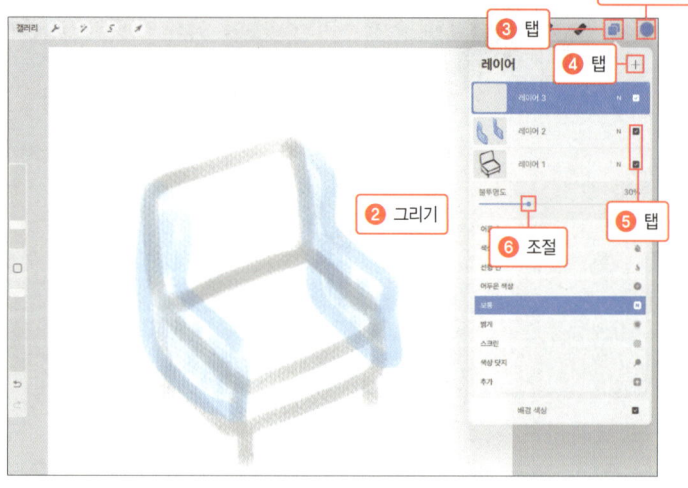

04 | 브러시의 크기를 조절하여 얇은 선으로 의자의 모양을 스케치합니다.

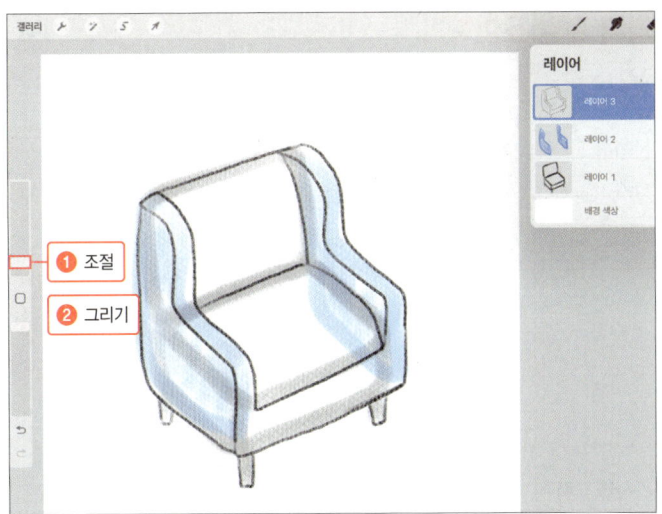

05 | 채색을 하겠습니다. (레이어(■))에서 '레이어 3'의 (N)을 탭하여 불투명도를 '30%'로 조절합니다. (+) 버튼을 탭하여 '레이어 4'를 추가하고 '레이어 3' 아래에 위치합니다.

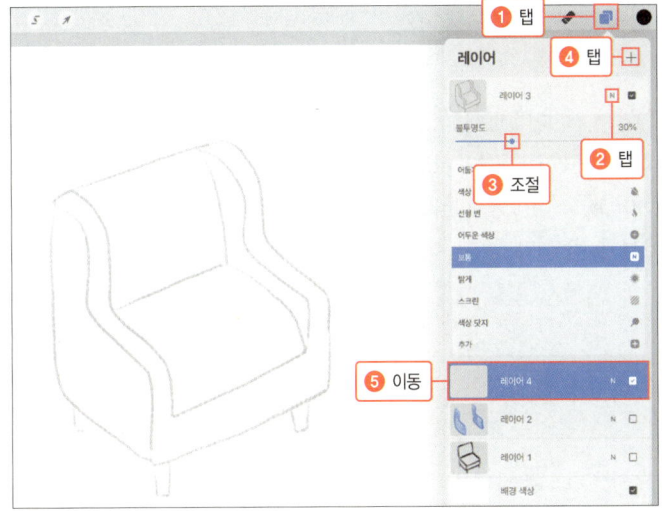

06 | 보통 실내의 경우 빛이 위에서 아래로 떨어진다고 생각하고 미리 숫자로 밝기를 표현했습니다. 숫자가 높을수록 어두운 부분입니다.

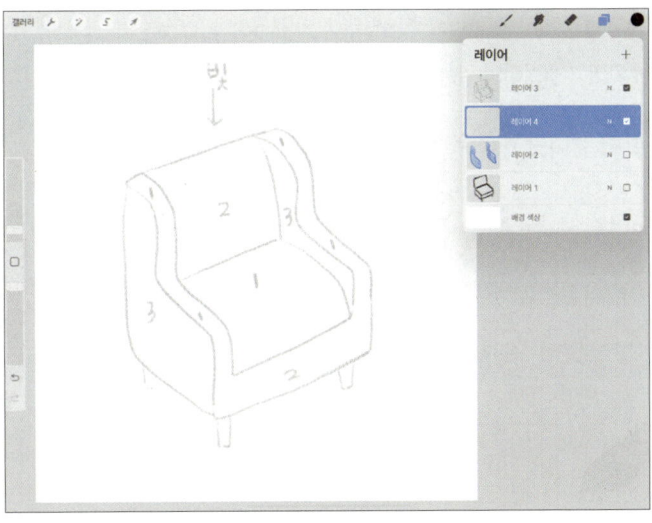

의자 질감 표현하기

01 | (브러시(✏️) → 서예 → 모노라인)을 선택하고 (색상(⬤))을 '밝은 분홍색'으로 지정하여 채색합니다. (레이어(🗂))에서 (+) 버튼을 탭하여 '레이어 5'를 추가합니다.

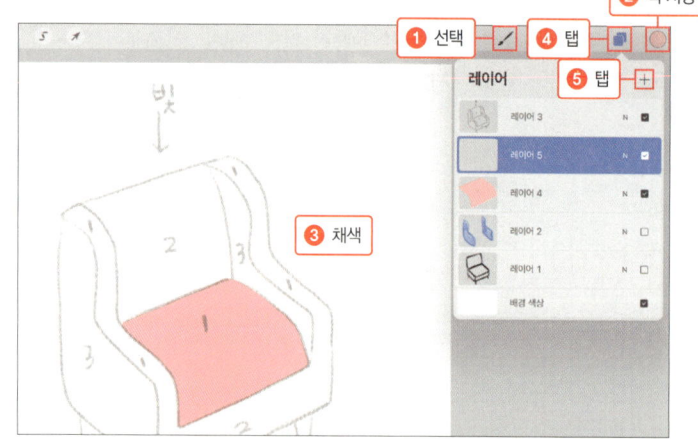

사용 브러시   서예 → 모노라인

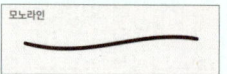

질감을 내는 브러시를 이용할 때 일단 면을 가득 채우는 작업이 필요합니다. 이럴 때 가장 깔끔하고 쉽게 면을 만들 수 있는 브러시는 (모노라인)입니다. 많은 그림 작업에서 가장 많이 쓰이는 브러시입니다.

02 | '레이어 5'에서 (색상(⬤)) 명도가 좀 더 낮은 색으로 등받이 부분을 채색하고 (레이어(🗂))에서 (+) 버튼을 탭하여 '레이어 6'을 추가합니다.

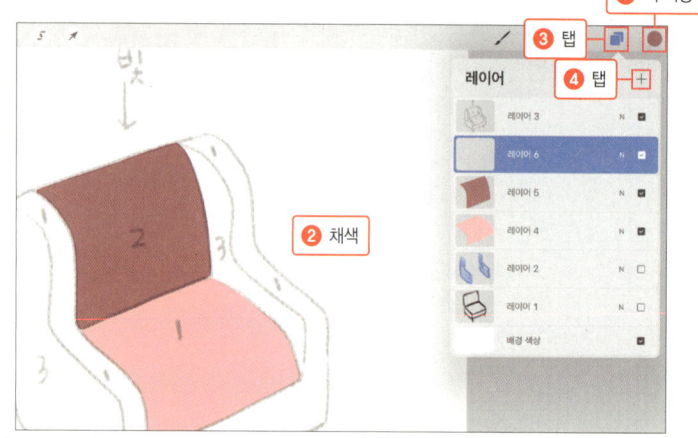

03 | '레이어 6'에 팔걸이 옆부분의 가장 어두운 부분을 채색한 다음 (레이어(🗂))에서 (+) 버튼을 탭하여 '레이어 7'을 추가하고 팔걸이의 위쪽 면도 채색합니다.

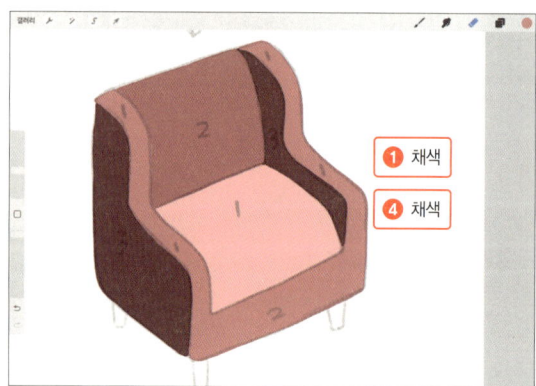

의자 채색하기

01 (브러시(✏️) → 목탄 → 탄소 막대)를 선택하고 (레이어(🔲))에서 (+) 버튼을 탭하여 '레이어 8'을 추가하고 '레이어 4'의 클리핑 마스크로 만듭니다.

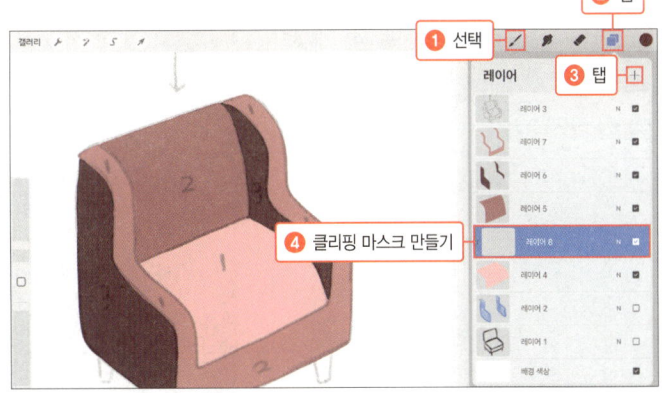

사용 브러시 목탄 → 탄소 막대

브러시를 자세히 관찰하면 오래된 소파의 가죽 같은 느낌이 있습니다. (탄소 막대) 브러시의 크기를 크게 하여 질감과 명암을 동시에 표현하는 용도로 사용해 보겠습니다.

02 (색상(●))을 원래 색보다 명도가 조금 낮은 색으로 지정하여 문지릅니다. 가죽의 질감 같은 것을 확인할 수 있습니다.

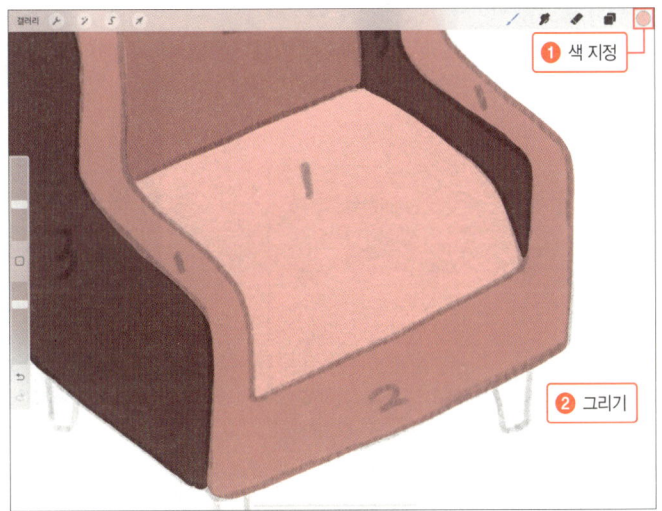

03 (레이어(🔲))에서 (+) 버튼을 탭하여 '레이어 9'를 추가하고 '레이어 5'의 클리핑 마스크로 만듭니다.

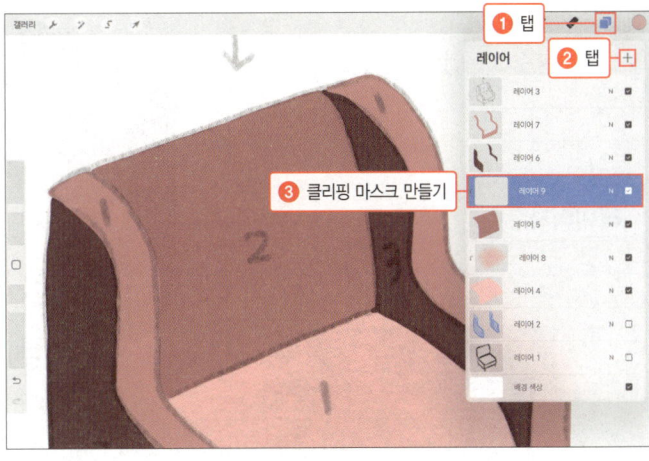

04 같은 방법으로 (색상(●))을 채색된 색보다 명도가 조금 낮은 색으로 지정하여 질감을 살립니다.

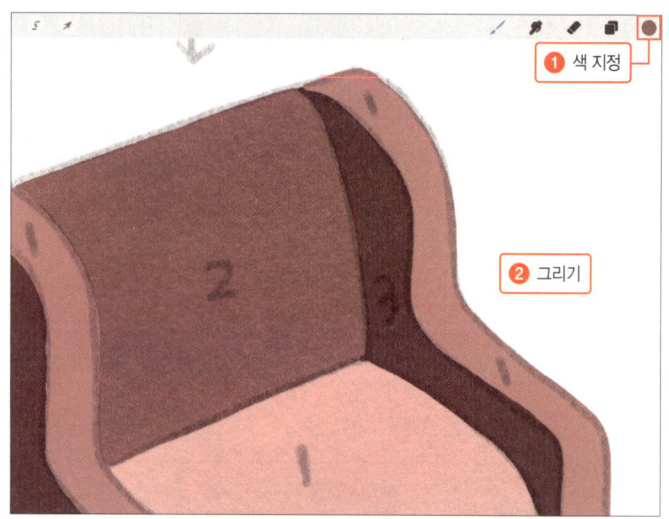

05 (레이어(■))에서 (+) 버튼을 탭하여 '레이어 10'을 추가하고 '레이어 6'의 클리핑 마스크로 만든 다음 질감을 표현합니다.

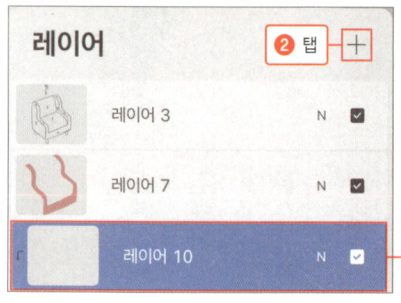

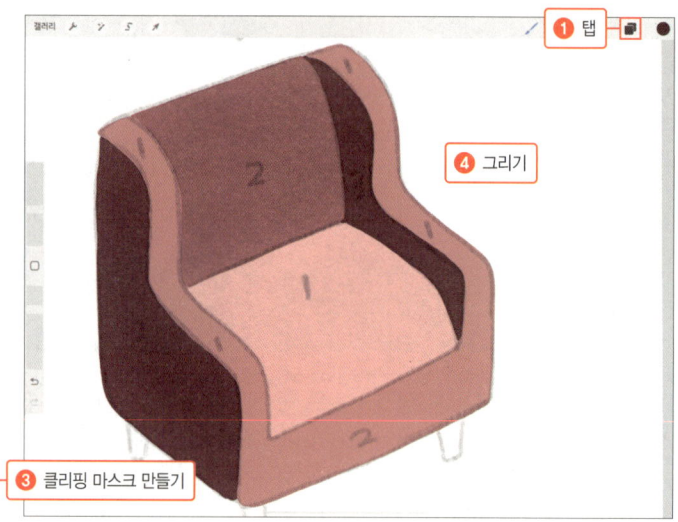

06 (레이어(■))에서 (+) 버튼을 탭하여 '레이어 11'을 추가하고 '레이어 7'의 클리핑 마스크로 만듭니다. 같은 방법으로 질감을 표현합니다.

07 | 이미 세 면을 구분하는 것만으로도 입체 표현이 되었지만 좀 더 입체감을 주기 위해서 그러데이션을 주겠습니다. 굴곡이 있는 곳이나 면이 만나는 지점에 예상되는 명도의 변화를 표시했습니다.

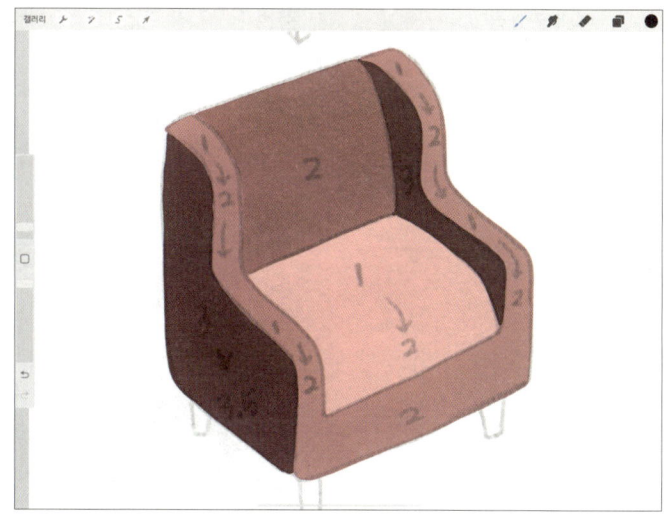

08 | 그림과 같이 브러시 크기를 크게 조절하여 넓게 가장자리를 문지르는 스트로크를 하면 자연스러운 그러데이션을 표현할 수 있습니다.

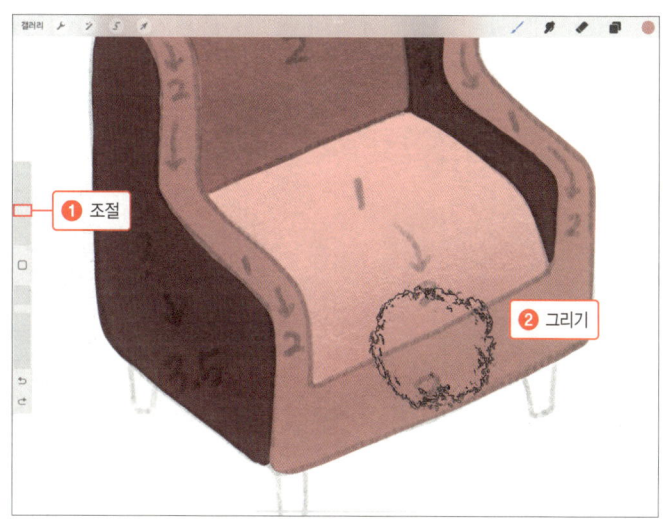

09 | 클리핑 마스크로 만든 레이어를 확인하여 모두 그러데이션 표현을 합니다.

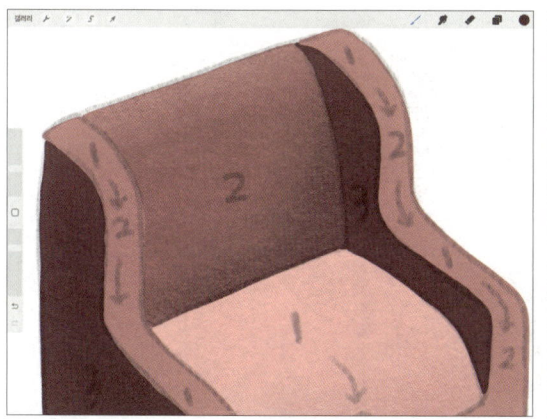
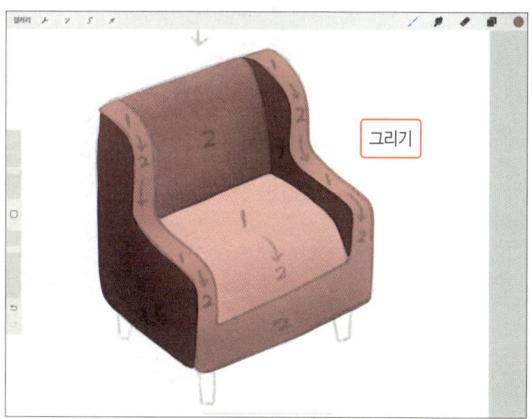

10 면의 경계를 자연스럽게 표현해 줄 레이어를 따로 만듭니다. [레이어(■)]에서 [+] 버튼을 탭하여 '레이어 12'를 추가하고 '레이어 3'을 체크 해제한 다음 어디에 선을 그을지 생각합니다.

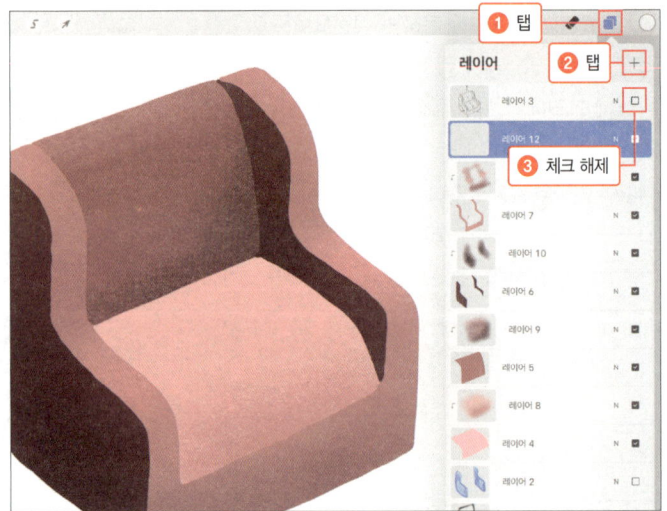

11 브러시의 크기를 조절하여 경계선을 표현합니다.

12 의자 다리를 그리기 위해 [레이어(■)]에서 [+] 버튼을 탭하여 '레이어 13'을 추가하고 '레이어 4' 아래로 이동합니다. 의자 다리 위치를 확인하기 위해서 스케치 레이어인 '레이어 3'을 체크 표시합니다.

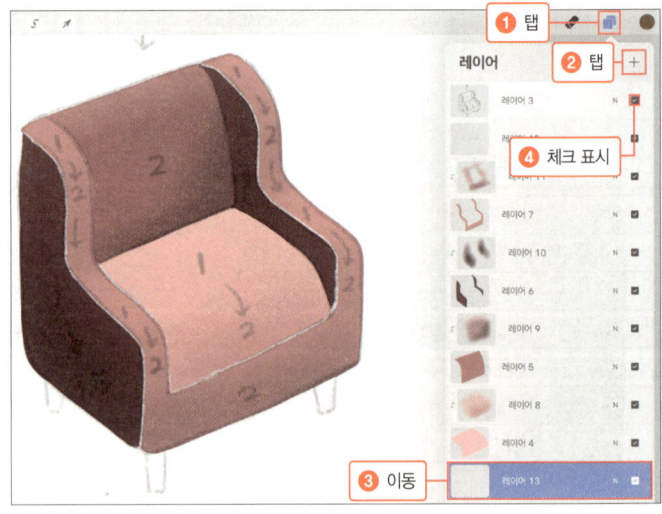

13 〔브러시(✏️)〕 → 서예 → 모노라인〕을 선택하고 의자 다리를 그립니다.

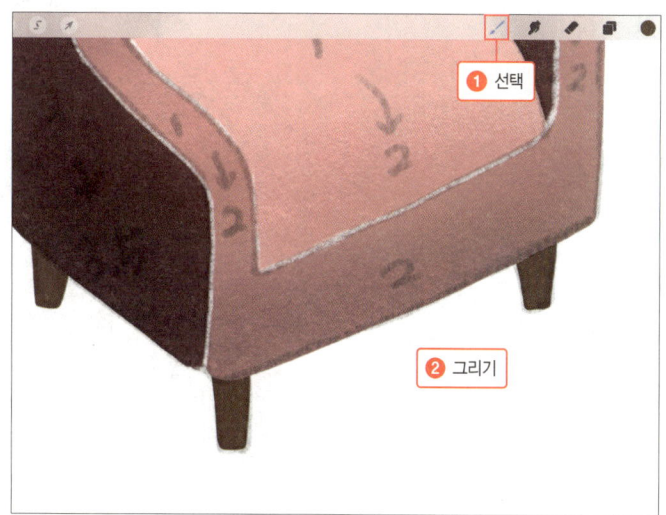

14 〔레이어(🗂)〕에서 〔+〕 버튼을 탭하여 '레이어 14'를 추가하고 '레이어 13'의 클리핑 마스크로 만듭니다. 의자와 가까운 부분이 그림자가 져 더 어둡다고 생각하고 질감을 표현합니다.

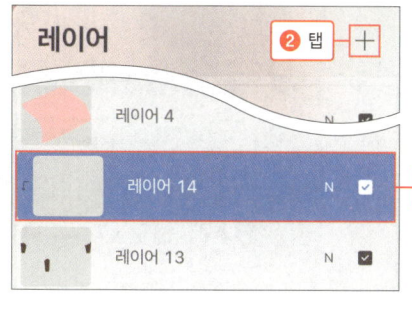

15 스케치 레이어인 '레이어 3'을 체크 해제하고 완성된 의자를 확인합니다. 자연스럽지 못한 부분이 있다면 수정 작업을 거쳐 완성합니다.

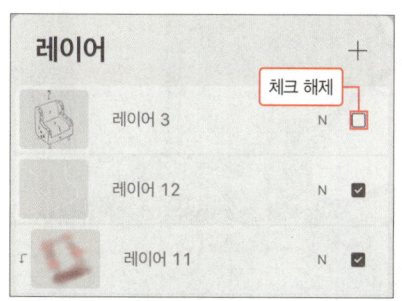

3

다양한 브러시로
자연스러운 풍경 그리기

이번 파트에서는 보다 큰 대상인 건물과 자연을 그려 보겠습니다. 건물도 실내와 실외, 실내 소품부터 실내 풍경, 실외 순으로 그리며, 간단한 스케치부터 유화나 수채화 느낌의 브러시를 알아보고 건물 그리기에 적용해 봅니다. 자연물은 프로크리에이트에서 제공하고 있는 브러시의 이점을 100% 활용하는 방법을 중심으로 알아보겠습니다. 자연물을 표현하는 것은 많은 연습, 긴 시간의 노력 등이 필요한 고난도 작업이지만 적절한 브러시와 함께라면 쉽고 마음에 쏙 드는 자연을 표현할 수 있습니다.

Brush 01
드라이 잉크 브러시

드라이 잉크 브러시로 실내 거실 스케치하기

사람, 동물, 식물, 정물 등 하나의 대상을 그릴 때는 구도나 배치가 크게 중요하지 않지만, 실내를 그리는 단계부터는 여러 대상의 조합이 중요합니다. 그래서 사진을 찍을 때 구도나 배치를 신경 쓰고 소품도 신중하게 골라 꾸며야 합니다. 마찬가지로 그림을 그릴 때도 적절한 구도나 배치의 이미지를 찾거나 찍어야 하고, 어떤 것을 생략하거나 추가할지도 생각해야 합니다. 트레이싱을 이용한 스케치로 생략과 추가에 대해 생각해 봅니다.

- 예제 파일 : 03\드라이 잉크 실내.jpg
- 완성 파일 : 03\드라이 잉크 실내_완성.procreate, 드라이 잉크 실내_완성.jpg

사용 브러시

1 잉크 → 드라이 잉크

연필과 잉크 펜은 스케치에서 가장 흔하게 쓰이는 도구입니다. 덕분에 우리가 디지털 드로잉을 할 때도 (스케치)와 (잉크)를 가장 많이 씁니다. 잉크지만 질감이 약간은 묻어 있는 (드라이 잉크)로 트레이싱 스케치해 보겠습니다.

거실 그리기

01 (동작(🔧) → 추가 → 사진 삽입하기)를 탭하여 파일 앱 03 폴더에서 '드라이 잉크 실내.jpg' 파일을 불러온 다음 크기를 조절합니다.

02 (레이어(▢))에서 (+) 버튼을 탭하여 '레이어 2'를 추가합니다. '레이어 1'의 (N)을 탭하여 불투명도를 '30%'로 조절합니다.

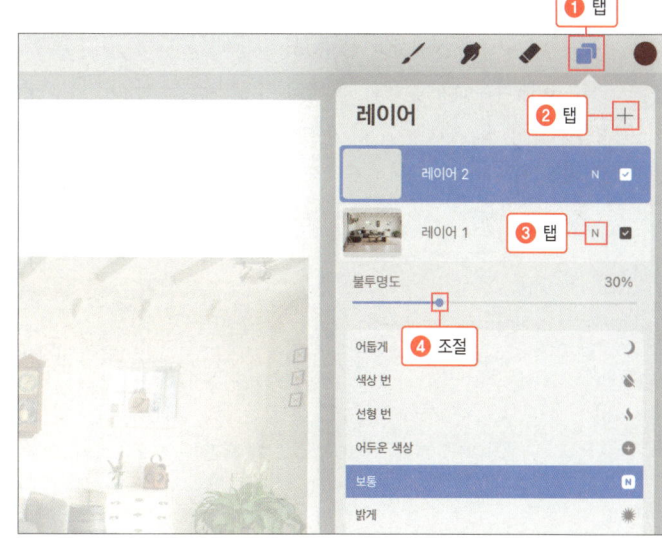

03 그리려는 대상 중 가장 앞에 있거나 위에 있는 것부터 그리면 (지우개(▰))를 쓸 일이 줄어듭니다. (브러시(✏)) → 잉크 → 드라이 잉크)를 선택하고 화분을 먼저 그립니다.

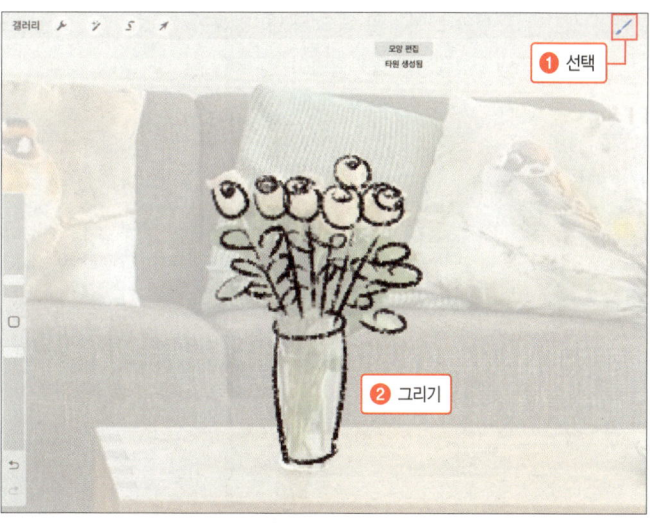

04 이어서 테이블을 그립니다. 같은 방법으로 이미지에서 원하는 부분을 찾아 트레이싱합니다. 그리기 힘들거나 필요 없다고 생각하는 소품은 생략해도 좋습니다.

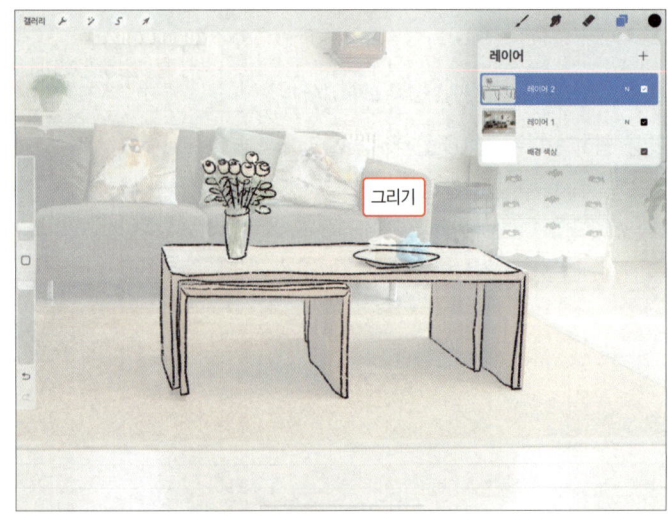

05 적당한 가구들을 선택하여 스케치하고 구도를 나타내기 위해서 천장과 벽, 바닥의 구분 선을 그립니다.

06 참고한 사진의 레이어를 체크 해제하고 간단한 무늬나 그림자를 추가합니다.

07 간단하게 사람을 추가하겠습니다. (레이어(🗐))에서 (+) 버튼을 탭하여 '레이어 3'을 추가합니다. '레이어 2'의 (N)을 탭하여 불투명도를 '30%'로 조절합니다.

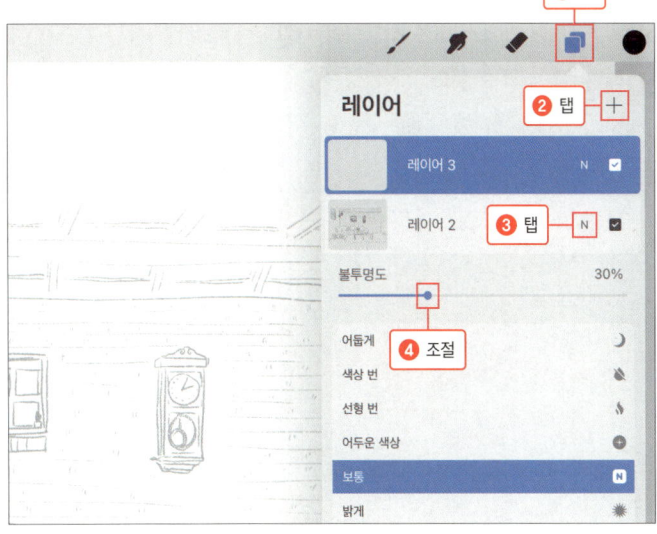

08 '레이어 3'에 사람의 뼈대를 그립니다.

09 (레이어(🗐))에서 (+) 버튼을 탭하여 '레이어 4'를 추가합니다. '레이어 3'의 (N)을 탭하여 불투명도를 '30%'로 조절합니다.

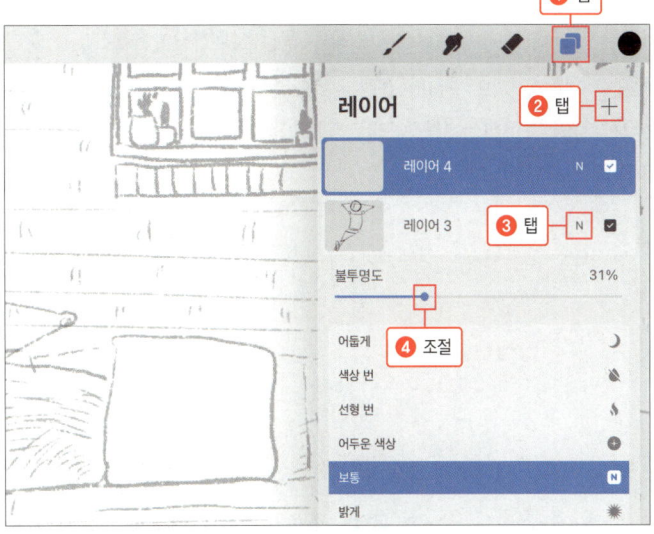

10 '레이어 4'에 뼈대를 참고하여 사람을 그립니다.

11 (레이어(■))에서 '레이어 2'의 (N)을 탭하여 불투명도를 다시 '최대'로 조절합니다. 그림과 같이 가구와 사람이 겹치는 문제가 생깁니다.

12 '레이어 2'를 오른쪽으로 드래그하여 복제한 다음 두 개의 '레이어 2'를 왼쪽으로 드래그하여 그룹화합니다. 아래쪽 '레이어 2'를 체크 해제합니다.

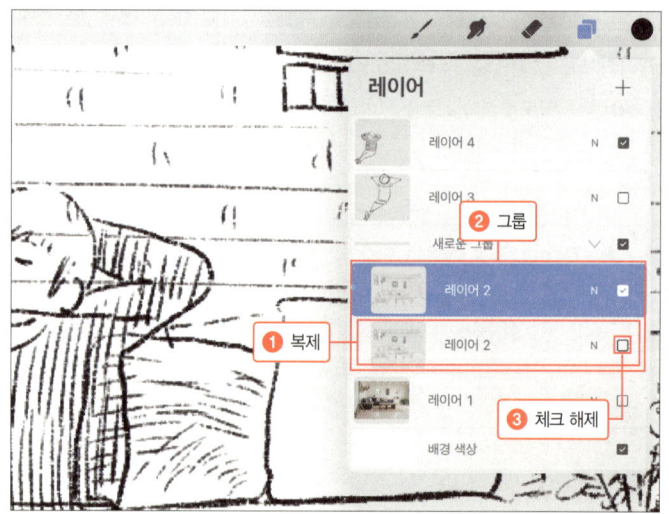

TIP 체크 해제한 레이어는 원본 역할을 합니다.

13 | (지우개(🧽))를 선택하고 사람 뒤에 위치한 가구 스케치를 지웁니다.

14 | 그림자를 한 번 더 그려 보겠습니다. (레이어(🔲))에서 (+) 버튼을 탭하여 '레이어 7'을 추가하고 '레이어 1'의 위로 이동합니다.

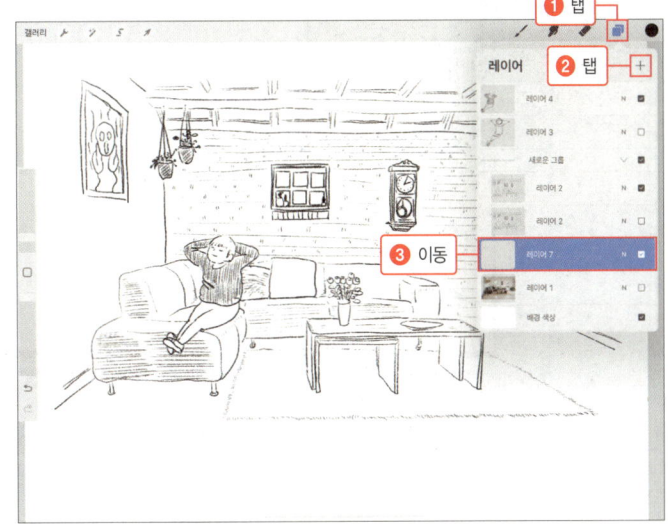

15 | (드라이 잉크) 역시 눕혀서 스트로크 하면 두껍고 얇은 뭉개진 선을 표현할 수 있습니다. 눕힌 스트로크로 곳곳에 그림자 표현을 추가하여 완성합니다.

Brush 02
중간 노즐 브러시

중간 노즐 브러시로
조명 있는 어두운 침실 그리기

우리는 침대에서 많은 시간을 보냅니다. 휴대폰을 보면서 시간을 보내는 그림을 그려 보겠습니다. 침실 등과 휴대폰 조명을 간단하게 표현하는 것만으로도 단색으로 채색한 그림에도 생명력을 불어넣을 수 있습니다. 빛과 어둠을 간단하게 덧입혀보면서 나만의 빛을 표현해 봅시다.

● 완성 파일 : 03\중간 노즐 침실_완성.procreate, 중간 노즐 침실_완성.jpg

❷ 모노라인

❸ 중간 노즐

사용 브러시

❶ 스케치 → 소프트 파스텔

단순한 구성의 그림이라면 대략적인 형태와 위치를 두꺼운 [소프트 파스텔]로 스케치하는 것이 좋습니다.

❷ 서예 → 모노라인

깔끔한 형태의 그림을 그리거나 빈틈없는 면을 채우기 위해 자주 활용합니다. 이번 그림에서도 같은 이유로 사용합니다.

❸ 스프레이 → 중간 노즐

질감이 있는 그러데이션을 표현하기에 좋습니다. 특히 어두운 공간에서 빛의 그러데이션을 표현하기 좋은 브러시입니다.

침실 스케치하기

01 (브러시(✎) → 스케치 → 소프트 파스텔)을 선택하고 침대와 액자를 그립니다. 액자에 들어갈 그림도 간단한 면으로 채색할 수 있도록 그립니다.

사용 브러시 　스케치 → 소프트 파스텔

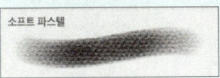 　굵직한 선으로 내가 그려야 할 대상을 애벌 스케치합니다.

02 (레이어(▣))에서 '레이어 1'의 (N)을 탭하여 불투명도를 '30%'로 조절하고 (+) 버튼을 탭하여 '레이어 2'를 추가한 다음 누워 휴대폰 하는 사람을 그립니다.

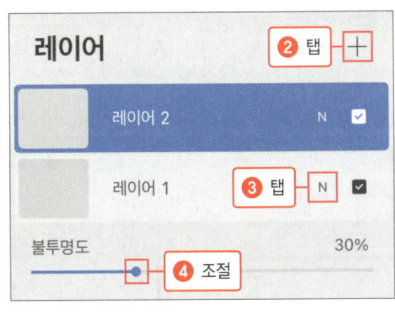

침실 그리기

01 | (브러시(✏️) → 서예 → 모노라인)을 선택하고 액자의 외곽선을 그립니다.

사용 브러시 서예 → 모노라인

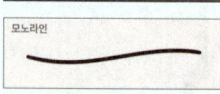 'Color Drop'으로 채색하기 위해서 (모노라인)으로 본 스케치를 합니다.

02 | 침대의 외각선도 그립니다. 액자의 프레임을 표현하기 위해서 (선택(S) → 올가미)를 선택하고 액자의 사각형 부분을 지정합니다.

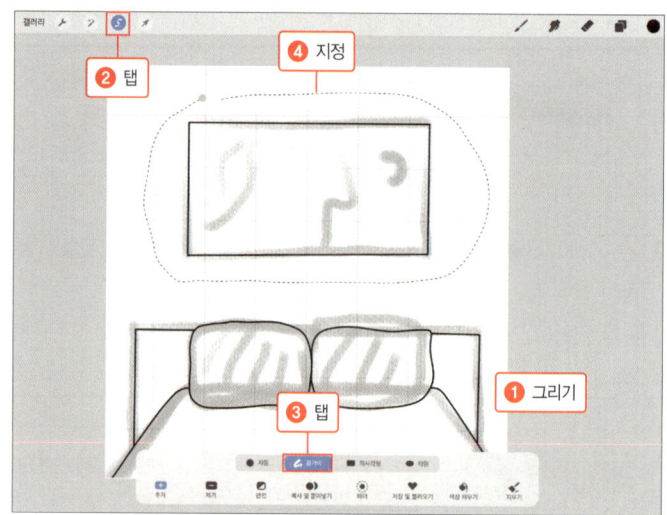

03 | (변형(↗️) → 자유형태)를 선택하고 사각형 크기를 조금 줄여 액자의 프레임을 완성합니다.

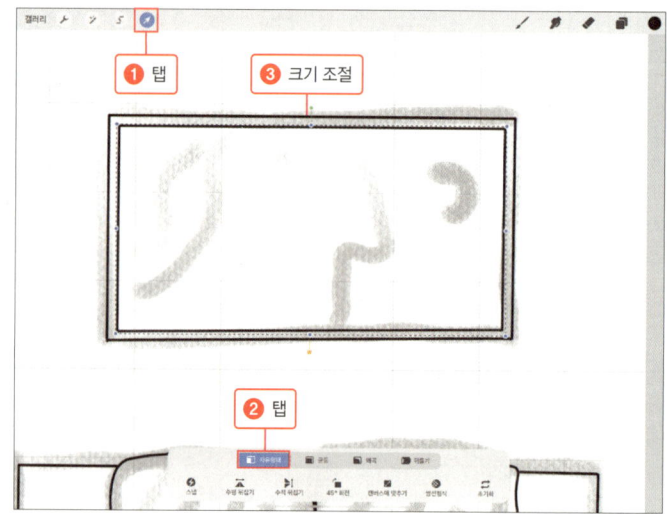

04 〔레이어(■)〕에서 '레이어 3'과 '선택 영역에서'를 두 손가락으로 꼬집어 합칩니다.

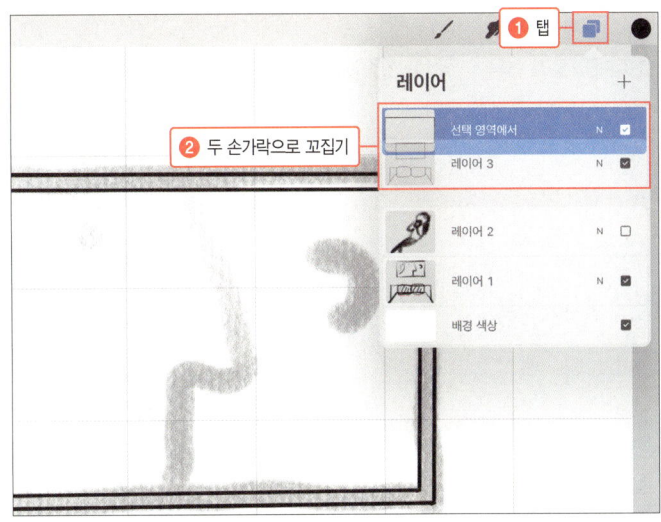

05 액자의 안쪽 그림도 스케치합니다.

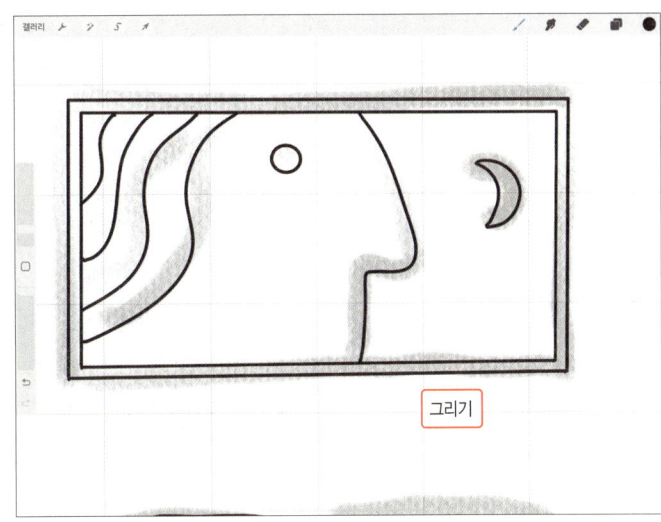

06 본격적인 채색을 위해 〔레이어(■)〕에서 '배경 색상'을 어두운 남색으로 지정합니다. '레이어 3'을 복제하고 두 개의 '레이어 3'을 오른쪽으로 드래그하여 다중 선택해 그룹으로 만들고 아래 레이어를 선택합니다.

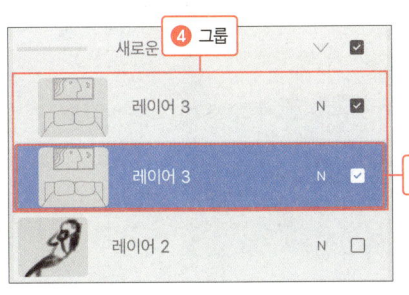

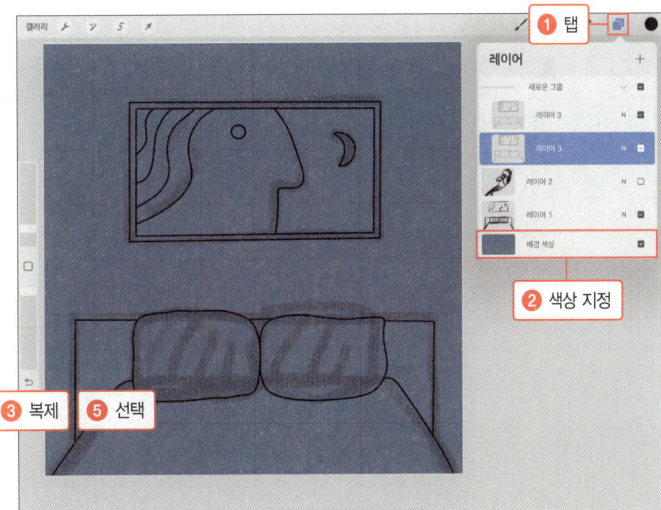

07 | (색상(●))을 원하는 색으로 지정하고 드래그하여 면을 모두 채색합니다.

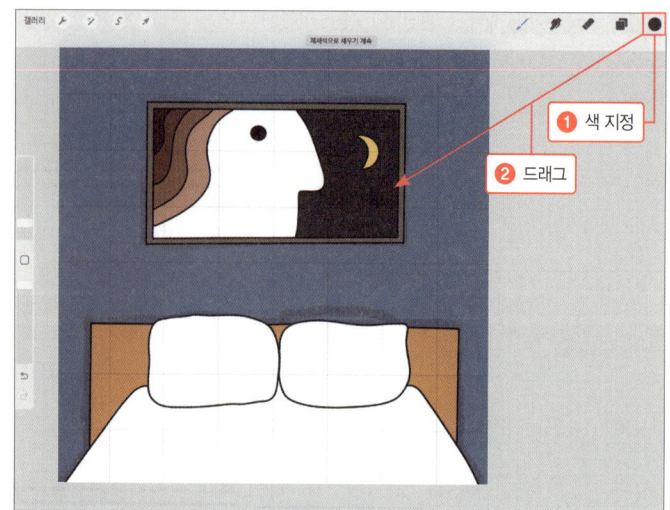

08 | 빛을 표현하기 위해 (레이어(■))에서 (+) 버튼을 탭하여 '레이어 6'을 추가하고 맨 위로 이동합니다. 채색한 '레이어 3'의 (N)을 탭하여 불투명도를 '30%'로 조절합니다.

09 | 침대 위에서 빛이 나오는 것을 생각하고 (색상(●))을 '밝은 노란색'으로 지정하여 채색합니다.

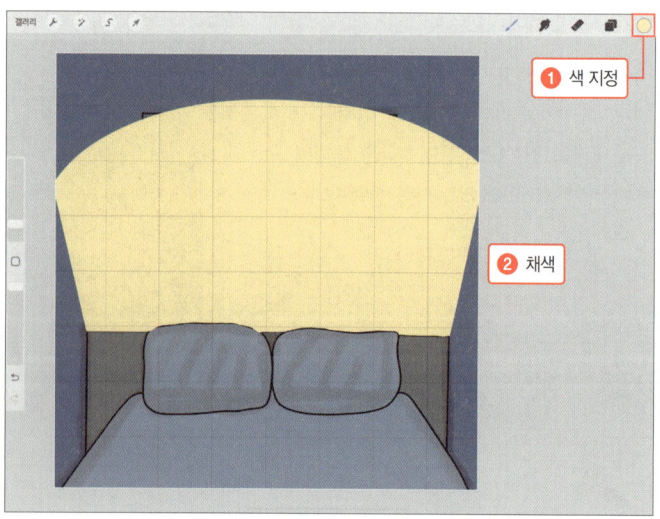

침실의 빛 표현하기

01 [지우개(✏️)] → 스프레이 → 중간 노즐]을 선택하고 빛에 그러데이션을 표현합니다.

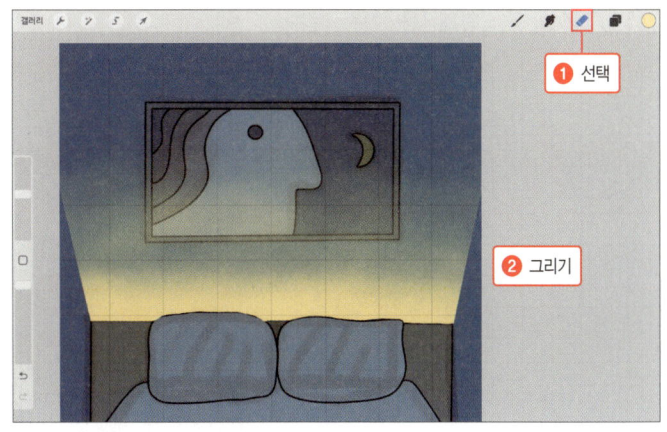

사용 브러시 스프레이 → 중간 노즐

색의 점진적인 변화는 에어브러시들과 스프레이 브러시들로 가능합니다. 밑그림에서 별다른 질감이 없으므로 질감이 좀 더 살아 있는 (중간 노즐)을 지우개 브러시로 활용합니다.

02 (레이어(📄))에서 '레이어 6'의 (N)을 탭하여 불투명도를 '70%'로 조절합니다.

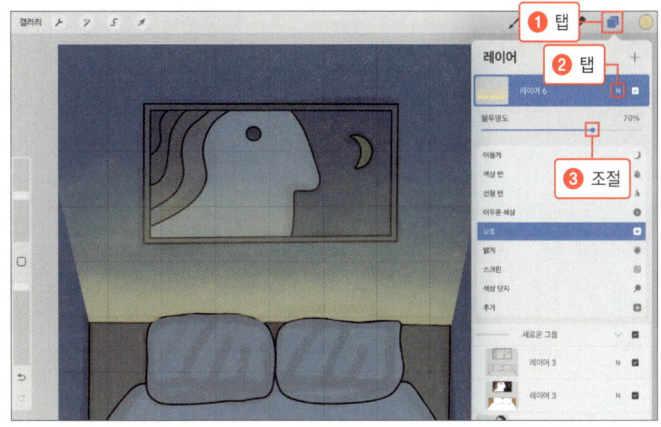

03 사람을 그리기 위해 (+) 버튼을 탭하여 '레이어 7'을 추가하고 '레이어 2'의 위로 이동합니다. '레이어 2'의 (N)을 탭하여 불투명도를 '30%'로 조절합니다.

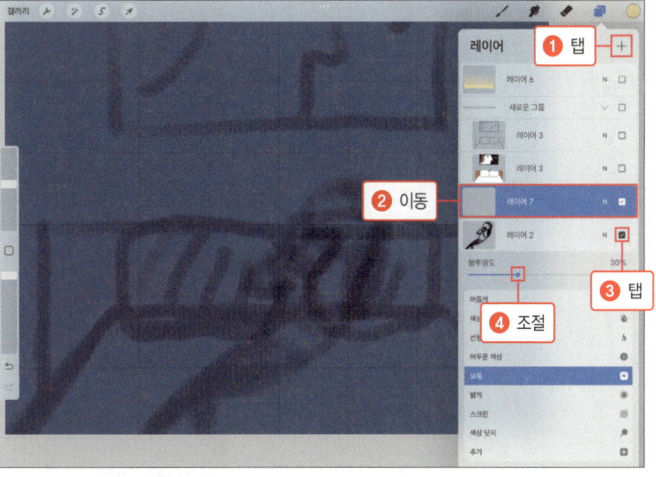

04 '레이어 7'에 휴대폰을 보는 사람을 그립니다.

05 (레이어(■))에서 (+) 버튼을 탭하여 '레이어 8'을 추가하고 '레이어 7'의 아래로 이동합니다. '레이어 7'의 (N)을 탭하여 불투명도를 '30%'로 조절합니다.

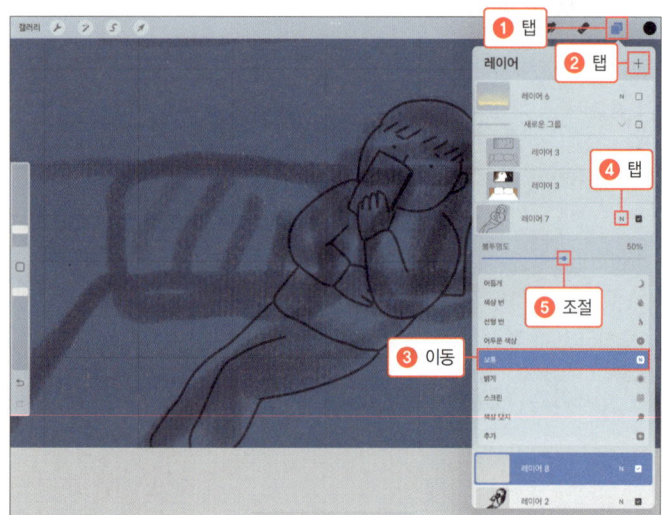

06 'Color Drop' 기능으로 채색하기 위해 선이 막혀 있지 않은 곳을 찾아서 채색할 색으로 채웁니다.

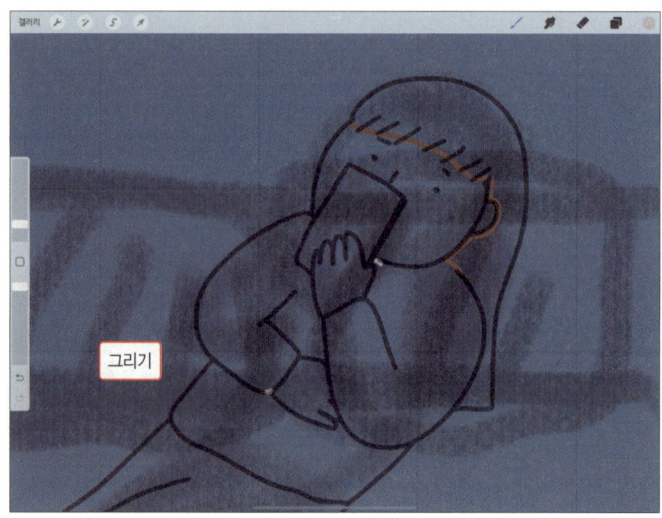

07 '레이어 7'과 '레이어 8'을 두 손가락으로 꼬집어 합칩니다.

08 [색상(●)]을 지정하고 드래그하여 채색합니다.

09 [레이어(■)]에서 대상의 앞뒤를 생각하여 레이어의 순서를 조절합니다.

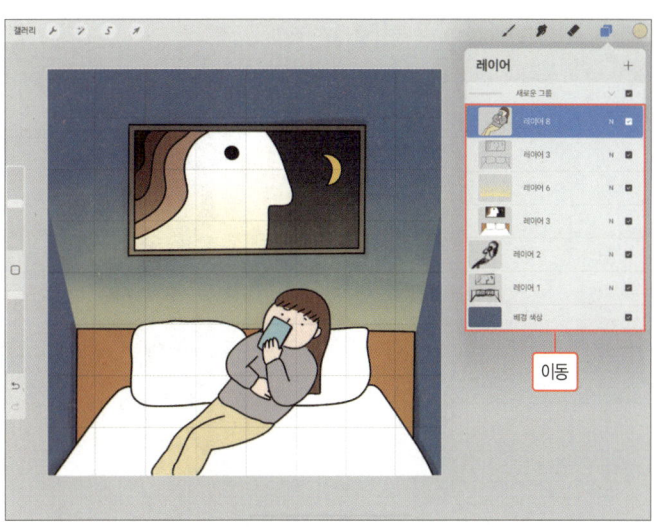

10 가구의 그림자를 표현해 보겠습니다. 채색되어 있는 '레이어 3'을 선택하고 [+] 버튼을 탭하여 '레이어 8'을 추가한 다음 [N]을 탭하여 [곱하기]를 선택합니다.

11 빛이 나오는 부분을 생각하여 [브러시(⬚) → 서예 → 모노라인]을 선택하고 그림자를 표현합니다.

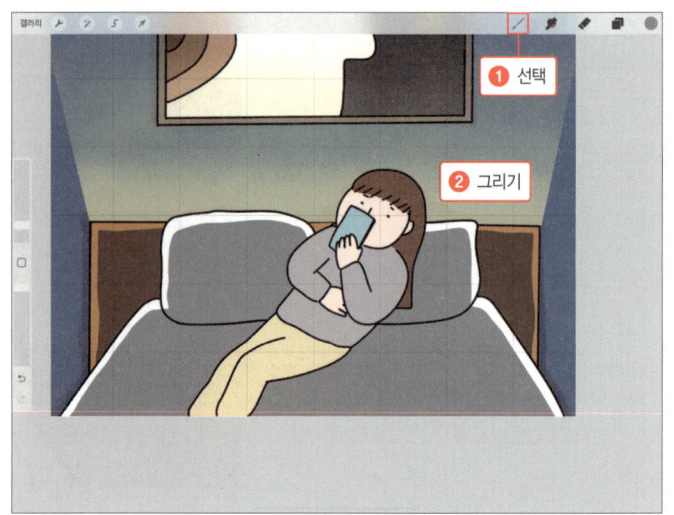

12 그림자의 가장자리 부분을 [지우개(⬚) → 스프레이 → 중간 노즐]을 선택하고 지웁니다.

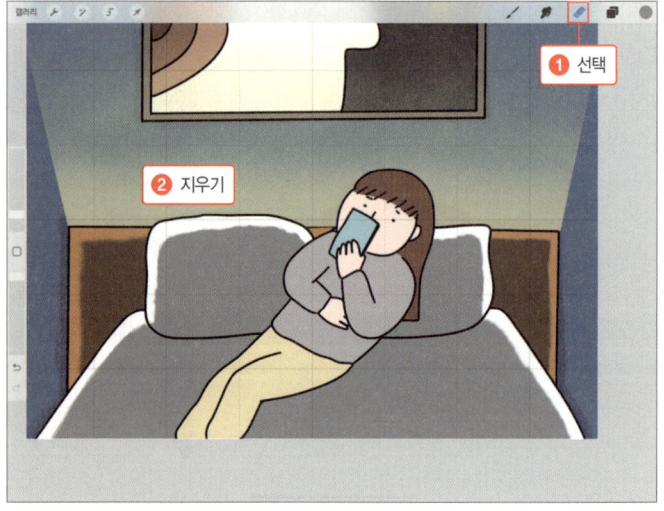

13 | (조절( )) → 가우시안 흐림 효과)를 선택하고 '6%' 정도로 조절하여 효과를 주면 그림자의 그러데이션을 표현할 수 있습니다.

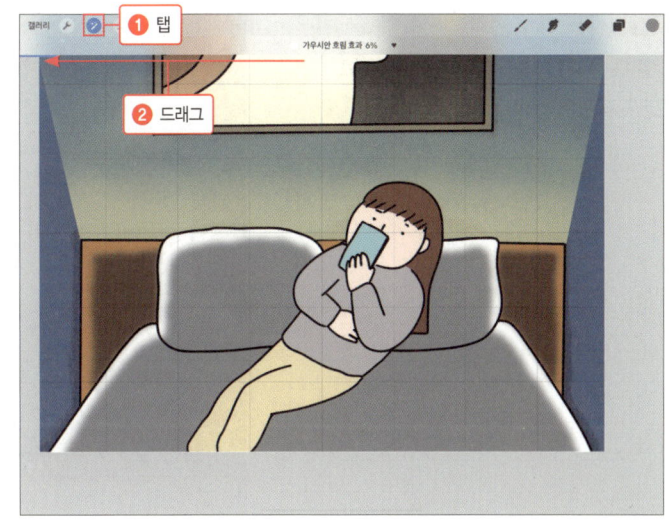

14 | 사람의 그림자를 표현하기 위해 (레이어( ))에서 사람을 채색한 '레이어 8'을 선택하고 (+) 버튼을 탭하여 '레이어 9'를 추가한 다음 (N)을 탭하여 (곱하기)를 선택합니다.

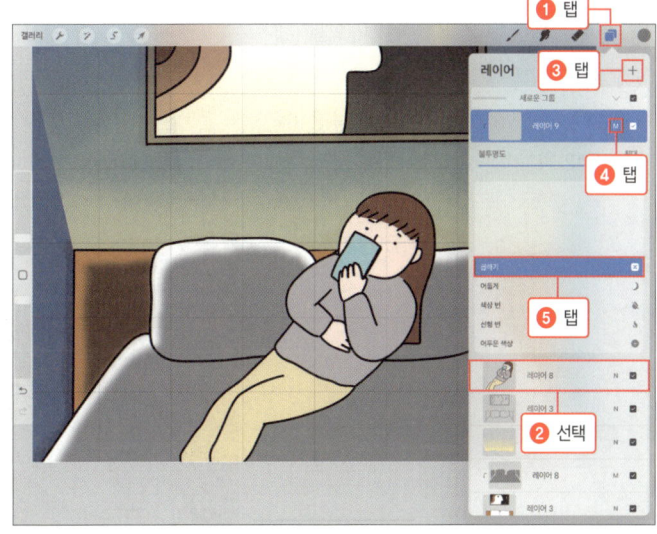

15 | 빛의 방향을 생각하며 그림자를 채색합니다.

16 | 가구와 같은 방법으로 (조절( )) → 가우시안 흐림 효과)를 선택하고 '6%' 정도로 조절하여 효과를 줍니다.

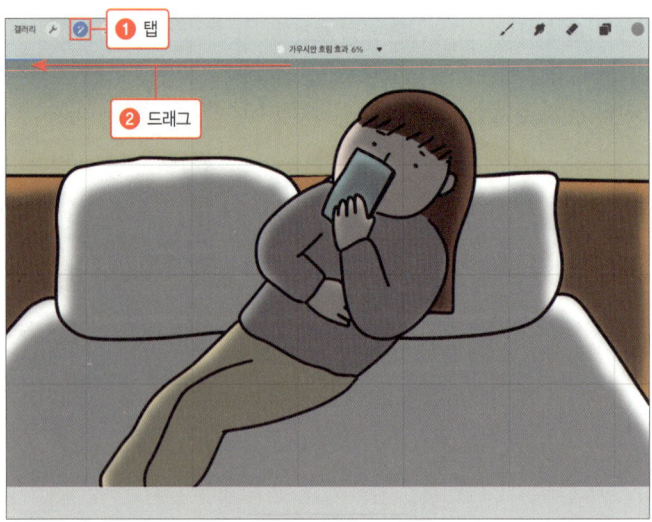

17 | 휴대폰의 조명을 표현하기 위해 (레이어( ))에서 (+) 버튼을 탭하여 '레이어 10'을 추가하고 맨 위로 이동한 다음 (N)을 탭하여 (오버레이)를 선택합니다.

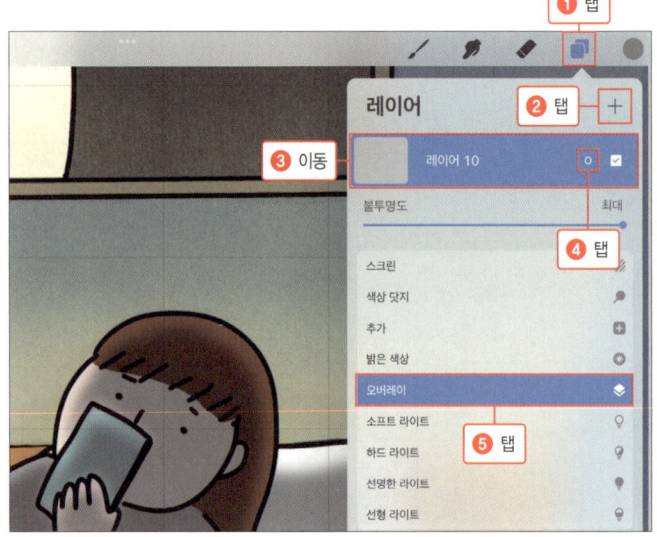

18 | 핸드폰과 손 일부를 제외하고 원을 그려 조명의 범위를 채색합니다.

19 | (조절( )) → 가우시안 흐림 효과)를 선택하여 효과를 '20%' 정도로 설정합니다.

20 | 마지막으로 전체적인 그림자 표현을 위해 (레이어( ))에서 (+) 버튼을 탭하여 '레이어 11'을 추가하고 맨 위로 이동한 다음 (N)을 탭하여 (어둡게)를 선택합니다.

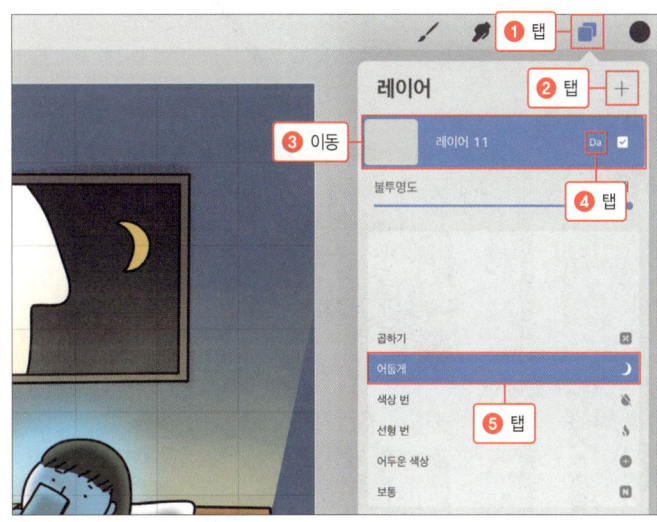

21 | (브러시( )) → 스프레이 → 중간 노즐)을 선택하고 빛이 닿지 않는 곳에 그러데이션을 표현하여 완성합니다.

스튜디오 펜 브러시로
만화 느낌의 갤러리 그리기

잉크 브러시에 스튜디오 펜은 만화적인 느낌을 내기에 좋은 브러시입니다. 방 안에서 갤러리를 감상하는 만화를 단순한 선, 그리고 두 가지 질감을 내는 브러시로 재밌게 꾸며보도록 하겠습니다.

● 완성 파일 : 03\스튜디오 펜 갤러리_완성.procreate, 스튜디오 펜 갤러리_완성.jpg

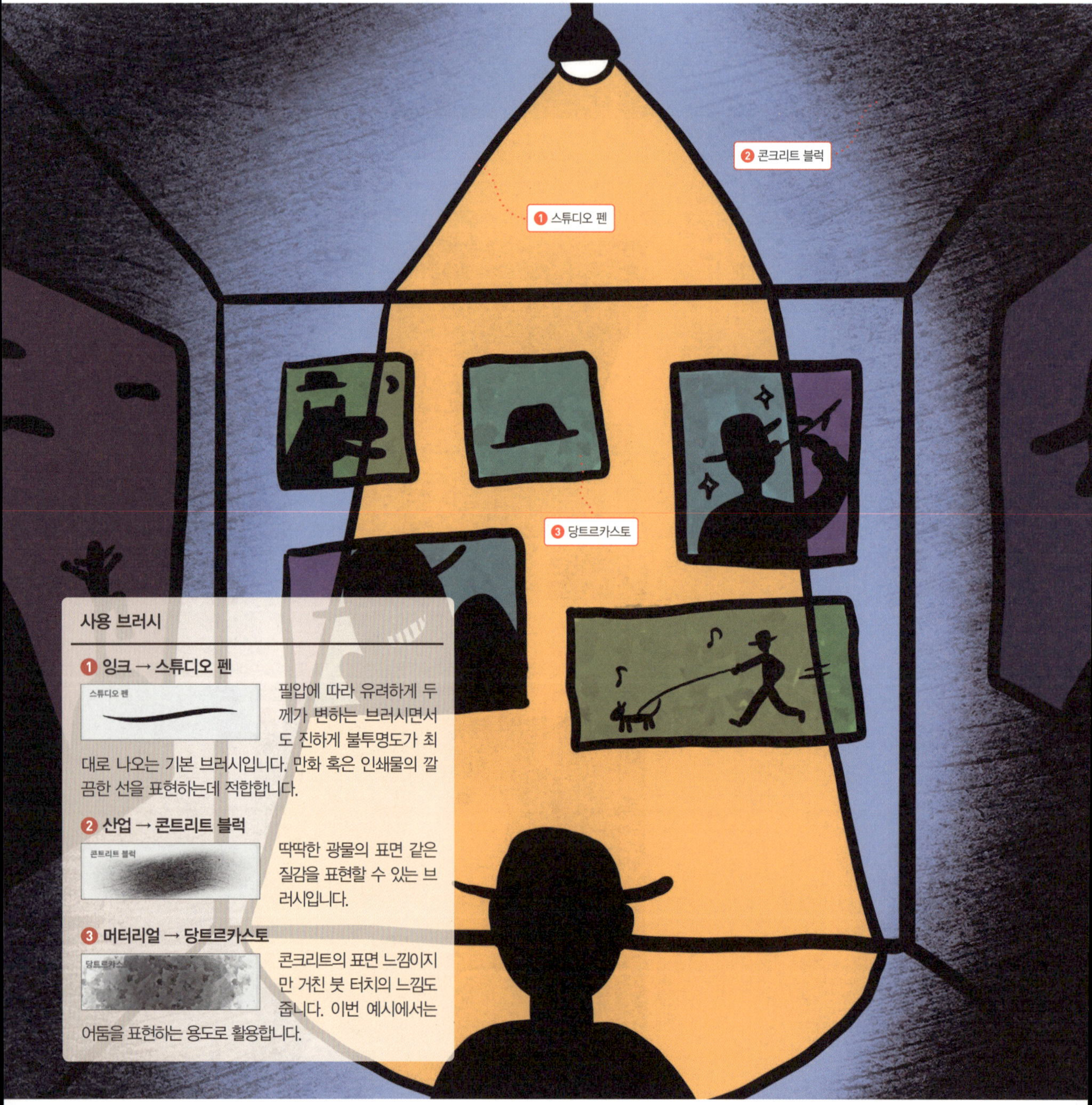

❶ 스튜디오 펜
❷ 콘크리트 블럭
❸ 당트르카스토

사용 브러시

❶ 잉크 → 스튜디오 펜
필압에 따라 유려하게 두께가 변하는 브러시면서도 진하게 불투명도가 최대로 나오는 기본 브러시입니다. 만화 혹은 인쇄물의 깔끔한 선을 표현하는데 적합합니다.

❷ 산업 → 콘트리트 블럭
딱딱한 광물의 표면 같은 질감을 표현할 수 있는 브러시입니다.

❸ 머터리얼 → 당트르카스토
콘크리트의 표면 느낌이지만 거친 붓 터치의 느낌도 줍니다. 이번 예시에서는 어둠을 표현하는 용도로 활용합니다.

갤러리 그리기

01 | 기본 캔버스에서 (색상(●))을 '분홍색'으로 지정하고 캔버스로 'Color Drop'한 다음 (레이어(■))에서 (+) 버튼을 탭하여 '레이어 2'를 추가합니다.

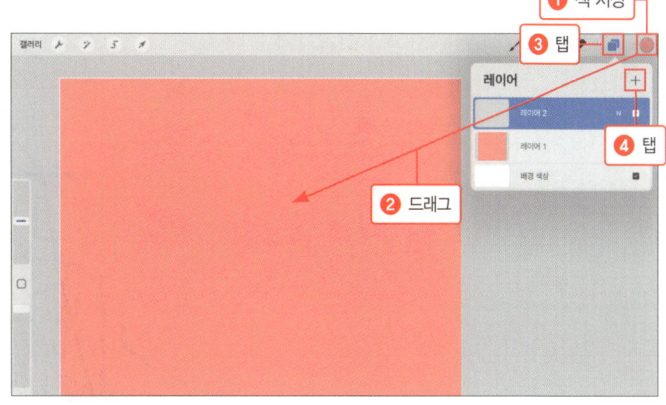

사용 브러시 잉크 → 스튜디오 펜

진하면서도 필압이 잘 반영되는 브러시입니다.

02 | (브러시(✎) → 잉크 → 스튜디오 펜)을 선택하고 방의 면 경계를 표현합니다.

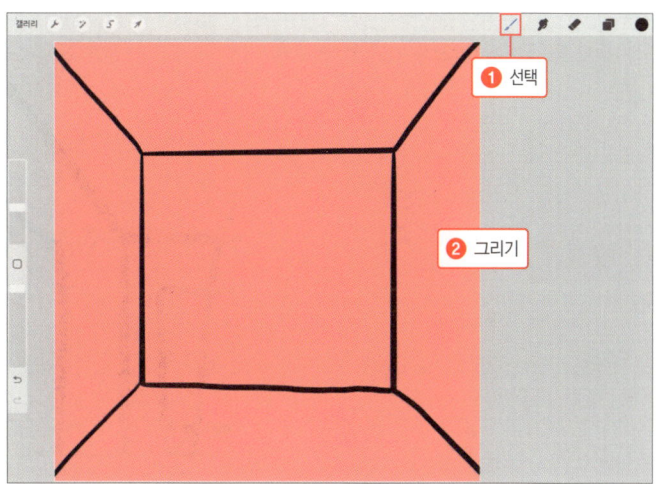

03 | 벽면에 액자를 여러 개 그립니다.

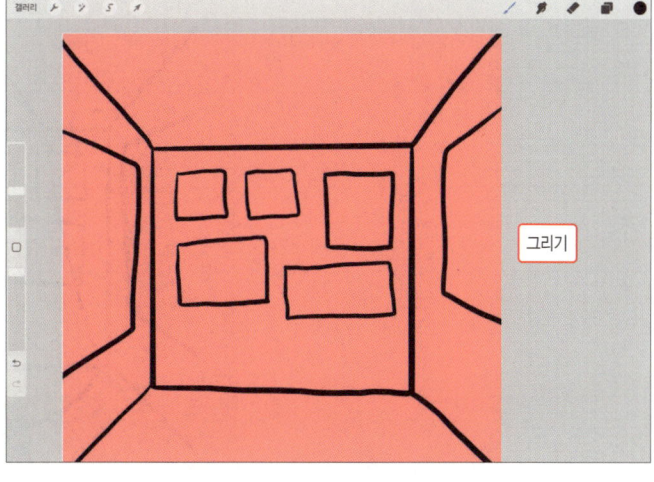

04 조명과 감상하는 사람의 그림자를 그립니다.

05 (레이어(■))에서 '레이어 2'를 왼쪽으로 드래그하여 (복제)하고 아래에 위치한 '레이어2'를 '레이어 3'으로 이름을 변경합니다.

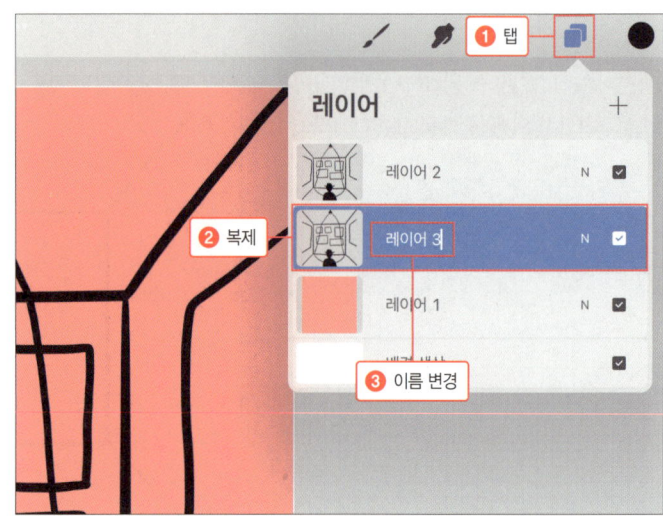

06 (색상(●))을 전구는 '흰색', 빛이 닿는 부분은 '노란색'으로 지정하여 채색합니다.

07 액자도 원하는 색으로 지정하여 채색합니다. 액자에서 빛이 들어오는 부분과 들어오지 않는 부분의 색을 다르게 합니다.

08 (색상(●))을 '검은색'으로 왼쪽 액자부터 지정하여 그림자 형태로 액자에 그림을 그립니다. 여기서는 산에 올라간 사람을 그렸습니다.

09 오른쪽에는 사람의 옆모습을 그립니다.

10 같은 방법으로 나머지 액자도 원하는 그림을 그려 모두 채웁니다.

11 (레이어(■))에서 (+) 버튼을 탭하여 '레이어 4'를 추가하고 '레이어 1'의 클리핑 마스크로 만듭니다. (N)을 탭하여 (곱하기)를 선택합니다.

갤러리 조명 표현하기

01 (브러시(✏️) → 산업 → 콘크리트 블록)을 선택하고 브러시 크기를 크게 조절하여 조명이 닿지 않는 곳에 스트로크합니다. 만화적인 효과를 줄 수 있습니다.

사용 브러시	산업 → 콘크리트 블럭

콘크리트 블럭 표면 같은 질감의 브러시입니다. 검은색을 선택해 어둠을 표현해 보겠습니다.

02 (레이어(■))에서 (+) 버튼을 탭하여 '레이어 5'를 추가하고 '레이어 3'의 클리핑 마스크로 만든 다음 (N)을 탭하여 (곱하기)를 선택합니다.

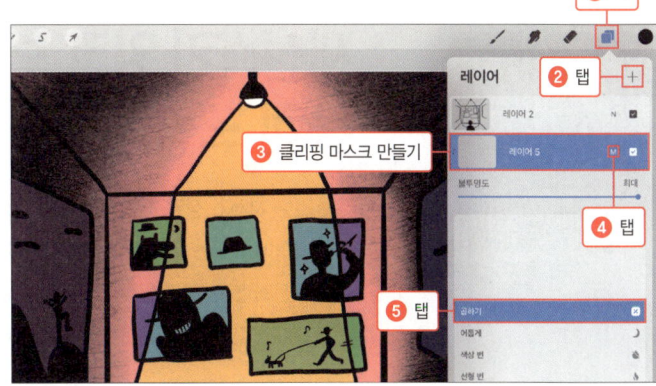

액자 질감 표현하기

01 (브러시 → 머터리얼 → 당트르카스토)를 선택하고 (색상(●))을 '회색'으로 지정하여 액자에 단단하고 고급진 광물 질감을 더합니다.

사용 브러시　머터리얼 → 당트르카스토

　광석의 결정 같은 질감을 표현하는 브러시입니다.

02 (레이어(■))에서 '레이어 1'을 선택합니다. (조정(●) → 색조, 채도, 밝기)를 선택하고 색조 슬라이더를 좌우로 드래그하여 조절합니다. 전체적으로 가장 어울리는 분위기의 색감을 골라 그림을 완성합니다.

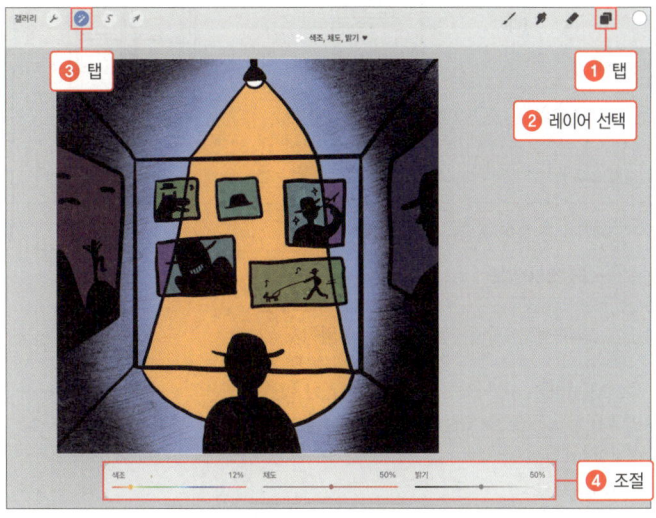

재신스키 잉크 브러시로
볼펜 느낌의 건물 스케치하기

간혹 건물 자체가 정말 마음에 들어서 사진을 찍거나 스케치할 때도 있습니다. 일반인 수준에서 드라마에 나오는 화가처럼 아주 비슷하게 그리는 것은 힘들겠지만 구조가 단순한 집 형태라면 도전해 볼 만할 것입니다. 2점 투시도법 가이드를 활용하여 볼펜 느낌의 브러시와 함께 단색으로 건물을 스케치해 보도록 하겠습니다.

● 완성 파일 : 03\재신스키 잉크 건물_완성.procreate, 재신스키 잉크 건물_완성.jpg

사용 브러시

❶ 연필 → 6B 연필

6B 연필

한 번에 선을 그어서 형태를 잡기 어렵다면 6B 연필을 이용해서 여러 번 그어서 형태를 잡는 것이 좋습니다.

❷ 잉크 → 재신스키 잉크

재신스키 잉크

여행을 가거나 카페에 갔을 때 따로 준비하지 않았다면 주변에 볼펜 한 자루 구해서 그림을 그릴 수 있습니다. (재신스키 잉크)는 주변에서 흔히 구할 수 있는 볼펜 같은 느낌을 내는 브러시입니다.

자연 풍경 속의 건물 스케치하기

01 2점 투시도법이 적용된 건물을 그리겠습니다. (동작( )) → 캔버스 → 그리기 가이드)를 활성화하고 (그리기 가이드 편집)을 탭합니다. (원근)을 선택하고 양끝에 점을 찍어 그림과 같이 투시 가이드 선을 만들고 (완료) 버튼을 탭합니다.

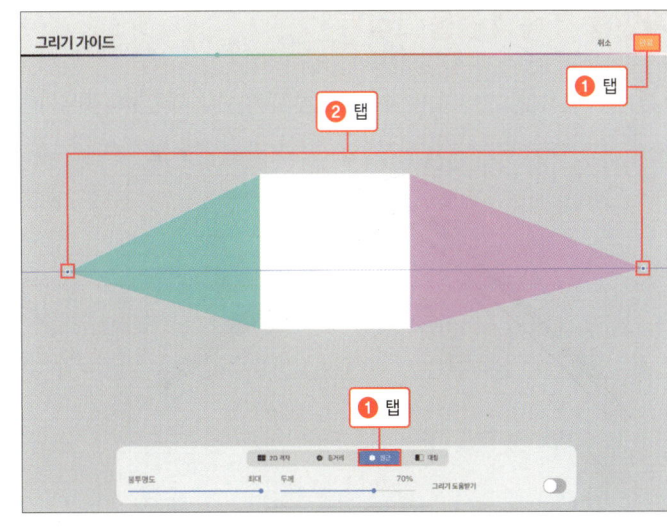

사용 브러시   연필 → 6B 연필

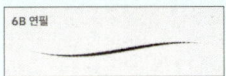

러프하게 스케치하기 좋은 (6B 연필)로 러프의 형태를 잡습니다. 형태를 자세하게 그릴수록 후에 스케치가 편합니다.

02 (브러시( )) → 스케치 → 6B 연필)을 선택하고 가이드 선을 참고하여 집과 구름, 풀과 바위 등으로 간단하게 구도를 잡았습니다. 특히 집의 창문과 문, 벽 등을 그릴 때 선을 참고하면 안정된 느낌을 줄 수 있습니다.

03 본 스케치를 하겠습니다. (레이어( ))에서 (+) 버튼을 탭하여 '레이어 2'를 추가합니다. '레이어 1'의 (N)을 탭하여 불투명도를 '30%'로 조절합니다.

자연 풍경 속의 건물 그리기

01 [브러시(✏️) → 잉크 → 재신스키 잉크]를 선택하고 건물의 지붕의 단을 먼저 그리고 나머지 지붕의 형태를 그립니다.

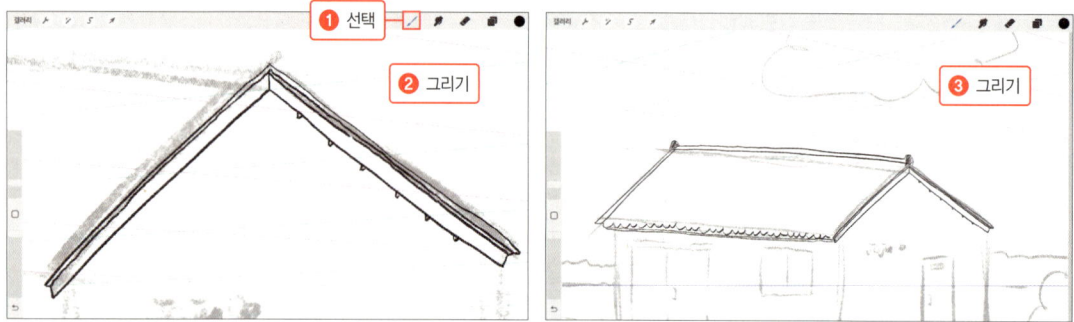

사용 브러시 잉크 → 재신스키 잉크

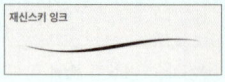

잉크 펜촉과 볼펜 중간 사이의 느낌이 나는 [재신스키 잉크]로 단색 건물 스케치를 하겠습니다. 납작한 원 형태의 점이 기본이 되어서 펜을 어느 방향으로 스트로크하느냐에 따라 선이 다르게 나오는 브러시입니다.

02 건물의 벽과 바닥을 그립니다.

03 문 위의 가림 벽과 문을 그립니다. 약간의 입체감을 줄 수 있게 문과 벽의 수평 위치를 달리합니다.

04 창문도 창문 아래에 나무 판 같은 것을 추가해서 그립니다.

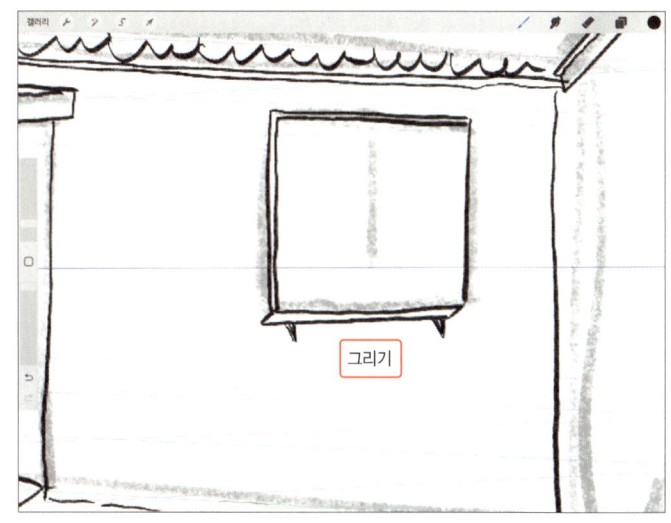

05 창문을 좀 더 구체적으로 묘사합니다. 선을 한 번 긋는 것보다 두 번 연이어 그으면 입체감이 느껴집니다.

06 문도 창문과 마찬가지로 내부에 여러 개의 사각형을 그리고 선을 겹쳐 입체감을 더합니다.

07 테이블과 안내판도 밑그림을 바탕으로 구체적으로 그립니다.

08 약간 입체감이 있는 간판을 만들어 보겠습니다. 간판 이름을 정해 글씨를 적고 (선택(S) → 올가미)를 선택하여 간판 부분을 지정하고 (복사 및 붙여넣기)를 탭합니다.

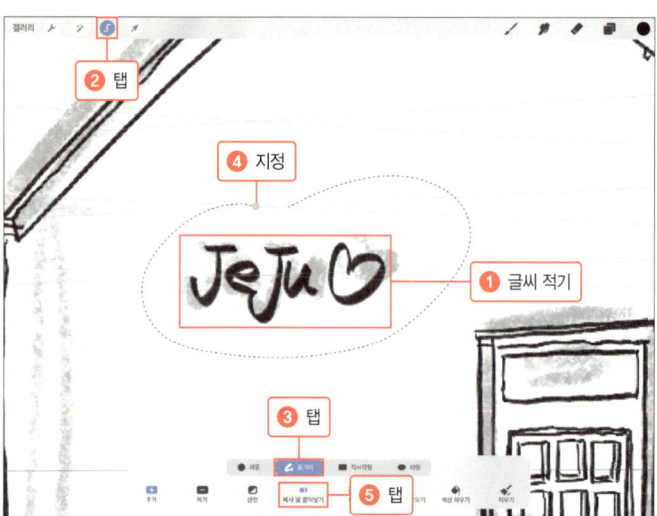

09 원래 간판의 위치보다 왼쪽 아래로 살짝 이동하고 (레이어(■))에서 '선택 영역에서'의 (N)을 탭하여 불투명도를 '30%'로 조절합니다.

10 '레이어 2'와 '선택 영역에서'를 두 손가락으로 꼬집어 합칩니다.

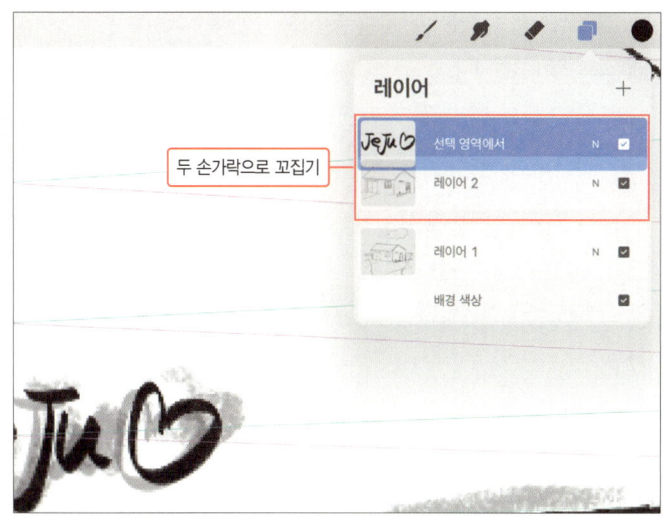

11 그림자가 끝나는 곳에 간판 고정대를 그립니다.

12 지붕을 'u'자 패턴을 반복해서 그려 넣어 완성합니다.

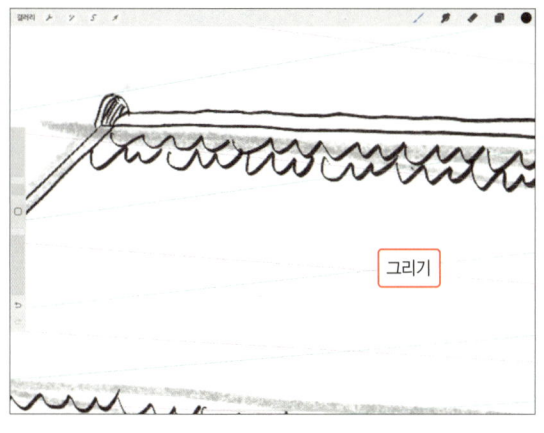

13 바위와 풀, 수평선, 길, 구름 등 나머지 요소도 스케치합니다.

14 (레이어(◫))에서 '레이어 1'과 가이드 레이어를 체크 해제를 체크 해제합니다. (동작(🔧) → 캔버스 → 그리기 가이드)를 비활성화하고 스케치를 점검합니다.

15 세부 표현을 위해서 새로운 레이어를 만듭니다. (레이어(◫))에서 (+) 버튼을 탭하여 '레이어 3'을 추가합니다.

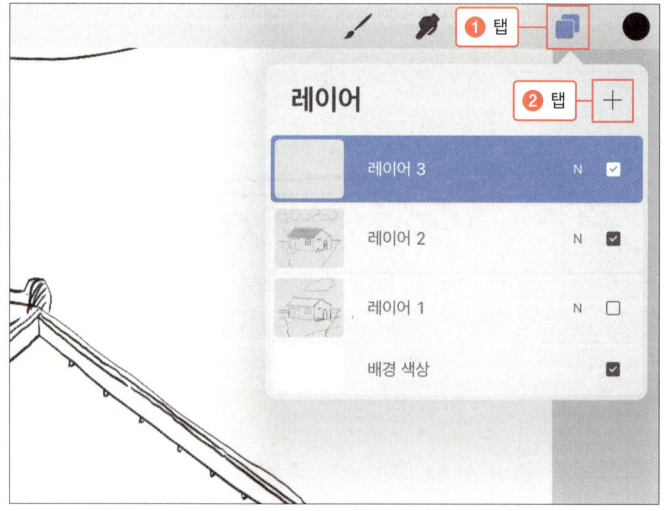

16 해가 왼쪽 위에서 비친다고 가정하고 그림자를 그려 넣습니다. 건물의 오른쪽 면은 그림자가 집니다.

17 건물 왼쪽 면에 가림 벽도 그림자를 표현합니다.

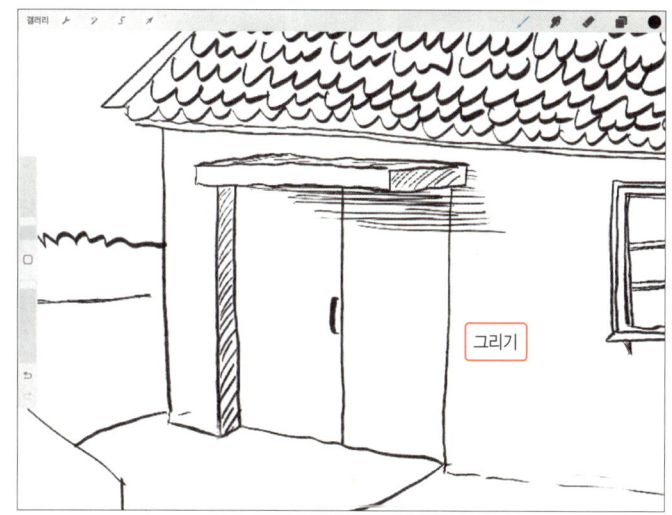

18 건물에서 그림자가 지는 곳을 찾아 표현합니다.

19 바위와 왼쪽 문으로 이어지는 돌길도 좀 더 묘사합니다.

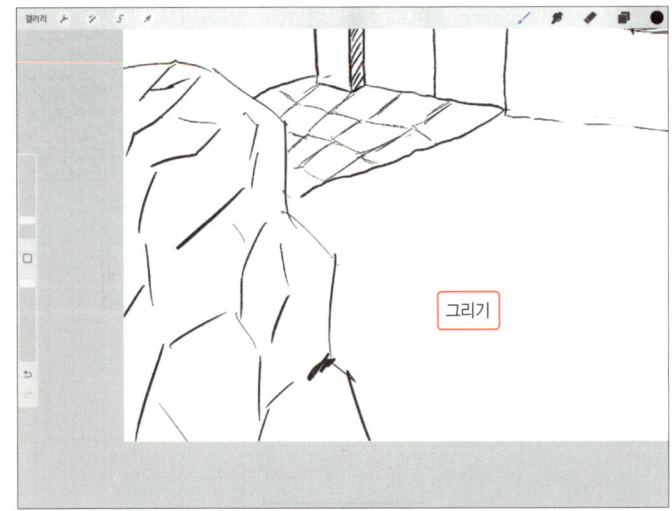

20 바위의 단단함을 나타내기 위해서 직선으로 좀 더 묘사합니다.

21 오른쪽의 풀은 꼬불꼬불한 선을 반복하여 묘사합니다.

22 집 앞 가운데는 흙 또는 풀의 느낌을 내기 위해서 점을 여러 번 반복해 그려 질감을 표현합니다.

23 뒤쪽에 풀이나 강, 건물 오른편에 그림자 등을 추가로 표현합니다.

24 자신이 만족하는 정도로 세부 표현하여 완성합니다.

구아슈 브러시로 물에 번진 수채화 건물 그리기

프로크리에이트에서 수채화 느낌을 똑같이 내기는 매우 어렵습니다. 물기가 불규칙적으로 마르면서 생기는 물감 자국을 흉내 내기 어렵기 때문입니다. 그럼에도 수채화 느낌을 흉내 낼 수 있는 브러시들이 있습니다. 트레이싱을 바탕으로 수채화 물감을 흉내 내는 브러시의 사용법을 알아봅시다.

- 예제 파일 : 03\구아슈 건물.jpg
- 완성 파일 : 03\구아슈 건물_완성.procreate, 구아슈 건물_완성.jpg

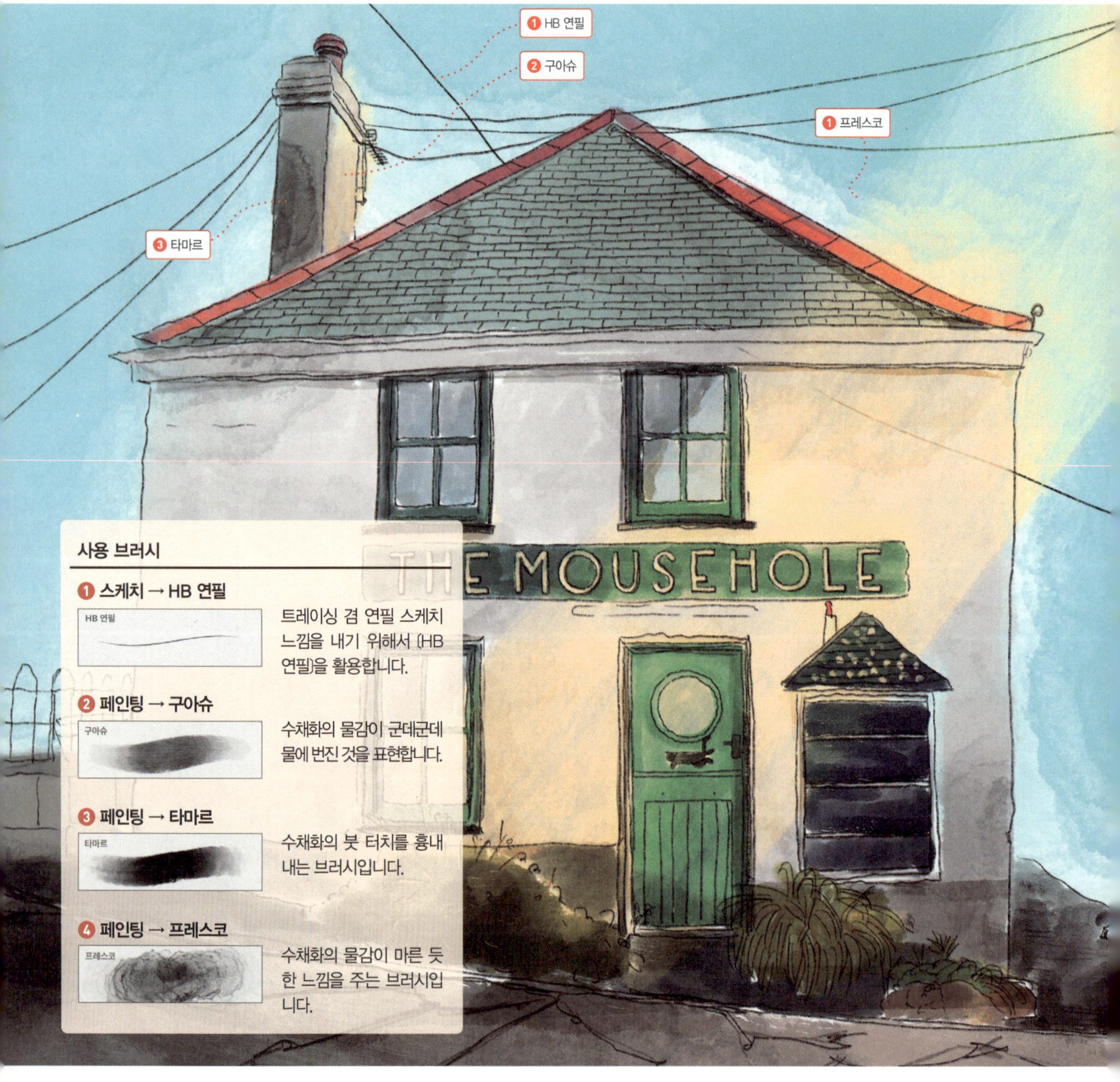

❶ HB 연필
❷ 구아슈
❹ 프레스코
❸ 타마르

사용 브러시

❶ 스케치 → HB 연필

트레이싱 겸 연필 스케치 느낌을 내기 위해서 (HB 연필)을 활용합니다.

❷ 페인팅 → 구아슈

수채화의 물감이 군데군데 물에 번진 것을 표현합니다.

❸ 페인팅 → 타마르

수채화의 붓 터치를 흉내 내는 브러시입니다.

❹ 페인팅 → 프레스코

수채화의 물감이 마른 듯한 느낌을 주는 브러시입니다.

빈티지 느낌의 건물 그리기

01 (동작(🔧) → 추가 → 사진 삽입하기)를 탭하여 파일 앱 03 폴더에서 '구아슈 건물.jpg' 파일을 불러온 다음 캔버스에 맞게 크기를 조절합니다.

02 (레이어(◨))에서 (+) 버튼을 탭하여 '레이어 2'를 추가합니다. (브러시(✏) → 스케치 → HB 연필)을 선택하고 '레이어 2'에 이미지의 전체적인 형태를 트레이싱합니다. '레이어 1'을 체크 해제하여 스케치를 확인합니다.

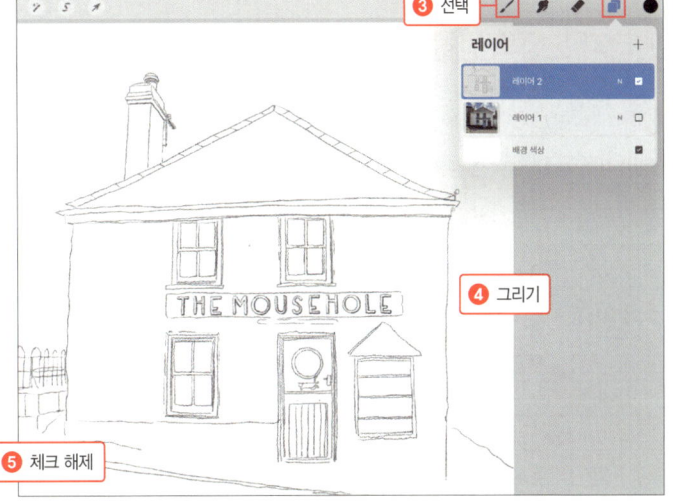

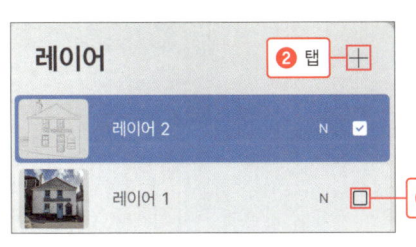

사용 브러시 스케치 → HB 연필

수채화는 연필 자국이 그대로 보이는 경우가 많습니다. 일반적인 연필 느낌은 (HB 연필)을 이용해 이미지를 트레이싱하겠습니다.

03 지붕이나 창문 등 디테일 부분도 찾아 스케치합니다.

05 구아슈 브러시로 물에 번진 수채화 건물 그리기

04 [레이어(■)]에서 [+] 버튼을 탭하여 '레이어 3'을 추가합니다. '레이어 2'의 [N]을 탭하여 불투명도를 '30%'로 조절합니다.

빈티지 느낌의 건물 채색하기

01 [브러시(✏️) → 페인팅 → 구아슈]를 선택하고 '레이어 1'을 체크 표시, 체크 해제하여 원본 사진의 색을 확인하며 '레이어 3'에 채색을 진행합니다.

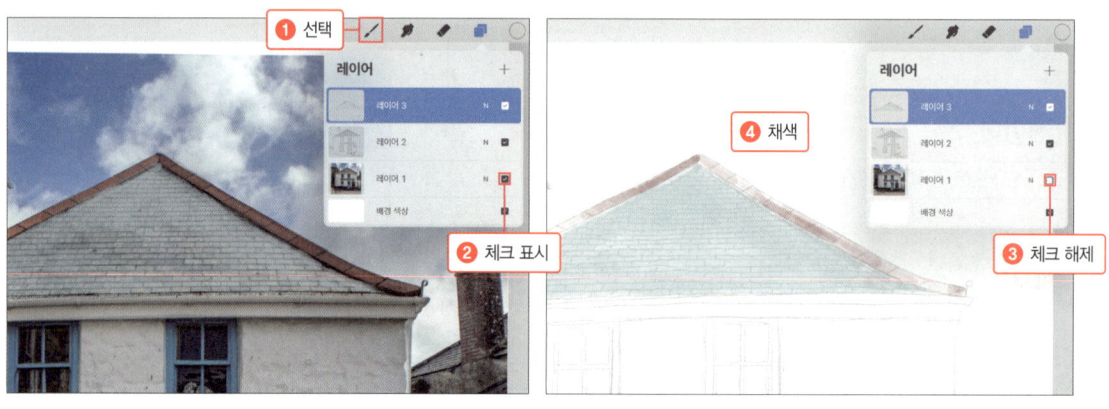

사용 브러시	페인팅 → 구아슈
	물기를 머금은 느낌을 내기 좋아 수채화와 비슷한 브러시입니다. [구아슈]로 큰 면을 채색합니다.

02 무슨 색인지 잘 모를 때 왼쪽 크기 조절 바의 [□] 버튼을 탭하면 '색 추출' 기능을 활용할 수 있습니다.

03 | 큼직한 면을 찾아서 먼저 채색한 다음 작은 부분을 채색하겠습니다. 작은 부분 채색을 위해 (레이어(■))에서 (+) 버튼을 탭하여 '레이어 4'를 추가하고 채색합니다.

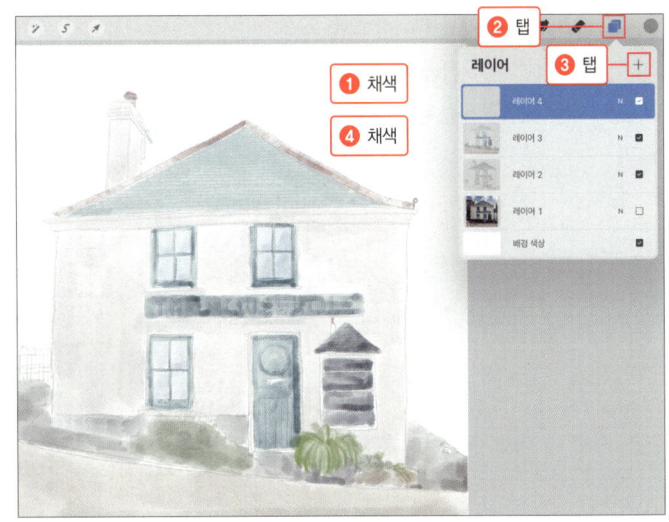

빈티지 느낌의 건물 묘사하기

01 | 작은 부분이나 색이 좀 더 진해야 하는 곳에 (브러시(✎) → 페인팅 → 타마르)를 선택하고 추가 채색합니다.

사용 브러시   페인팅 → 타마르

(구아슈)와 마찬가지로 물기를 머금은 표현을 할 수 있으면서도 얇고 납작한 부분을 표현하기 좋아 작은 부분을 (타마르)로 채색합니다.

02 | 그림자 진 곳을 표현하기 위해서 '레이어 5'를 추가하고 '레이어 3'의 클리핑 마스크로 만듭니다. 굴뚝과 지붕 일부분에 명암을 표현합니다.

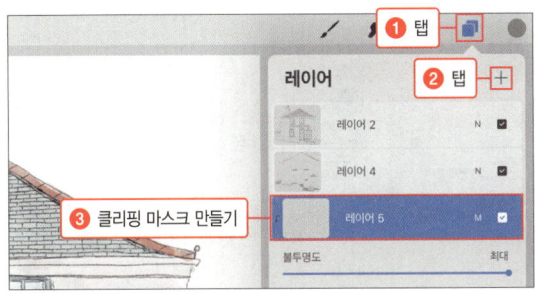

03 필압을 주지 않고 채색한 다음 채색 레이어를 복제하여 색감을 뚜렷하게 합니다. 여기서는 '레이어 3'을 두 번 복제하였습니다.

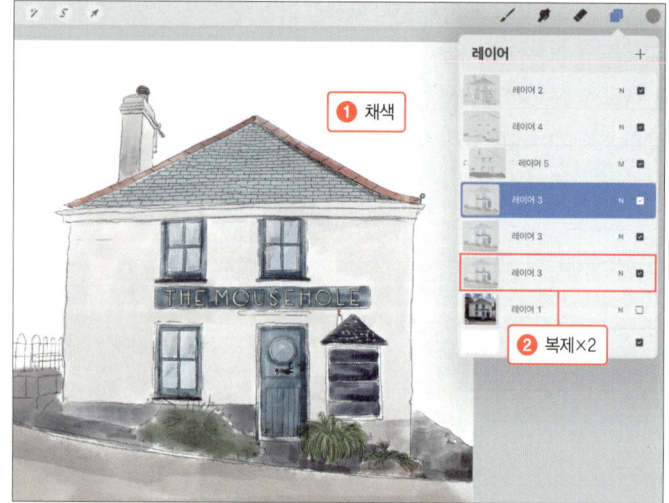

TIP 처음부터 진한 색으로 채색하거나 필압을 높여 스트로크하면 브러시 질감이 없어지고 꽉 채운 면이 생깁니다.

04 '레이어 3'을 모두 두 손가락으로 꼬집어 합칩니다.

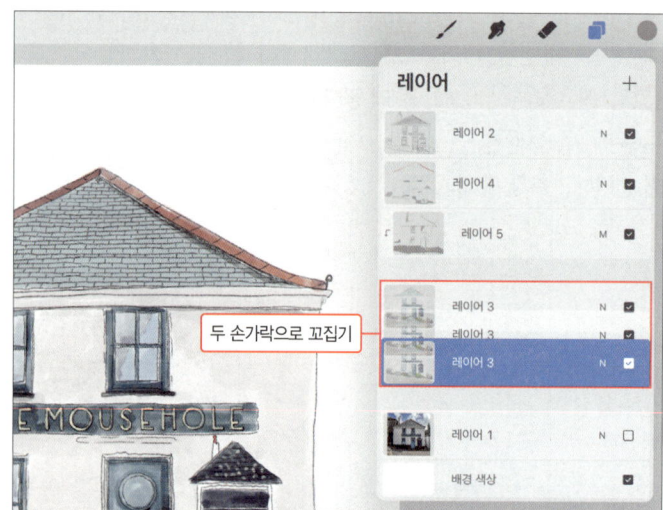

05 (+)을 탭하여 '레이어 6'을 추가하고 '레이어 3'의 클리핑 마스크로 만든 다음 (N)을 탭하여 (곱하기)를 선택합니다.

TIP 수채화 그림을 그릴 때 명암을 반복해서 표현하는 것처럼 수채화 브러시를 사용할 때도 몇 번에 걸쳐 명암을 반복 표현합니다.

빈티지 느낌의 건물 질감 표현하기

01 [브러시(✏️) → 페인팅 → 프레스코]를 선택하여 [색상(●)]을 '회색'으로 물감이 번진 느낌을 흉내 냅니다. [레이어(■)]에서 [+] 버튼을 탭하여 '레이어 7'을 추가하고 '레이어 3'의 아래로 이동합니다.

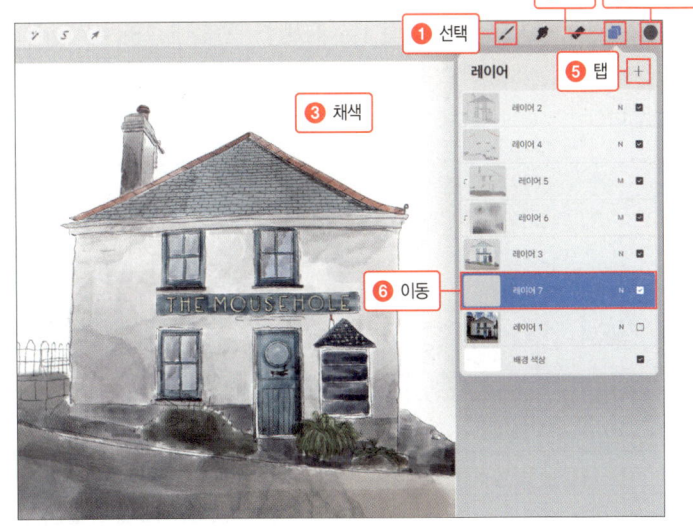

사용 브러시 페인팅 → 프레스코

브러시를 보면 물감이 번진 효과가 또렷이 나타납니다. [프레스코]를 활용하여 수채화 느낌을 흉내 냅니다.

02 '레이어 7'에 여러 번 스크로크하여 하늘을 채색합니다.

03 햇빛이 드는 표현을 하기 위해 [레이어(■)]에서 [+] 버튼을 탭하여 '레이어 8'을 추가하고 '레이어 2'의 아래로 이동한 다음 [N]을 탭하여 [오버레이]를 선택합니다.

04 빛이 들어오는 느낌을 내기 위해 (색상(●))을 '밝은 노란색'으로 지정하여 채색합니다.

05 한 번 더 명암을 표현하기 위해 (레이어(■))에서 (+) 버튼을 탭하여 '레이어 9'를 추가하여 '레이어 2'의 아래로 이동합니다. '레이어 9'의 (N)을 탭하여 (어둡게)를 선택합니다.

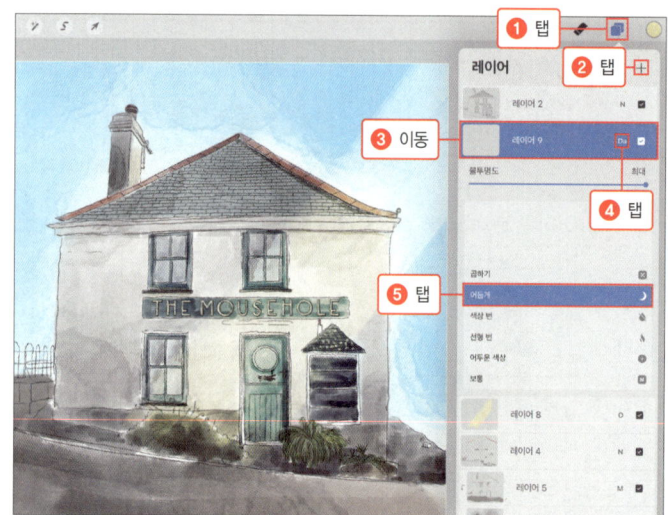

06 빛이 닿지 않는 곳에 명암 표현을 추가합니다.

07 | '레이어 1'을 제외한 모든 레이어를 오른쪽으로 드래그하여 다중 선택한 다음 (그룹)을 탭하여 그룹화합니다.

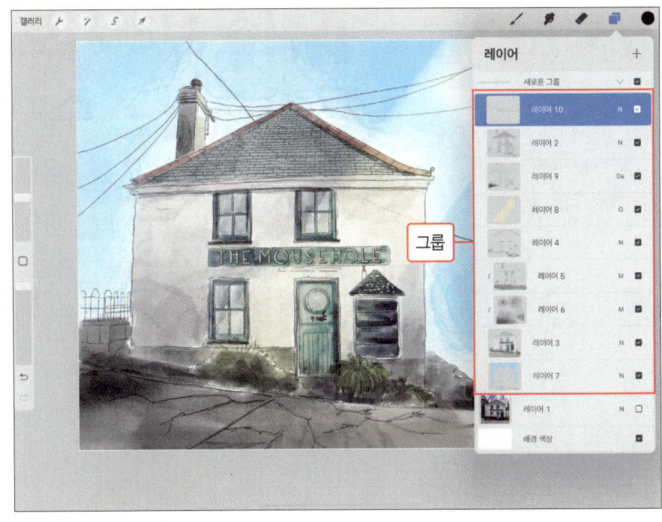

08 | '새로운 그룹'을 왼쪽으로 드래그하여 복제하고 두 손가락으로 꼬집어 합칩니다.

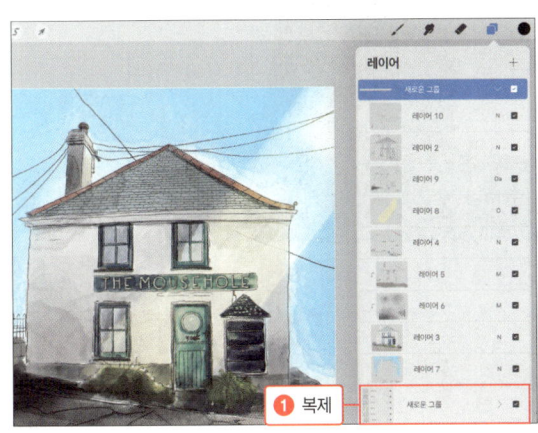

09 | (조절) → 색조, 채도, 밝기)를 선택하고 채도를 '최대'로 높이고 색조를 '5%' 정도 낮춥니다. 원하는 색감을 조절하여 수채화 느낌의 건물 그리기를 완성합니다.

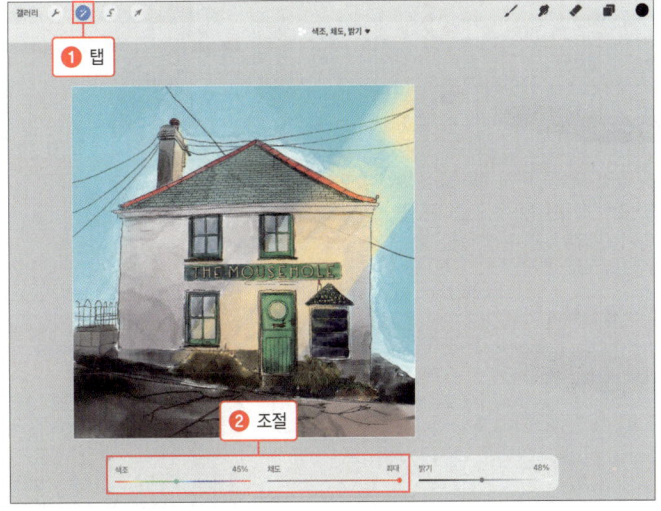

Brush 06
플림솔 브러시

플림솔 브러시로
물기가 많은 수채화 건물 그리기

수채화 브러시는 한 가지로 구현하기가 거의 불가능하며 수채화 특유의 우연의 효과를 생각하면 많은 브러시를 활용해야 합니다. 하지만 프로크리에이트에는 손쉽게 수채화 느낌을 가져갈 수 있는 브러시가 있습니다. 플림솔과 물광택 브러시를 이용하여 수채화 느낌의 일러스트를 그려 보겠습니다.

● 완성 파일 : 03\플림솔 건물_완성.procreate, 플림솔 건물_완성.jpg

사용 브러시

❶ 미술 → 플림솔

물기를 많이 머금은 붓질을 표현하는 브러시입니다. 수채화 물감을 묻혀 종이에 계속 문지르면 그 부분이 조금씩 하얗게 변하는 것도 비슷하게 구현할 수 있습니다. 불투명도가 최대가 아니라서 수채화처럼 여러 색을 겹쳐 다채로운 표현을 할 수도 있습니다.

❷ 물 → 물 광택

이미 물이 묻어 있는 종이에 붓질하면 물감이 사방으로 퍼지는 것을 볼 수 있는데 (물 광택) 역시 이런 현상을 표현하기 적합합니다. 보통 클리핑 마스크 된 레이어에 (물 광택)으로 다양한 색의 변화를 표현합니다.

동화 느낌의 건물 그리기

01 | 반듯한 집을 그리기 위해 가이드 선의 도움을 받겠습니다. (동작(🔧) → 캔버스 → 그리기 가이드)를 활성화하고 (그리기 가이드 편집)을 선택합니다.

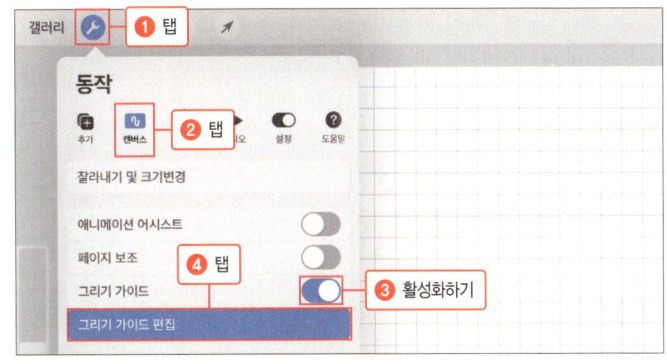

02 | 격자 크기를 '360px'으로 조절하고 (완료) 버튼을 탭합니다.

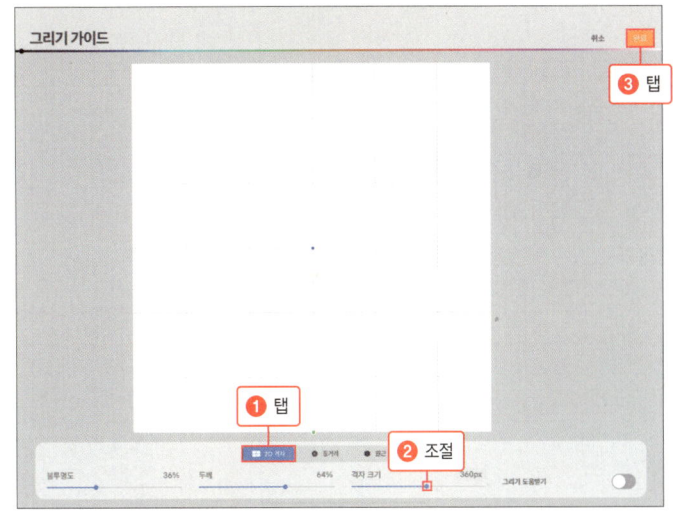

03 | (브러시(✏️) → 미술 → 플림솔)을 선택하고 (색상(●))을 '노란색'으로 지정하여 집의 받침 단과 단의 왼쪽 끝 부분에 지붕이 되는 사각형을 그립니다.

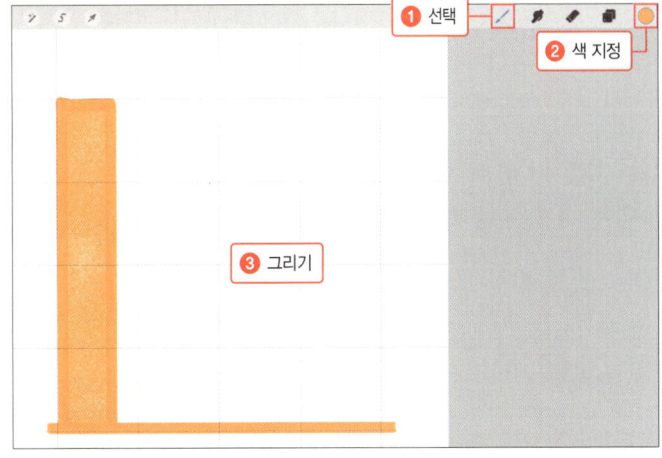

TIP 선을 긋고 기다리면 선이 도형화되어 반듯한 선을 그을 수 있습니다.

사용 브러시   미술 → 플림솔

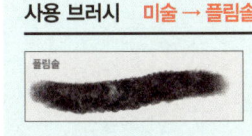

물기가 많은 수채화 느낌을 내는 브러시입니다. 다른 수채화 브러시에 비해서 난이도가 낮은 편입니다.

06 플림솔 브러시로 물기가 많은 수채화 건물 그리기 **255**

04 (레이어(■))에서 (+) 버튼을 탭하여 '레이어 2'를 추가하고 '레이어 1'의 아래로 이동합니다.

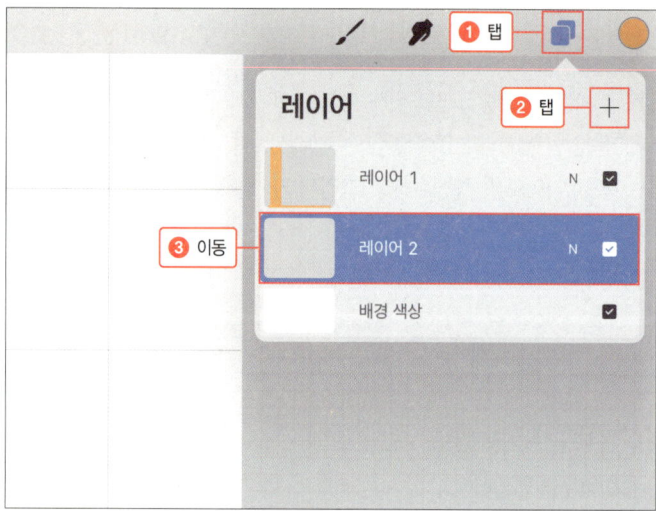

05 (색상(●))을 '옅은 보라색'으로 지정하여 집의 벽이 되는 부분을 사각형으로 그립니다.

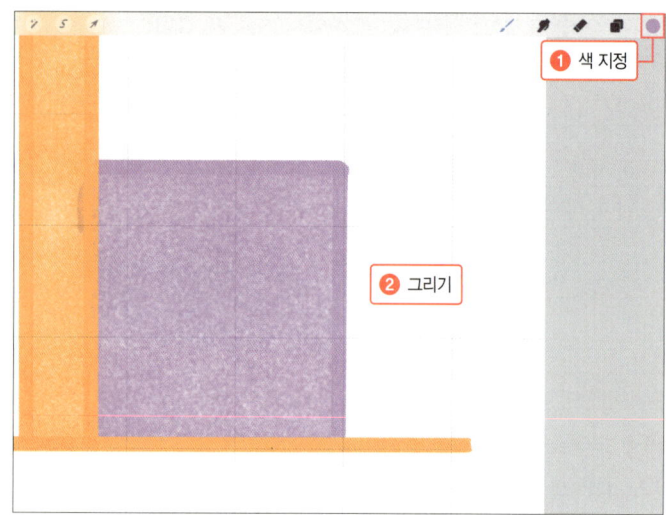

06 (레이어(■))에서 (+) 버튼을 탭하여 '레이어 3'을 추가하고 맨 위로 이동합니다.

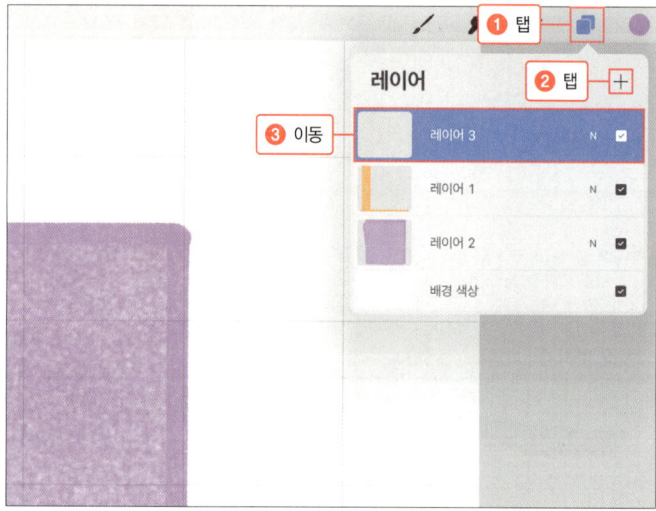

07 | (색상(●))을 '보라색'으로 지정하여 지붕과 굴뚝 윗 부분을 그립니다.

08 | (레이어(▣))에서 (+) 버튼을 탭하여 '레이어 4'를 추가하고 맨 아래로 이동합니다.

09 | (색상(●))을 '노란색'으로 지정해 집 우측에 어닝이 설치된 천막을 그립니다.

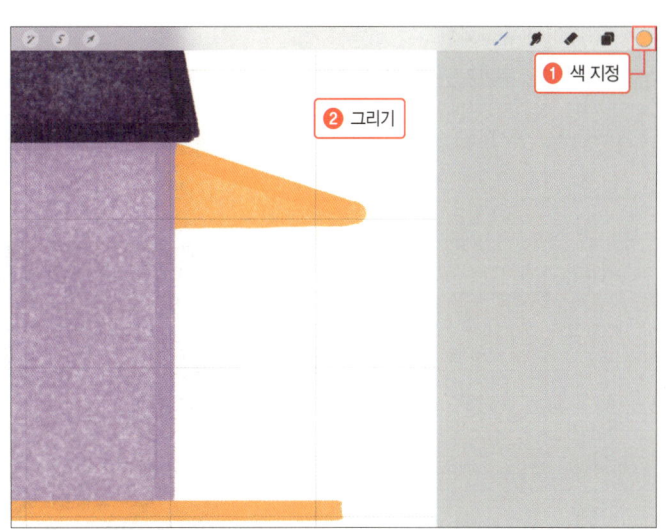

10 | (레이어(■))에서 (+) 버튼을 탭하여 '레이어 5'를 추가하고 맨 아래로 이동합니다.

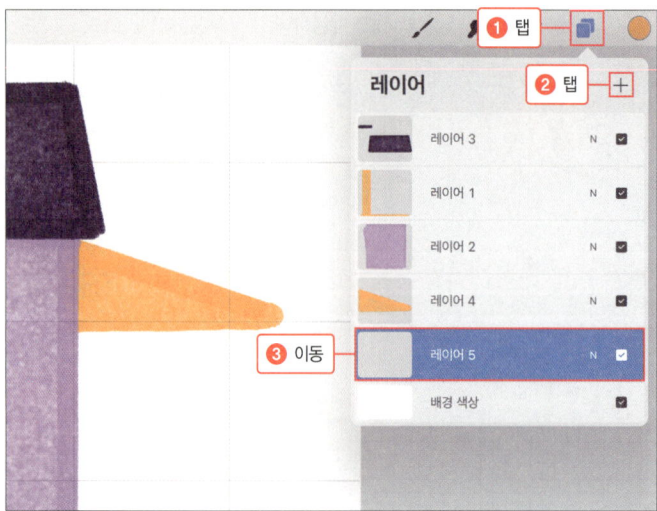

11 | (색상(●))을 '보라색'으로 지정하여 어닝이 설치된 테라스의 기둥과 울타리를 그립니다.

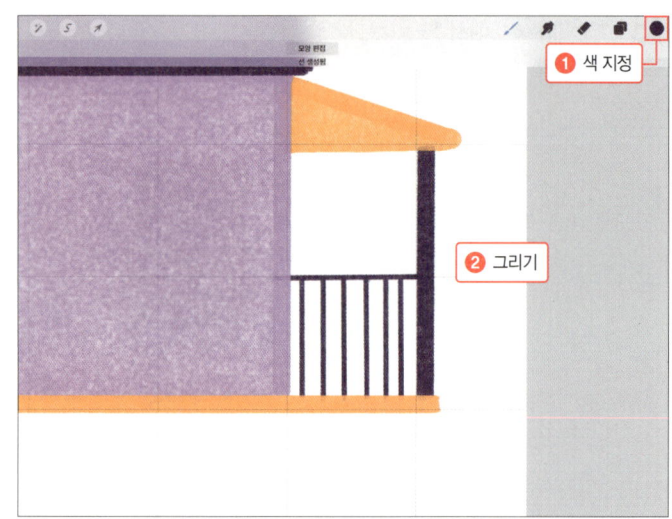

12 | (레이어(■))에서 (+) 버튼을 탭하여 '레이어 6'을 추가하고 맨 위로 이동합니다.

13 | 지붕 위에 창문이 되는 부분에 [색상(●)]을 '옅은 보라색'과 '노란색'으로 지정하여 그립니다.

14 | [색상(●)]을 '흰색'으로 지정하여 창문을 그립니다.

15 | [색상(●)]을 '옅은 보라색'으로 지정하여 창문틀을 그립니다.

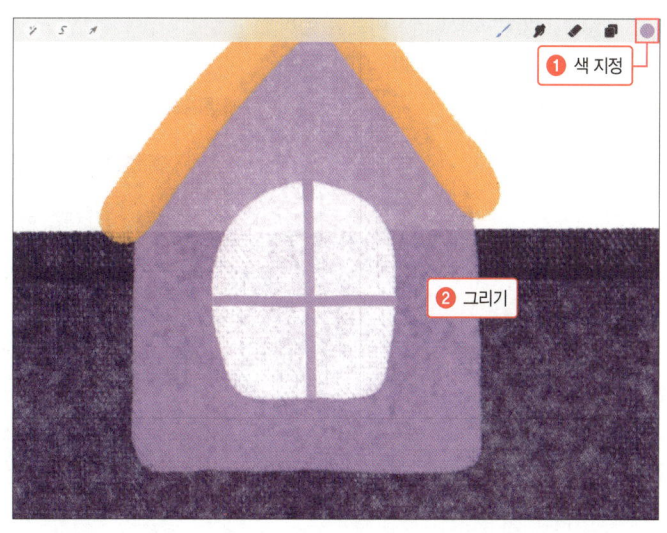

16 14번–15번과 같은 방법으로 집 벽 부분에도 창문과 창문틀을 그립니다.

17 (색상(●))을 '노란색'으로 지정하여 창틀 받침 부분을 그립니다.

18 (레이어(■))에서 (+) 버튼을 탭하여 '레이어 7'을 추가하고 '레이어 1'의 클리핑 마스크로 만듭니다.

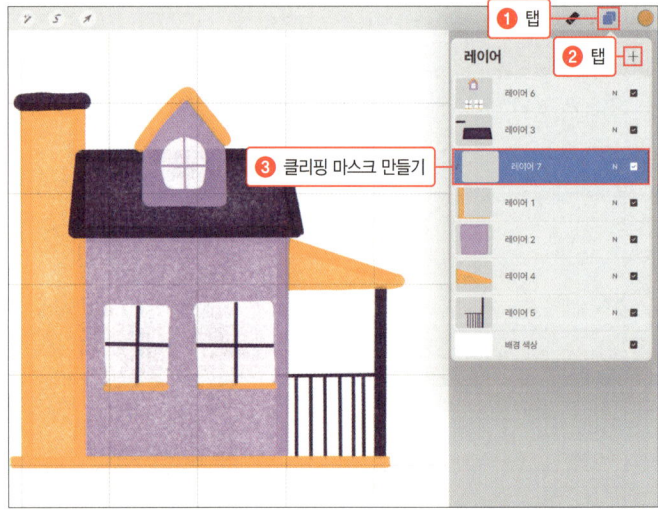

동화 느낌의 건물 질감 표현하기

01 (브러시(✏️) → 물 → 물광택)을 선택합니다. (색상(●))의 명도와 채도는 그대로 유지하고 인접 색을 지정하여 군데군데 필압을 조절해 스트로크합니다.

사용 브러시 물 → 물 광택

 물감이 젖어 있는 종이를 따라 퍼지는 느낌을 표현할 수 있습니다.

02 (레이어(▣))에서 (+) 버튼을 탭하여 '레이어 8'을 추가하고 '레이어 2'의 클리핑 마스크로 만듭니다.

03 01번과 같은 방법으로 물 광택 효과를 적용합니다.

06 플림솔 브러시로 물기가 많은 수채화 건물 그리기 **261**

04 | (레이어(■))에서 (+) 버튼을 탭하여 '레이어 9'를 추가하고 '레이어 3'의 클리핑 마스크로 만듭니다.

05 | 01번과 같은 방법으로 물 광택 효과를 적용합니다.

06 | (레이어(■))에서 (+) 버튼을 탭하여 '레이어 10'을 추가하고 '레이어 4'의 클리핑 마스크로 만듭니다.

07 | 01번과 같은 방법으로 물 광택 효과를 적용합니다.

08 | '레이어 7'도 선택하여 물 광택 효과를 일정하게 적용합니다.

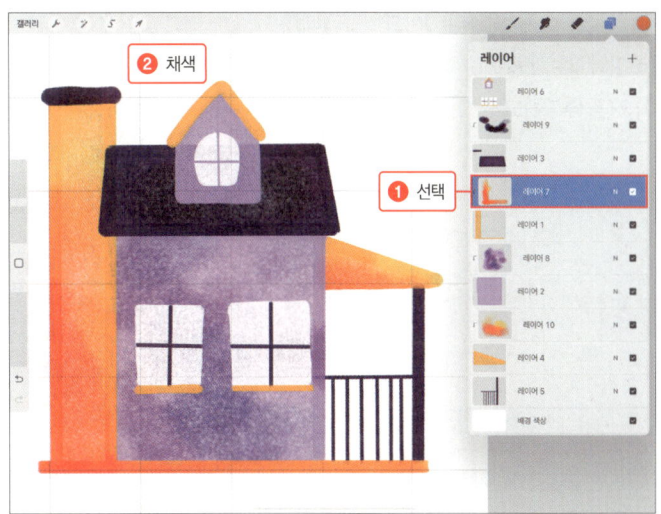

09 | (레이어(■))에서 (+) 버튼을 탭하여 '레이어 11'을 추가하고 '레이어 6'의 클리핑 마스크로 만듭니다.

10 01번과 같은 방법으로 물 광택 효과를 적용합니다. 브러시 크기를 조절하면서 적용합니다.

11 집 아래 땅 부분을 그리겠습니다. (레이어(🔲))에서 (+) 버튼을 탭하여 '레이어 12'를 추가하고 맨 아래로 이동합니다.

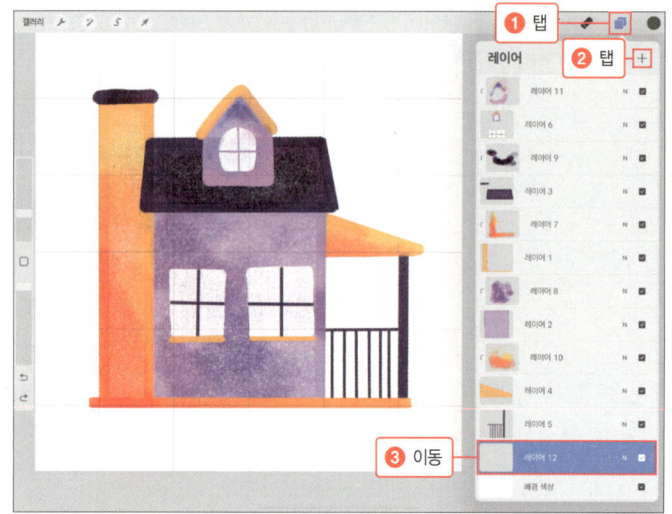

12 (브러시(✏️) → 미술 → 플림솔)을 선택하고 (색상(●))을 '초록색'으로 지정하여 바닥의 잔디를 문질러 표현하면 완성입니다.

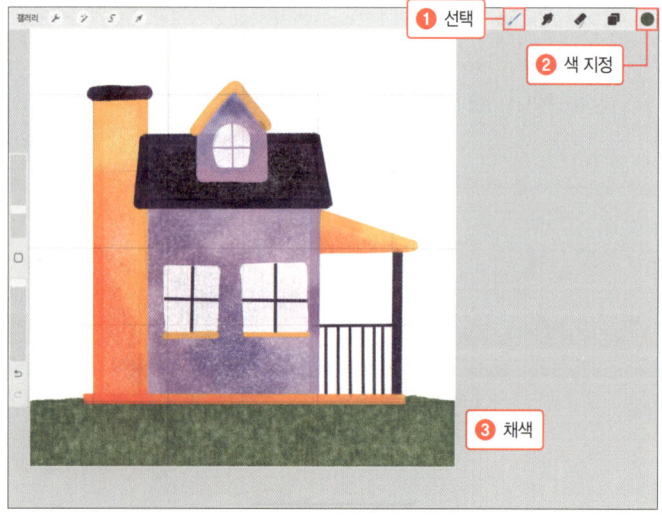

Brush 07
벽토 브러시

벽토 브러시로 질감을 표현한 유화 건물 그리기

유화는 많은 화가들이 가장 즐겨 사용하는 미술 재료입니다. 하지만 비싸고 기법도 어렵기 때문에 다가가기 쉬운 영역은 아닙니다. 프로크리에이트에서는 좀 더 쉽고 가볍게 유화 느낌과 비슷한 그림을 그릴 수 있습니다. 간단한 건물 일러스트를 유화 느낌 브러시를 이용해서 그려 봅시다.

- 예제 파일 : 03\벽토 건물.jpg
- 완성 파일 : 03\벽토 건물_완성.procreate, 벽토 건물_완성.jpg

사용 브러시

1 페인트 → 니코 롤

물기가 좀 더 있는 프라이머 같은 페인트 느낌의 브러시입니다. 먼저 (니코 롤)로 기본 질감을 표현합니다.

2 페인트 → 벽토

유화 느낌을 내기 위해서 (벽토)를 활용합니다. (니코 롤)로 그린 형태에 질감을 덧입히고, 배경도 (벽토)를 활용하여 전체적으로 유화 느낌의 집을 그립니다.

유화 건물 그리기

01 (동작(🔧) → 추가 → 사진 삽입하기)을 탭하여 파일 앱 03 폴더에서 '벽토 건물.jpg' 파일을 불러온 다음 캔버스에 맞게 크기를 조절합니다.

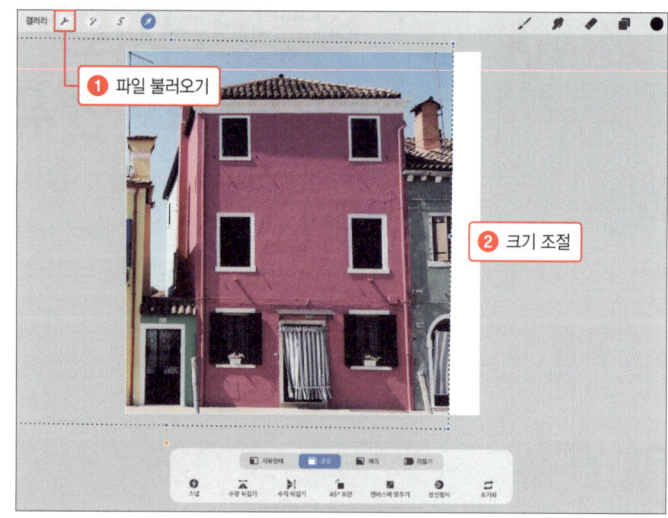

사용 브러시 페인트 → 니코 롤

벽에 프라이머를 페인트용 붓으로 프라이머를 바르는 느낌처럼 기본 배색이 되는 페인트를 칠하는 느낌의 브러시입니다.

02 (레이어(■))에서 (+) 버튼을 탭하여 '레이어 2'를 추가합니다. '레이어 1'의 (N)을 탭하여 불투명도를 '30%'로 조절합니다.

03 (브러시(🖌) → 니코 롤)을 선택하고 (색상(●))을 '자주색'으로 지정하여 사각형 면을 먼저 그립니다.

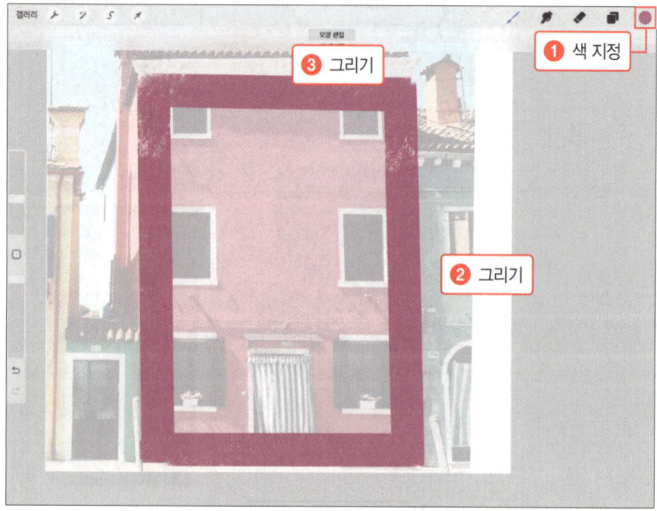

TIP 일자 선을 긋고 기다리면 반듯한 선을 그을 수 있습니다.

04 | 나머지 가운데 부분도 채색합니다.

05 | (색상(●))을 '흰색'으로 지정하여 건물과 지붕을 잇는 벽 부분을 채색합니다.

06 | (색상(●))을 '살구색'으로 지정하여 지붕을 채색합니다.

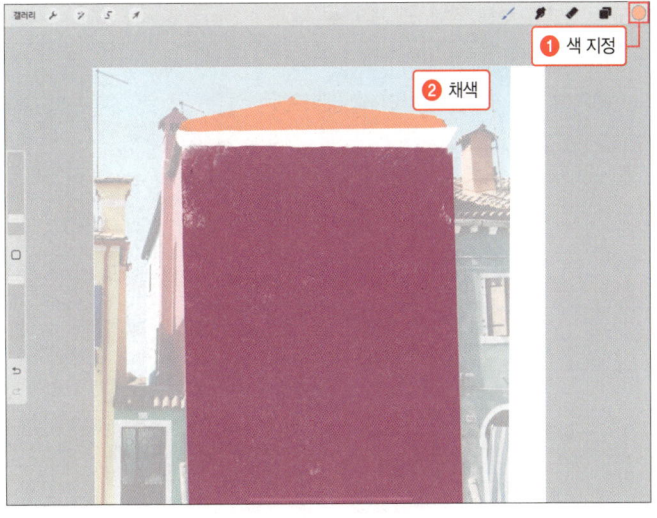

07 (레이어(■))에서 (+) 버튼을 탭하여 '레이어 3'을 추가합니다. (색상(●))을 '흰색'으로 지정하여 창문과 문의 외곽선을 그리고 (색상(●))을 '검은색'으로 지정하여 창문과 문의 안쪽을 채색합니다.

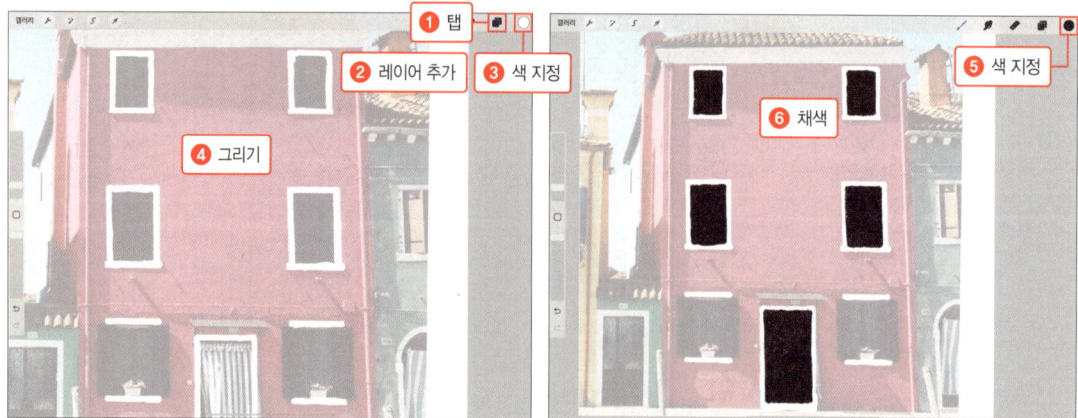

08 1층의 커튼을 채색하기 위해 (레이어(■))에서 (+) 버튼을 탭하여 '레이어 4'를 추가하고 커튼을 그립니다.

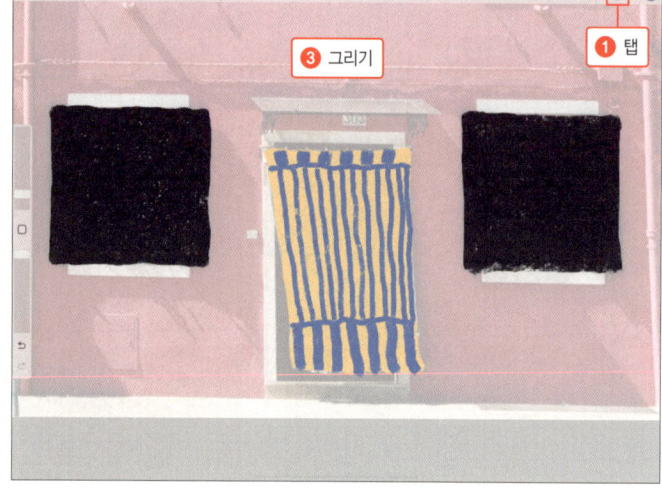

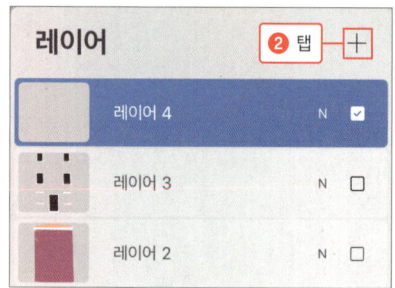

09 세부 묘사를 위해 (레이어(■))에서 (+) 버튼을 탭하여 '레이어 5'를 추가합니다. '레이어 2'의 (N)을 탭하여 불투명도를 '30%'로 조절합니다.

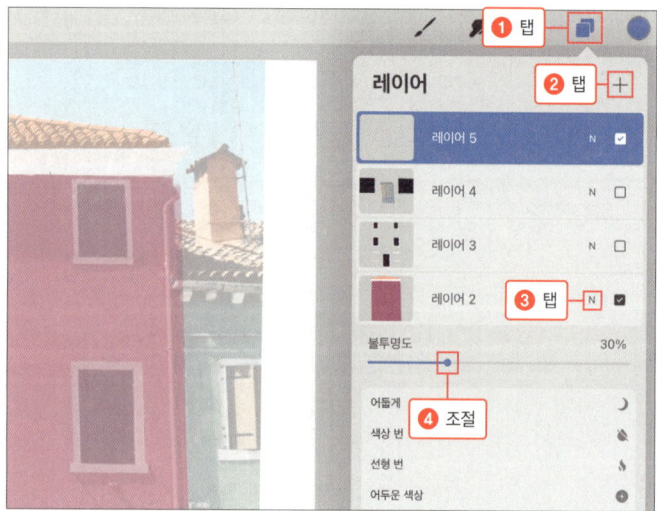

268 PART 3. 다양한 브러시로 자연스러운 풍경 그리기

10 파이프와 화분, 어닝 등을 그립니다.

TIP 그리기 쉬운 부분만 그려도 좋습니다. 어려운 부분을 생략해도 괜찮습니다.

11 지붕의 세부 묘사를 위해 [레이어(◧)]에서 [+] 버튼을 탭하여 '레이어 6'을 추가합니다.

12 [색상(●)]을 지붕 색보다 명도가 조금 낮은 색으로 지정하고 지붕의 단이나 기와를 표현합니다.

13 유화 질감 표현을 위해 (레이어(■))에서 (+) 버튼을 탭하여 '레이어 7'을 추가하고 '레이어 2'의 클리핑 마스크로 만듭니다.

유화 건물 질감 표현하기

01 (브러시(✏️) → 페인트 → 벽토)를 선택하여 (색상(●))을 '밝은 회색'으로 지정하여 벽을 칠합니다.

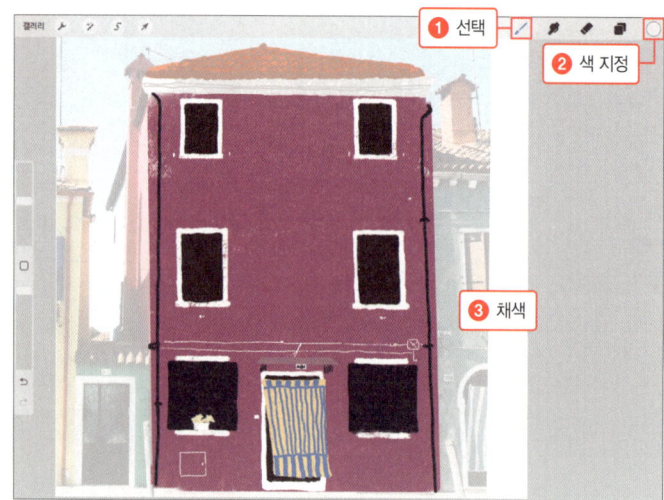

사용 브러시　페인트 → 벽토

거친 질감으로 유화 느낌을 더해줄 브러시입니다. 더불어 건물과 같은 벽을 그릴 때 좋습니다.

02 배경을 칠하기 위해 (레이어(■))에서 (+) 버튼을 탭하여 '레이어 8'을 추가하고 '레이어 1'의 위로 이동합니다.

03 (색상(●))을 '녹색'으로 지정하고 드래그하여 채색합니다.

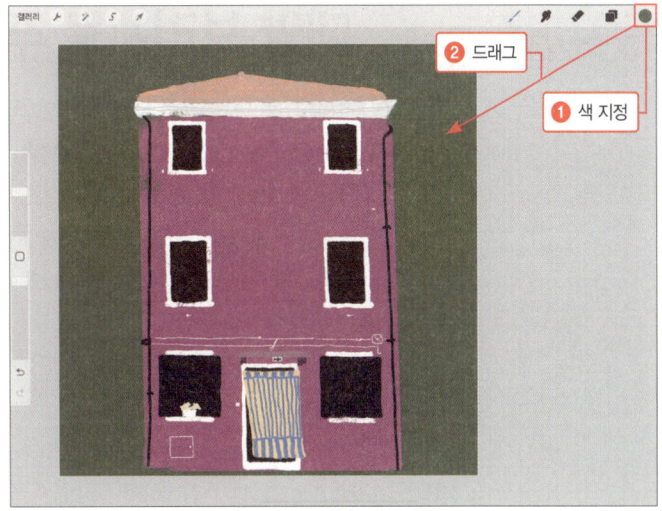

04 (벽토)로 한 번 채색한 다음 명도에 변화를 주어 그러데이션을 완성합니다.

05 그림자 효과를 주기 위해 (레이어(■))에서 (+) 버튼을 탭하여 '레이어 10'을 추가하고 '레이어 2'의 위로 이동합니다. 그림자가 지는 곳에 (벽토)로 그림자를 표현해 완성합니다.

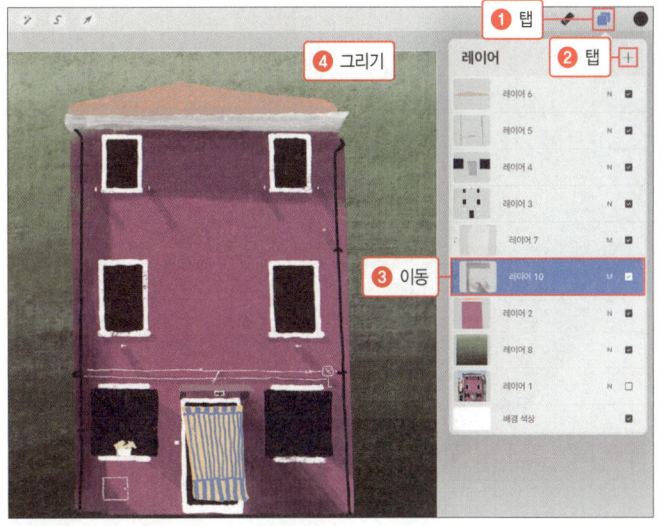

Brush 08
대양 브러시

대양 브러시로 푸른 바다 그리기

드넓은 바다와 하늘을 그리는 것은 언제나 즐거운 일입니다. 특히 밖으로 나가지 못해 답답할 때 하늘과 바다를 그리며 힐링하고 다른 사람의 하늘과 바다 그림을 보면서 위안을 얻기도 하죠. 프로크리에이트에서 제공하는 요소 브러시를 활용하여 바다와 하늘을 손쉽게 표현할 수 있습니다. 크기를 개인의 취향에 맞게 조절하고, 필압을 인식하는 대양, 구름 브러시의 특성을 활용합니다. 자신만의 개성 있는 바다와 구름을 만들어 그림에 아련한 감성을 더해 봅니다.

● 예제 파일 : 03\Bonobo Chalk.brush   ● 완성 파일 : 03\대양 바다_완성.procreate, 대양 바다_완성.jpg

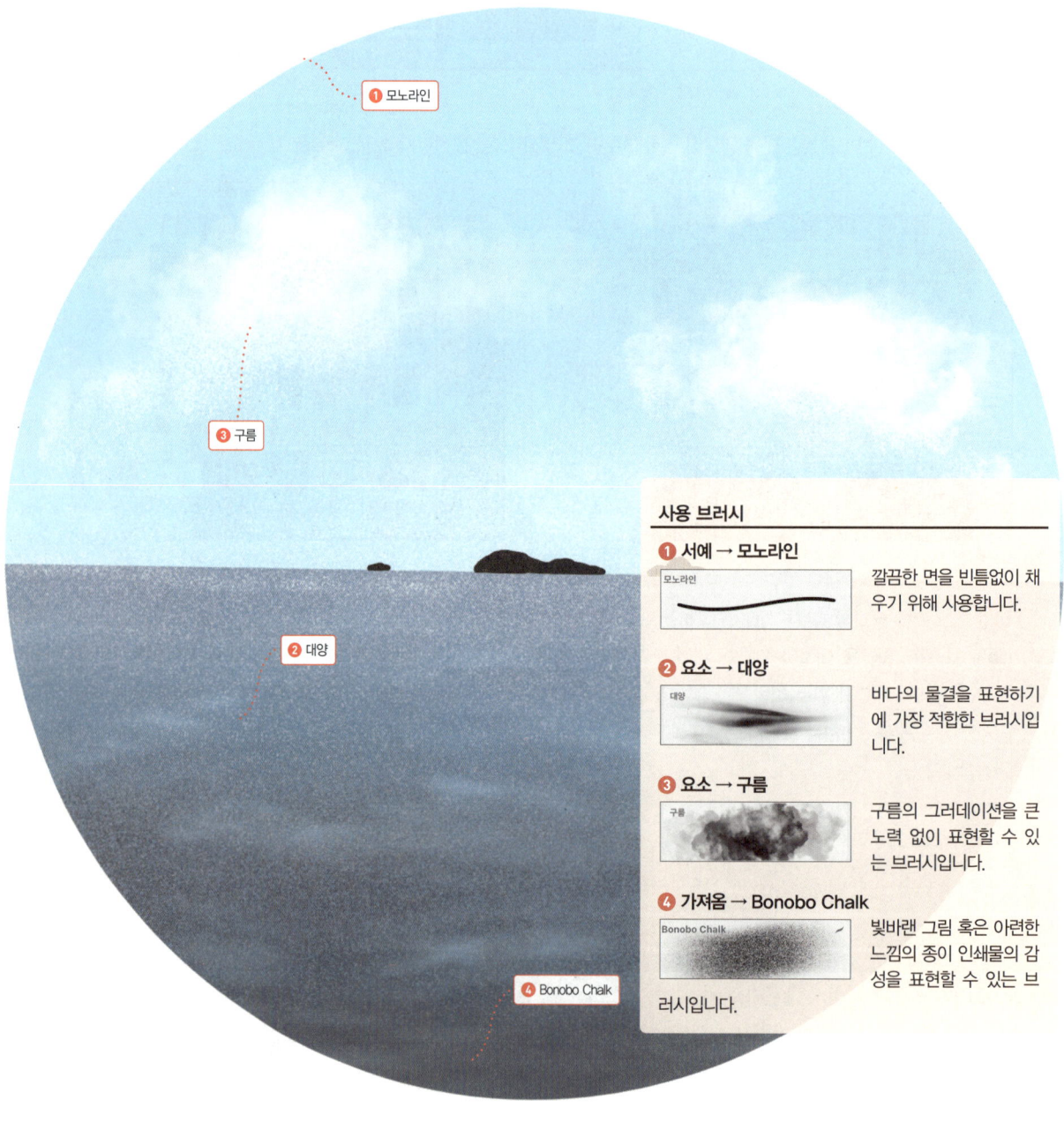

사용 브러시

❶ 서예 → 모노라인
깔끔한 면을 빈틈없이 채우기 위해 사용합니다.

❷ 요소 → 대양
바다의 물결을 표현하기에 가장 적합한 브러시입니다.

❸ 요소 → 구름
구름의 그러데이션을 큰 노력 없이 표현할 수 있는 브러시입니다.

❹ 가져옴 → Bonobo Chalk
빛바랜 그림 혹은 아련한 느낌의 종이 인쇄물의 감성을 표현할 수 있는 브러시입니다.

바다와 하늘 경계 나누기

01 (새로운 캔버스 → 사각형)을 불러옵니다.

02 (브러시(✏️) → 서예 → 모노라인)을 선택하고 원을 그립니다.

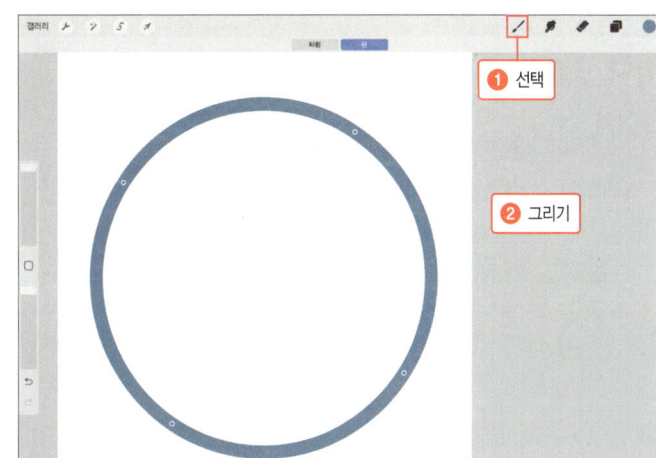

TIP 원을 그리고 기다리면 반듯한 원을 그릴 수 있습니다.

사용 브러시   서예 → 모노라인

| 모노라인 | 형태를 잡고 채색하기 위해서 (모노라인)을 선택합니다. |

03 (색상(●))을 '푸른색'으로 지정하고 드래그하여 채색합니다. (레이어(▫))에서 (+) 버튼을 탭하여 '레이어 2'를 추가하고 '레이어 2'를 한 번 더 탭하여 (클리핑 마스크)를 선택합니다.

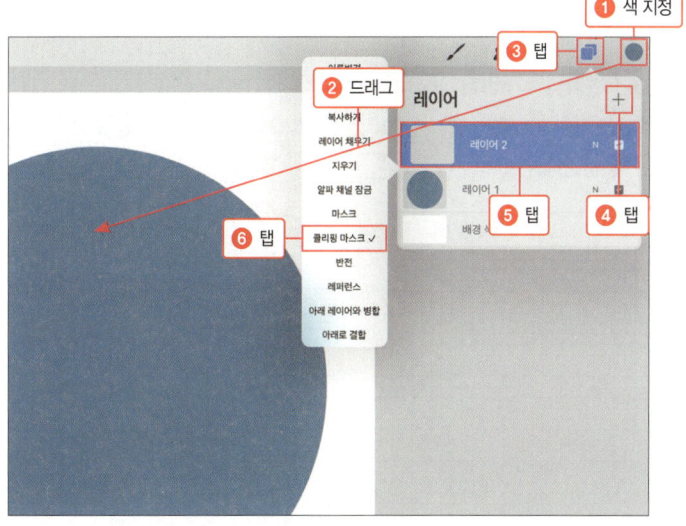

08 대양 브러시로 푸른 바다 그리기   **273**

04 | (색상(●))을 '하늘색'으로 지정하고 위아래를 나누어 하늘이 되는 부분을 채색합니다. 클리핑 마스크 처리를 해두었으므로 처음 중간만 잘 나눠 채색하면 됩니다.

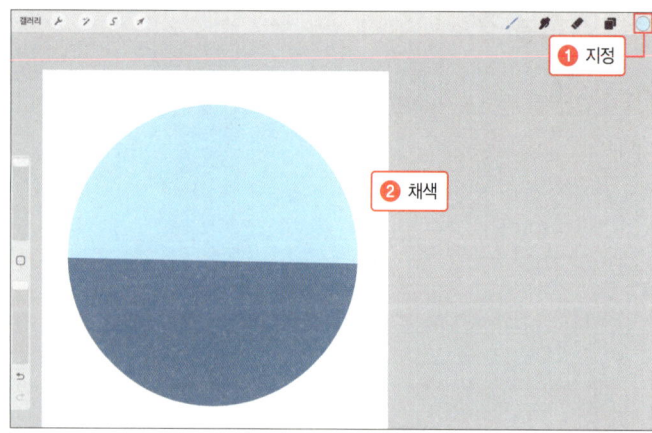

바다 그리기

01 | (레이어(■))에서 '레이어 1'이 선택된 상태로 (+) 버튼을 탭하여 '레이어 3'을 클리핑 마스크로 만들고 (브러시(✎) → 요소 → 대양)을 선택합니다.

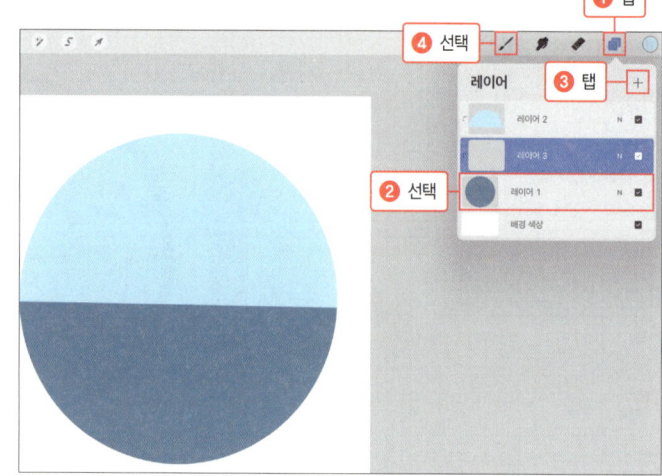

사용 브러시 요소 → 대양

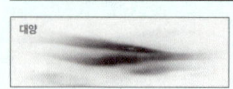

(대양)으로 바다의 물결을 표현할 수 있습니다.

02 | 물결의 모양을 잘 보고 브러시 크기를 조절합니다. 예제에서는 브러시 크기를 '50%'로 조절했습니다.

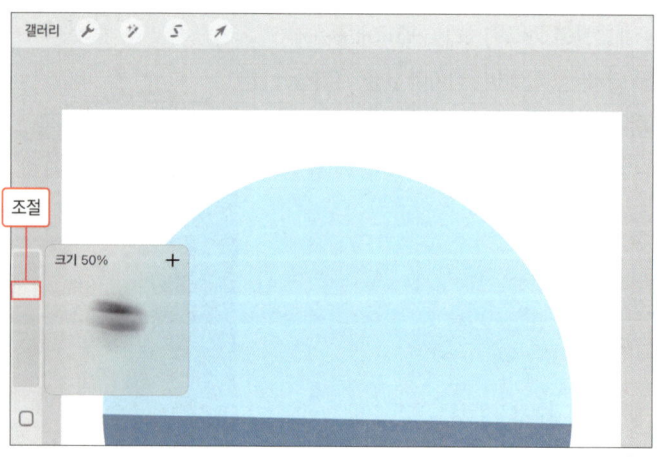

03 | 좌우로 문질러 전체적인 모양을 만들고 브러시 크기를 다시 한번 조절하여 디테일을 살립니다. 예제에서는 브러시 크기를 '20%'로 조절하여 한 번 더 물결을 표현했습니다.

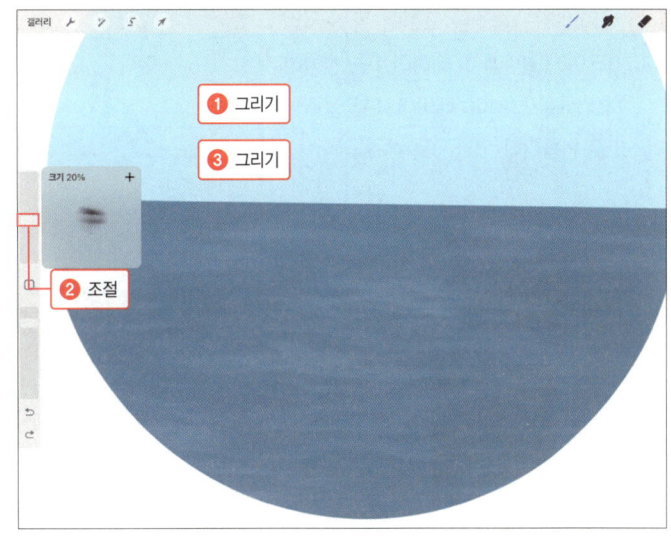

04 | 너무 선명한 물결은 표현이 어색할 수 있으므로 자연스럽게 흐림 효과를 주도록 하겠습니다. (조정( )) → 가우시안 흐림 효과)를 선택합니다.

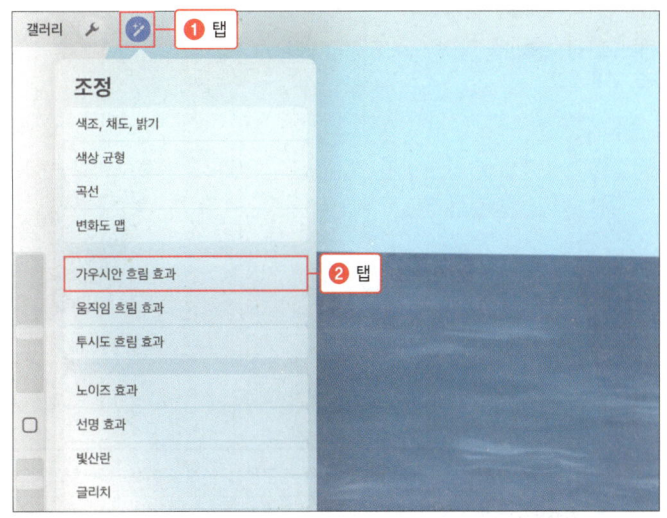

05 | 좌우로 조절하여 적절한 값을 선택합니다. 예제에서는 '3%'로 조절했습니다.

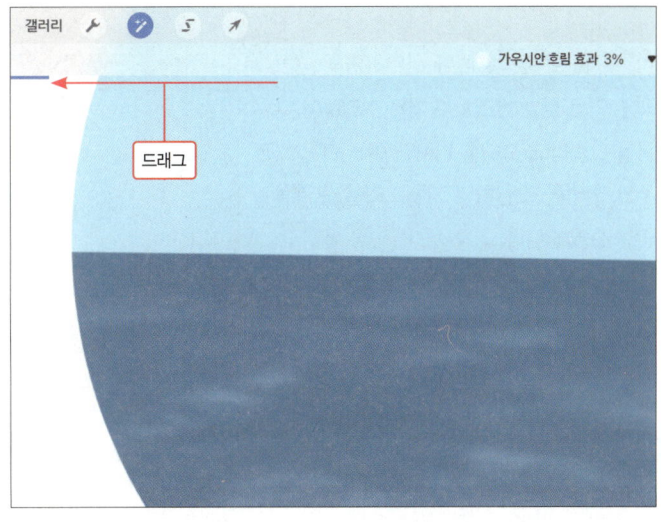

TIP 너무 효과를 많이 주면 물결 자체가 보이지 않으므로 값을 '1~5%' 사이로 조절하는 것을 추천합니다.

06 | 이번에는 하늘을 표현해 볼 순서입니다. (레이어(■))에서 '레이어 1'을 선택하고 (+) 버튼을 탭하여 '레이어 4'를 클리핑 마스크로 만듭니다.

구름과 섬 그리기

01 | (브러시(✎) → 요소 → 구름)을 선택하고 (색상(●))을 '흰색'으로 지정합니다.

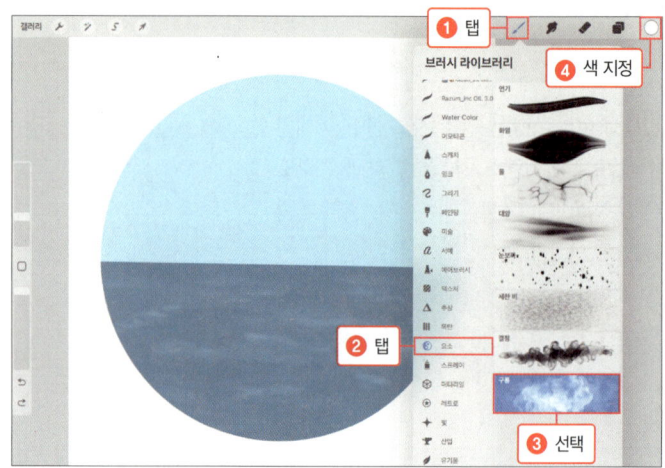

사용 브러시   요소 → 구름

 하늘에 떠 있는 구름을 쉽게 표현해 주는 브러시입니다.

02 | (태양)을 쓸 때와 마찬가지로 브러시 모양을 보고 브러시 크기를 조절하여 구름을 그립니다. 크기를 바꾸어 여러 번 겹쳐주고 필압을 조절하면 자연스러운 모양을 만들 수 있습니다.

TIP 한 번에 구름을 문질러서 표현하면 어색해질 수 있습니다. 구름을 한 땀 한 땀 눌러주면서 처음 구름의 위치와 모양을 잡으면 수월하게 구름을 표현할 수 있습니다.

03 대부분의 사진이나 그림에는 피사체가 필요합니다. 수평선에 섬을 몇 개 그려 넣어보도록 하겠습니다. 섬을 그리기 위해 (레이어(■))에서 (+)을 탭하여 '레이어 5'를 추가합니다.

04 (브러시(☑) → 서예 → 모노라인)을 선택하고 (색상(●))을 '짙은 초록색'으로 지정합니다.

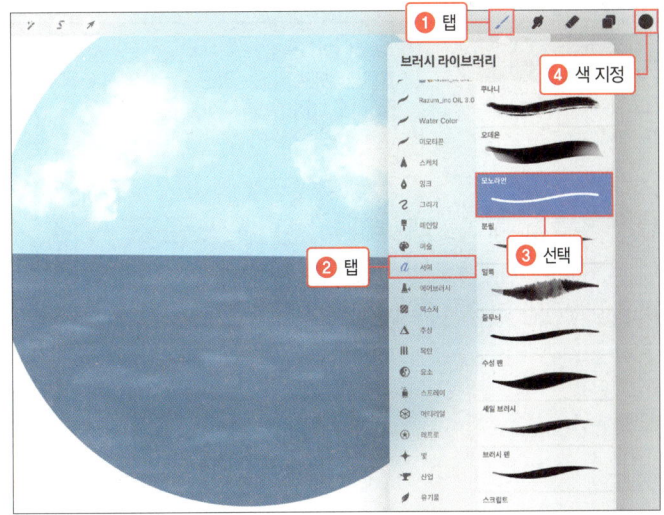

05 화면을 확대하여 원하는 곳에 섬을 그립니다. 수평선에 맞추어서 그립니다.

바다와 하늘 질감 묘사하기

01 바다와 구름, 섬까지 완성했는데 아직도 밋밋한 부분이 남아 있습니다. 밋밋한 부분에 질감을 주기 위해 (지우개(✏️) → 가져옴 → Bonobo Chalk)를 선택합니다.

TIP 디지털 드로잉의 특성상 질감을 살린다거나 명암을 주는 '후보정 작업'이 꼭 필요합니다.

사용 브러시 가져옴 → Bonobo Chalk

스프레이의 (중간 노즐)과 비슷한 브러시입니다. 이전 버전의 프로크리에이트에는 있지만, 최신 버전의 프로크리에이트에는 없는 브러시입니다. 하지만 인터넷에서 쉽게 다운로드하여 사용할 수 있으며 질감을 내기 좋은 브러시입니다.

02 섬을 제외하고는 모두 '레이어 1' 위에 그렸습니다. 따라서 '레이어 1'을 선택하여 한 번에 질감 효과를 내보겠습니다.

03 그림의 가운데 1/3 부분을 좌우로 힘을 빼고 여러 번 문질러 지웁니다. 하늘의 그러데이션과 바다의 반짝임이 자연스러워지는 구간을 찾아서 작업합니다. 그림의 빛이 들어오는 부분을 표현했습니다.

04 이번에는 어둡게 보여야 하는 부분을 강조하겠습니다. (레이어(■))에서 (+) 버튼을 탭하여 '레이어 6'을 추가하고 '레이어 1'의 위로 이동하여 클리핑 마스크로 만듭니다.

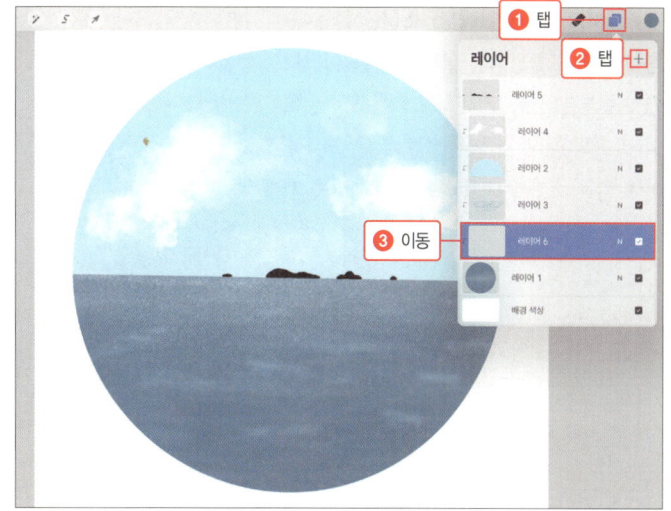

05 (색상(●))을 처음 사용한 '푸른색'으로 지정하고 명도 슬라이더를 왼쪽으로 조절하여 더 어두운색으로 만듭니다. 임의로 바다보다 좀 더 어두운색으로 지정해도 됩니다.

06 (브러시(✎) → 가져옴 → Bonobo Chalk)를 선택합니다. 브러시 크기를 '50–80%' 사이로 넓게 조절하여 바다 아랫부분부터 힘을 빼고 여러 번 나누어 그립니다.

TIP 아랫부분일수록 여러 번 브러시가 닿는다는 느낌으로 하면 자연스러운 그러데이션을 표현할 수 있습니다.

07 바다를 자연스럽게 조절한 다음 구름을 수정하겠습니다. 실제 구름을 살펴보면 아랫부분이 좀 더 연하고 가운데와 위쪽이 비교적 진한 것을 관찰할 수 있습니다. 이 느낌을 내기 위해서 구름 아랫부분을 지워보겠습니다.

08 (지우개())를 선택하고 구름 아랫부분을 바다에 어두운 명함을 줬던 방법과 같은 방법으로 지웁니다.

TIP 01번에서 지우개 브러시를 (Bonobo Chalk)로 선택했기 때문에 중간에 변경하지 않았다면 여전히 (Bonobo Chalk)가 지우개 브러시로 되어 있어 변경할 필요가 없습니다.

09 질감이 살아있는 푸른 바다를 완성합니다.

TIP 그러데이션 부분은 (Bonobo Chalk)가 아닌 다른 브러시나 (문지르기) 기능을 활용하여도 좋습니다. 이번 그림에서 알아본 브러시는 (요소 → 구름, 태양)입니다. 꼭 구름과 바다가 아니어도 이 브러시들의 표현 느낌을 기억한다면 여러 곳에 활용할 수 있습니다.

Brush
09
프레스코 브러시

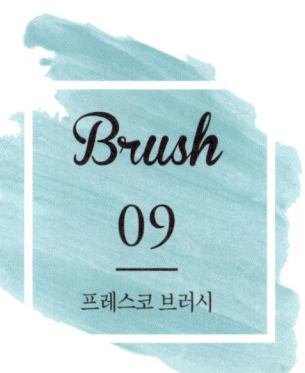

프레스코 브러시로 노을 진 산 그리기

노을이 질 때 사물은 정말 신비롭게 보입니다. 산 역시 마찬가지입니다. 일반적인 초록빛의 산이 아니라 노을빛으로 신비롭게 물든 산을 색다른 브러시와 함께 그리는 것도 재미있는 작업이 될 것입니다. 더불어 '픽셀 유동화' 기능을 브러시와 접목해서 극대화한 효과를 익혀보는 시간이 되기를 바랍니다.

- 완성 파일 : 03\프레스코 산_완성.procreate, 프레스코 산_완성.jpg

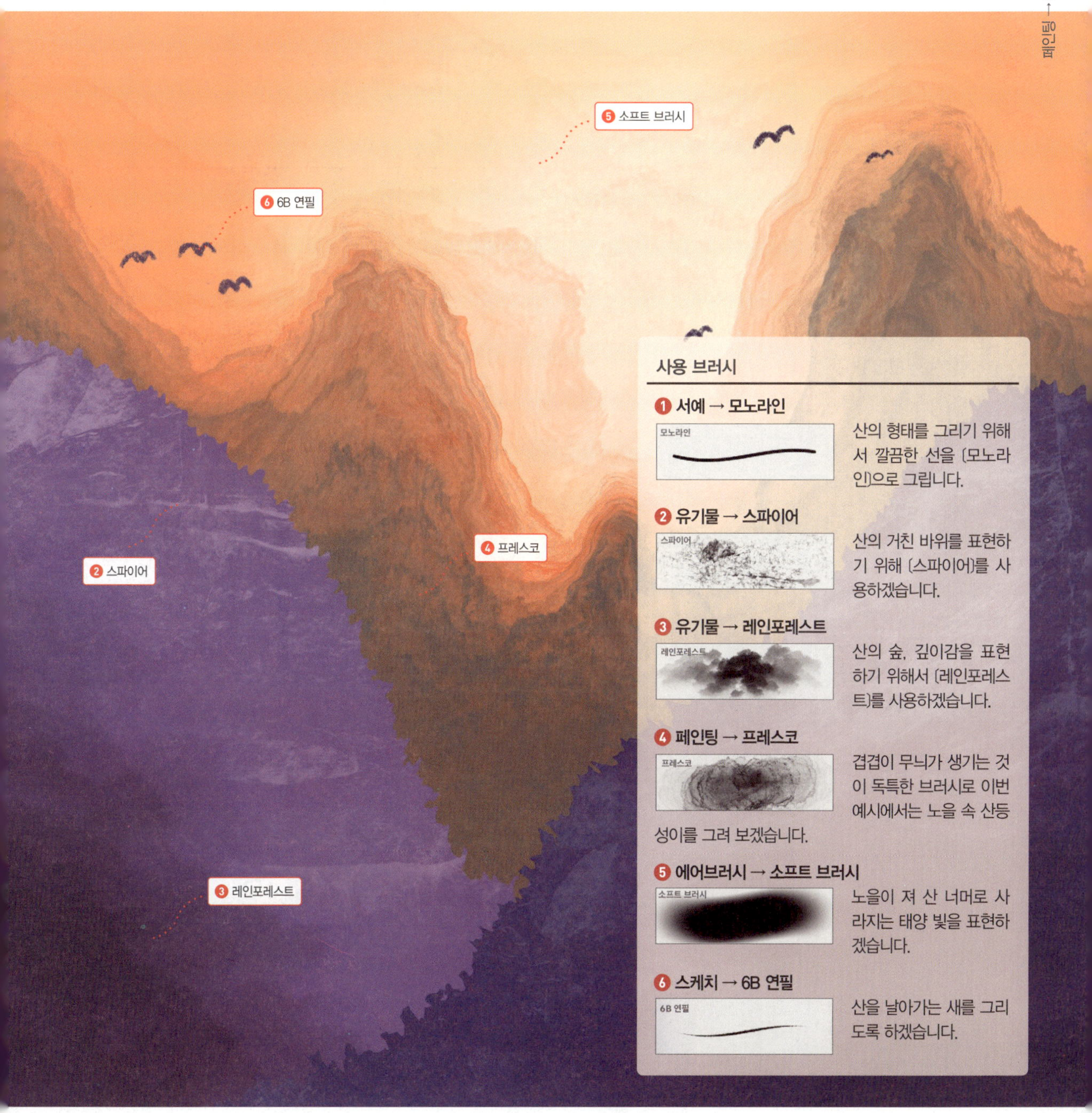

사용 브러시

① 서예 → 모노라인

산의 형태를 그리기 위해서 깔끔한 선을 〔모노라인〕으로 그립니다.

② 유기물 → 스파이어

산의 거친 바위를 표현하기 위해 〔스파이어〕를 사용하겠습니다.

③ 유기물 → 레인포레스트

산의 숲, 깊이감을 표현하기 위해서 〔레인포레스트〕를 사용하겠습니다.

④ 페인팅 → 프레스코

겹겹이 무늬가 생기는 것이 독특한 브러시로 이번 예시에서는 노을 속 산등성이를 그려 보겠습니다.

⑤ 에어브러시 → 소프트 브러시

노을이 져 산 너머로 사라지는 태양 빛을 표현하겠습니다.

⑥ 스케치 → 6B 연필

산을 날아가는 새를 그리도록 하겠습니다.

산 그리기

01 (색상(●))을 '주황색'으로 지정하고 캔버스에 드래그합니다.

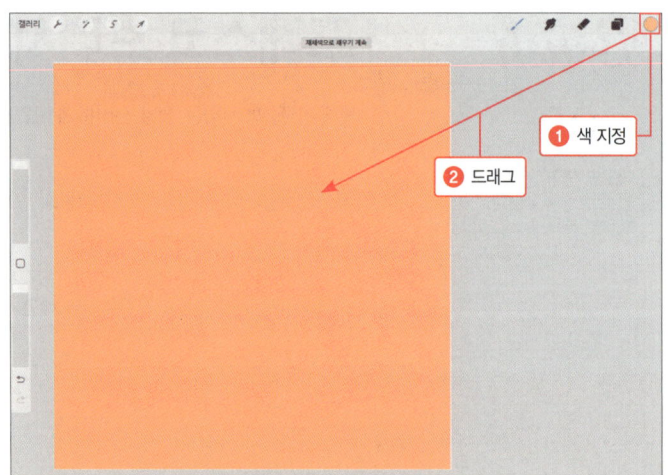

사용 브러시   서예 → 모노라인

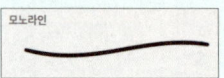

형태를 잡고 채색하기 위해서 (모노라인)을 선택합니다.

02 (브러시(✎) → 서예 → 모노라인)을 선택하고 (레이어(◼))에서 (+) 버튼을 탭 하여 '레이어 2'를 추가합니다.

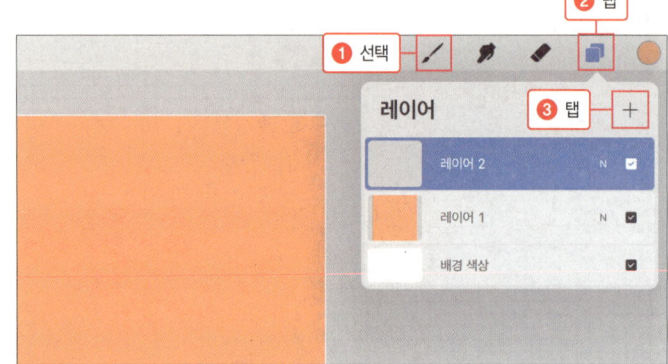

03 (색상(●))을 '보라색'으로 지정하여 산의 형상을 왼쪽에 그립니다.

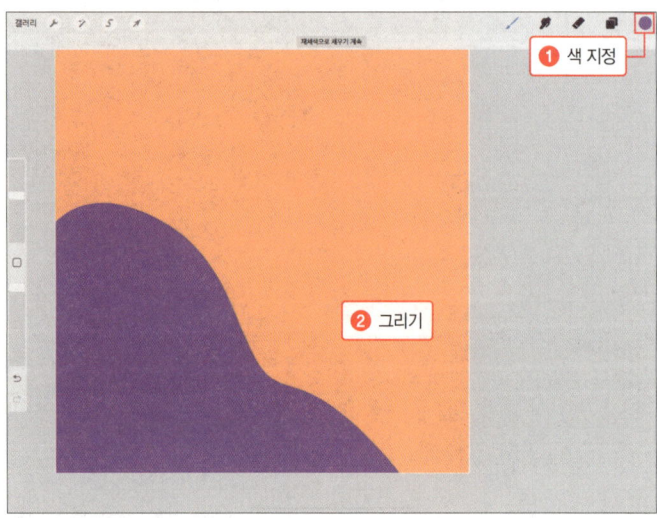

04 〔레이어(▣)〕에서 〔+〕 버튼을 탭하여 '레이어 3'을 추가합니다.

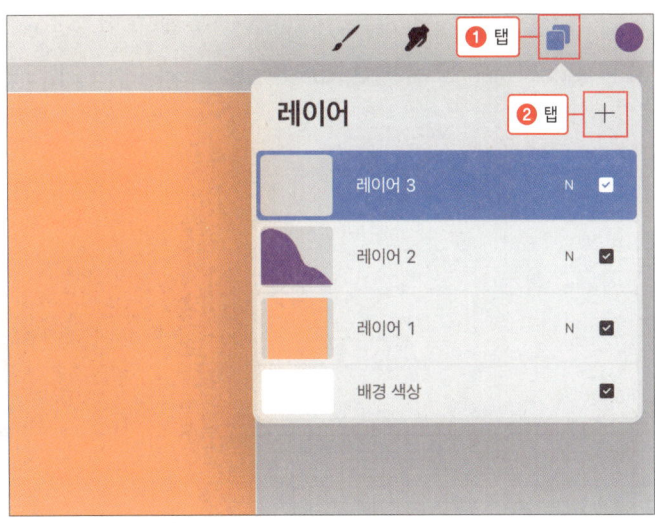

05 〔색상(●)〕을 '남색'으로 지정하여 오른쪽에 산의 형상을 그립니다.

06 보라색 산부터 산의 모양을 내보겠습니다. 〔조정(▼)〕 → 픽셀 유동화〕를 탭합니다.

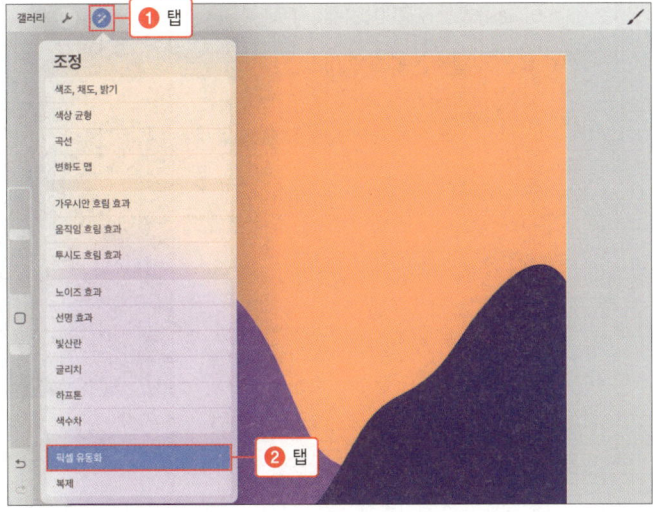

07 〔결정〕을 선택하고 크기를 '50%', 압력을 '최대', 왜곡을 '최대', 탄력을 '없음'으로 조절합니다.

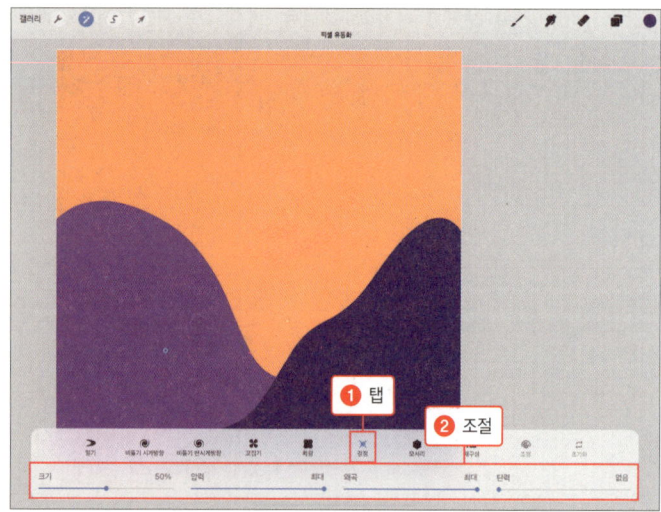

08 산등성이를 따라서 산에 나무나 풀이 있는 것처럼 구불거리게 왜곡합니다.

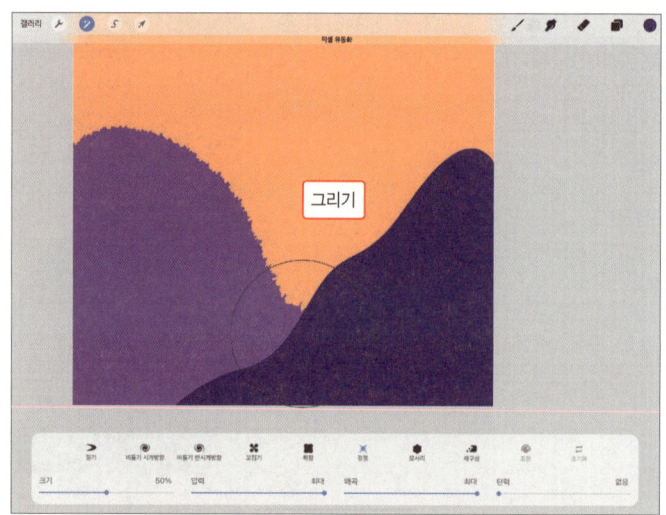

09 〔레이어(■)〕에서 '레이어 3'을 선택하여 08번과 같은 방법으로 왜곡합니다.

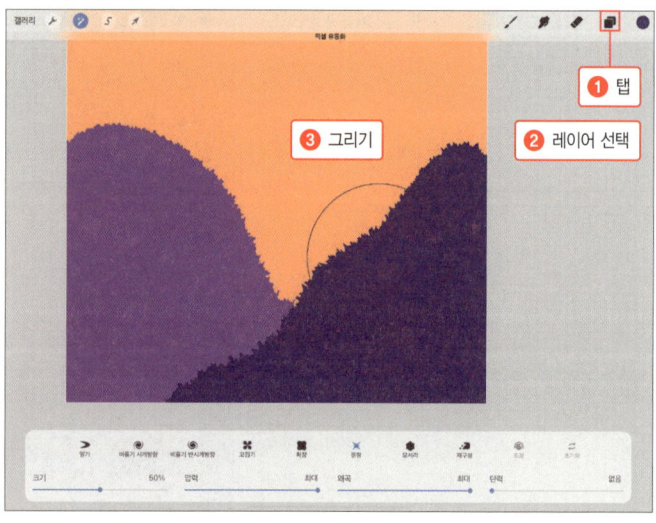

10 산의 질감 표현을 위해 (레이어(■))에서 '레이어 2', '레이어 3'을 탭하여 (알파 채널 잠금)을 선택하고 '레이어 2'를 선택합니다.

산의 질감 표현하기

01 (색상(●))을 바탕색보다 명도가 조금 높은 색으로 지정합니다. (브러시(✎) → 유기물 → 스파이어)를 선택하고 질감을 표현합니다.

TIP 손에 힘을 빼고 문지르듯 스트로크를 해야 자연스러운 변화를 확인할 수 있습니다.

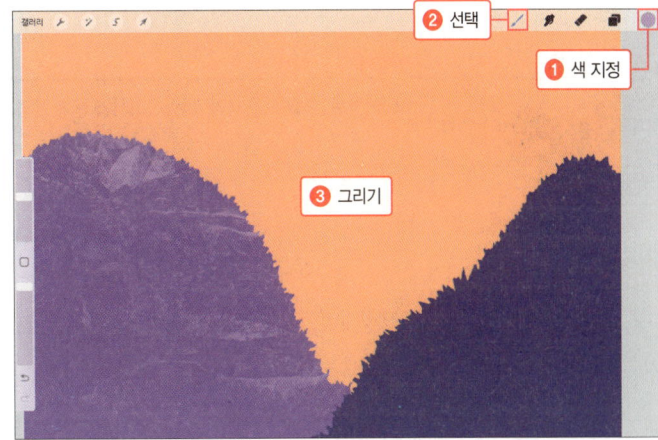

사용 브러시 유기물 → 스파이어

 단단한 바위를 표현하기에 적합한 브러시입니다. 산의 강렬한 느낌을 내기 위해서 선택합니다.

02 (레이어(■))에서 '레이어 3'을 선택하고 01번과 같은 방법으로 질감을 표현합니다.

산의 그림자 묘사하기

01 〔브러시(✎)〕→ 유기물 → 레인포레스트〕를 선택하고 〔색상(●)〕을 명도가 낮은 색으로 지정합니다. 차례로 문질러 그러데이션을 완성합니다.

사용 브러시 유기물 → 레인포레스트

비에 젖은 숲을 표현하기 위한 브러시입니다. 산의 아랫부분에 숲 느낌을 주기 위하여 선택합니다.

02 〔레이어(■)〕에서 '레이어 2'를 선택하여 01번과 같은 방법으로 그러데이션을 완성합니다.

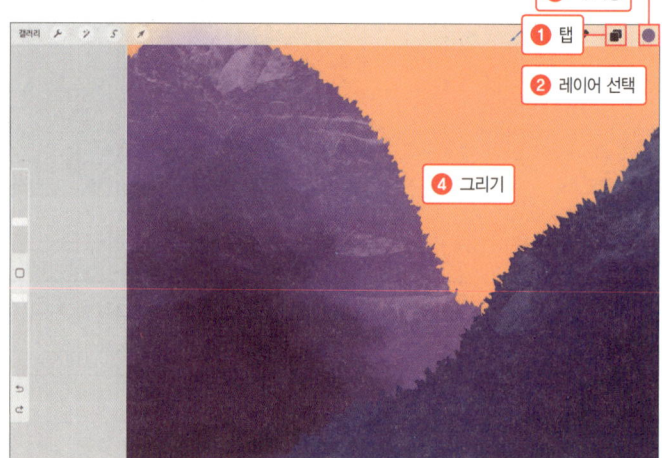

노을진 산 그리기

01 뒷 배경이 되는 산을 표현하기 위해 〔레이어(■)〕에서 〔+〕 버튼을 탭하여 '레이어 4'를 추가하고 '레이어 1'의 위로 이동합니다.

02 | (브러시( ) → 페인팅 → 프레스코)를 선택합니다. (색상( ))을 바탕색보다 명도가 조금 낮은 색으로 지정하여 뒤에 산이 더 있다고 생각하고 문지릅니다. 여러 번에 나눠 뒤로 갈수록 희미해지는 산을 표현합니다.

① 선택
② 색 지정
③ 그리기

④ 그리기

사용 브러시   페인팅 → 프레스코

겹쳐 보이는 효과를 주기에 적합한 브러시로 수채화뿐만 아니라 이렇게 희미한 대상이 겹쳐 보이는 효과를 줄 때도 사용합니다.

03 | 명도는 조금씩 낮추고 채도는 조금씩 높이면서 보다 선명한 산을 안쪽으로 그립니다.

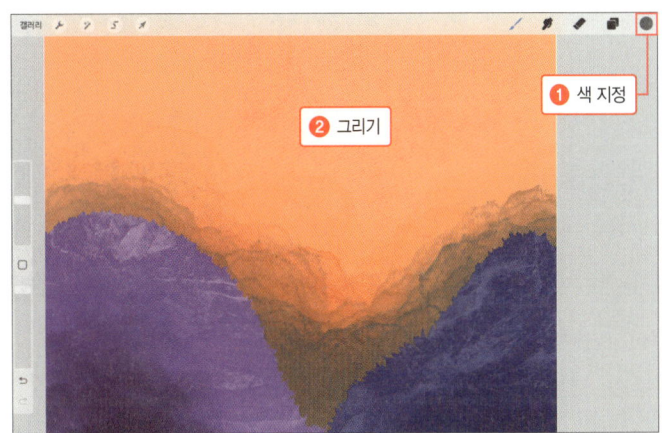
① 색 지정
② 그리기

04 | 산의 형태를 만들기 위해서 (조정( ) → 픽셀 유동화)를 선택합니다.

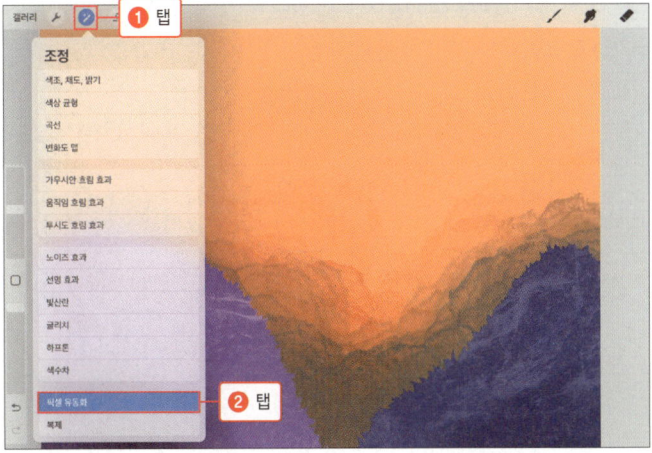
① 탭
② 탭

05 (밀기)를 선택한 다음 크기를 '50%', 압력을 '최대', 왜곡을 '최대', 탄력을 '없음'으로 조절합니다.

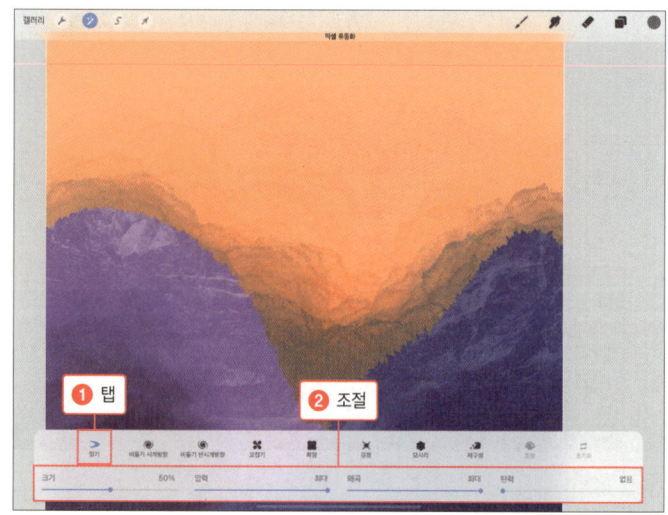

06 산의 모양대로 밀기를 반복하여 산의 형상을 만듭니다.

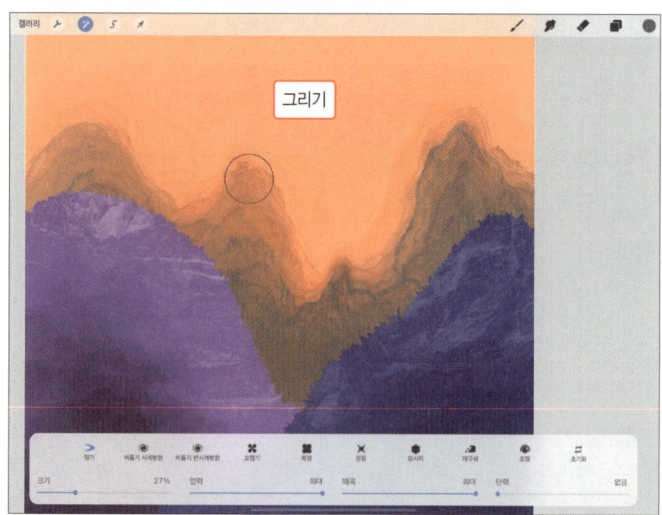

TIP 산봉우리는 위쪽으로 밀고, 골짜기는 아래쪽으로 밀어 산의 형상을 만듭니다.

07 지는 해를 표현하기 위해서 (레이어(■))에서 (+) 버튼을 탭하여 '레이어 5'를 추가하고 '레이어 1'의 위로 이동합니다.

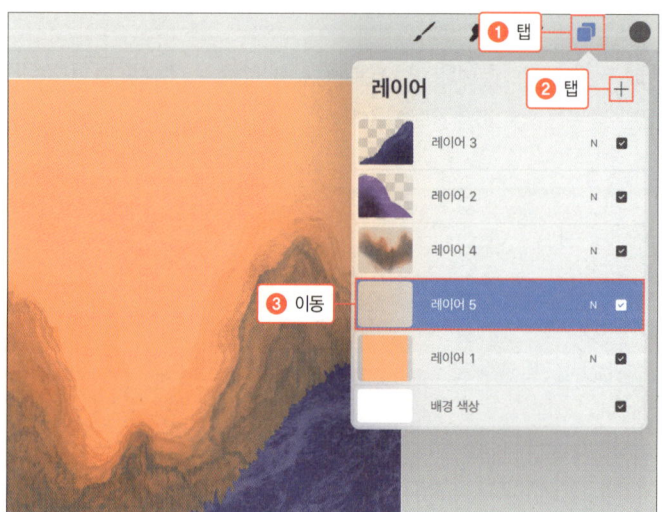

노을 그리기

01 〔브러시(✏️)〕→ 에어브러시 → 소프트 브러시〕를 선택하고 〔색상(●)〕을 '밝은 노란색'으로 지정하여 둥글게 문지릅니다. 안쪽에서 바깥쪽으로 갈수록 손에 힘을 풀고 문지르면 그러데이션이 생깁니다. 〔색상(●)〕을 좀 더 밝은색으로 지정하여 안쪽을 한 번 더 문지릅니다.

사용 브러시   에어브러시 → 소프트 브러시

 점진적인 색의 변화를 표현하기에 가장 적합한 브러시 중 하나입니다. 빛을 표현하기 위해서 선택합니다.

노을진 산 배경에 새 묘사하기

01 〔레이어(🔲)〕에서 〔+〕 버튼을 탭하여 '레이어 6'을 추가하고 '레이어 3'의 위로 이동합니다. 〔브러시(✏️)〕 → 스케치 → 6B 연필〕을 선택하고 그림과 같이 '눕힌 3'자로 새를 그려 그림을 완성합니다.

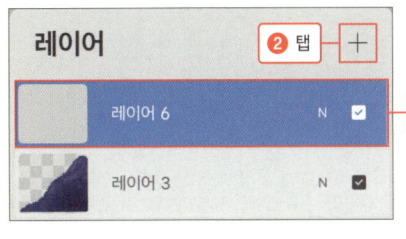

사용 브러시   스케치 → 6B 연필

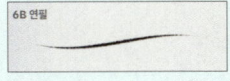 스케치뿐만 아니라 그림자를 채색하거나 무늬를 낼 때, 간단하게 조그만 대상을 그릴 때 두루두루 유용합니다. 새를 그리기 위해서 선택합니다.

Brush 10
물 브러시

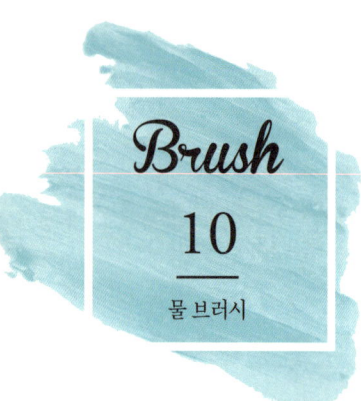

물 브러시로 물결과 물고기 그리기

프로크리에이트에서는 물결을 표현하는 브러시를 제공하고 있습니다. 물 브러시를 이용해서 물결을 그리고 물고기에 그러데이션을 넣으면 초보자라도 그럴듯한 그림을 완성할 수 있습니다. 즐거운 물고기 그리기를 시작해 보겠습니다.

- 완성 파일 : 03\물 물결과 물고기_완성.procreate, 물 물결과 물고기_완성.jpg

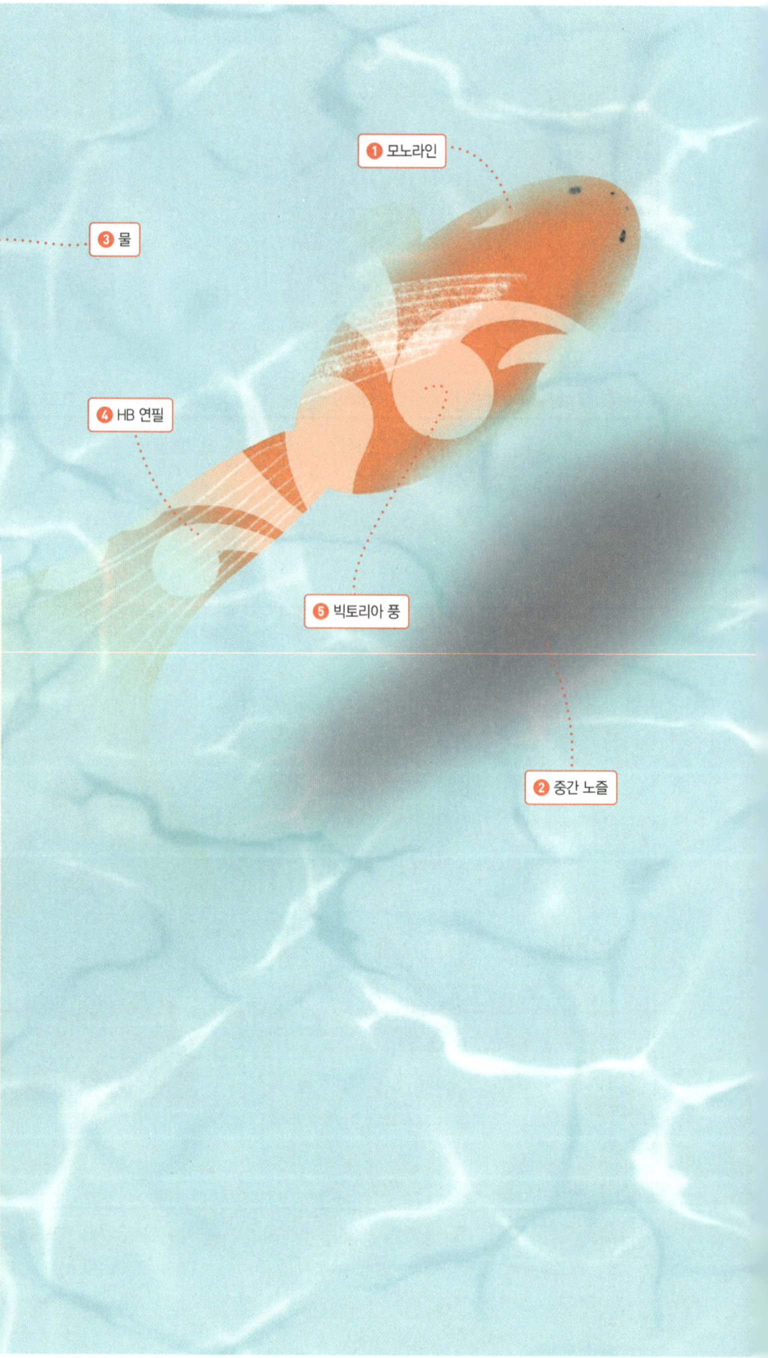

사용 브러시

❶ 서예 → 모노라인

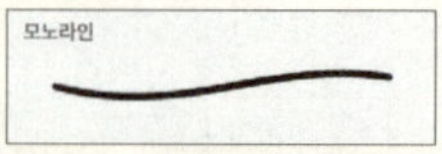

물고기 형태를 그리기 위해 [모노라인]을 활용합니다.

❷ 스프레이 → 중간 노즐

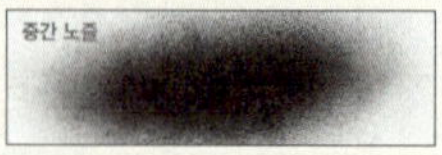

물 속에 있는 물고기가 물에 가려져 서서히 흐려진 모습을 표현합니다.

❸ 요소 → 물

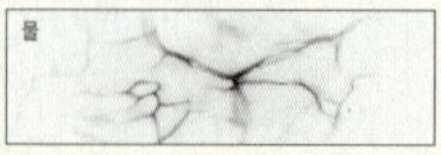

수영장 혹은 연못처럼 물을 확대해서 볼 때 생기는 물결을 표현하는 브러시입니다.

❹ 스케치 → HB 연필

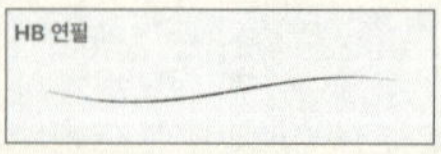

지느러미를 표현하기 위해서 [HB 연필]을 활용하겠습니다.

❺ 텍스처 → 빅토리아풍

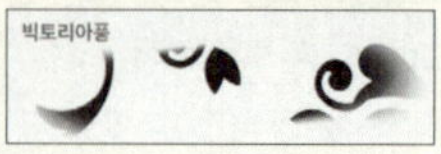

물고기의 무늬를 쉽게 표현하기 위해 [빅토리아풍]을 활용하겠습니다.

물고기 그리기

01 (브러시(✏️) → 서예 → 모노라인)을 선택합니다. 투명한 물을 표현하기 위해 (색상(●))을 '밝은 하늘색'으로 지정하여 캔버스로 드래그합니다.

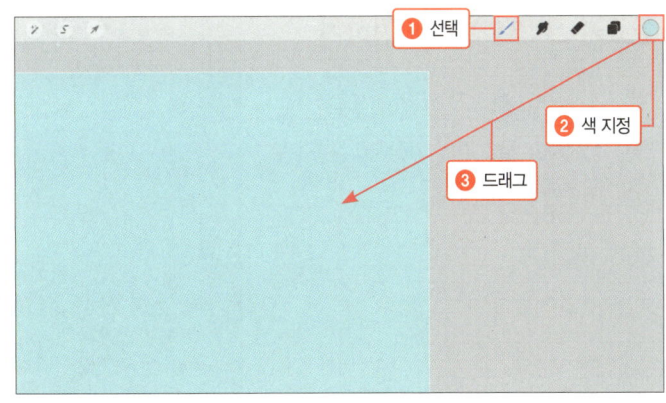

사용 브러시 서예 → 모노라인

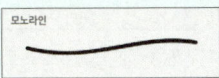

형태는 모노라인으로 잡는 것이 쉽습니다. 깔끔한 그림을 그리고 싶을 땐 모노라인 만한 브러시가 없습니다. 여러분도 이 브러시를 사랑하게 될 것이라고 생각합니다.

02 (레이어(⬜))에서 (+) 버튼을 탭하여 '레이어 2'를 추가합니다.

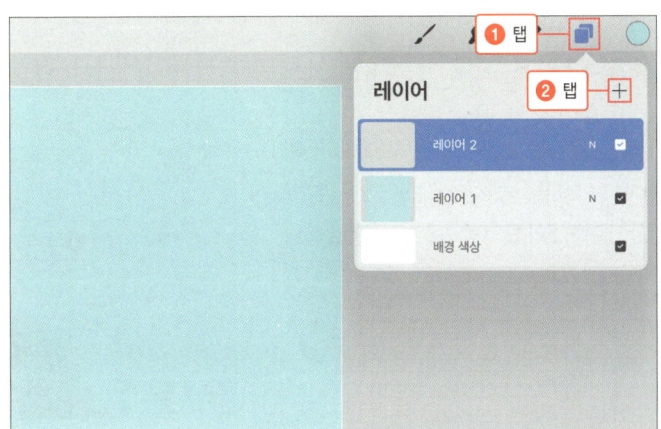

03 (색상(●))을 '주황색'으로 지정하여 물고기 형태를 그립니다.

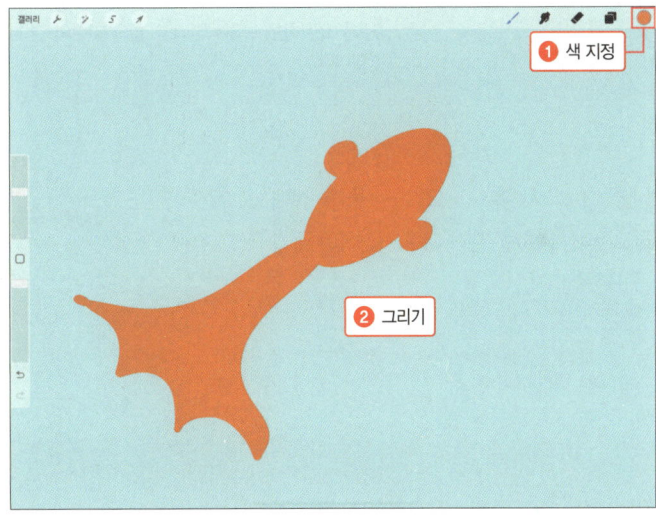

물고기 그러데이션 표현하기

01 (지우개(◢) → 스프레이 → 중간 노즐)을 선택하고 물고기의 가장자리를 지워 그러데이션을 표현합니다.

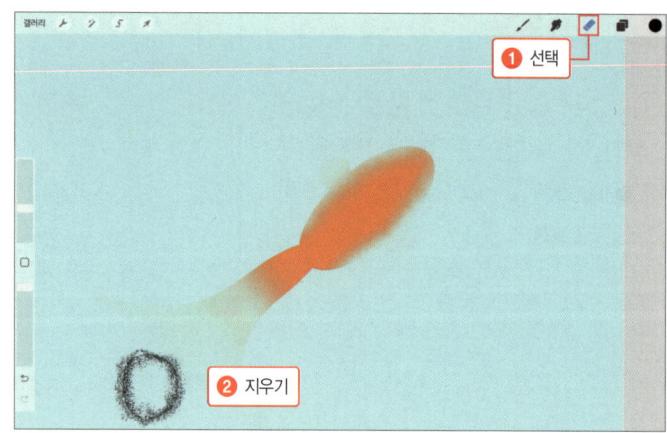

사용 브러시 스프레이 → 중간 노즐

질감이 있는 그러데이션을 줄 때 유용하게 쓰는 브러시입니다. 이번에는 (지우개(◢))를 (중간 노즐)로 선택합니다.

물결 그리기

01 물결을 표현하기 위해 (레이어(◼))에서 (+) 버튼을 탭하여 '레이어 3'을 추가하고 '레이어 1'의 클리핑 마스크로 만듭니다.

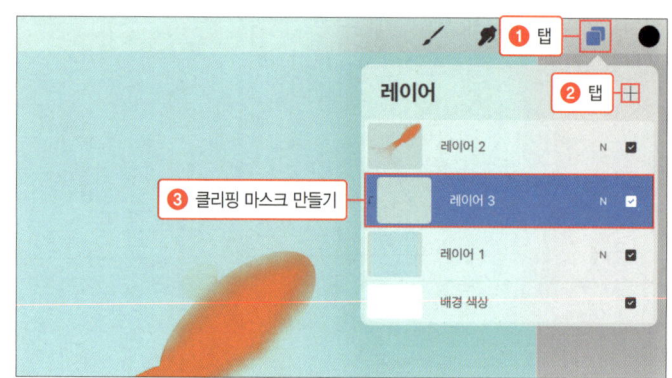

사용 브러시 요소 → 물

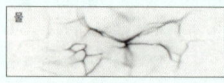
물결을 표현하는 브러시입니다. 물의 넓이와 깊이에 따라서 브러시의 크기와 색을 잘 조절해서 사용해야 합니다.

02 (브러시(◢) → 요소 → 물)을 선택하고 (색상(●))을 '흰색'으로 지정하여 물결을 표현합니다.

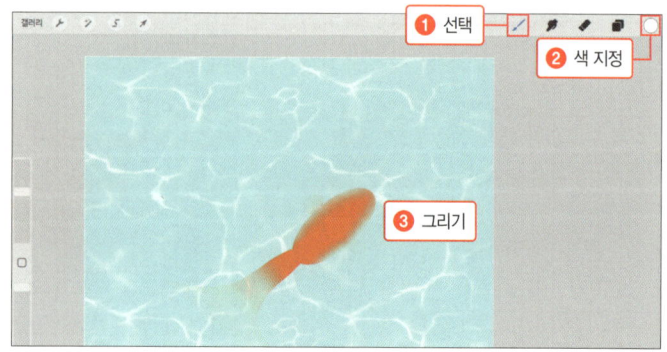

TIP 너무 크기가 작으면 잘 표현되지 않습니다.

03 〔레이어(■)〕에서 〔+〕 버튼을 탭하여 '레이어 4'를 추가하고 '레이어 1'의 클리핑 마스크로 만듭니다.

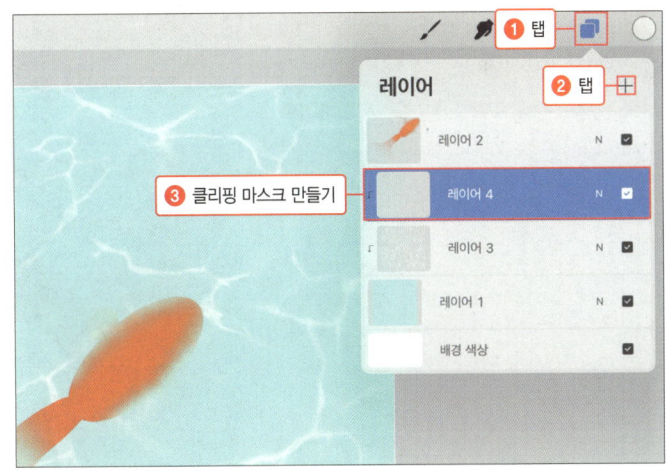

04 〔색상(●)〕을 '밝고 진한 하늘색'으로 지정하여 물결 무늬를 한 번 더 표현합니다.

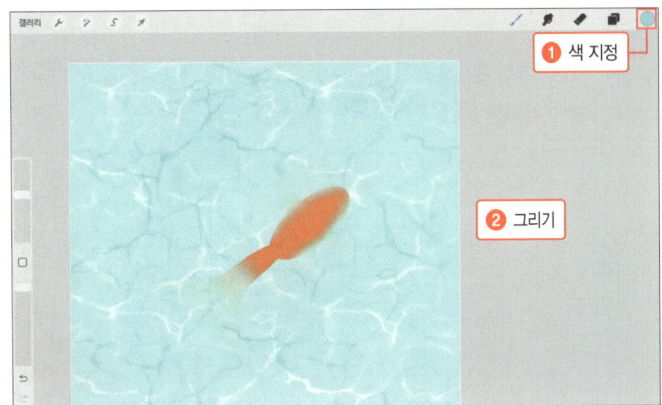

TIP 인접 색을 더 풍부하게 사용하면 더 자연스러운 물결을 그릴 수 있습니다.

물고기 묘사하기

01 물고기의 눈과 지느러미를 그리겠습니다. 〔레이어(■)〕에서 〔+〕 버튼을 탭하여 '레이어 5'를 추가하고 '레이어 2'의 클리핑 마스크로 만듭니다.

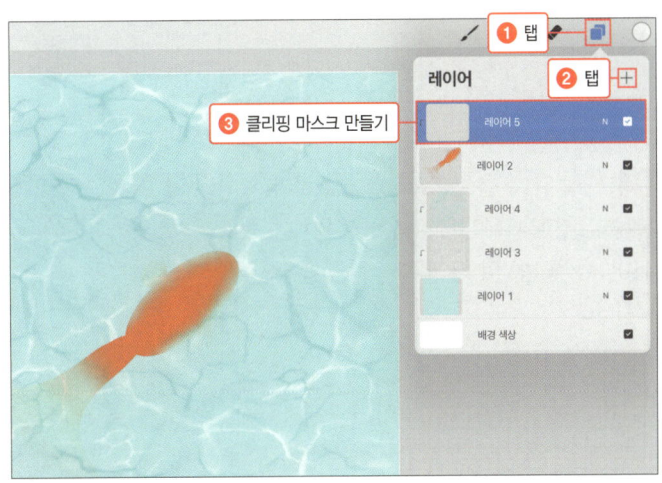

사용 브러시   스케치 → HB 연필

〔HB 연필〕을 활용하여 눈과 지느러미를 간단하게 그려 보겠습니다.

02 (브러시(✏️) → 스케치 → HB 연필)을 선택하고 (색상(⬤))을 '검은색'으로 지정하여 눈을, '흰색'으로 지정하여 지느러미를 표현합니다.

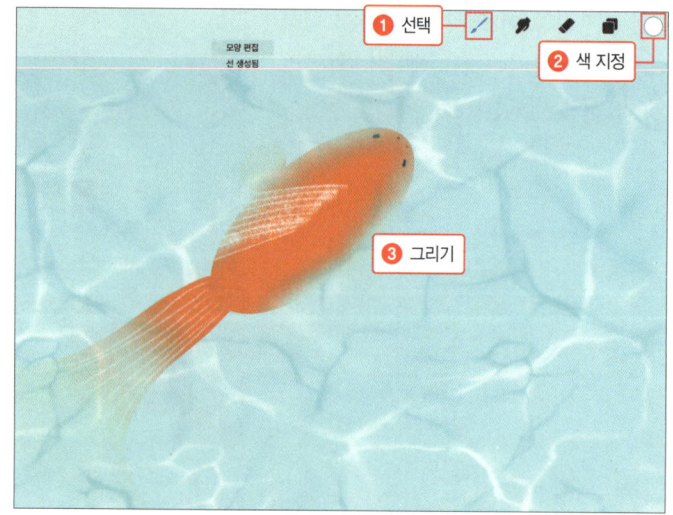

03 그림자 표현을 해 보겠습니다. (레이어(◼))에서 '레이어 2'와 '레이어 5'를 두 손가락으로 꼬집어 합칩니다.

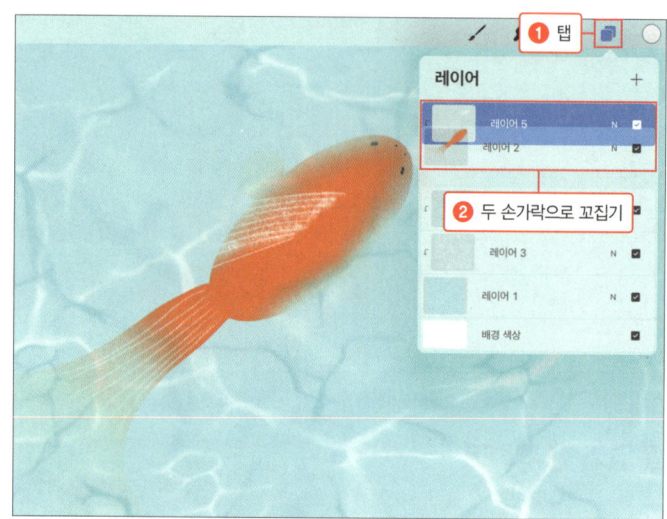

04 '레이어 2'를 왼쪽으로 드래그하여 복제하고 2개의 '레이어 2' 중 아래 위치한 '레이어 2'를 탭하여 (알파 채널 잠금)을 선택합니다.

05 (브러시(✏️) → 스프레이 → 중간 노즐)을 선택합니다. (색상(●))을 '회색'으로 지정하여 채색한 다음 (변형(↗️) → 균등)을 선택해 왼쪽 아래로 그림자를 움직입니다.

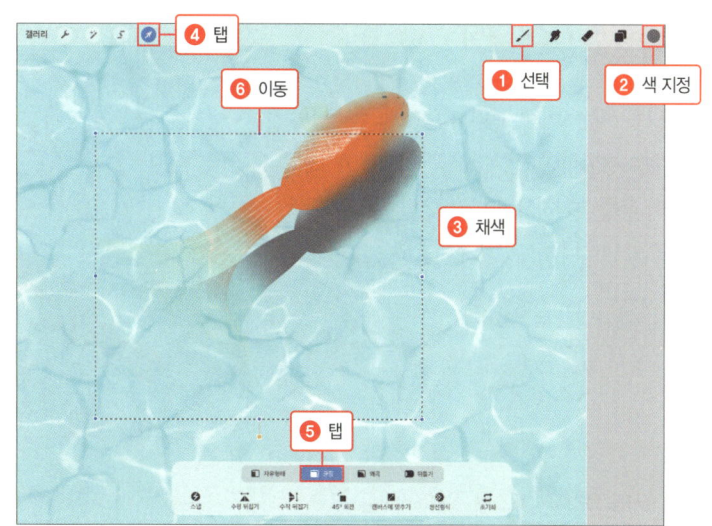

06 가우시안 흐림 효과를 주기 위해 (레이어(▩))에서 그림자 레이어인 '레이어 2'의 (알파 채널 잠금)을 비활성화합니다.

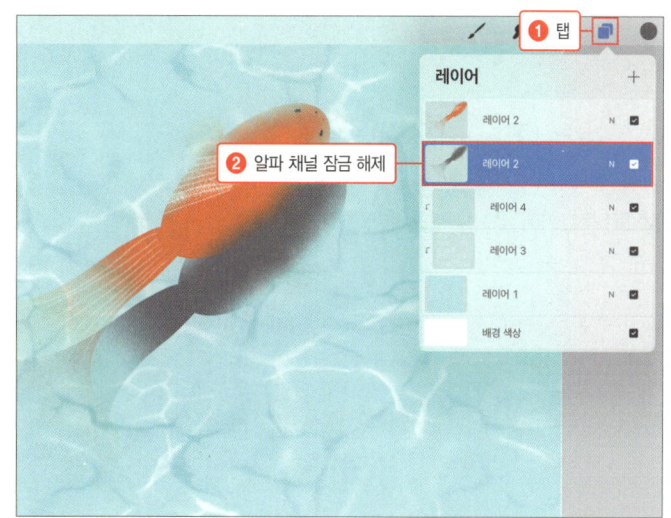

07 그림자 위치를 최종적으로 재배치합니다. (조정(🪄) → 가우시안 흐림 효과)를 탭하고 드래그하여 '3%'로 조절합니다. 그림자가 희미해 지면서 퍼지는 것을 확인할 수 있습니다.

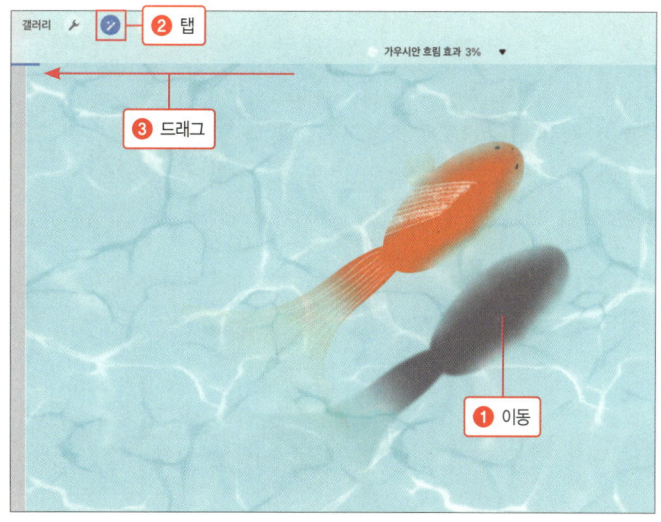

물고기 무늬 넣기

01 물고기에 무늬를 넣어 보겠습니다. (레이어(■))에서 (+) 버튼을 탭하여 '레이어 6'을 추가하고 '레이어 2'의 클리핑 마스크로 만듭니다.

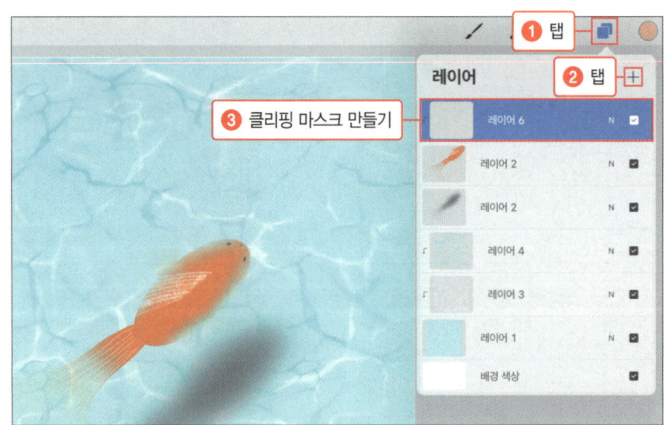

사용 브러시   텍스처 → 빅토리아풍

 물고기 무늬와 어울린다고 생각하여 선택했습니다. 시기적절한 무늬 선택은 그림을 좀 더 맛깔나게 그리는 것을 돕습니다.

02 (브러시(✏)) → 텍스처 → 빅토리아풍)을 선택하고 (색상(●))을 '흰색'으로 지정하여 물고기에 무늬를 넣습니다.

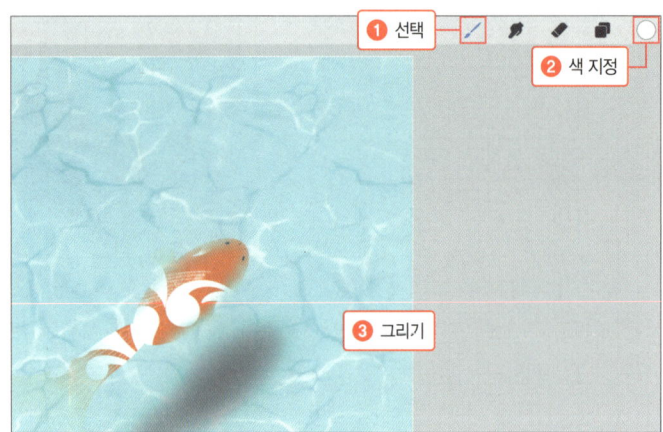

03 무늬가 너무 짙으면 자연스럽지 못하므로 (레이어(■))에서 '레이어 6'의 (N)을 탭하여 불투명도를 '60%'로 조절합니다. 맑은 물에 떠 있는 조그마한 물고기 그림을 완성했습니다.

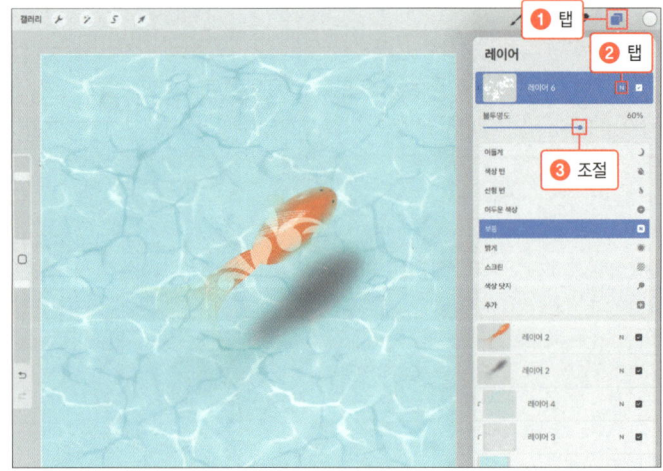

레인포레스트 브러시로 비가 온 깊은 숲 그리기

아마존과 같이 깊은 숲은 우리에게 호기심과 두려움을 동시에 안겨 줍니다. 이번에 몇 가지 브러시만으로 빠른 시간 안에 어두운 밤에 깊은 숲속에 있는 듯한 그림을 그려 보도록 하겠습니다.

● 완성 파일 : 03\레인포레스트 숲_완성.procreate, 레인포레스트 숲_완성.jpg

③ 페이퍼 데이지

① 소프트 브러시

④ 녹물

② 레인포레스트

사용 브러시

① 에어브러시 → 소프트 브러시

전체 배경의 그러데이션을 자연스럽게 표현하기 위해 사용합니다.

② 유기물 → 레인포레스트

비가 온 숲, 우거진 숲을 표현하는 효과적인 브러시입니다. 다른 여러 그림 스타일에도 활용할 수 있는 좋은 브러시지만 이번 예시에서는 원래의 목적대로 활용해 보겠습니다.

③ 유기물 → 페이퍼 데이지

크기를 달리하여 점을 찍듯 스트로크를 하면 잎이 우거진 모습을 표현할 수 있습니다.

④ 산업 → 녹물

습기가 가득한 숲의 공기를 표현하기 위해서 어울리지 않을 것 같은 (녹물)을 활용해 보도록 하겠습니다.

숲 그러데이션 표현하기

01 (브러시(✏️) → 에어브러시 → 소프트 브러시)를 선택하고 브러시 크기를 캔버스와 비슷한 크기로 조절합니다.

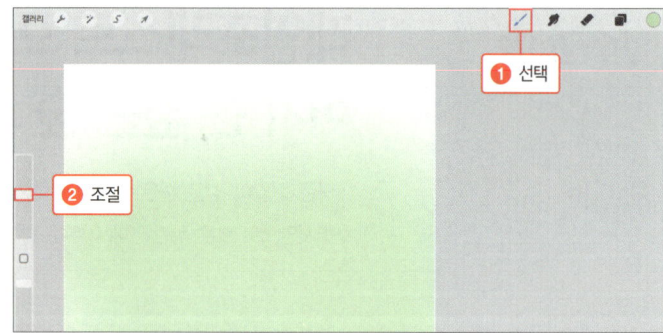

사용 브러시   에어브러시 → 소프트 브러시

 배경의 그러데이션을 주기 위해서 (소프트 브러시)를 사용하겠습니다. 질감이 따로 필요치 않은 경우, 면의 점진적인 색 변화를 표현하는데 가장 적합한 브러시입니다.

02 (색상(⬤))을 '옅은 초록색'으로 지정하고 명도를 점차 낮춰 그러데이션을 완성합니다.

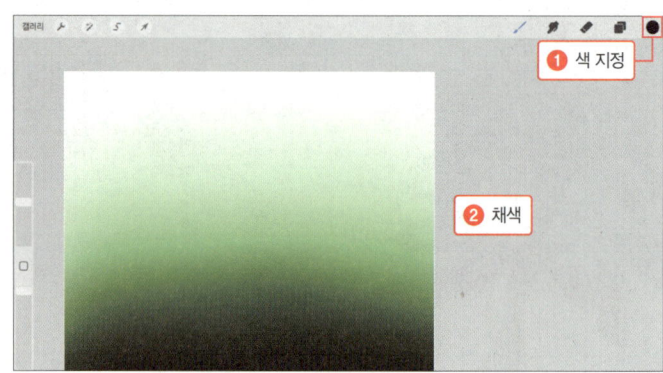

숲 그러데이션 묘사하기

01 (브러시(✏️) → 유기물 → 레인포레스트)를 선택하고 위와 같은 방법으로 밝은 색으로 시작하여 명도를 점차 낮춰 반복하여 브러시를 문지릅니다.

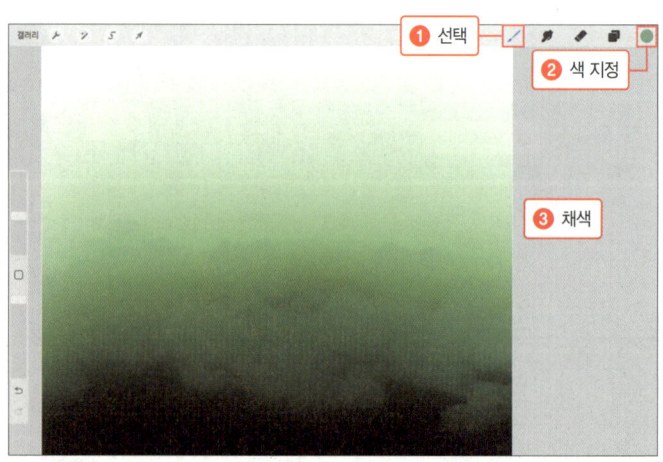

사용 브러시   유기물 → 레인포레스트

 브러시의 이름처럼 숲을 표현하기에 좋습니다. 안개 낀 산을 표현하는데 더할 나위 없습니다.

02 | 같은 방법으로 (색상(●))을 '검은색'으로 지정하여 그릴 때 조금은 이전 영역을 침범하면 입체감이 살아납니다.

03 | 어두운 느낌을 내기 위해 (레이어(▣))에서 '배경 색상'을 탭하고 '짙은 녹색'으로 지정하면 캔버스 상단에도 그러데이션을 만들 수 있습니다.

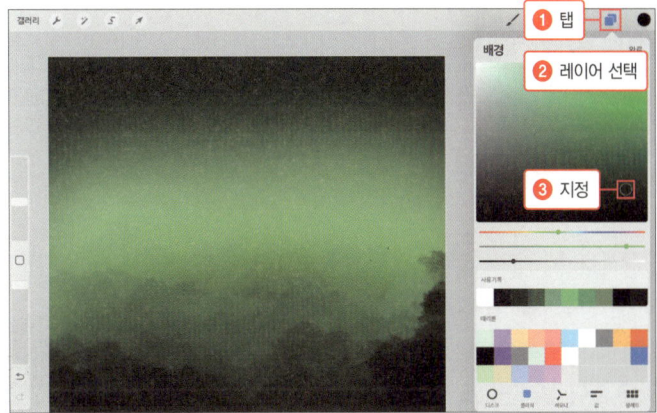

숲의 나뭇잎 그리기

01 | (브러시(✎) → 유기물 → 페이퍼 데이지)를 선택하고 (색상(●))을 '검은색'으로 지정하여 상단과 하단에 잎을 그립니다. 풀숲 사이로 산을 바라보는 느낌으로 캔버스를 채웁니다.

TIP 브러시 크기를 여러 번 조절하여 표현합니다.

사용 브러시　유기물 → 페이퍼 데이지

숲의 잎을 표현하기에 좋습니다. 이번 그림에서는 가까이에 있는 잎의 실루엣을 표현하는데 활용합니다.

숲의 질감 표현하기

01 | 질감 표현을 더하기 위해 (레이어(📄))에서 (+) 버튼을 탭하여 '레이어 4'를 추가하고 '레이어 1'의 위로 이동합니다.

사용 브러시   산업 → 녹물

(산업)에서 활용하는 것이 의아할 수 있지만 그림의 느낌을 위해서 모험적인 브러시 실험도 필요합니다. 여러 브러시를 써보았을 때 신비한 하늘을 표현하기에 적합하다고 판단하여 선택했습니다.

02 | (브러시(✏️) → 산업 → 녹물)을 선택하고 (색상(⬤))을 '흰색'으로 지정하여 잎과 산 사이의 하늘에 스트로크합니다. 너무 힘을 주면 부자연스러워지므로 손에 힘을 빼고 문질러 완성합니다.

눈보라 브러시

눈보라 브러시로
눈 오는 일러스트 그리기

눈이 펑펑 내리는 풍경을 그리기 위해서는 눈을 하나하나 그려 넣는 방법이 있습니다. 몇 개의 점들로 표현하는 것도 방법이지만 프로크리에이트에서 제공하는 눈보라 브러시를 활용하면 자연스러우면서도 많은 양의 눈을 쉽게 표현할 수 있습니다.

● 완성 파일 : 03\눈보라 눈 오는 날_완성.procreate, 눈보라 눈 오는 날_완성.jpg

❷ 눈보라

❶ 소프트 파스텔

사용 브러시

❶ 스케치 → 소프트 파스텔

아기자기한 일러스트에 어울리는 브러시입니다. 겨울의 포근한 느낌을 표현하기 위해 사용합니다.

❷ 요소 → 눈보라

눈이 오는 풍경의 눈을 표현할 수 있는 브러시입니다. 이번 예시에서는 브러시의 크기를 다양하게 바꿔가며 가까이 있는 눈과 멀리 있는 눈을 같이 표현하겠습니다.

눈 오는 날 그리기

01 | [색상(●)]을 '하늘색'으로 지정하여 캔버스에 드래그하여 채색합니다.

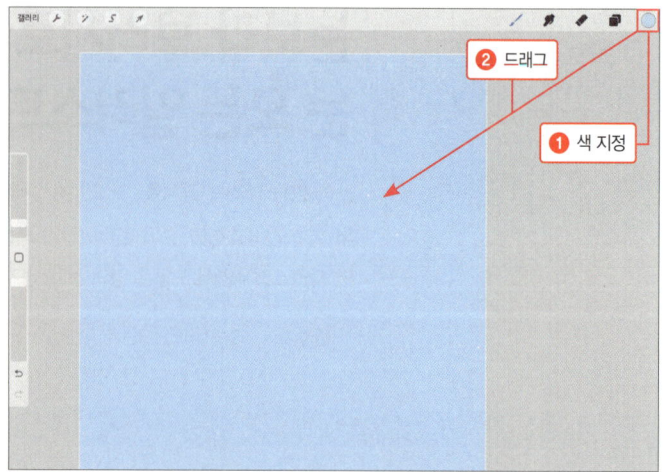

02 | [레이어(■)]에서 [+] 버튼을 탭하여 '레이어 2'를 추가합니다.

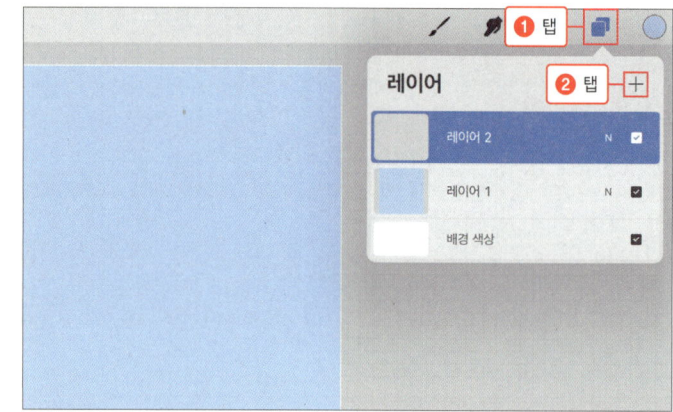

03 | [브러시(✎)] → 스케치 → 소프트 파스텔]을 선택하고 [색상(●)]을 '흰색'으로 지정하여 눈 내린 땅 부분을 그립니다.

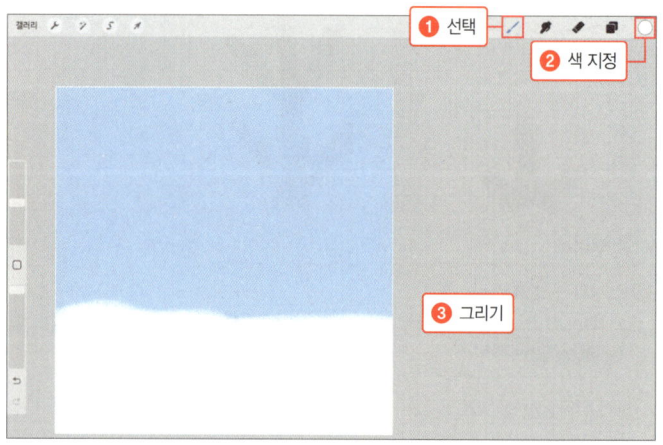

사용 브러시 스케치 → 소프트 파스텔

색연필 느낌의 귀여운 브러시입니다.

04 〔레이어(□)〕에서 〔+〕 버튼을 탭하여 '레이어 3'을 추가합니다.

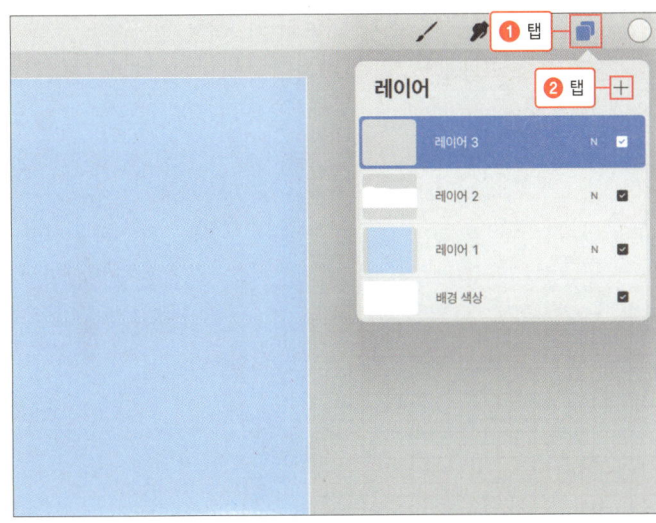

05 〔색상(●)〕을 '옅은 갈색'으로 지정하여 집의 벽을 그립니다.

06 〔색상(●)〕을 '짙은 빨간색'으로 지정하여 지붕과 굴뚝을 그립니다.

07 〔색상(●)〕을 '갈색'으로 지정하여 나무 기둥과 가지를 그립니다.

08 〔색상(●)〕을 '주황색'으로 지정하여 집의 문을, '흰색'으로 지정하여 창문을 그립니다.

09 〔색상(●)〕을 '갈색'으로 지정하여 문과 창문의 모양을 더 구체적으로 그립니다.

10 〔색상(●)〕을 '흰색'으로 지정하고 〔레이어(■)〕에서 '레이어 2'를 선택하여 눈에 덮인 나뭇잎을 그립니다.

11 〔레이어(■)〕에서 〔+〕 버튼을 탭하여 '레이어 4'를 추가하고 맨 위로 이동합니다.

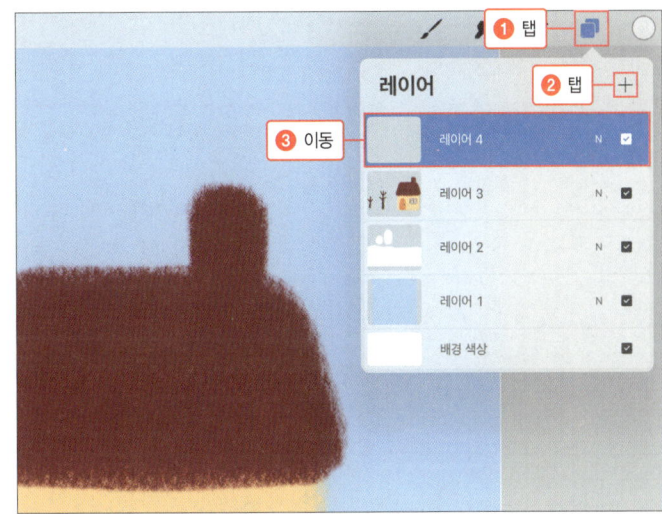

12 〔색상(●)〕을 '흰색'으로 지정하여 지붕과 굴뚝에 쌓인 눈을 그립니다.

눈보라 그리기

01 | (브러시(✏️) → 요소 → 눈보라)를 선택하고 브러시 크기를 중간보다 작게 조절하여 멀리 있는 눈을 표현합니다.

사용 브러시　요소 → 눈보라

수 없이 내리는 눈을 쉽게 표현할 수 있는 브러시입니다.

02 | 브러시 크기를 좀 더 크게 조절하여 눈을 그립니다.

03 | 크기를 더 키워 가까이에 내리는 눈을 그립니다. 크기를 다양하게 바꿔가며 입체감 있는 눈을 표현해 그림을 완성합니다.

Brush 13
글리머 브러시

글리머 브러시로
수많은 별이 있는 우주 그리기

우주에 떠 있는 별은 수없이 많아서 그 빛을 하나하나 그리려면 여간 힘든 일이 아닙니다. 이번 그림에서는 여러 방법 중에서도 프로크리에이트의 기본 브러시를 최대한 활용하여 손쉬우면서도 느낌 있는 우주의 별을 그리는 방법을 소개하겠습니다.

● 완성 파일 : 03\글리머 우주_완성.procreate, 글리머 우주_완성.jpg

사용 브러시

① 스케치 → 6B 연필

우주가 쏟아지는 주전자를 그릴 때 형태를 표현하기 위해서 (6B 연필)을 활용합니다.

② 빛 → 글리머

하늘에 떠 있는 수많은 별을 하나하나 찍는 수고를 덜고 몇 번의 스트로크만으로도 빠르게 별들을 표현할 수 있는 브러시입니다.

③ 성운

성운을 표현하는 브러시로 같은 곳에 스트로크를 진행할수록 더 밝게 빛나는 신기한 브러시입니다.

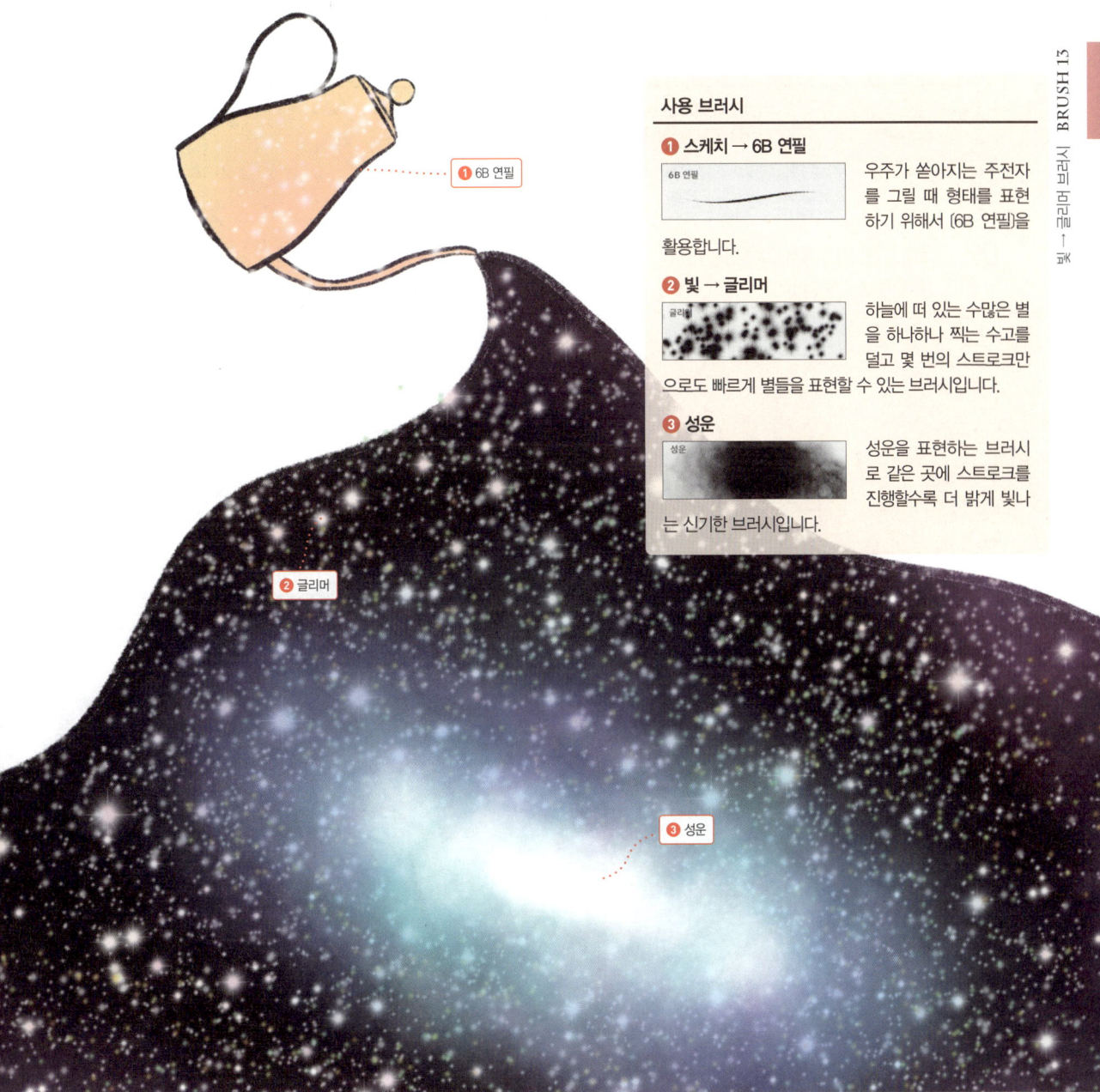

주전자 그리기

01 | 주전자를 대칭 가이드를 이용하여 그리기 위해서 (동작(🔧) → 캔버스 → 그리기 가이드)를 활성화하고 (그리기 가이드 편집)을 선택합니다.

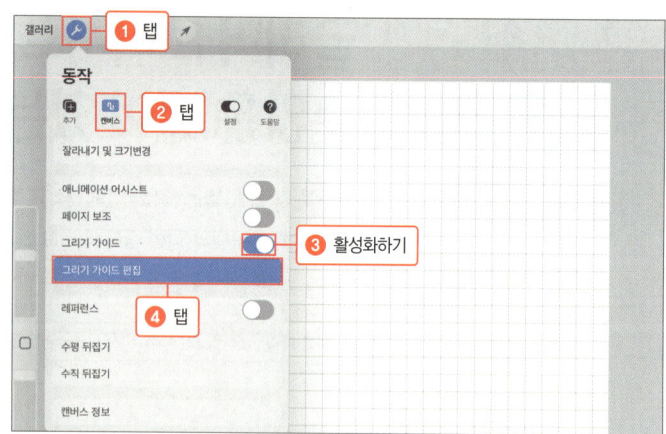

사용 브러시   스케치 → 6B 연필

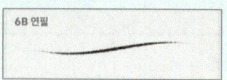

이번 그림에서는 주전자로 우주를 따르는 듯한 컨셉의 그림을 그릴 예정입니다. 주전자를 그리기 위해서 (6B 연필)을 활용하겠습니다.

02 | (그리기 가이드)에서 (대칭)을 선택하고 (완료) 버튼을 탭합니다.

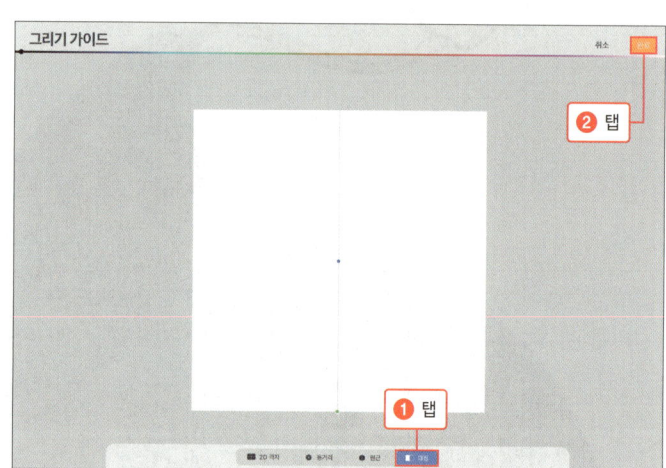

03 | (브러시(✏) → 스케치 → 6B 연필)을 선택하고 대칭선을 바탕으로 주전자 몸통의 반만 그리면 대칭이 완벽한 주전자를 그릴 수 있습니다.

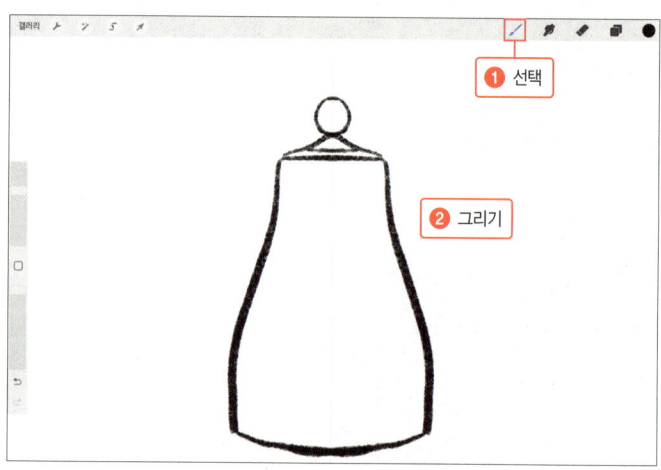

TIP   주전자의 몸통을 먼저 그리고 뚜껑을 다음에 그려야 비율을 잘 맞출 수 있습니다.

04 손잡이와 주전자의 주둥이를 그리기 위해서 (레이어(■))에서 '레이어 1'의 (그리기 도우미)를 해제합니다.

05 주전자의 손잡이와 주둥이를 그립니다.

06 (변형(↗) → 균등)을 선택하여 주전자 크기를 줄이고 캔버스의 오른쪽 위로 이동합니다.

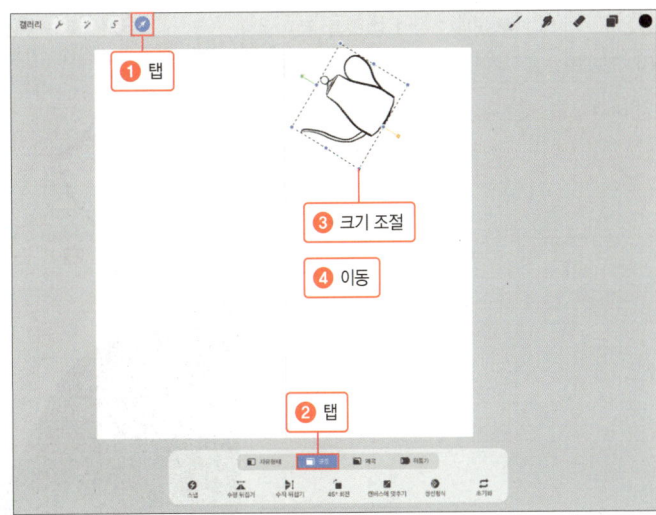

07 쏟아진 우주를 표현하기 위해서 선을 두 개 긋습니다.

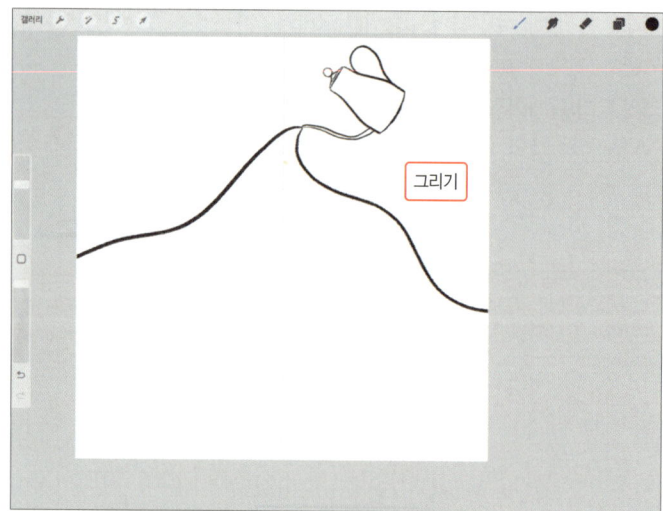

08 (색상(●))을 '검은색'으로 지정하고 그림과 같이 드래그하여 채색합니다.

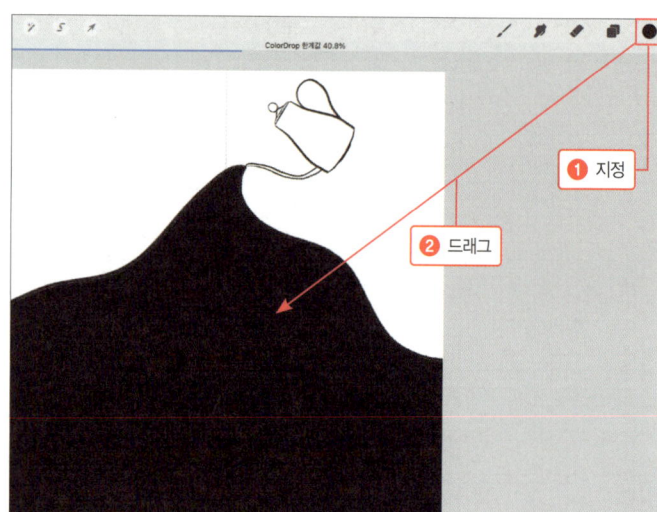

TIP (6B 연필)의 특성상 채색이 덜 되거나 넘칠 수 있으므로 'Color Drop'할 때 'Color Drop 한계값'을 좌우로 드래그하여 조절합니다.

09 (레이어(■))에서 (+) 버튼을 탭하여 '레이어 2'를 추가하고 '레이어 1'의 클리핑 마스크로 만듭니다.

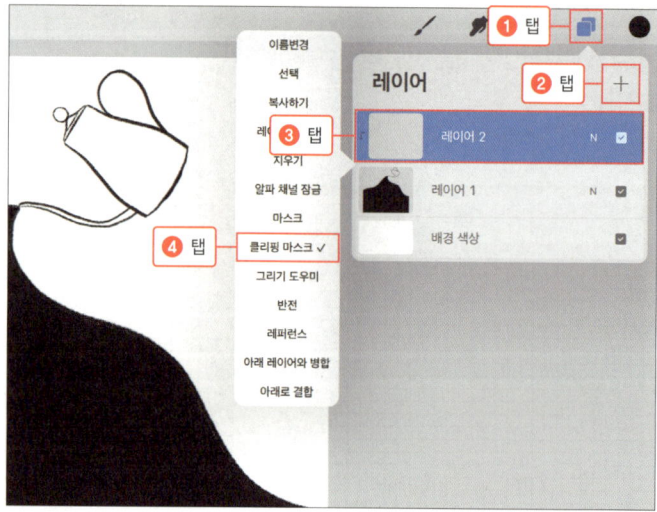

우주의 별 그리기

01 (브러시(/) → 빛)에서 별을 그릴 브러시를 살펴보니 (글리머)가 가장 적합합니다. 문제는 너무 별들이 가까이에 있습니다. 브러시를 조금 수정해 보겠습니다. (글리머)를 왼쪽으로 드래그하고 (복제)를 탭하여 (글리머 1)을 만듭니다.

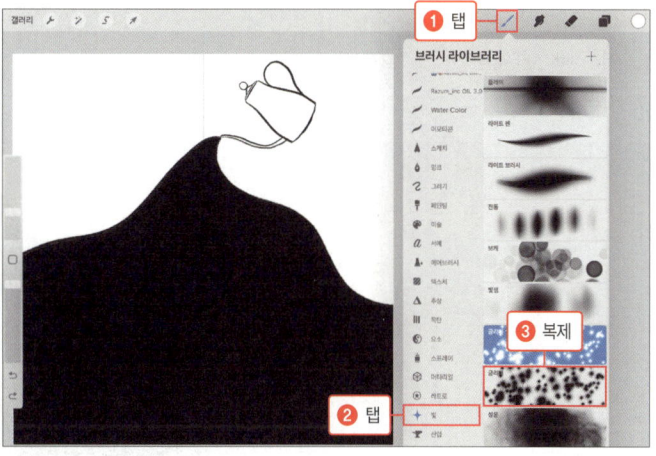

사용 브러시 빛 → 글리머

빛나는 별들이 모여 있는 듯한 브러시입니다. 반짝이는 마법 봉 효과를 표현할 때도 쓰는 브러시입니다.

02 (글리머 1)을 탭하여 브러시 스튜디오로 이동합니다. (획 경로)에서 '획 속성'의 간격을 '최대'로 조절합니다. 빛들이 듬성듬성하게 떨어진 것을 확인하고 (완료) 버튼을 탭합니다.

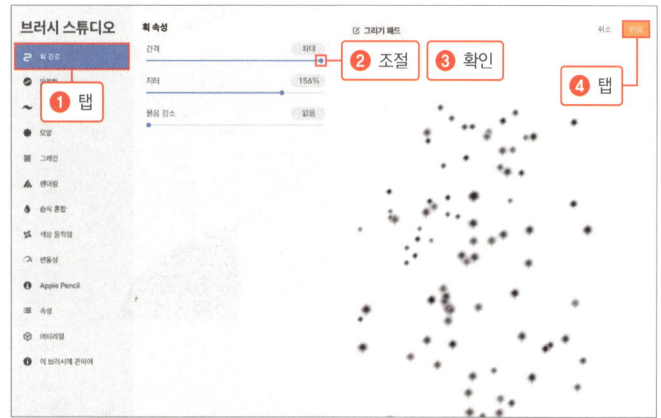

03 (색상(●))을 '흰색'으로 지정합니다. (레이어(■))에서 '레이어 2'를 선택하고 손에 힘을 뺀 상태로 별을 그립니다.

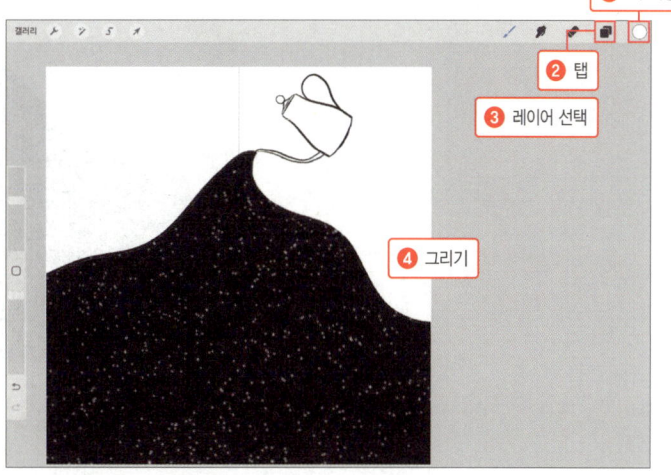

04 이번에는 손에 힘을 주어 점을 찍듯이 여러 번 스트로크합니다. 이렇게 하면 크기가 큰 별을 그릴 수 있습니다.

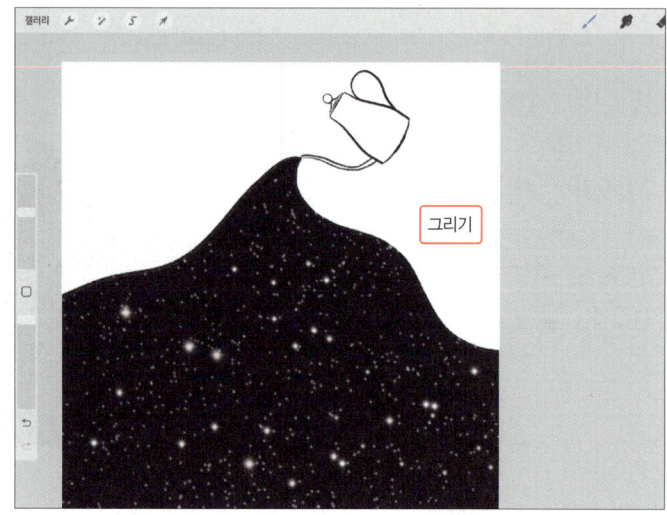

05 별을 더 많이 보이게 하겠습니다. (레이어(■))에서 '레이어 2'를 왼쪽으로 드래그하여 (복제) 버튼을 탭합니다.

06 (변형(↗) → 균등)을 선택하고 (수직 뒤집기), (수평 뒤집기)를 한 번씩 탭하면 별의 개수가 더 많아집니다.

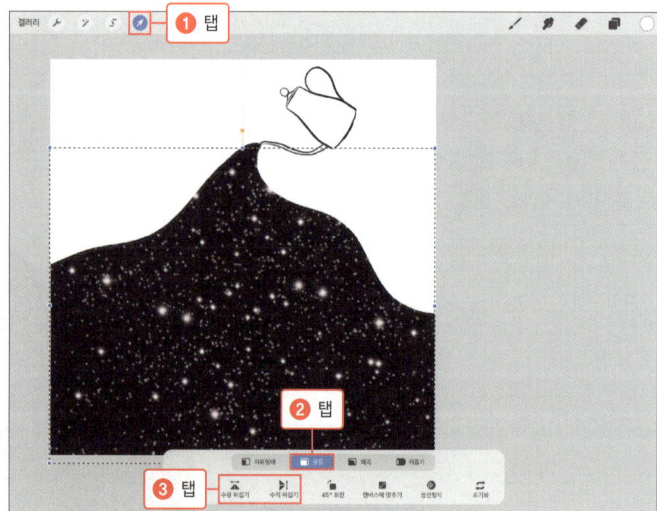

07 | (레이어(■))에서 두 개의 '레이어 2'를 두 손가락으로 꼬집어 합칩니다.

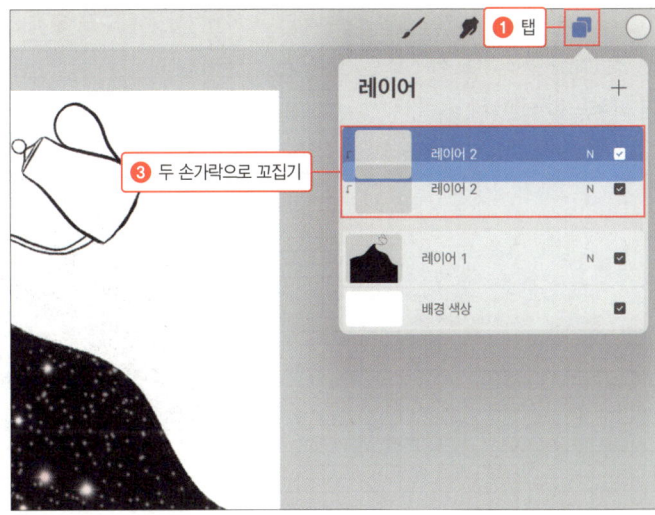

08 | 별을 더 많게 하고 깊이감을 주기 위해서 '레이어 2'를 네 번 복제합니다.

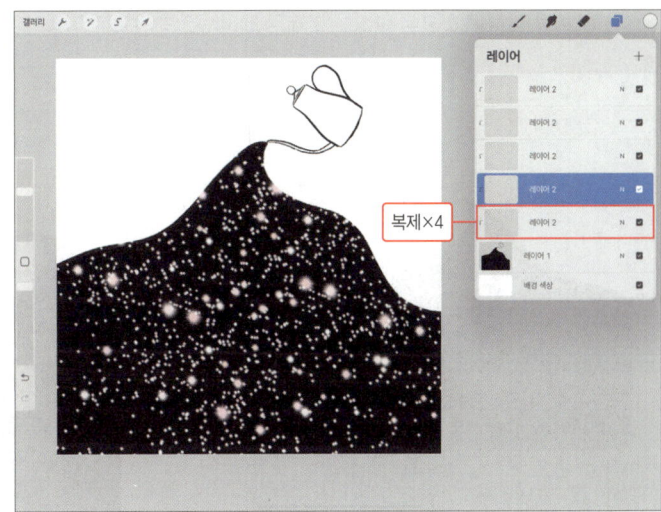

09 | (변형(↗) → 균등)을 선택하고 복제된 '레이어 2'의 크기를 작게 조절하여 왼쪽 아래로 이동합니다.

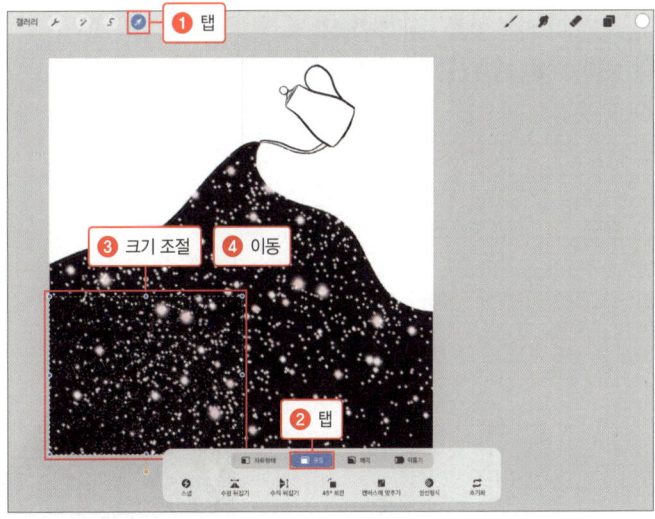

13 글리머 브러시로 수많은 별이 있는 우주 그리기 **313**

10 09번과 같은 방법으로 또 다른 복제된 '레이어 2'를 크기를 작게 조절하여 오른쪽 아래로 이동합니다.

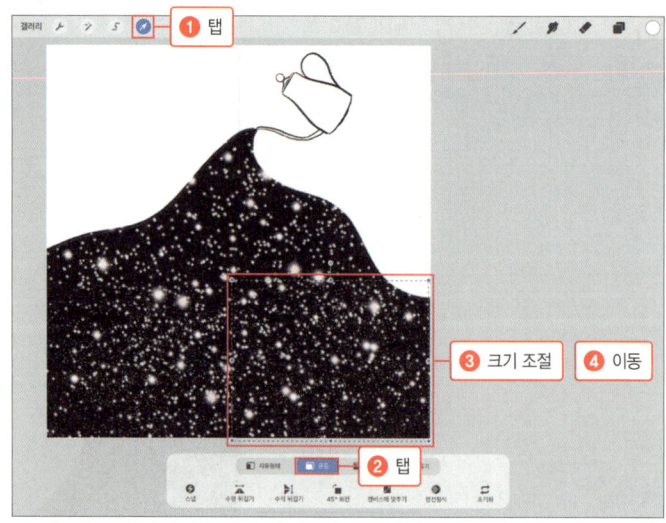

11 09번과 같은 방법으로 나머지 복제된 레이어도 상단으로 이동하고 복제된 (레이어(■))에서 '레이어 2'를 모두 꼬집어 합칩니다.

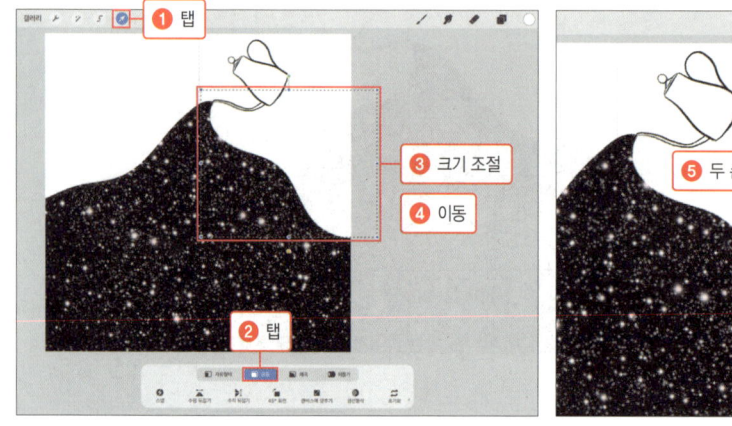 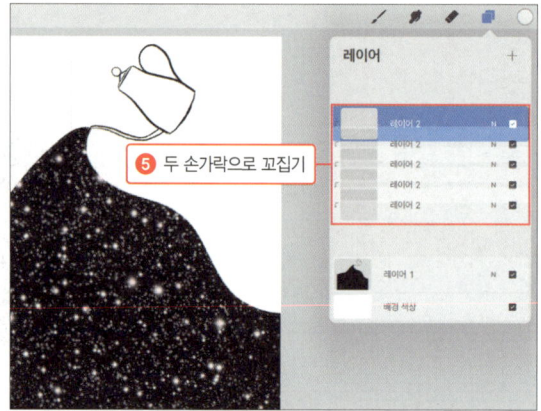

12 색이 있는 별을 조금 추가하겠습니다. (레이어(■))에서 (+) 버튼을 탭하여 '레이어 3'을 추가합니다.

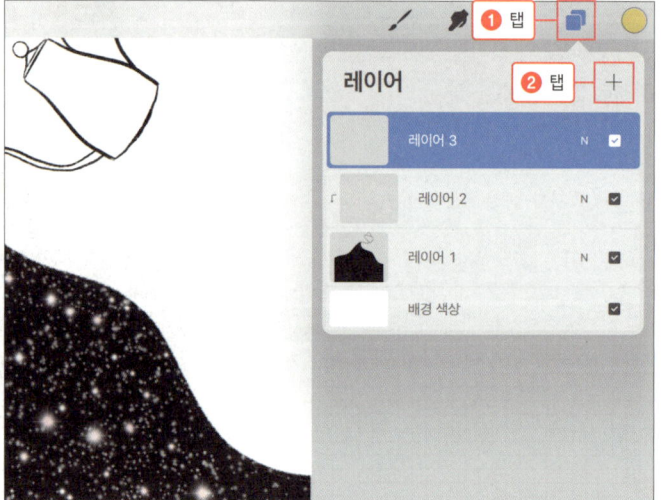

13 [색상(●)]을 '노란색'과 '초록색'으로 지정하여 군데군데 그립니다.

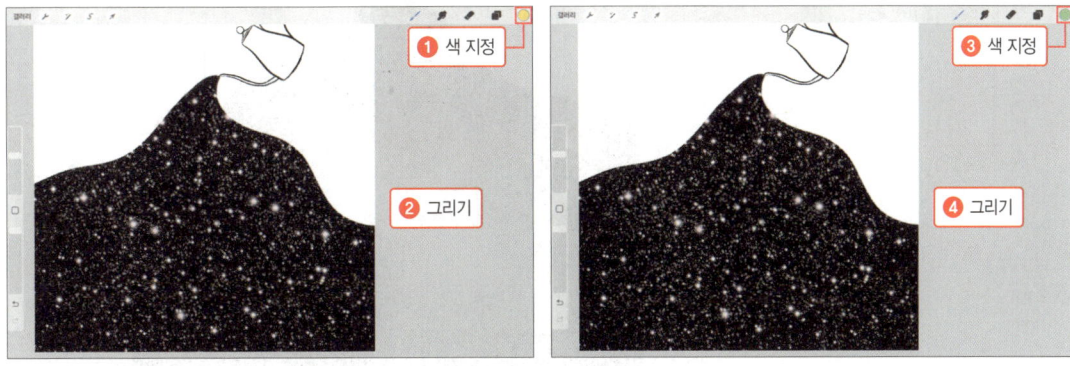

우주 표현하기

01 별이 가득 찼습니다. 이제 성운을 그리겠습니다. [레이어(■)]에서 [+] 버튼을 탭하여 '레이어 4'를 추가합니다.

02 [브러시(✎)] → 빛 → 성운]을 선택하고 [색상(●)]을 '파란색'으로 지정하여 성운의 형태를 잡습니다.

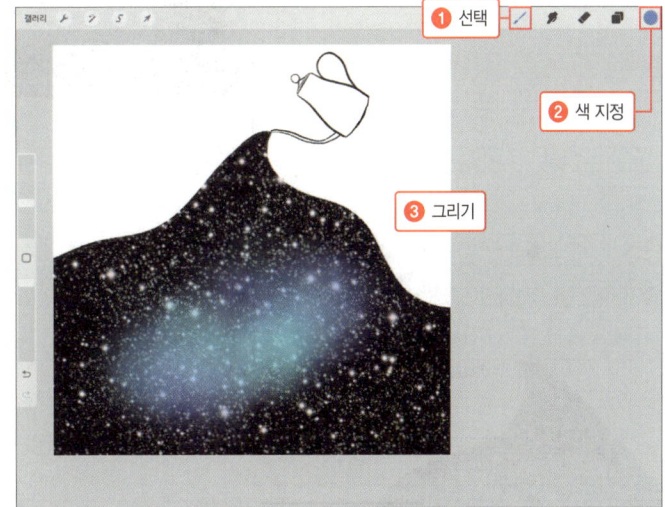

사용 브러시 빛 → 성운

성운을 그리기 위해서 [성운]을 선택합니다. 성운이 워낙 그리기가 어렵고 색이 많이 쓰여서 아예 브러시로 만들어놨습니다. 한 가지 색을 써도 다양한 색이 나오고 스트로크를 겹치면 점점 밝아지는 특성이 있는 브러시입니다.

03 | (색상(●))을 '남색'으로 지정하여 좀 더 안쪽 성운도 그립니다.

04 | (색상(●))을 '보라색'으로 지정하여 안쪽을 칠합니다.

05 | (색상(●))을 '자주색'으로 지정하고 (레이어(■))에서 '레이어 5'를 선택한 다음 성운 주변 외곽을 채색합니다. 이렇게 하면 좀 더 색감이 있는 우주를 그릴 수 있습니다.

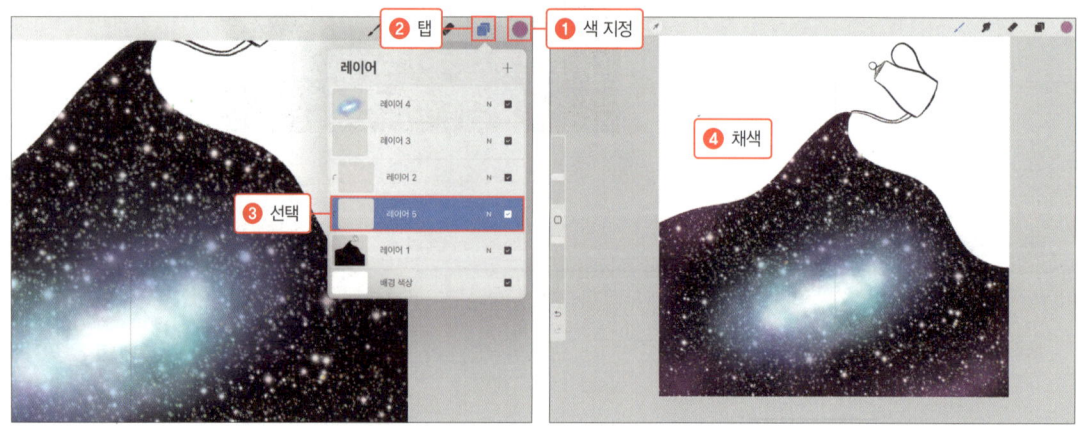

06 [레이어(▣)]에서 '레이어 1'을 선택합니다. [색상(●)]을 '연한 갈색'으로 지정하고 주전자로 드래그하여 채색합니다.

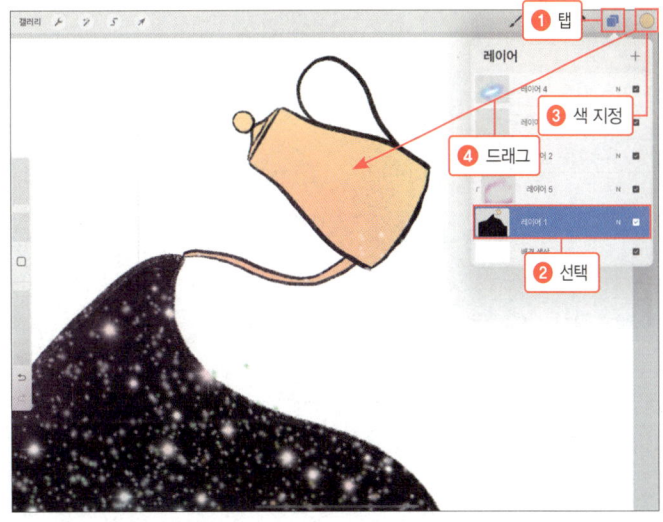

07 [레이어(▣)]에서 '레이어 5'를 선택합니다.

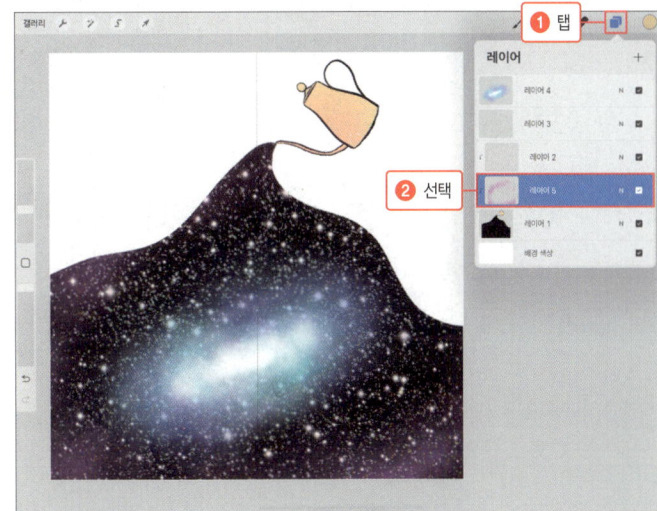

08 [색상(●)]을 '흰색'으로 지정합니다. 주전자에도 [글리머]로 빛 효과를 주어 그림을 완성합니다.

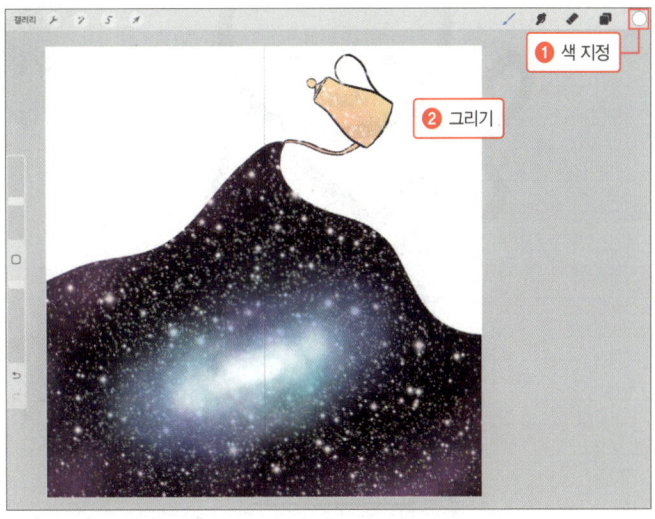

못자는

하나

밤은

많기도 하

4
캘리그라피!
다양한 효과의 글씨 쓰기

서예는 무언가 부담스럽지만 캘리그라피는 쉽고 재밌게 대중에게 다가간 덕분인지 캘리그라피의 인기는 여전히 높습니다. 여기에 탭이나 패드 용품 역시 대중화되면서 디지털 드로잉 영역에도 캘리그라피가 깊숙이 들어왔습니다. 프로크리에이트에서도 캘리그라피에 적절한 방향에 따라 선 굵기가 다르거나 필압을 민감하게 인식하는 브러시를 다수 제공하고 있습니다. 프로크리에이트에서 재밌게 글씨 쓸 수 있는 브러시와 활용법을 알아봅시다.

Brush 01
브러시 펜 브러시

브러시 펜 브러시로
붓터치가 있는 캘리그라피 느낌내기

예전의 서예는 지금의 캘리그라피에 영향을 많이 주었습니다. 서예를 깊이 있게 배워보지 않았다면 서예의 여러 기법을 구사하는 것은 물론이고 흉내 내기조차 쉽지 않습니다. 프로크리에이트에서는 이런 한계를 조금은 극복하여 즐겁게 글씨를 쓸 수 있도록 여러 브러시를 제공하고 있습니다. 앞서 배운 브러시들을 응용하여 종이에 쓴 글씨 같은 느낌을 내보겠습니다.

- 예제 파일 : 04\텍스처.jpg
- 완성 파일 : 04\브러시 펜 캘리그라피_완성.procreate, 브러시 펜 캘리그라피_완성.jpg

사용 브러시

① 서예 → 브러시 펜
[서예] 탭에서는 캘리그라피에 적합한 브러시가 많습니다. 필압에 영향을 많이 받고 두께 변화가 심해 글씨 쓰기에는 재미 요소가 많은 브러시입니다. 가로와 세로의 변화가 심한 [브러시 펜]으로 글씨를 써보겠습니다.

② 페인트 → 프레스코
물감이 마른 듯한 느낌을 주는 브러시입니다. 종이에 캘리그라피 느낌을 더해 줍니다.

③ 빛 → 글리머
곳곳에 빛나는 별들을 표현하는 브러시입니다. 이번 예시에서 '밤'이라는 글자의 느낌을 더해주기 위해서 사용합니다.

④ 스프레이 → 대형 노즐
글씨 자체에도 그러데이션을 줄 수 있습니다. [대형 노즐]로 스프레이 느낌을 강하게 내보도록 합니다.

별 헤는 밤 글씨 쓰기

01 (동작( )) → 추가 → 사진 삽입하기)을 탭하여 파일 앱 04 폴더에서 '텍스처.jpg'를 불러온 다음 캔버스 크기에 맞춥니다.

02 (레이어( ))에서 (+) 버튼을 탭하여 '레이어 2'를 추가하고 (브러시( )) → 서예 → 브러시 펜을 선택합니다.

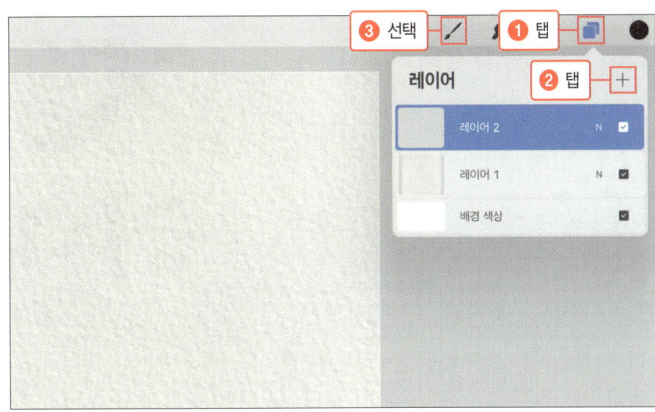

사용 브러시 서예 → 브러시 펜

세로로 선을 그으면 비교적 얇게, 가로로 그으면 비교적 두껍게 선을 표현하는 브러시입니다. 필압에 유의하여 사용합니다.

03 윤동주 시인 시의 일부분을 쓰려고 합니다. '못자는 밤. 하나, 둘, 셋, 넷. 밤은 많기도 하다.' 이 부분을 네 개의 레이어에 글씨를 나눠 적겠습니다. 먼저 '못자는 밤'을 적겠습니다.

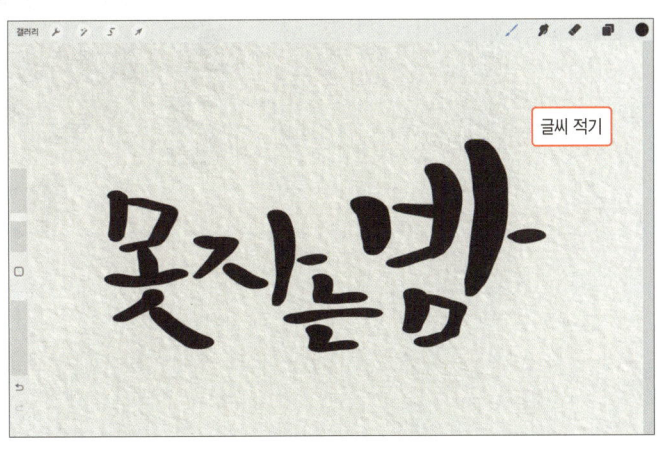

TIP 글씨 초입에서 서서히 힘을 주고 마지막에는 힘을 빼는 스트로크로 씁니다.

04 〔레이어(■)〕에서 〔+〕 버튼을 탭하여 '레이어 3'을 추가합니다.

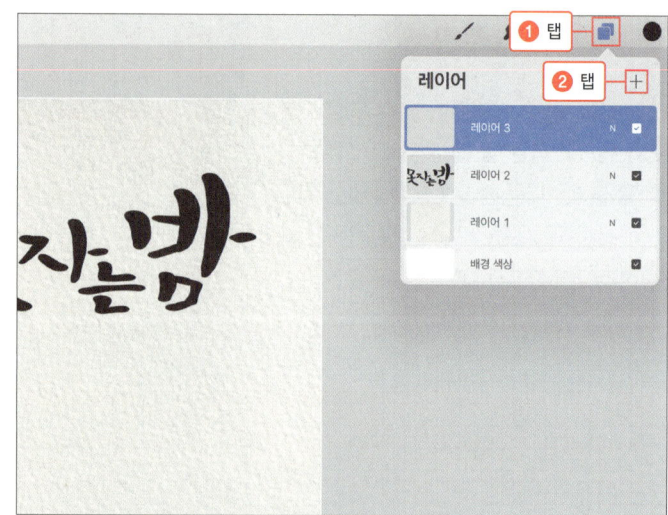

05 '하나, 둘, 셋, 넷'을 적습니다.

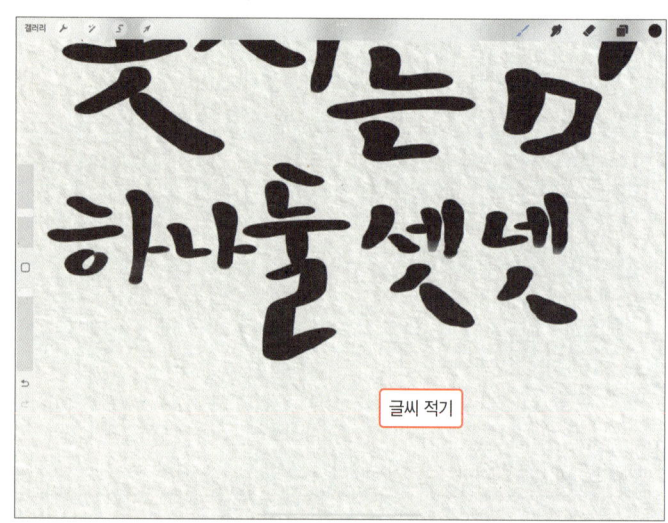

TIP 브러시에 따라서 'ㄴ'과 같은 특정 글자가 잘 안 써지는 경우도 있습니다.

06 〔레이어(■)〕에서 〔+〕 버튼을 탭하여 '레이어 4'를 추가한 다음 '밤은'을 적습니다. 강조하고자 하는 글자는 크게 하고 조사는 작게 하여 의미 전달의 효과를 높여 봅니다.

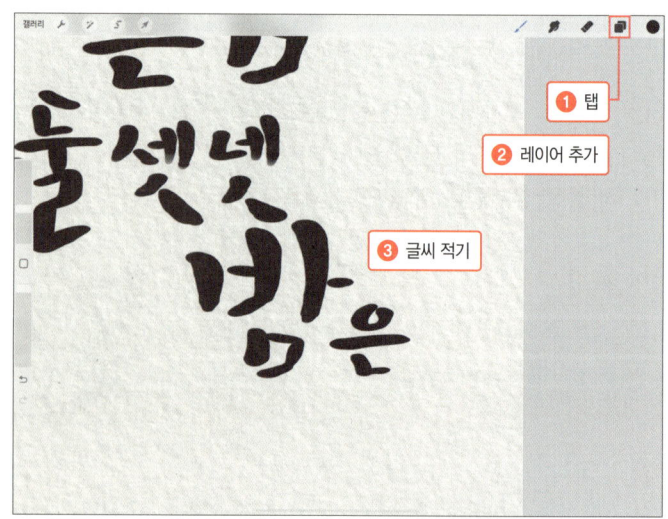

07 〔레이어(🗐)〕에서 〔+〕 버튼을 탭하여 '레이어 5'를 추가합니다.

08 '많기도 하다'를 적습니다.

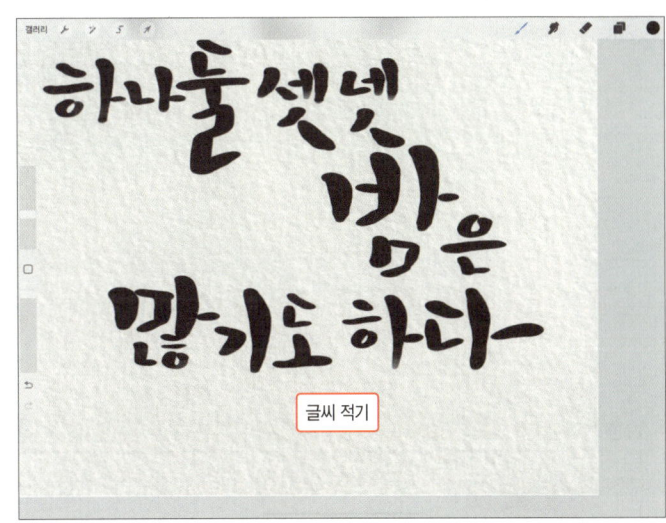

TIP 이렇게 레이어를 나눠 적는 이유는 이후에 수정이 자유롭기 때문입니다.

09 글씨를 다 적었으면 〔변형(↗)〕 → 균등〕을 선택하여 크기와 위치를 마음에 들게 조절합니다. 예제에서는 왼쪽 상단에 간단한 그림을 그려 넣기 위해 글씨를 오른쪽 하단으로 배치했습니다.

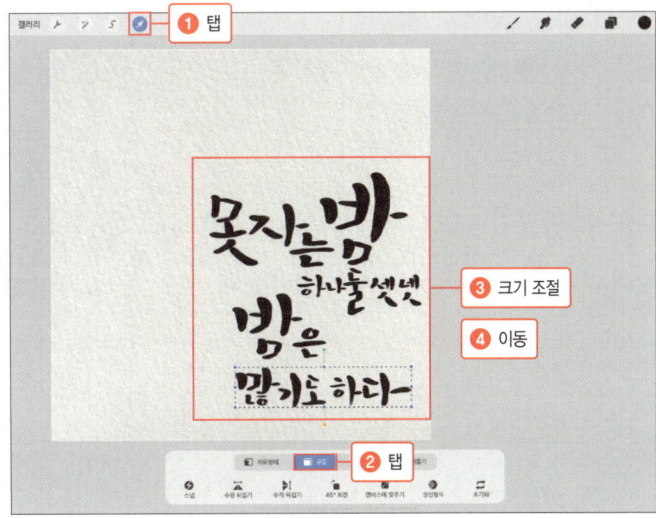

수채화 느낌의 그림 그리기

01 수채화 느낌의 그림을 그려 보겠습니다. (레이어(■))에서 (+) 버튼을 탭하여 '레이어 6'을 추가합니다.

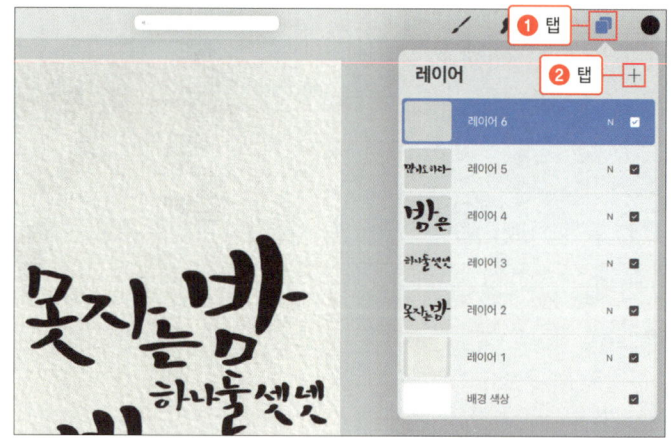

02 (브러시(✎) → 페인트 → 프레스코)를 선택하고 (색상(●))을 '파란색'으로 지정하여 둥글게 문지릅니다.

사용 브러시 페인트 → 프레스코

수채화 느낌을 내기 좋은 (프레스코)를 활용하겠습니다. 캘리그라피와 수채화 브러시는 궁합이 좋습니다.

03 (색상(●))을 '보라색'으로 지정하여 그림과 같이 좀 더 문지릅니다.

글귀에 맞춰 별 그리기

01 (브러시(🖉) → 빛 → 글리머)를 선택하고 (색상(●))을 '흰색'과 '검은색'으로 지정하여 점을 찍듯이 스트로크 합니다.

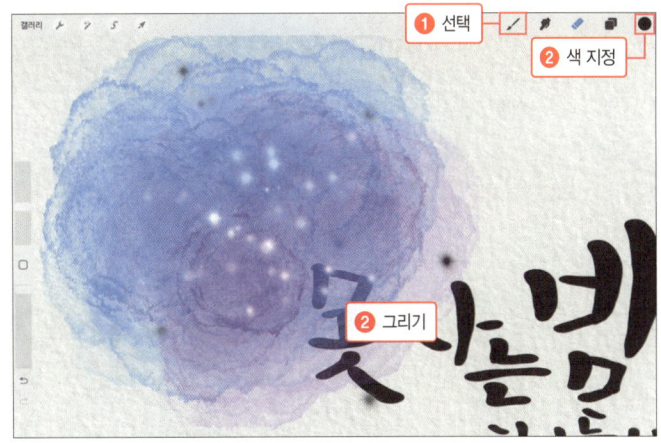

사용 브러시   빛 → 글리머

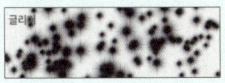 시 글귀에 '못자는 밤'이라는 문구가 있어 별을 표현하겠습니다. (글리머)가 별을 표현하기에 적합합니다.

02 그림이 글귀를 가리는 것을 의도한 것이 아니므로 그림을 글귀 뒤로 보내겠습니다. (레이어(◼))에서 '레이어 6'을 '레이어 1'의 위로 이동합니다.

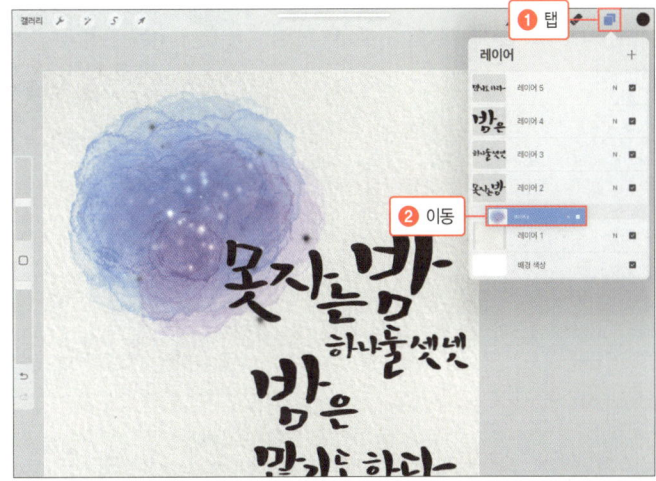

03 글귀에도 약간의 효과를 주겠습니다. '레이어 2'부터 '레이어 5'까지 두 손가락으로 꼬집어 합칩니다.

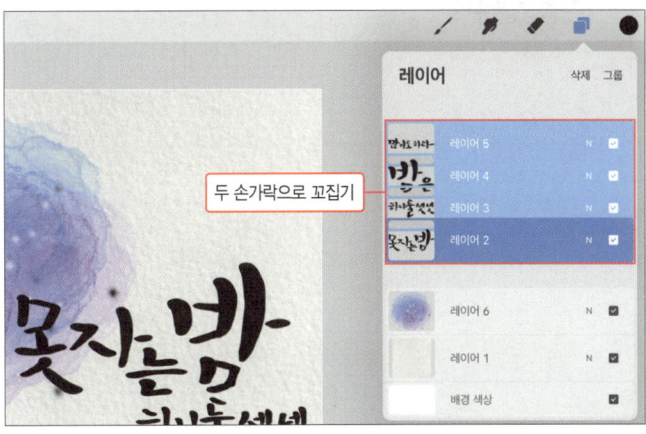

글귀에 그러데이션 표현하기

01 (레이어(■))에서 (+) 버튼을 탭하여 '레이어 4'를 추가하고 '레이어 2'의 클리핑 마스크로 만듭니다.

02 (브러시(✎) → 스프레이 → 대형 노즐)을 선택합니다. (색상(●))을 '보라색'으로 지정하여 글귀 위에 스트로크합니다. 원하는 느낌으로 글귀의 색을 수정하여 완성합니다.

사용 브러시   스프레이 → 대형 노즐

 질감이 살아 있는 중간 노즐 브러시라고 생각할 수 있습니다. 그러데이션 효과를 줄 때 사용합니다.

셰일 브러시로 사진에 어울리는 손글씨 캘리그라피

흰 종이에 글씨는 쓰는 것도 즐거운 일이지만 멋진 사진에 나의 글귀를 더하여 손쉬우면서도 느낌 있게 캘리그라피를 할 수 있습니다. 봄이면 생각나는 '벚꽃엔딩'의 가사 일부를 가져와 사진에 어울리는 캘리그라피를 해 보겠습니다. 더불어 그림자 효과로 글귀의 입체감도 살려 보겠습니다.

- 예제 파일 : 04\셰일 브러시 캘리그라피.jpg
- 완성 파일 : 04\셰일 브러시 캘리그라피_완성.procreate, 셰일 브러시 캘리그라피_완성.jpg

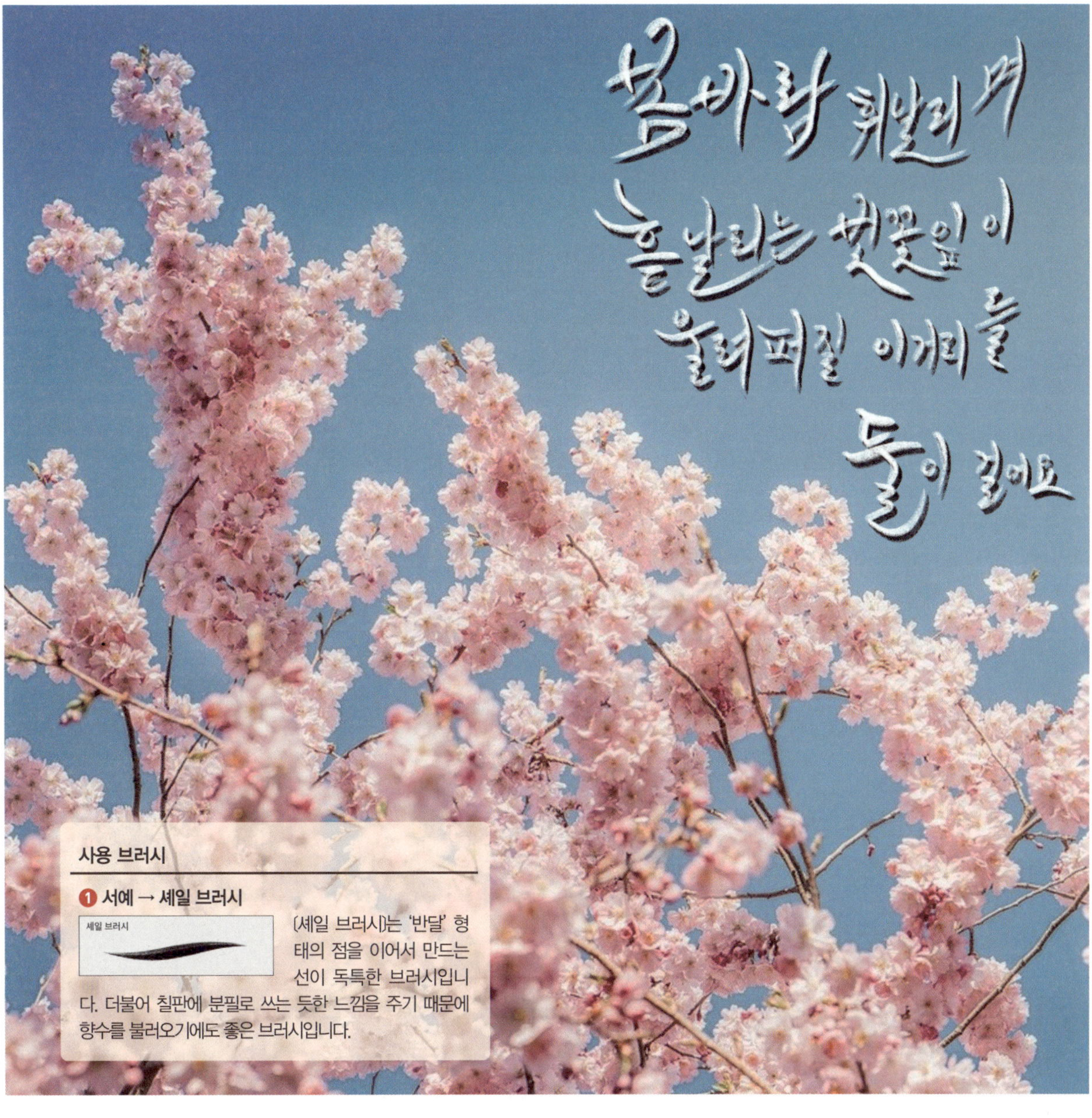

사용 브러시

❶ 서예 → 셰일 브러시

[셰일 브러시]는 '반달' 형태의 점을 이어서 만드는 선이 독특한 브러시입니다. 더불어 칠판에 분필로 쓰는 듯한 느낌을 주기 때문에 향수를 불러오기에도 좋은 브러시입니다.

벚꽃 엔딩 글씨 쓰기

01 (동작(▸) → 추가 → 사진 삽입하기)을 탭하여 파일 앱 04 폴더에서 '셰일 브러시 캘리그라피.jpg' 파일을 불러온 다음 캔버스 크기에 맞춥니다.

02 (레이어(■))에서 (+) 버튼을 탭하여 '레이어 2'를 추가합니다.

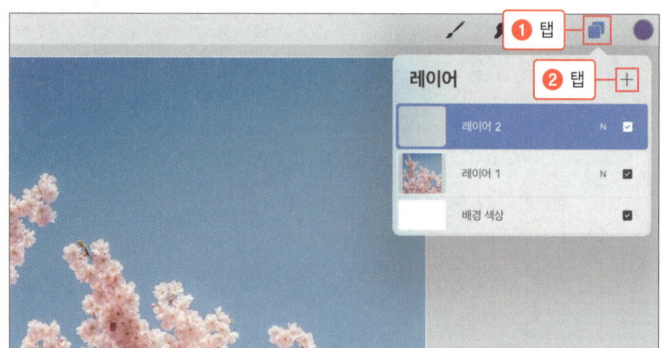

03 (브러시(/) → 서예 → 셰일 브러시)를 선택하고 브러시 크기를 '5%'로 조절하여 바람처럼 살랑이는 느낌의 글씨를 적어 봅니다. 처음에 쓴 글씨들을 바탕으로 다음에 나오는 자모음의 모양을 생각합니다.

| 사용 브러시 | 서예 → 셰일 브러시 |

질감이 있는 반달 모양의 점을 이어 선을 만드는 브러시입니다. 필압의 강약보다는 선의 형태에 더 개성을 주어야 특징을 살릴 수 있는 브러시이기도 합니다.

04 '봄바람 휘날리며'를 적었습니다. 그림과 같이 조금씩 아래로 내려간 글씨를 수정하기 위해 (선택(⑤) → 올가미)를 선택하고 '휘날리며'를 지정합니다.

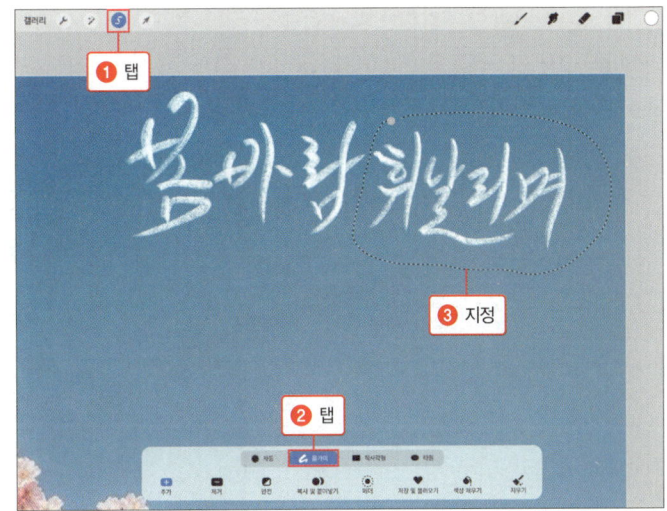

05 (변형(↗))으로 기울기나 크기를 조절합니다. 노래 가사처럼 '며'를 위로 올리기 위해 (선택(⑤) → 올가미)를 선택하고 '며'를 지정합니다.

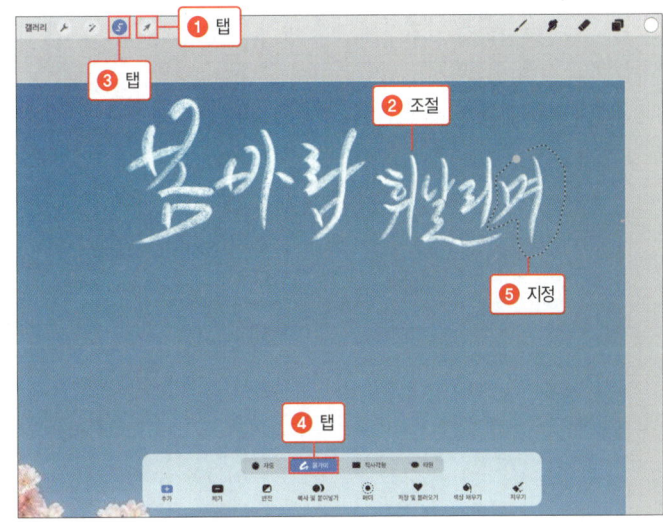

06 (변형(↗) → 균등)에서 위치를 조절하고 (변형(↗) → 왜곡)에서 좀 더 위로 올라가는 듯하게 조절합니다.

07 다음 가사의 글귀를 쓰기 위해서 (레이어(▣))에서 (+) 버튼을 탭하여 '레이어 3'을 추가하고 선택합니다.

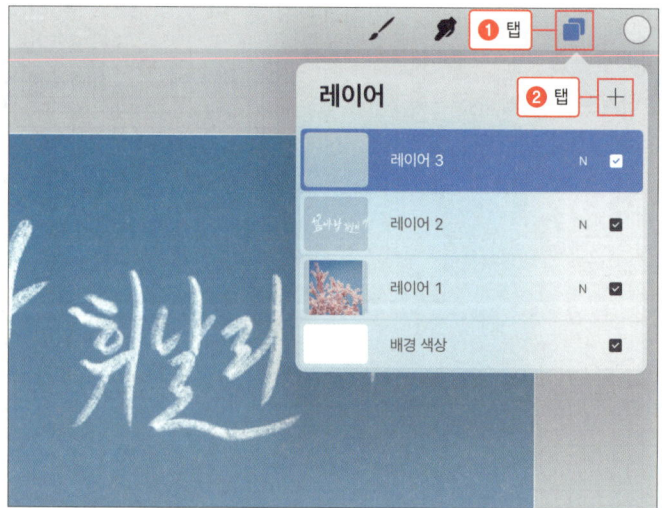

08 '흩날리는 벚꽃잎이'를 적습니다. 마지막 '이'도 노래 멜로디처럼 위로 올려 적습니다.

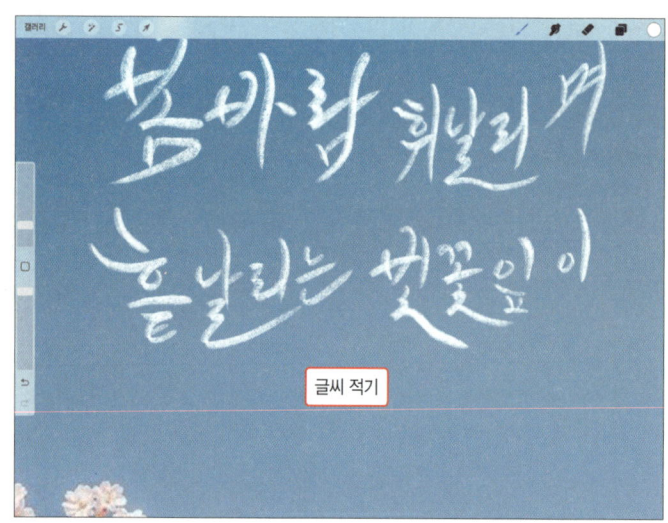

09 다음 가사의 글귀를 쓰기 위해 (레이어(▣))에서 (+) 버튼을 탭하여 '레이어 4'를 추가합니다.

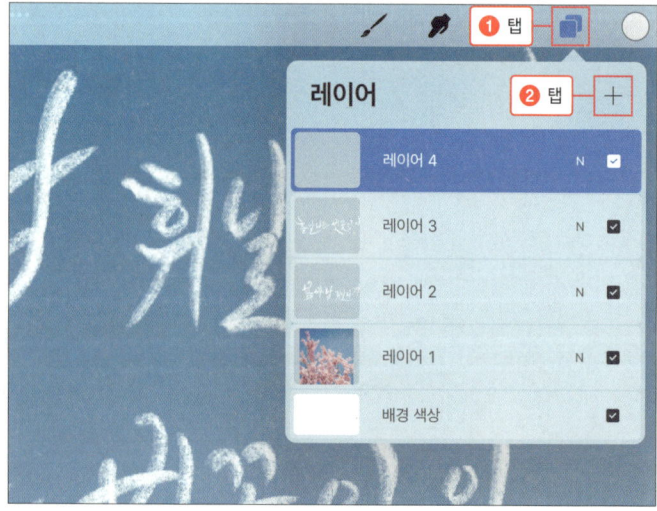

10 | '울려퍼질 이거리를'을 적습니다.

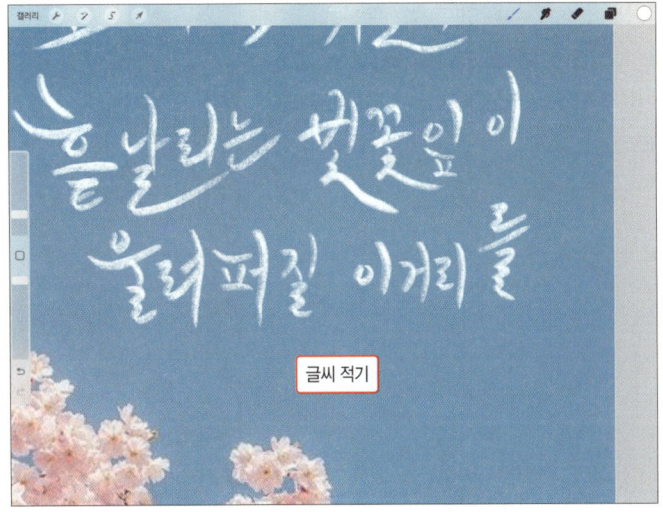

11 | 다음 가사의 글귀를 적기 위해 (레이어(■))에서 (+) 버튼을 탭하여 '레이어 5'를 추가합니다.

12 | '둘이 걸어요'를 적습니다. 의미가 강조되는 부분은 크게 쓰거나 글자 모양의 꼬리를 빼면 좋습니다.

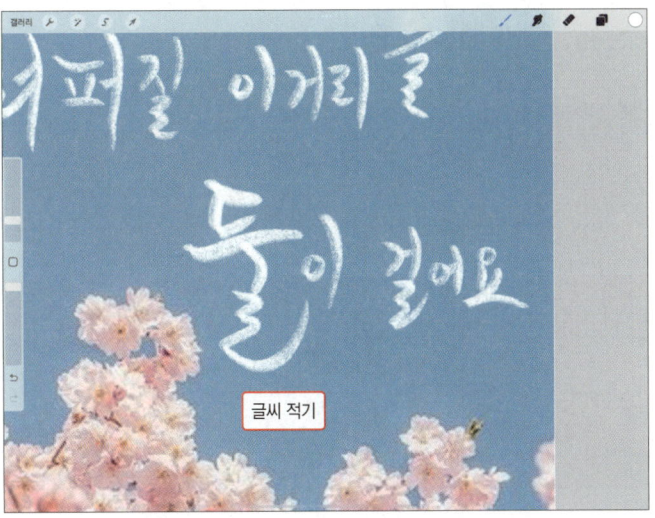

13 〔변형(↗) → 균등〕을 선택하여 글씨의 배치를 조절하고 〔레이어(▣)〕에서 '레이어 2'부터 '레이어 5'까지 두 손가락으로 꼬집어 합칩니다.

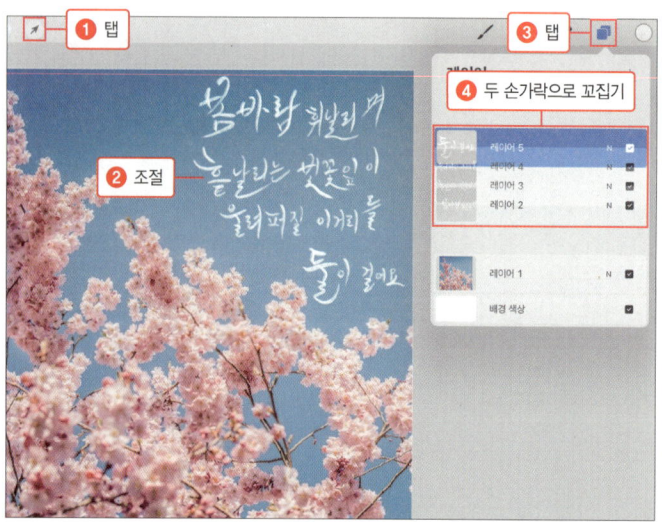

14 합친 '레이어 2'를 왼쪽으로 드래그하여 복제한 다음 두 개의 '레이어 2' 중 아래의 '레이어 2'를 탭하여 〔알파 채널 잠금〕을 선택합니다.

15 〔색상(●)〕을 '검은색'으로 지정하여 글귀 전체를 채색합니다. 그림자의 위치를 최종적으로 조절하여 사진에 어울리는 캘리그라피를 완성합니다.

오데온 브러시로
손그림과 어울리는 캘리그라피

캘리그라피를 그리는 사람들을 캘리그라퍼라고 합니다. 캘리그라피를 가르쳐 주는 특강이나 강의도 많습니다. 이렇게 대중적으로 캘리그라피가 퍼지면서 간단한 낙서를 통해 캘리그라피 활동을 하는 작가들도 많아졌습니다. 못난이 글씨더라도 나만의 감성과 나만의 메시지를 가지면 훌륭한 글귀를 적을 수 있습니다. 이번 예제에서는 움직이는 기능도 추가하여 간단하고 재미있는 결과물을 만들어 봅니다.

- 예제 파일 : 04\오데온 캘리그라피.jpg
- 완성 파일 : 04\오데온 캘리그라피_완성.procreate, 오데온 캘리그라피_완성.jpg

사용 브러시

❶ 서예 → 오데온

갈고리 모양의 점을 연결하여 선을 만드는 브러시이면서 자체적으로 그러데이션을 갖고 있는 브러시이기 때문에 사용하기 까다로운 편입니다. 딱딱한 느낌을 주기 때문에 단단한 물체와 함께 글씨를 쓰면 어울리기도 합니다.

❷ 스프레이 → 미세 노즐

글씨의 그러데이션을 표현하기 위해서 지우개 브러시로 활용합니다.

❸ 스케치 → 6B 연필

낙서 느낌의 귀여운 글씨나 그림을 표현하기 좋은 브러시입니다. 이번 예시에서는 움직이는 효과를 줄 때 활용합니다.

환경 지키기 글씨 쓰기

01 (동작(🔧)) → 추가 → 사진 삽입하기)을 탭하여 파일 앱 04 폴더에서 '오데온 캘리그라피.jpg' 파일을 불러온 다음 캔버스에 맞게 조절합니다.

02 (레이어(▣))에서 [+] 버튼을 탭하여 '레이어 2'를 추가합니다.

03 글씨를 쓰기 편하게 캔버스를 두 손가락으로 캔버스를 드래그하여 회전합니다.

04 (브러시(✎) → 서예 → 오데온)을 선택하여 글귀를 적습니다. 환경 지키기를 주제로 하여 '일회용품은 쓰지 않아요'라는 글씨를 적고 종이컵 'x' 표시도 그립니다.

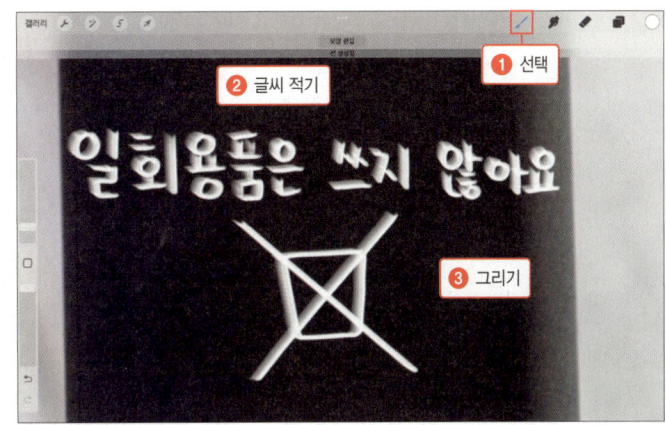

사용 브러시 서예 → 오데온

 필압보다는 갈고리 모양의 특이한 점이 움직이는 방향에 신경 쓰며 획을 긋는 것이 중요합니다. (오데온)을 익혀 봅니다.

05 (변형(↗))을 선택하면 점선의 사각형 영역이 생깁니다. 글씨 모양을 맞추기 위해 아래쪽의 노란색 조절점을 드래그하면 그림과 같이 점선의 사각형이 회전합니다.

06 물통 모양을 반영하여 글씨를 움직이겠습니다. (조정(✧) → 픽셀 유동화)를 선택합니다.

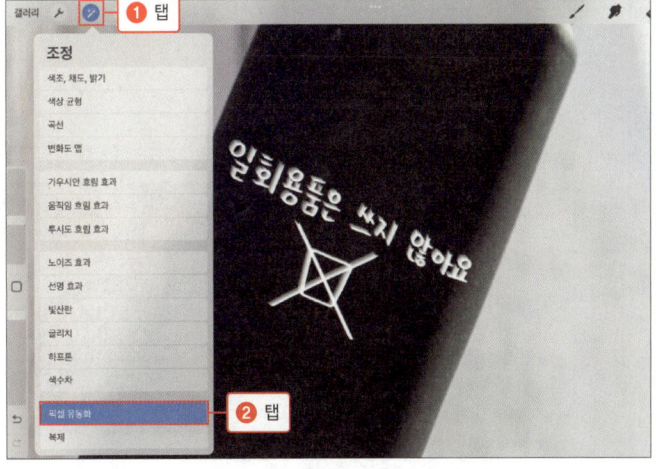

07 〔픽셀 유동화〕에서 압력을 '최대', 왜곡을 '최대', 탄력을 '없음'으로 조절합니다. 물병의 곡선을 생각하며 그림과 같이 조절합니다.

빛에 반사되는 글씨 표현하기

01 '요' 글씨에 빛이 들어와서 글씨를 살짝 지우겠습니다. 〔지우개(　) → 스프레이 → 미세 노즐〕을 선택하고 브러시 크기를 '5%'로 조절하여 지웁니다.

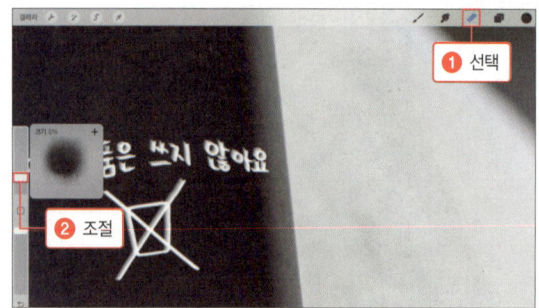

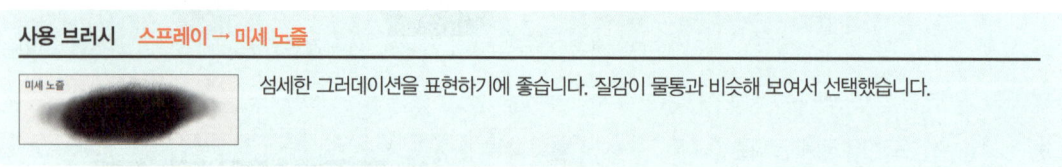

02 이제 귀여운 낙서를 해 보겠습니다. 〔레이어(　)〕에서 〔+〕 버튼을 탭하여 '레이어 3'을 추가하고 선택합니다.

글씨와 어울리는 그림 그리기

01 (브러시(✏️) → 스케치 → 6B 연필)을 선택하고 (색상(⬤))을 지정하여 '하트'와 '환경지키미'라는 글귀를 그려 넣습니다.

사용 브러시　스케치 → 6B 연필

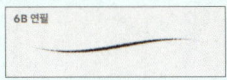
연필 느낌을 내는 브러시 중에서 선이 가장 두껍고 질감도 있어서 귀여운 낙서를 하기에 좋습니다.

02 (색상(⬤))을 지정하고 '지구'와 '땡큐 말풍선'을 그려 넣습니다.

03 (색상(⬤))을 '노란색'으로 지정하여 곳곳에 '별'도 그립니다.

04 (레이어(🗔))에서 '레이어 3'을 왼쪽으로 드래그하여 복제하고 두 개의 '레이어 3' 중 위에 있는 '레이어 3'을 선택합니다.

05 (선택(S) → 올가미)를 선택하고 '환경지키미'를 지정한 다음 (변형(↗))을 탭하여 그림과 같이 위치를 이동합니다.

06 05번과 같은 방법으로 '별'과 '지구'도 이동합니다. 말풍선이 깜빡이는 느낌을 주기 위해서 (레이어(🗔))에서 위에 있는 '레이어 3'을 선택하고 '땡큐 말풍선'을 지웁니다.

07 이제 움직이는 효과를 주어야 합니다. (레이어(■))에서 '레이어 1'과 글씨가 있는 '레이어 3'을 왼쪽으로 드래그하여 다중 선택하고 (그룹)을 탭하여 그룹화합니다.

08 '새로운 그룹'을 오른쪽으로 드래그하여 복제합니다.

09 '레이어 3' 두 개를 각각 두 개의 그룹의 가장 위로 이동합니다.

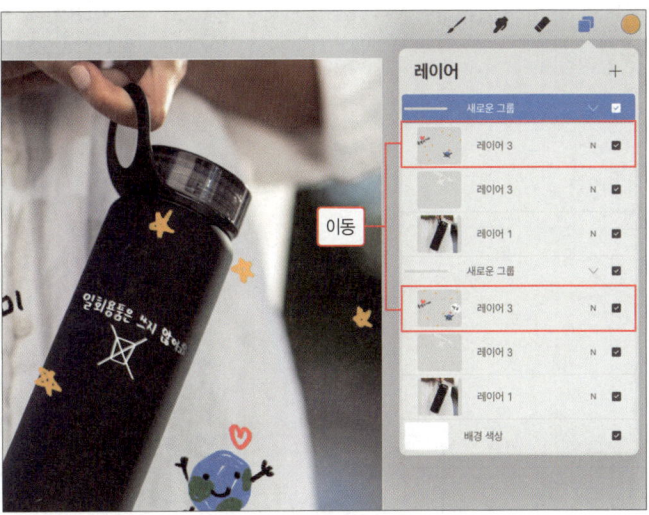

10 [동작(🔧)] → 캔버스 → 애니메이션 어시스트]를 활성화합니다.

11 [레이어(■)]에서 하단의 '새로운 그룹'을 탭하여 [설정 → 루프]를 선택하고 초당 프레임을 '2'로 조절합니다.

TIP 초당 프레임은 1초에 몇 개의 프레임을 보여 주느냐와 관련 있습니다. 예제에서는 준비된 프레임이 2개 밖에 없으므로 '초당 프레임 2'가 적당합니다.

12 하단의 [재생] 버튼을 탭하여 확인하면 완성입니다.

라이트 펜 브러시로
네온 사인 간판 캘리그라피

예전에는 우리나라에 네온 간판이 많이 있었지만 요즘은 네온 간판을 바깥에 걸어두기 보다는 내부 인테리어 용도로 많이 씁니다. 덕분에 카페나 음식점 내부, 전시장, 국내 관광지에서 네온 간판들을 쉽게 접할 수 있습니다. 이런 유행과 더불어 네온 느낌의 글씨를 쓰고 싶어하는 사람들이 생겼습니다. 프로크리에이트에서 네온 글씨를 쓰는 두 가지 방법을 알아보도록 하겠습니다.

● 완성 파일 : 04\라이트 펜 캘리그라피_완성.procreate, 라이트 펜 캘리그라피_완성.jpg

사용 브러시

1 산업 → 돌담
카페에 있는 인테리어용 돌담을 표현하기 위해 (돌담)을 사용합니다.

2 빛 → 라이트 펜
선의 가운데가 가장 빛나고 주변에 색이 퍼지는 브러시입니다. 깔끔한 선을 긋기는 어렵지만 네온 사인 같은 빛 효과가 나는 글씨 느낌을 낼 수 있는 브러시입니다.

3 에어브러시 → 소프트 브러시
빛 주변에 생기는 조명을 표현하기 위해 사용합니다.

4 서예 → 모노라인
깔끔한 선을 나타내기 위해서 사용합니다.

04 라이트 펜 브러시로 네온 사인 간판 캘리그라피 **341**

돌담 느낌의 배경 그리기

01 | 어두운 배경을 만들기 위해 (색상(●))을 '검은색'으로 지정하고 캔버스에 드래그합니다.

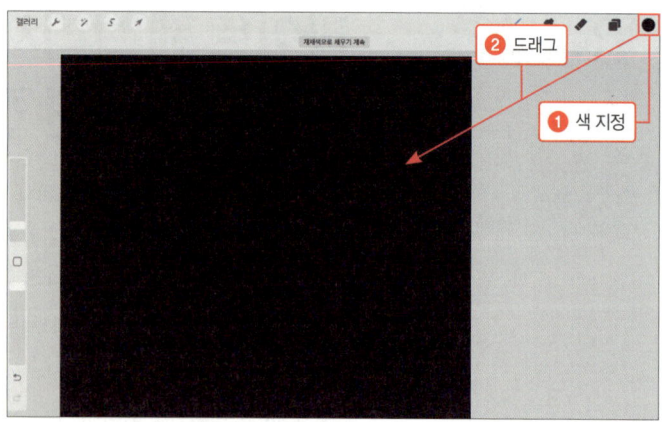

02 | (브러시(✎) → 산업 → 돌담)을 선택하고 (색상(●))을 '회색'으로 지정합니다. 캔버스를 문질러 질감을 표현합니다.

사용 브러시 산업 → 돌담

돌담 느낌을 내는 브러시입니다. 돌담이나 벽은 이미지를 사용하기도 하지만 프로크리에이트 내에 제공하고 있는 브러시를 쓰는 것도 좋은 방법입니다.

빛나는 글씨 쓰기

01 | 깔끔한 글씨를 참고하기 위해서 (동작(🔧) → 추가 → 텍스트 추가)를 선택합니다.

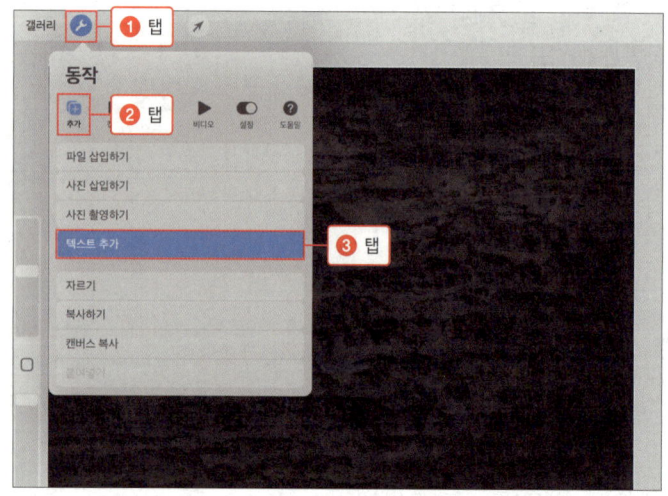

02 | 'OPEN'을 입력하고 크기를 조절하여 위치를 가운데로 잡습니다.

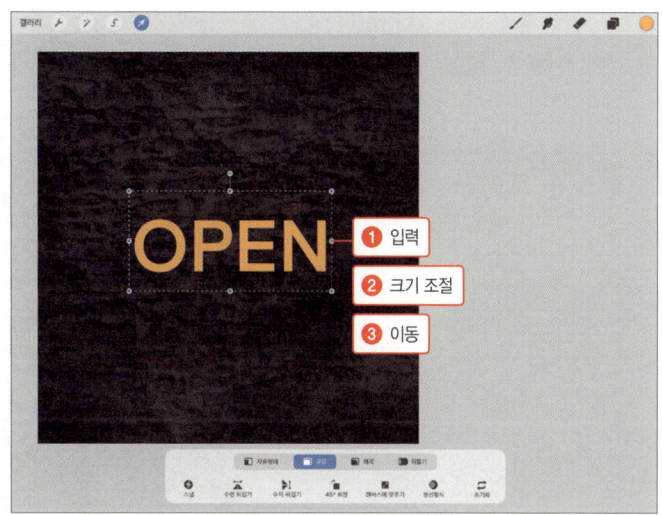

03 | (레이어(■))에서 (+) 버튼을 탭하여 '레이어 3'을 추가합니다. 'OPEN'의 (N)을 탭하여 불투명도를 '30%'로 조절합니다.

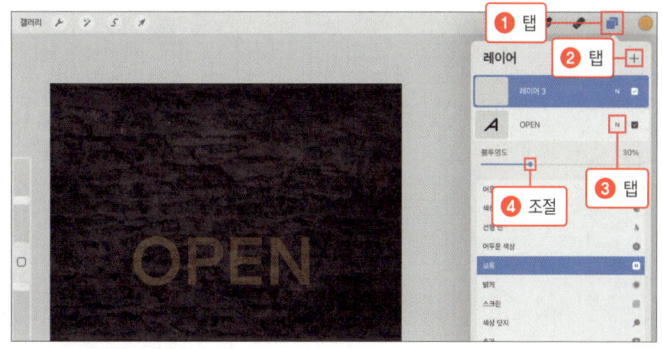

04 | (브러시(✎) → 빛 → 라이트 펜)을 선택하고 (색상(●))을 '노란색'으로 지정하여 텍스트 레이어 글자를 따라 적습니다. 선을 긋고 기다리면 도형화되면서 반듯하게 쓸 수 있습니다.

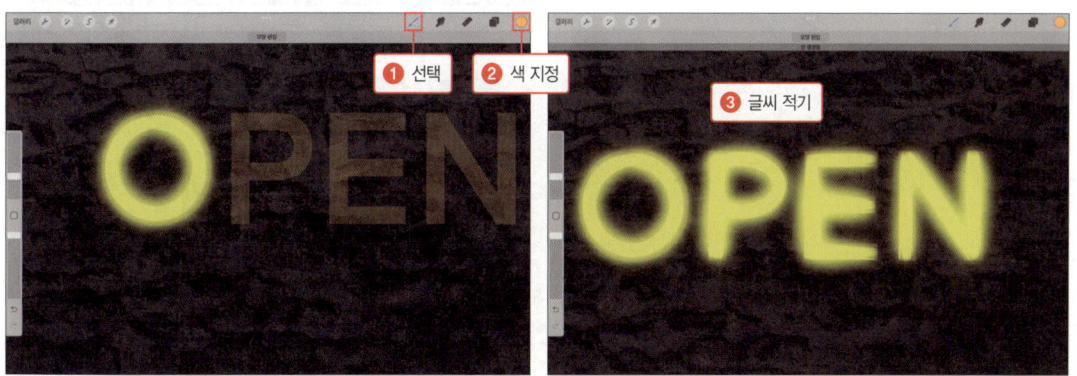

사용 브러시   빛 → 라이트 펜

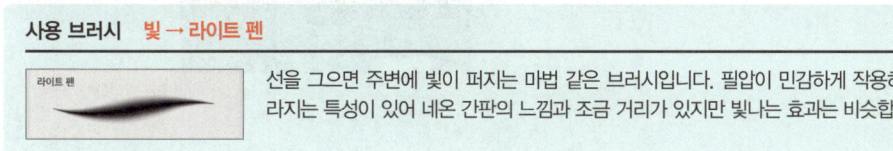

선을 그으면 주변에 빛이 퍼지는 마법 같은 브러시입니다. 필압이 민감하게 작용하고 브러시 끝이 갈라지는 특성이 있어 네온 간판의 느낌과 조금 거리가 있지만 빛나는 효과는 비슷합니다.

05 [레이어(□)]에서 [+] 버튼을 탭하여 '레이어 4'를 추가합니다.

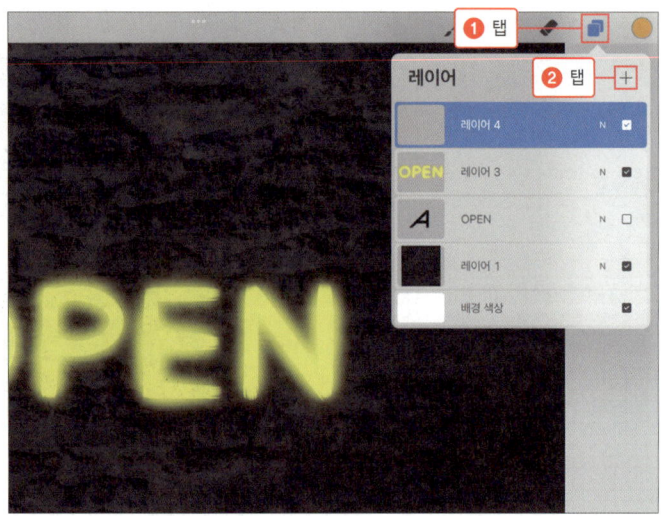

06 'OPEN' 글자의 가장자리에 둥근 네모를 그리겠습니다. 반듯하게 그리기 위해 [동작(✦)] → 캔버스 → 그리기 가이드 편집을 선택합니다.

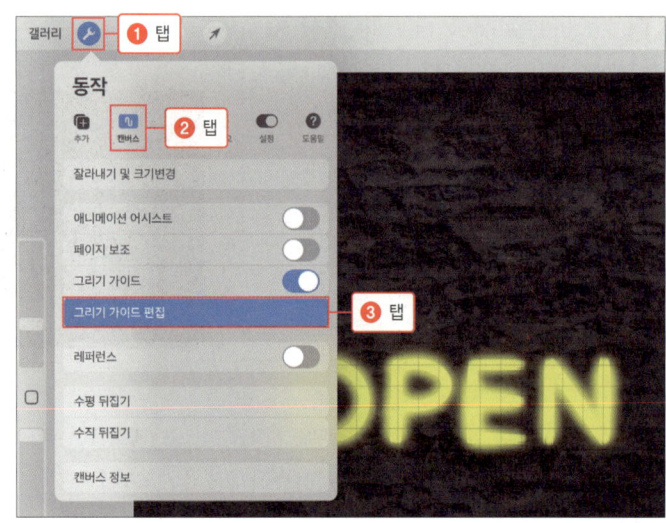

07 [그리기 가이드]에서 [2D 격자]를 선택하고 [그리기 도움받기]를 활성화한 다음 [완료] 버튼을 탭합니다.

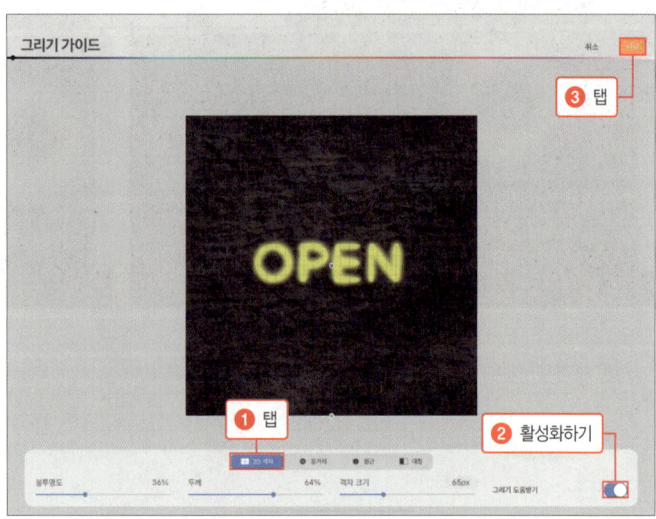

08 [색상(●)]을 '보라색'으로 지정하여 그림과 같이 가로세로 선을 그립니다.

09 [레이어(■)]에서 '레이어 4'를 탭하고 [그리기 도우미]를 선택하여 비활성화합니다.

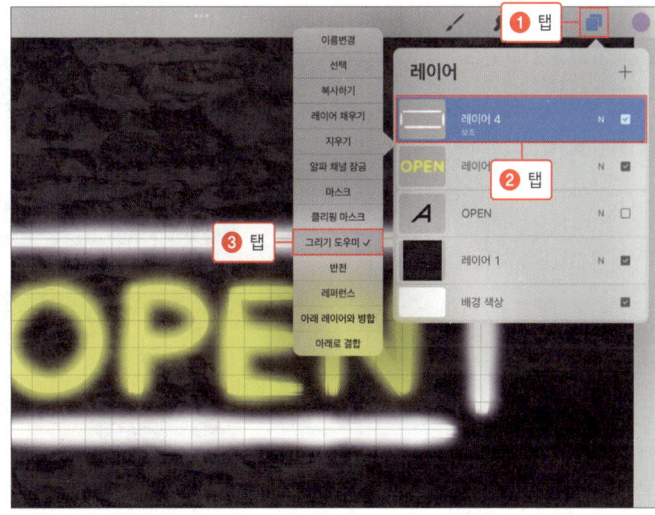

10 끊어진 부분을 둥글게 이어 그림과 같이 둥근 사각형을 완성합니다.

11 | (레이어(🔲))에서 '레이어 3'과 '레이어 4'를 두 손가락으로 꼬집어 합칩니다.

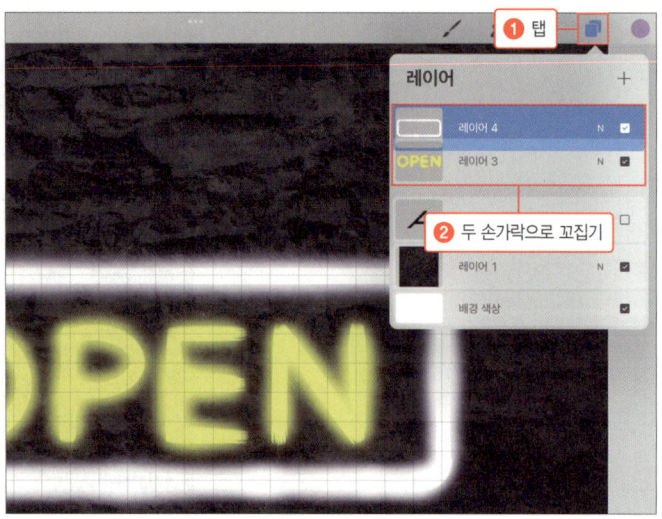

12 | 그림자 표현을 위해 병합된 '레이어 3'을 오른쪽으로 드래그하여 복제하고 두 개의 '레이어 3' 중 아래에 있는 '레이어 3'을 탭하여 (알파 채널 잠금)을 선택합니다.

13 | (변형(↗) → 왜곡)을 선택하여 이동해 그림자를 표현합니다.

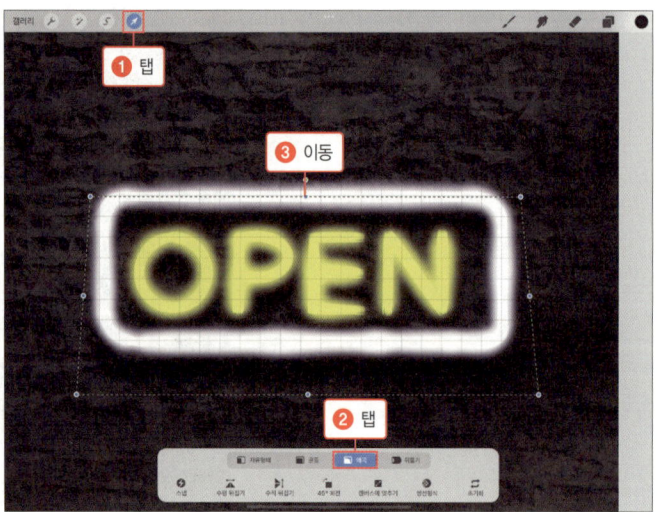

글씨 뒤의 빛 표현하기

01 조명 뒤에 빛을 표현하기 위해 (레이어(■))에서 '레이어 5'를 추가하고 텍스트 레이어의 위로 이동합니다.

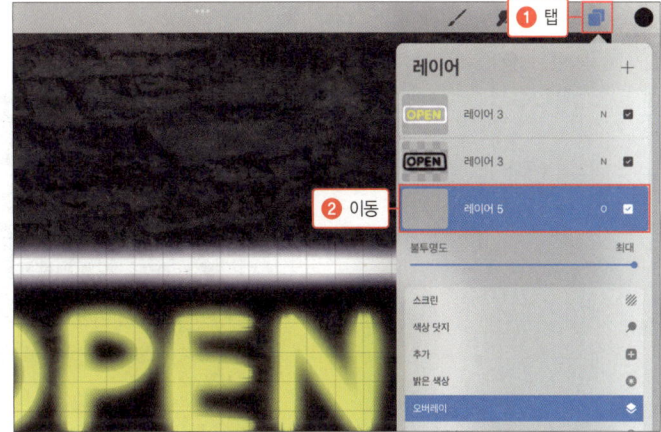

02 (브러시(✎) → 에어브러시 → 소프트 브러시)를 선택합니다. 브러시 크기를 글자보다 조금 더 크게 조절하여 가운데부터 바깥으로 서서히 힘을 풀면서 스트로크하여 빛 표현을 합니다.

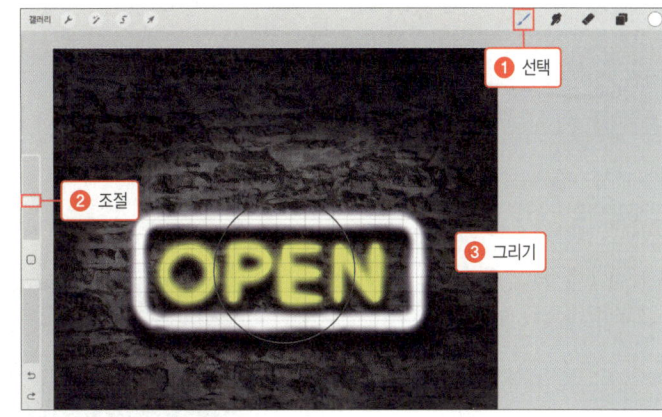

사용 브러시   에어브러시 → 소프트 브러시

점진적인 면의 변화, 빛 표현에 좋은 브러시입니다.

네온 사인 간판 완성하기

01 간판을 잇는 선을 표현하기 위해 (레이어(■))에서 (+) 버튼을 탭하여 '레이어 6'을 추가하고 그림자를 표현한 '레이어 3'의 위로 이동합니다.

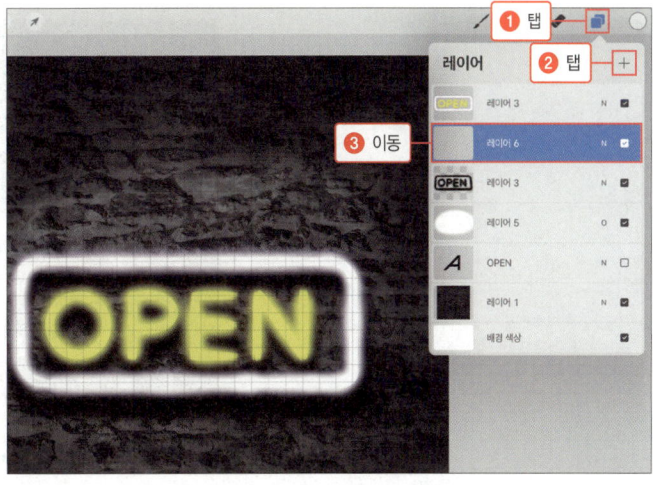

02 | (브러시(✏️) → 서예 → 모노라인)를 선택하고 (색상(⚫))을 '검은색'으로 지정하여 줄을 그립니다.

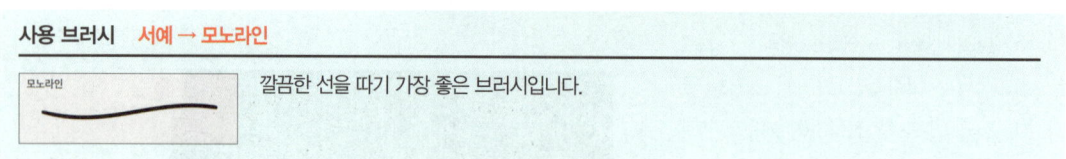

사용 브러시 서예 → 모노라인

깔끔한 선을 따기 가장 좋은 브러시입니다.

03 | '레이어 6'을 왼쪽으로 드래그하여 복제하고 두 개의 '레이어 6' 중 아래에 있는 '레이어 6'을 선택합니다.

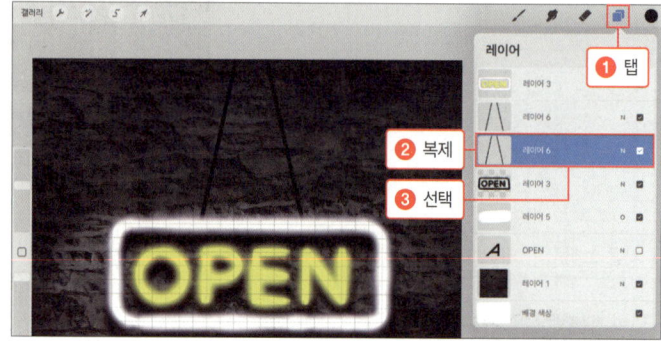

04 | (변형(↗️) → 왜곡)을 선택하고 위치를 조절하여 그림자를 표현합니다.

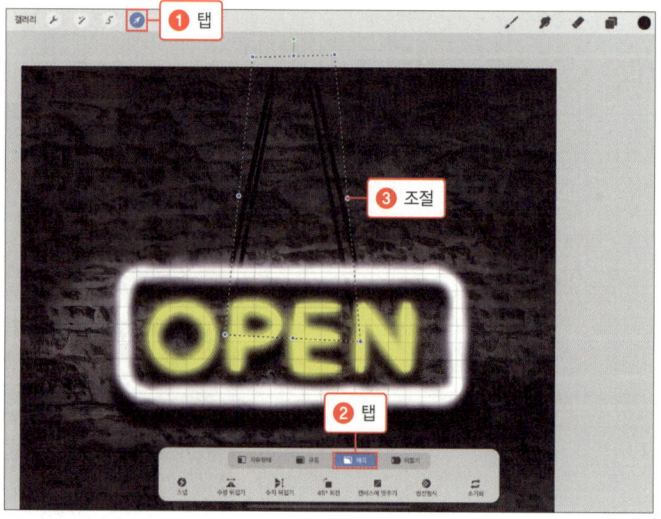

05 〔조정(　)→ 가우시안 흐림 효과〕를 선택하고 효과를 '5%'로 조정하면 은은한 그림자를 표현할 수 있습니다.

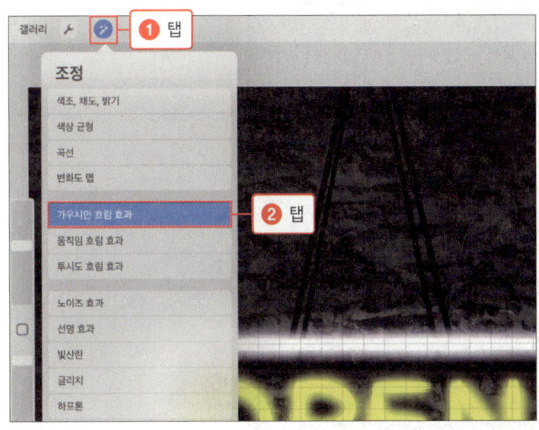 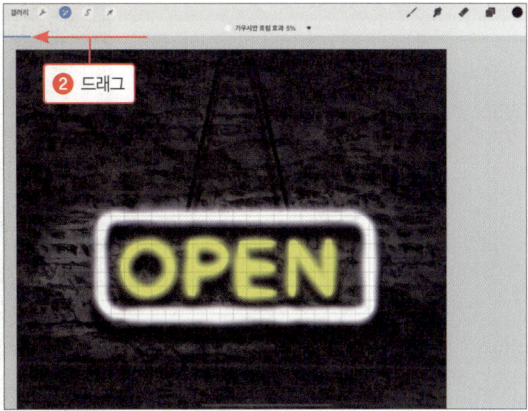

06 보다 깔끔한 네온 간판 느낌을 그릴 수도 있습니다. 〔레이어(　)〕에서 〔+〕 버튼을 탭하여 '레이어 8'을 추가하고 맨 위로 이동합니다. 이때 그림자를 표현한 '레이어 3'을 체크 해제하고 빛을 표현한 '레이어 3'의 〔N〕을 탭하여 불투명도를 '30%'로 조절합니다.

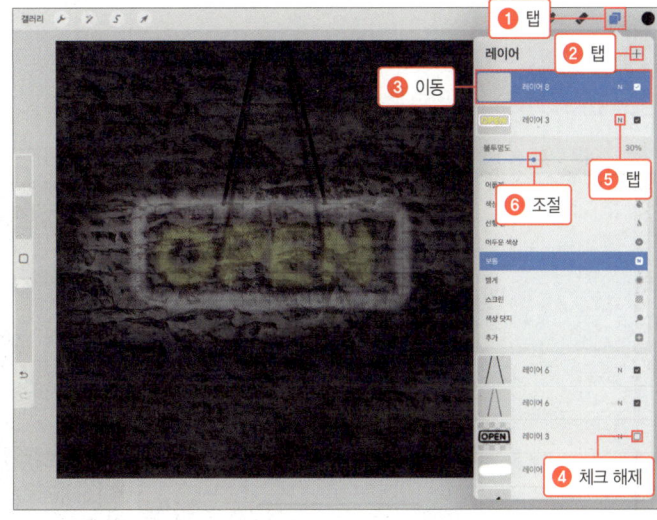

07 〔브러시(　)〕를 선택하고 〔색상(　)〕을 '노란색'으로 지정하여 글자를 따라 적고 〔색상(　)〕을 '보라색'으로 지정하여 보라색 둥근 사각형도 그립니다.

 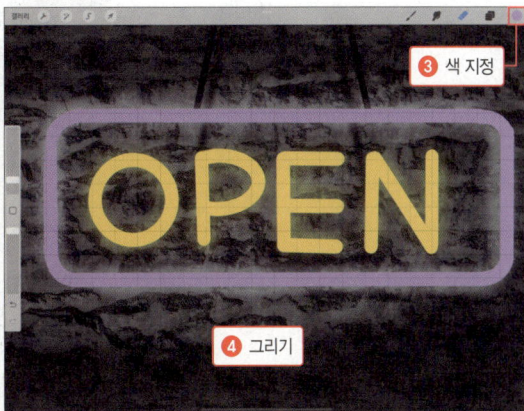

08 (레이어(󰀁))에서 '레이어 8'을 왼쪽으로 드래그하여 복제합니다.

09 (조정(󰀁) → 빛산란)을 선택합니다. (빛산란)에서 펜슬을 좌우로 드래그하여 빛산란을 조절합니다. 이때 전환효과를 '없음', 크기를 '30%', 번을 '30%'로 조절합니다. 여러 가지로 조절해 보고 자신이 원하는 느낌을 찾습니다.

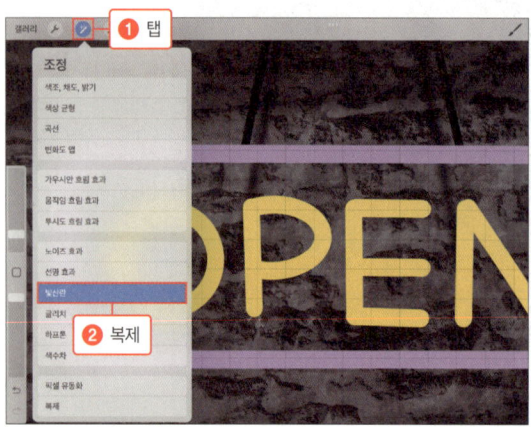 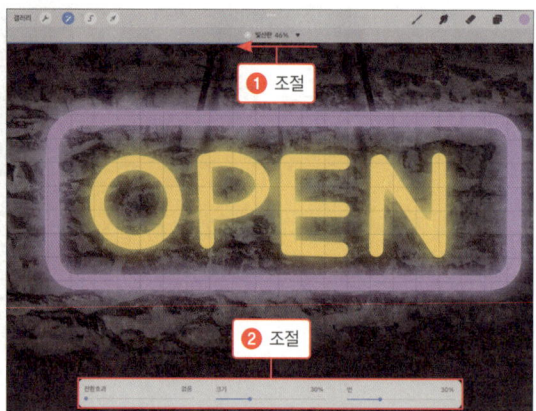

10 (레이어(󰀁))에서 효과를 적용한 '레이어 8'을 왼쪽으로 드래그하여 복제를 두 번합니다. 세 개의 빛산란 레이어를 만듭니다. 효과를 적용하지 않은 '레이어 8'을 체크 해제하여 네온 느낌의 글자가 완성된 것을 확인할 수 있습니다.

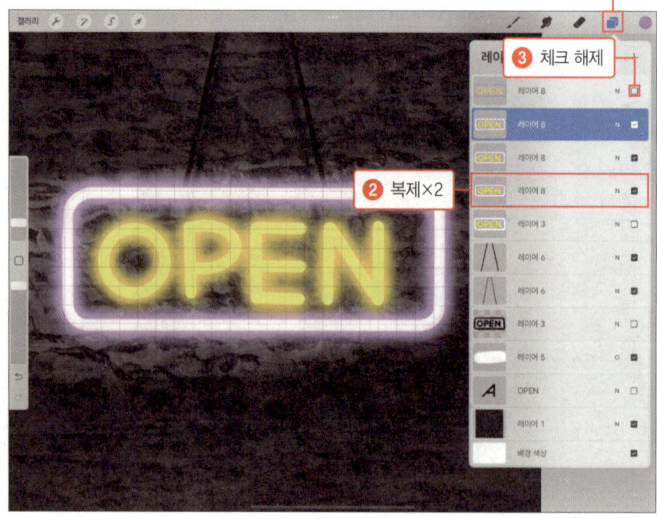

TIP (빛산란) 효과는 이미지가 흐려지면서 주변으로 퍼지는 효과입니다.

11 빛산란이 적용 안된 '레이어 8'을 탭하고 (알파 채널 잠금)을 선택합니다.

12 (색상(●))을 '검은색'으로 지정하여 채색합니다.

13 (레이어(■))에서 그림자 '레이어 8'을 왼쪽으로 드래그하여 복제한 다음 아래에 있는 '레이어 8'을 탭하여 (알파 채널 잠금)을 선택하여 비활성화합니다.

14 (변형(↗) → 왜곡)을 선택하고 좀 더 아래로 이동하고 아랫부분을 왜곡하여 넓게 합니다.

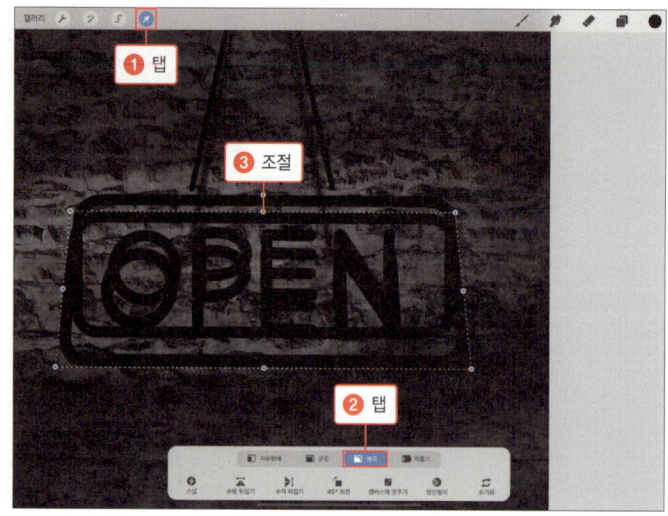

15 (조정(↗) → 가우시안 흐림 효과)를 선택하고 효과를 드래그하여 '5%'로 조절합니다.

16 간판과 선이 떨어진 부분이 있다면 (레이어(■))에서 줄을 그린 '레이어 6'을 선택하고 이어 그려 줍니다.

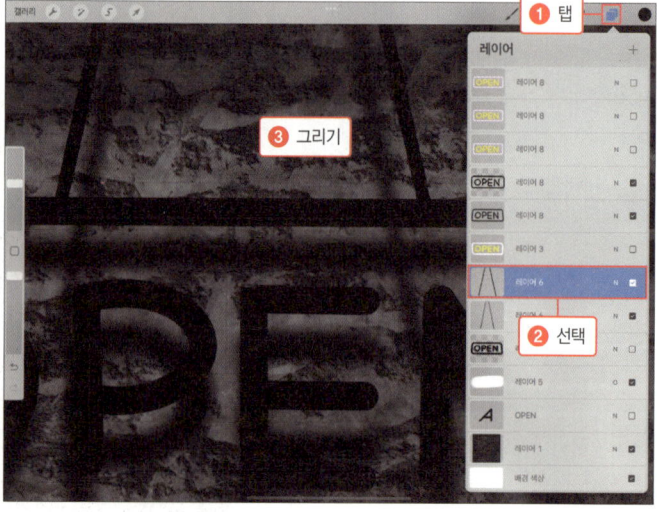

17 (레이어(□))에서 상단의 '레이어 8' 세 개를 순서대로 체크 표시하여 빛이 점차 밝아지는 것을 확인합니다.

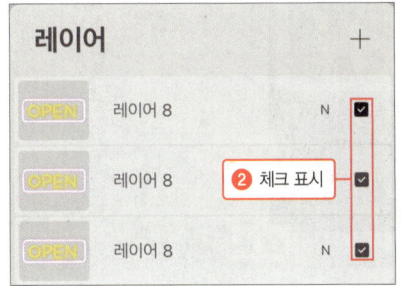

18 깜빡이는 네온 간판을 만들어보겠습니다. 텍스트 레이어와 '레이어 3' 두 개 레이어를 제외한 모든 레이어를 오른쪽으로 드래그하여 (그룹) 버튼을 탭합니다.

19 '새로운 그룹'을 왼쪽으로 드래그하여 세 번 복제한 다음 각 그룹의 이름을 '1~4'로 변경합니다.

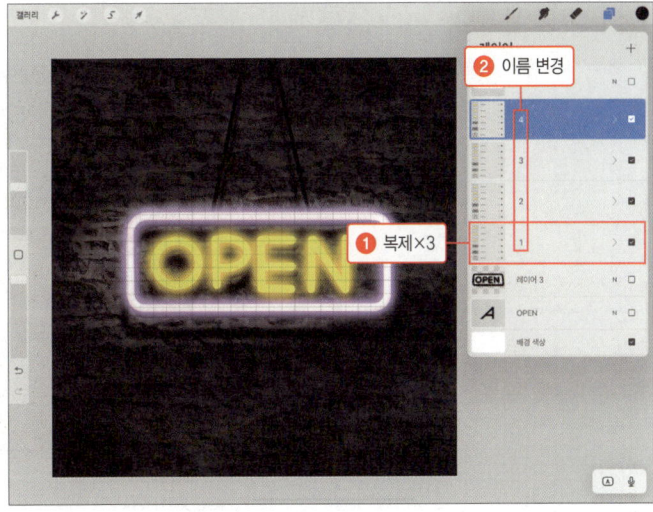

20 | 애니메이션 효과를 주기 위해 (동작(🔧) → 캔버스 → 애니메이션 어시스트)를 활성화합니다. 하단 바의 (설정)에서 (루프)를 선택하고 초당 프레임을 '10'으로 조절합니다.

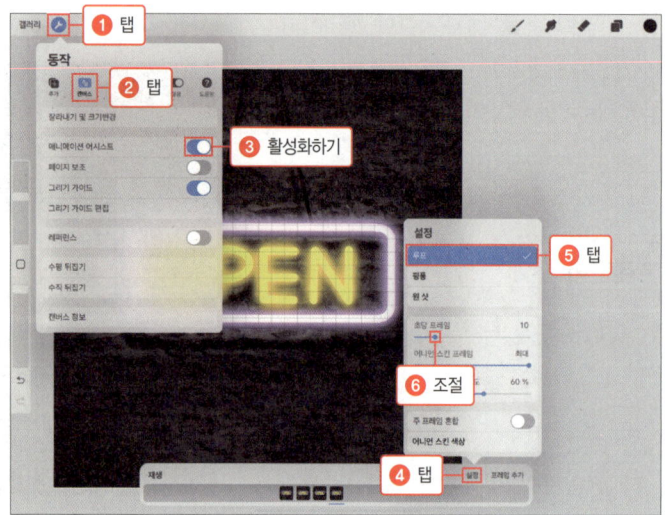

21 | (레이어(■))에서 그룹 '1'의 빛나는 '레이어 8'을 모두 체크 해제합니다.

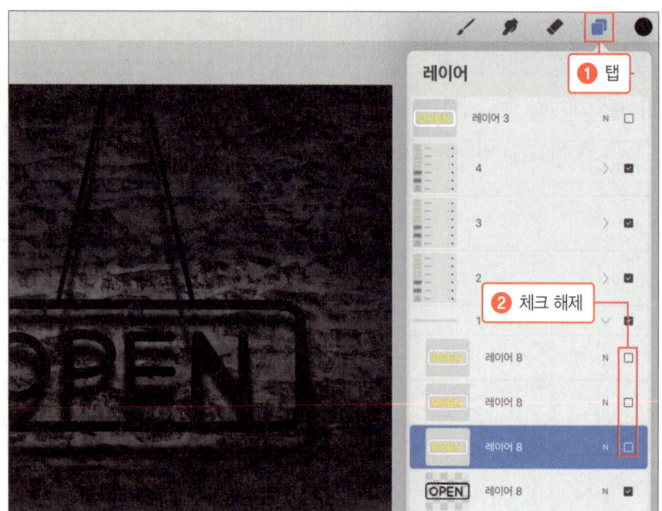

22 | 그룹 '2'는 빛나는 '레이어 8'을 하나만 체크 표시하여 활성화합니다.

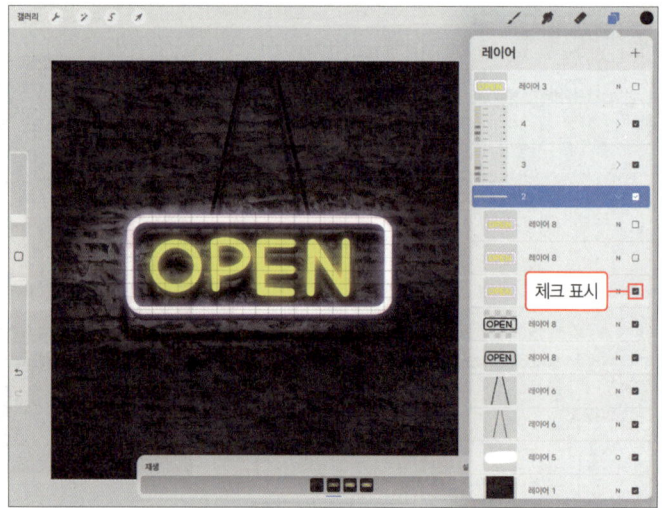

23 그룹 '3'의 '레이어 8'을 두 개만 체크 표시하고 그룹 '4'의 '레이어 8'을 모두 체크 표시하여 활성화합니다.

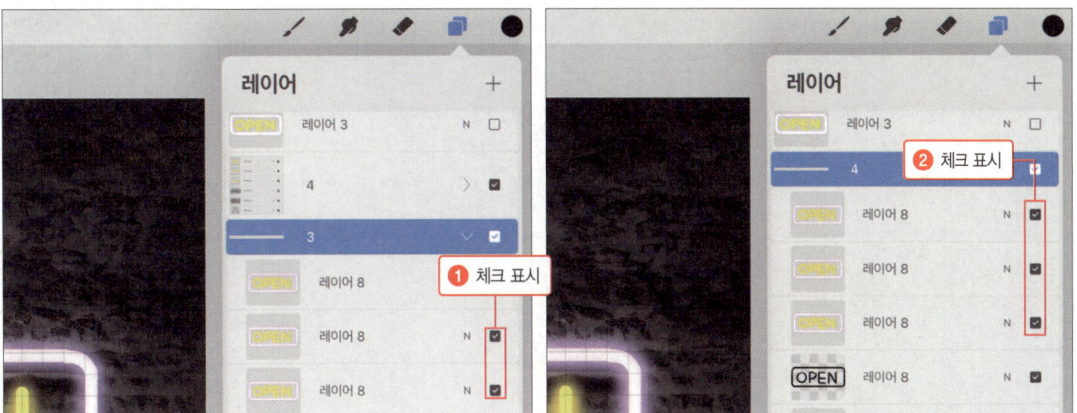

24 하단의 (재생) 버튼을 탭하면 깜빡이는 글씨가 완성되었지만 너무 산만한 느낌을 줍니다. 하단의 '첫 번째 프레임'을 선택하고 유지 지속시간을 '5'로 조절합니다. 네 번째 프레임도 유지 지속시간을 '5'로 조절합니다.

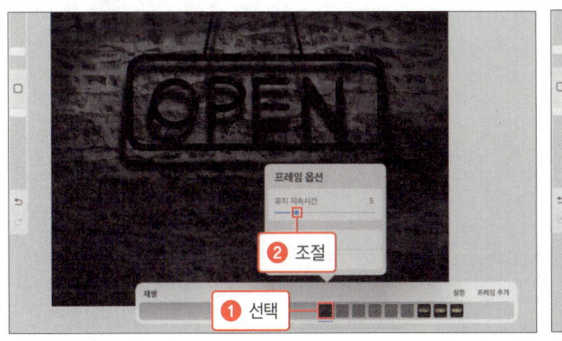

25 하단의 (재생) 버튼을 탭하면 꺼졌다 켜졌다를 반복하는 네온 간판을 확인할 수 있습니다. 유지 지속시간을 변경하거나 기존의 프레임을 복제 및 이동하는 방법으로 네온이 깜빡이는 느낌에 변화를 줄 수 있습니다. 이렇게 해서 네온 간판 느낌 캘리그라피하기 완성입니다.

5
실전!
브러시 표현법 활용하기

마지막 파트의 주제는 모작과 상상력입니다. 우리가 아는 대중적이면서도 유명한 화가의 그림을 흉내 내 자신만의 독특한 표현법이나 재료를 사용하여 깊은 영감을 준 현대 화가를 중심으로 프로크리에이트의 비슷한 브러시를 선택해 실습합니다. 그리고 앞서 배운 것들을 토대로 상상력을 마음껏 발휘할 수 있는 확대, 축소, 용도 바꾸기, 질감 바꾸기 등 기법을 다양한 브러시를 조합하여 표현해 보도록 하겠습니다.

버즈 브러시로 몬드리안 느낌의 그림 그리기

피에트 코르넬리스 몬드리안은 근대 미술 화가로 후기 인상주의, 상징주의를 대표하는 화가입니다. 그는 빨강, 파랑, 노랑 등의 원색, 그리고 흰색과 검은색 그리고 그 중간인 회색을 사용합니다. 우리가 아는 그림은 그의 생애 후반의 그림입니다. 몬드리안은 딱히 어떤 주제를 나타내기보다 선과 면, 색을 통해 미술의 시각적 언어를 전달하는 데 목적을 두었습니다. 대각선을 긋지 않는 것도 특이한 점입니다. 몬드리안의 그림을 이해하고 느낌을 표현하여 멋진 추상화를 그려 봅시다.

- 예제 파일 : 05\버즈 몬드리안.jpg
- 완성 파일 : 05\버즈 몬드리안_완성.procreate, 버즈 몬드리안_완성.jpg

① 버즈
② 멜라루카
③ 아크릴

사용 브러시

① 레트로 → 버즈
버즈
(니코롤)과 같이 질감이 있으면서도 두께가 일정한 납작 붓으로 그리는 듯한 느낌을 주는 브러시입니다. 몬드리안의 깔끔한 선을 표현하기 위해 사용합니다.

② 텍스처 → 멜라루카
멜라루카
종이의 질감을 표현하는 브러시 중 하나입니다.

③ 페인팅 → 아크릴
아크릴
아크릴 물감의 붓질 느낌을 내는 브러시입니다. 구성과 채색이 완료된 후에 붓의 질감을 더하기 위해서 사용합니다.

추상화 거리 그리기

01 (동작(🔧) → 추가 → 사진 삽입하기)을 탭하여 파일 앱 05 폴더에서 '버즈 몬드리안.jpg' 파일을 불러온 다음 캔버스 크기에 맞게 조절합니다.

02 (레이어(▢))에서 (+) 버튼을 탭하여 '레이어 2'를 추가합니다. '레이어 1'의 (N)을 탭하여 불투명도를 '30%'로 조절합니다.

03 반듯한 가로세로 선이 필요합니다. (동작 → 캔버스 → 그리기 가이드)를 활성화하고 (그리기 가이드 편집)을 선택합니다.

01 버즈 브러시로 몬드리안 느낌의 그림 그리기

04 (그리기 가이드)에서 (2D 격자)를 선택하고 (그리기 도움받기)를 활성화한 다음 (완료) 버튼을 탭합니다.

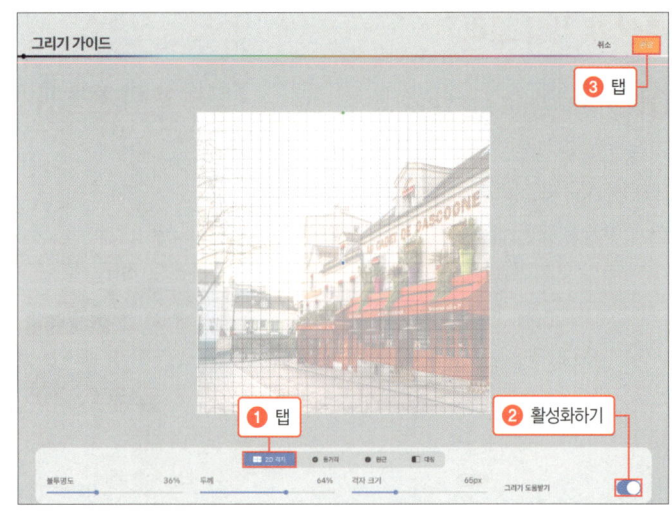

05 (브러시(⬚) → 레트로 → 버즈)를 선택하고 가로, 세로 선으로 사진에 보이는 대상을 구분 짓고 선을 긋습니다.

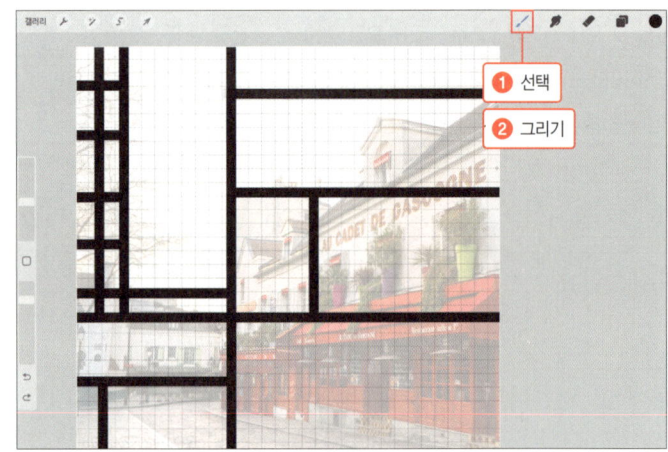

TIP 길과 건물, 하늘을 구분하는 것이 좋습니다.

사용 브러시 레트로 → 버즈

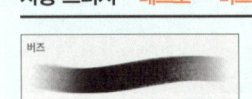
두께가 일정하고 깔끔한 선을 그을 수 있습니다. 필압을 인식하기 때문에 진한 선을 그어야 할 때는 손에 힘을 주어 스트로크 해야 합니다.

06 각각의 구분 지어진 사각형에 (색상(⬤))을 빨강, 파랑, 노랑의 삼원색과 흰색, 검은색, 회색에 가깝거나 많은 비율을 차지하는 색으로 지정하고 드래그하여 채색합니다.

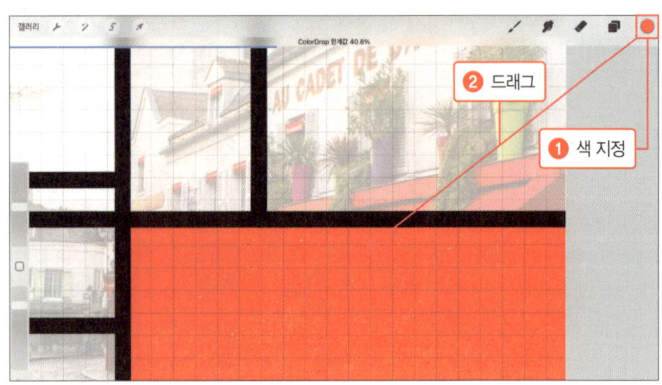

07 오른쪽 사각형 위치에 빨간색이 많이 보입니다. (색상(●))을 '빨간색'으로 지정하고 드래그하여 채색합니다.

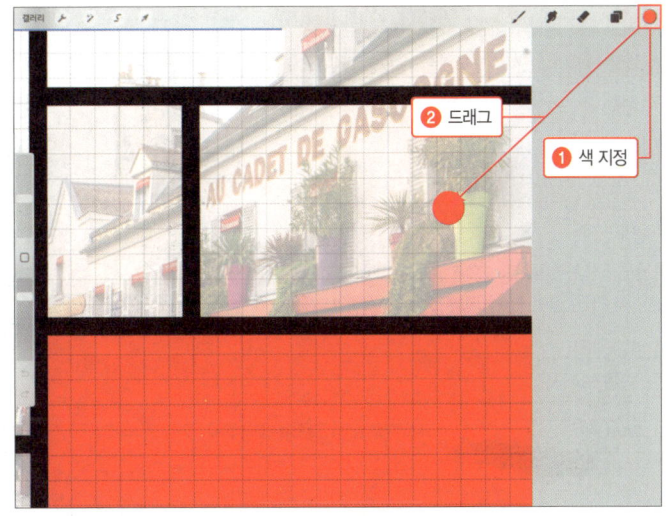

08 06번~07번과 같은 방법으로 나머지 사각형도 'Color Drop'으로 채색합니다.

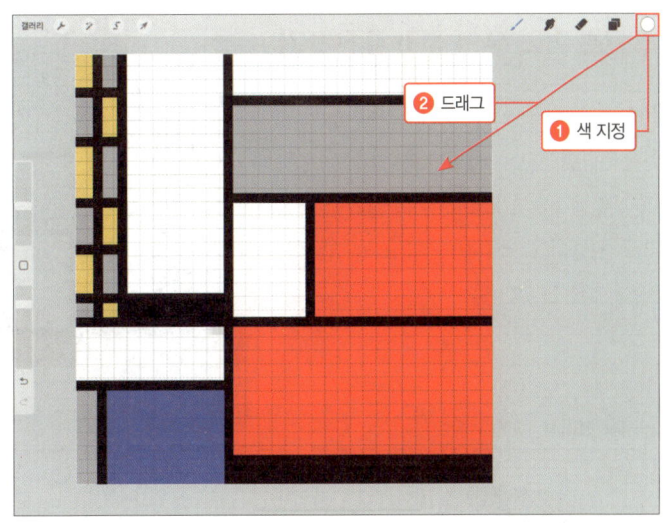

추상화 거리 종이 질감 표현하기

01 약간의 질감 표현을 위해 (레이어(■))에서 (+) 버튼을 탭하여 '레이어 3'을 추가하고 '레이어 2'의 클리핑 마스크로 만듭니다. (N)을 탭하여 (곱하기)로 선택합니다.

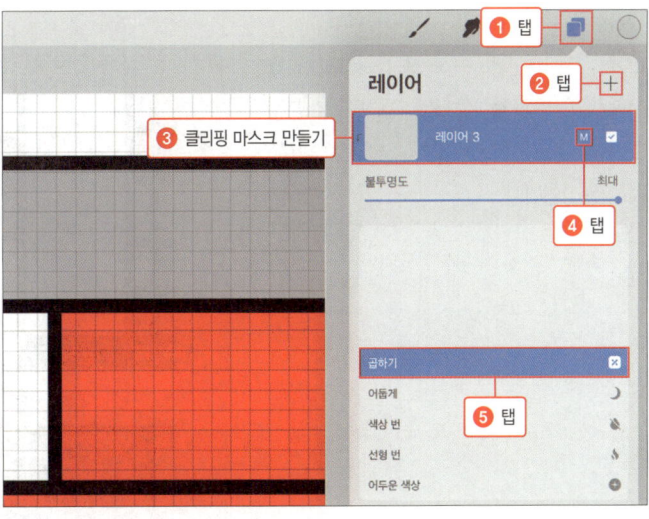

02 [브러시(✏️) → 텍스처 → 멜라루카]를 선택합니다. (색상(⚫))을 '옅은 회색'으로 지정하고 브러시 크기를 조절하여 문지릅니다.

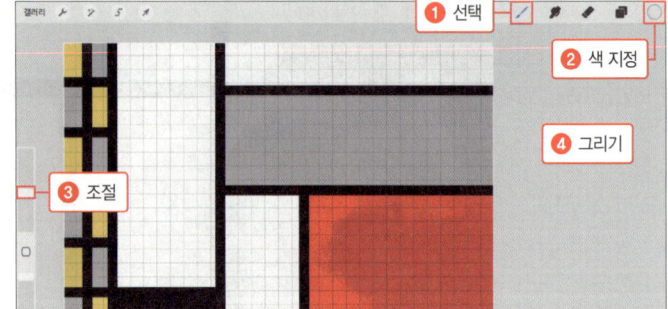

TIP 너무 진한 회색으로 하면 색이 크게 변하기 때문에 유의하도록 합니다.

사용 브러시 텍스처 → 멜라루카

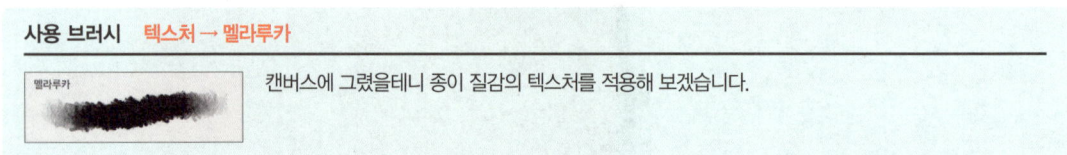

캔버스에 그렸을테니 종이 질감의 텍스처를 적용해 보겠습니다.

추상화 거리 붓의 질감 표현하기

01 붓의 질감 표현도 해 보겠습니다. (레이어(🔲))에서 (+) 버튼을 탭하여 '레이어 4'를 추가하고 '레이어 2'의 클리핑 마스크로 만듭니다. '레이어 2'의 (N)을 탭하여 (곱하기)를 선택합니다.

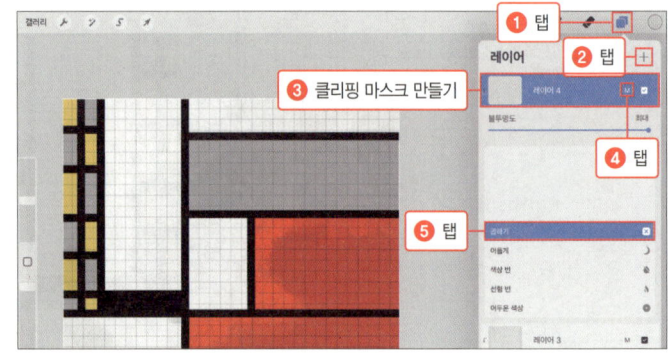

사용 브러시 페인팅 → 아크릴

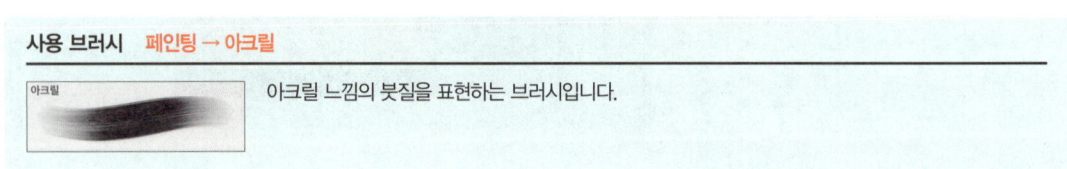

아크릴 느낌의 붓질을 표현하는 브러시입니다.

02 [브러시(✏️) → 페인팅 → 아크릴]을 선택하고 (색상(⚫))을 '옅은 회색'으로 지정합니다. 붓질을 한 것처럼 추가 질감을 표현하여 완성합니다.

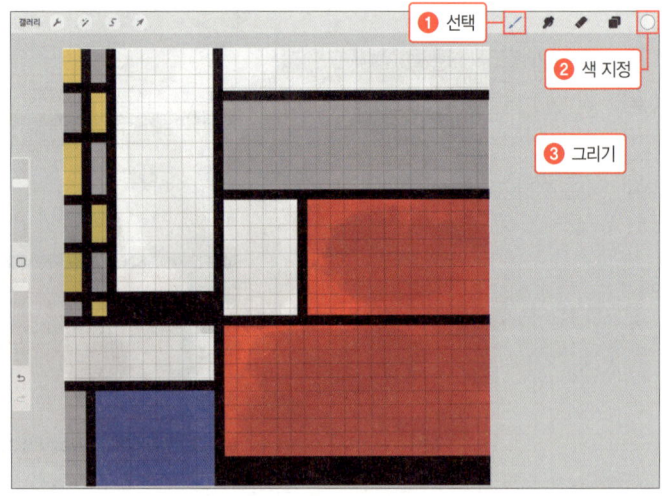

Brush
02
판다니 브러시

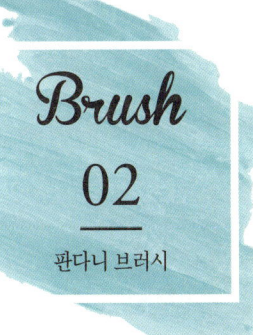

판다니 브러시로 앤디 워홀 느낌의 그림 그리기

팝아트의 제왕 앤디 워홀의 그림을 한 번쯤 본 적이 있을 것입니다. 앤디 워홀의 팝아트란 대중적인 것을 대상으로 그리는 것으로 그는 실크스크린 기법을 사용해서 그림을 제작했습니다. 실크스크린은 특성상 한 번 판을 만들어 놓으면 대량생산이 가능한 특징이 있어 그의 그림들에 유독 반복적인 형태가 많습니다. 그가 이렇게 대량생산을 할 수 있는 기법을 선택한 이유는 평범한 대중들도 그림을 즐길 권리가 있다고 생각했기 때문입니다. 이런 그의 생각을 이해하고 그림을 즐기는 마음으로 앤디 워홀 느낌의 그림을 그려보면 좋은 시간이 될 것입니다.

- 예제 파일 : 05\판다니 앤디워홀.jpg
- 완성 파일 : 05\판다니 앤디워홀_완성.procreate, 판다니 앤디워홀_완성.jpg

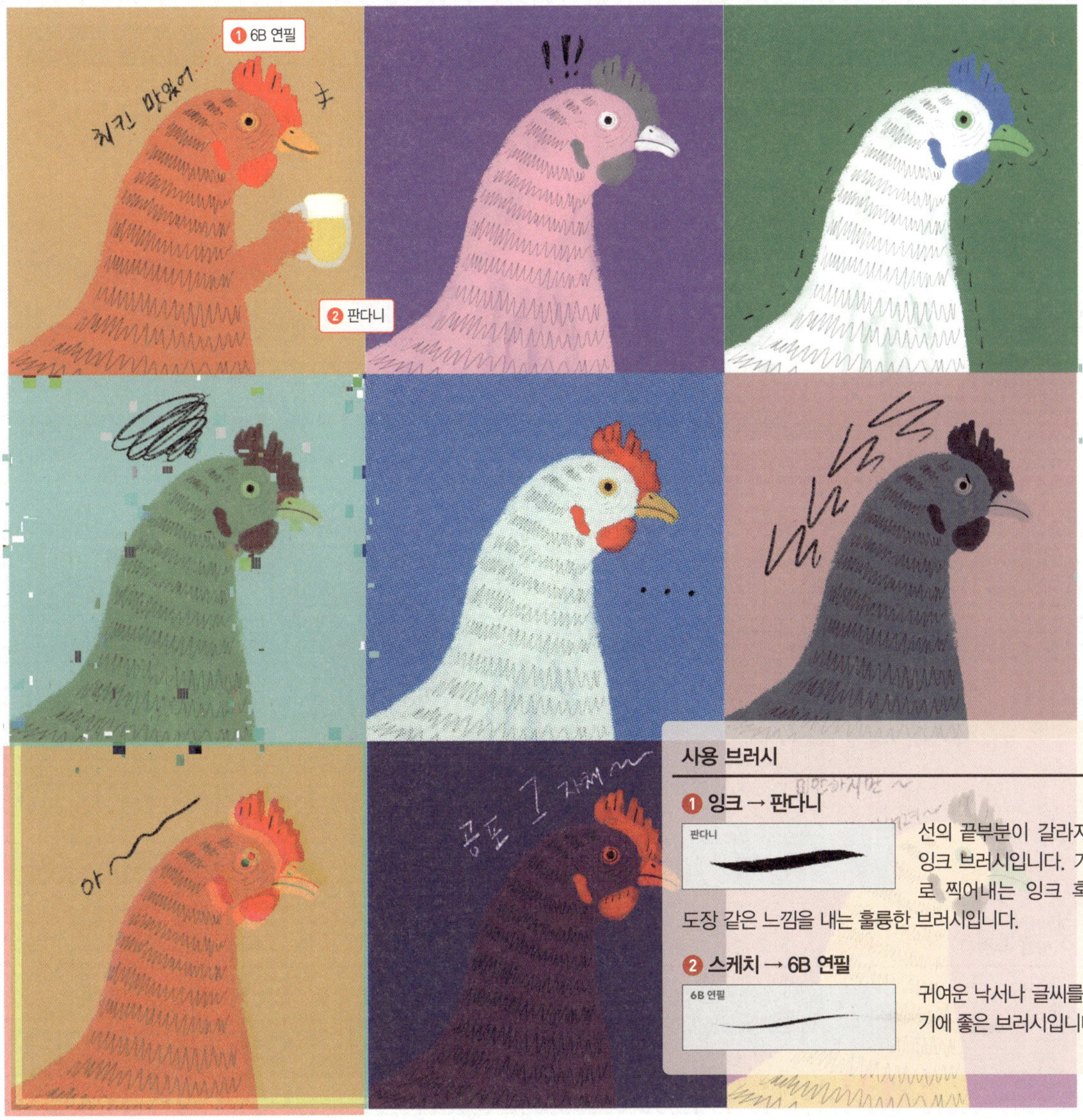

사용 브러시

1 잉크 → 판다니

판다니

선의 끝부분이 갈라지는 잉크 브러시입니다. 기계로 찍어내는 잉크 혹은 도장 같은 느낌을 내는 훌륭한 브러시입니다.

2 스케치 → 6B 연필

6B 연필

귀여운 낙서나 글씨를 쓰기에 좋은 브러시입니다.

닭 그리기

01 (동작( )) → 추가 → 사진 삽입하기)을 탭하여 파일 앱 05 폴더에서 '판다니앤디워홀.jpg' 파일을 불러온 다음 캔버스 크기에 맞게 조절합니다.

02 (레이어( ))에서 (+) 버튼을 탭하여 '레이어 2'를 추가합니다. '레이어 1'의 (N)을 탭하여 불투명도를 '30%'로 조절합니다.

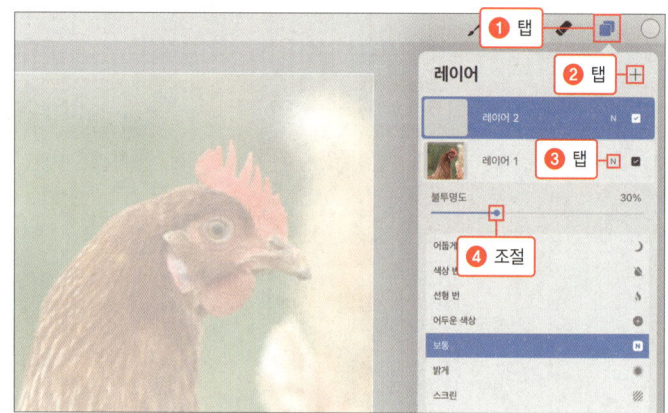

03 (브러시( ) → 잉크 → 판다니)를 선택하고 (색상( ))을 '갈색'으로 지정하여 닭의 몸통을 그립니다.

사용 브러시 잉크 → 판다니

앤디 워홀은 실크스크린 기법을 사용합니다. 예제에서는 (잉크)에서 끝이 조금 갈라지면 재밌을 것 같아 선택했습니다. 다른 잉크 브러시도 괜찮습니다.

04 (레이어(■))에서 (+) 버튼을 탭하여 '레이어 3'을 추가합니다. '레이어 2'의 (N)을 탭하여 불투명도를 '30%'로 조절합니다.

05 (색상(●))을 '빨간색'으로 지정하여 벼슬을 그립니다.

TIP 레이어를 나누어 채색하는 이유는 후에 색을 따로 변경해야 할 작업이 남아 있기 때문입니다.

06 (레이어(■))에서 (+) 버튼을 탭하여 '레이어 4'를 추가합니다. '레이어 3'의 (N)을 탭하여 불투명도를 '30%'로 조절합니다.

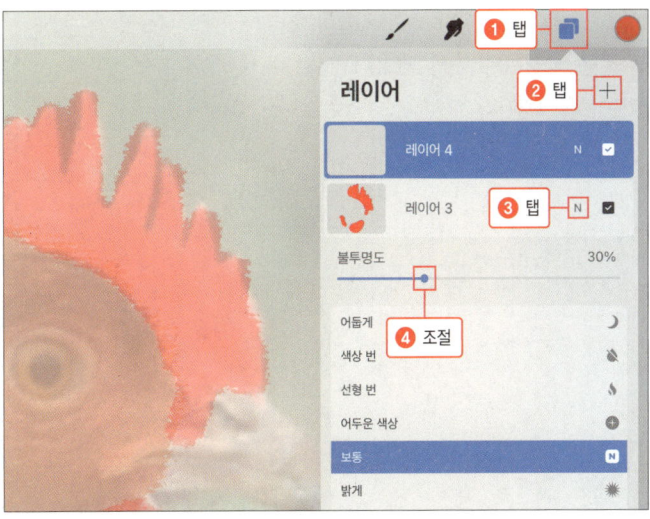

07 (색상(●))을 '노란색'으로 지정하여 눈과 부리를 그립니다.

08 (레이어(■))에서 (+) 버튼을 탭하여 '레이어 5'를 추가합니다. '레이어 4'의 (N)을 탭하여 불투명도를 '30%'로 조절합니다.

09 '레이어 5'를 선택하고 깃털의 모양과 동공, 부리, 콧구멍 등 형태를 구분할 수 있는 선을 그립니다.

10 (레이어(🗂))에서 (+) 버튼을 탭하여 '레이어 6'을 추가한 다음 '레이어 1'의 위로 이동합니다.

11 (색상(●))을 '탁한 노란색'으로 지정하고 캔버스에 드래그하여 배경을 완성합니다.

12 '레이어 1'을 제외한 모두 레이어를 오른쪽으로 드래그하여 다중 선택한 다음 (그룹) 버튼을 탭합니다.

13 '새로운 그룹'을 왼쪽으로 드래그하여 (복제) 버튼을 탭합니다. 복제하여 9개의 그룹을 만들고 각각의 그룹 이름을 '1'-'9'로 이름을 변경합니다.

14 9개의 닭이 한 캔버스에 들어오게 하겠습니다. (동작) → 캔버스 → 그리기 가이드)를 활성화하고 (그리기 가이드 편집)을 탭합니다.

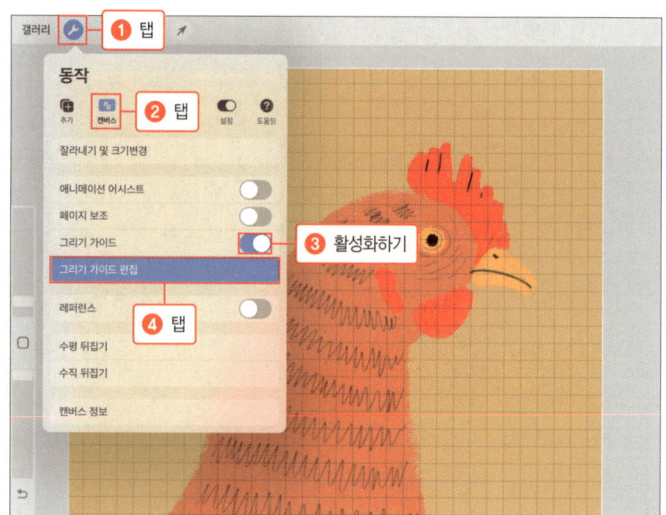

15 (그리기 가이드)에서 격자 크기를 '676px'로 조절하고 파란색 점을 이동하여 9개의 칸을 만듭니다. 그림처럼 9개의 칸을 만들어지면 (완료) 버튼을 탭합니다.

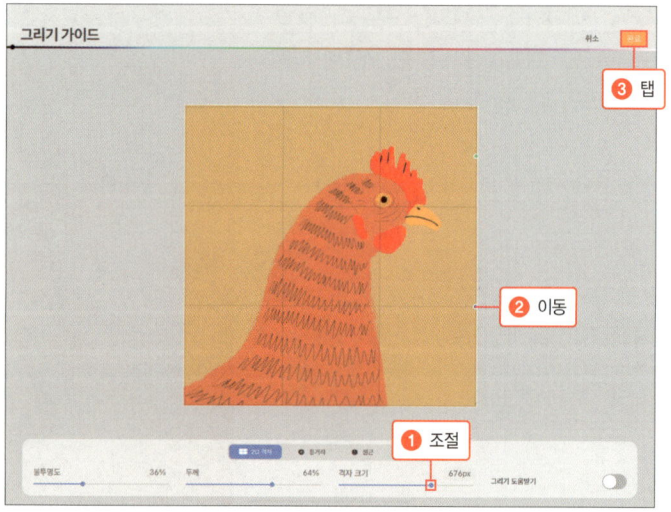

16 〔레이어(■)〕에서 그룹 '1'–'9'를 모두 오른쪽으로 드래그하여 다중 선택합니다.

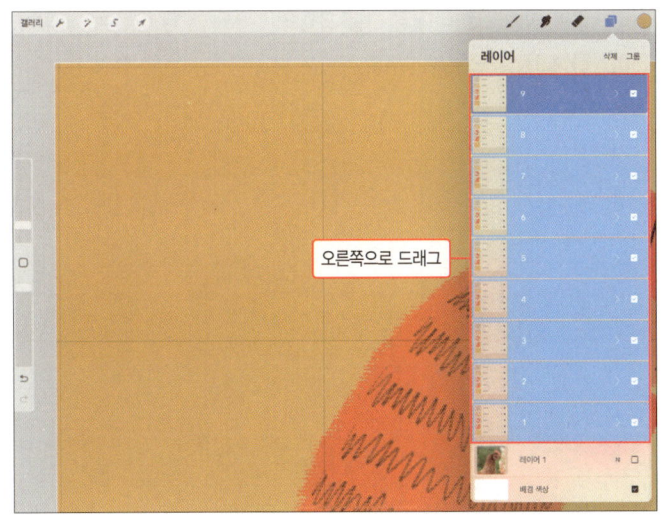

17 〔변형(➤) → 균등〕을 선택하고 왼쪽 상단의 첫 번째 칸으로 이동합니다. 〔스냅〕을 탭하여 〔자석〕, 〔스냅〕을 활성화하고 거리를 '5', 속도를 '최대'로 조절합니다.

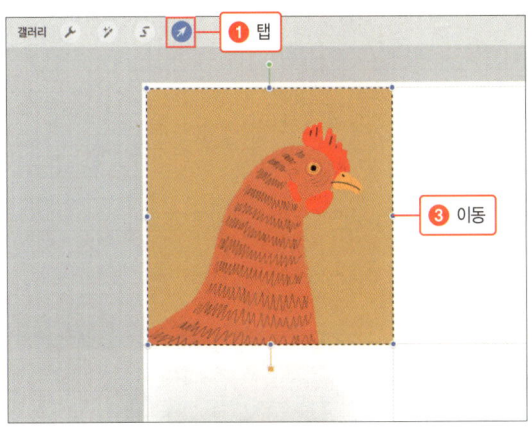 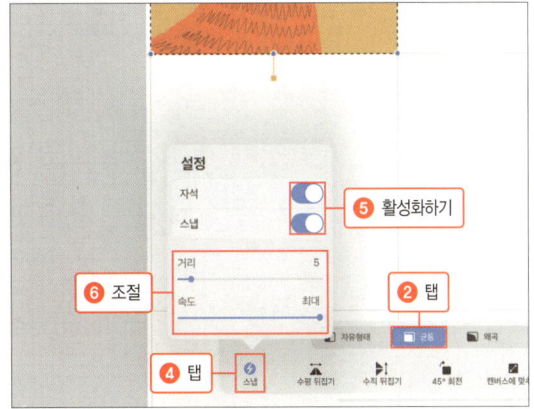

18 〔레이어(■)〕에서 그룹 '8'을 선택합니다. 〔변형(➤) → 균등〕을 선택한 상태로 이동하여 칸을 채웁니다.

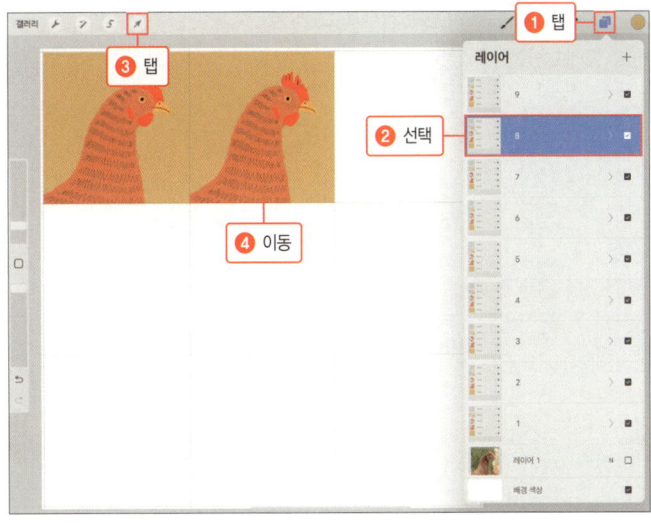

19 같은 방법으로 나머지 그룹 레이어도 이동하여 9칸을 모두 채웁니다.

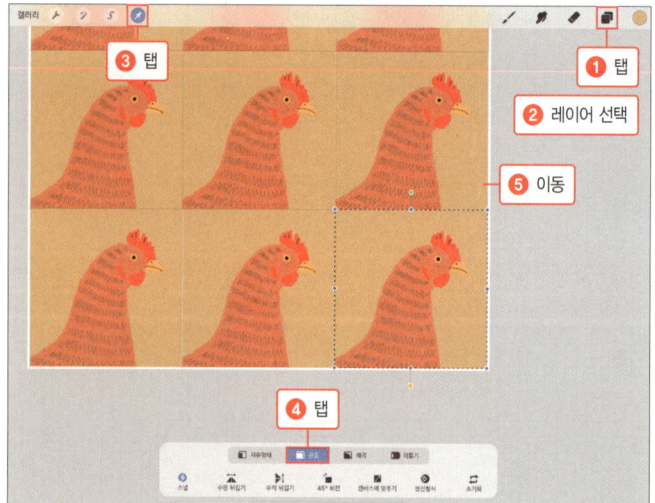

20 이제 각 칸에 위치한 닭에 다양한 효과와 색상을 적용하겠습니다. (레이어(■))에서 그룹 '1'의 (>) 버튼을 탭하고 '레이어 6'을 선택합니다.

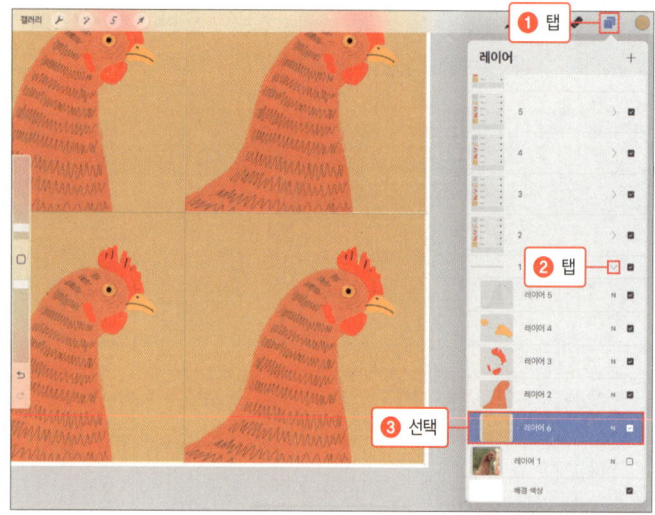

21 (색상(●))을 '밝은 분홍색'으로 지정하고 드래그하여 색을 변경합니다.

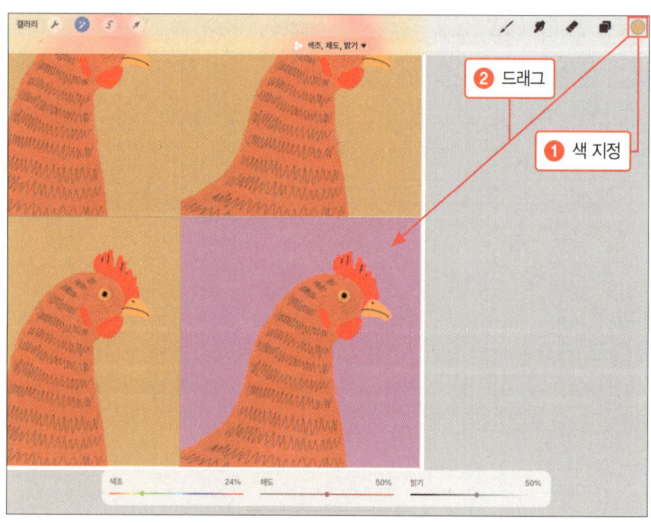

22 다시 (레이어(⬛))에서 그룹 '1'의 '레이어 2'를 선택합니다.

23 (색상(⚫))을 '밝은 살구색'으로 지정하고 드래그하여 닭의 몸통 색을 변경합니다.

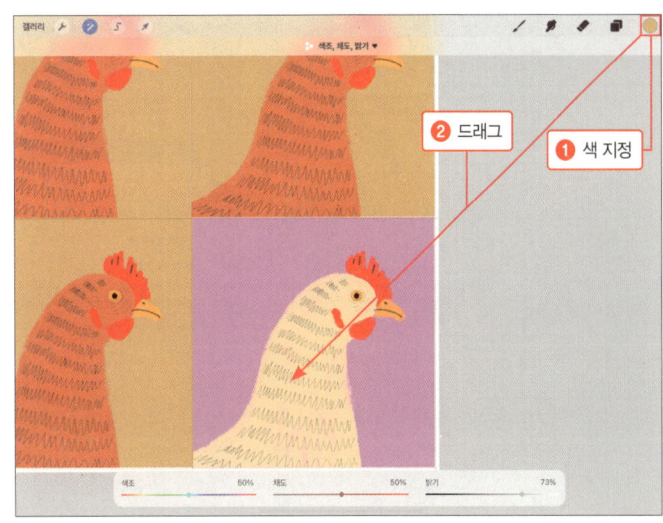

24 21번~23번과 같은 방법으로 닭의 부분 부분의 색을 변경합니다.

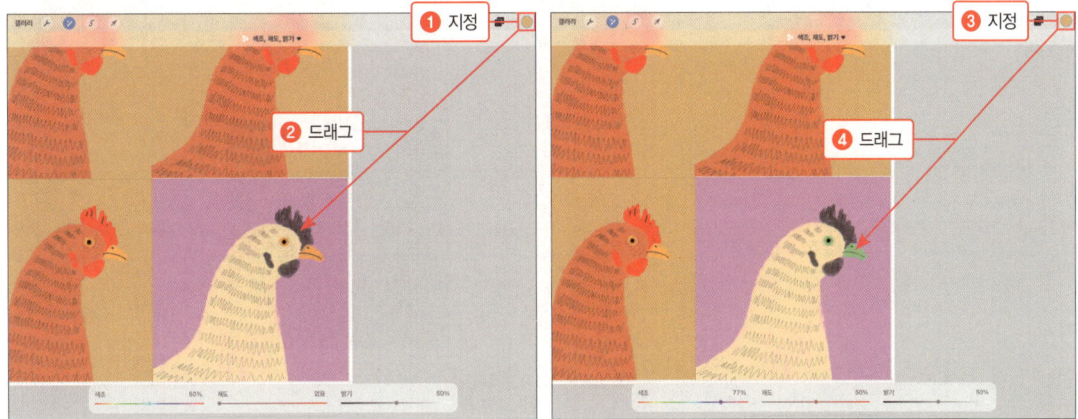

25 | 그룹 '2'의 닭은 조금 다른 방식으로 변화를 주겠습니다. (레이어)에서 그룹 '2'의 모든 레이어를 두 손가락으로 꼬집어 합칩니다.

26 | (조정) → 곡선을 선택합니다.

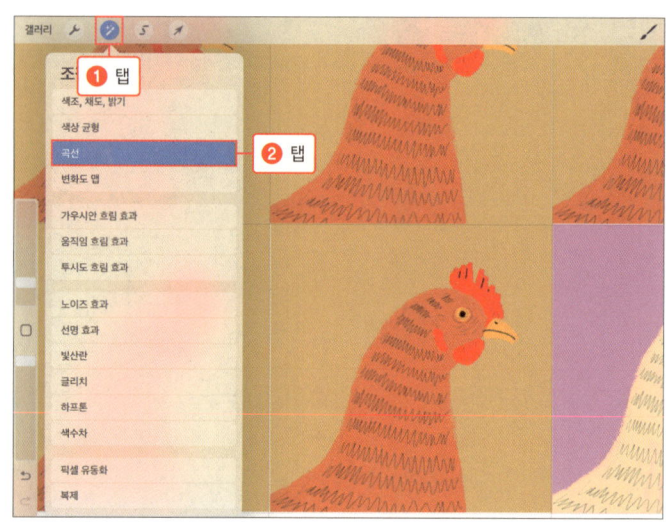

27 | (감마), (빨강), (초록), (파랑) 탭을 선택하고 곡선을 조절하여 원하는 색으로 만듭니다.

TIP 곡선으로 색을 조절하면 의도치 않은 배색이나 극적인 효과를 쉽게 줄 수 있습니다.

28 | 다음 닭도 25번과 같은 방법으로 (레이어(■))에서 그룹 '3'을 합친 다음 (조정(✎) → 색수차)를 선택합니다.

29 | (색수차)에서 (원근)을 선택하고 전환효과를 '최대', 묽음 감소를 '없음'으로 조절하고 좌우로 드래그하여 색수차를 '30%'로 조절합니다.

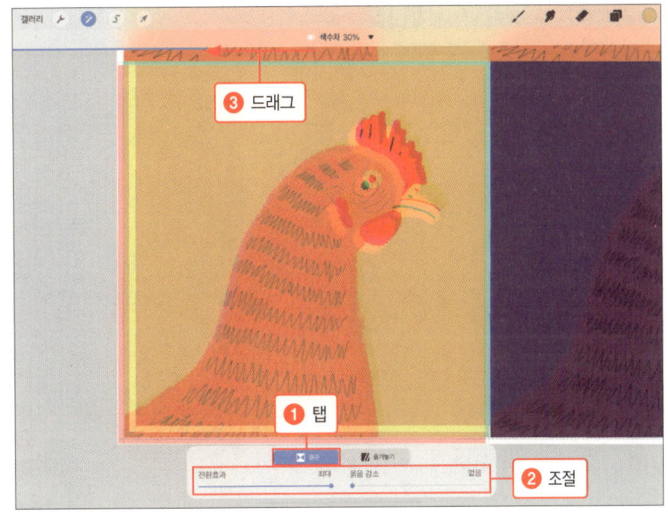

30 | 다음 닭도 25번과 같은 방법으로 합친 다음 (조정(✎) → 변화도 맵)을 선택합니다. (변화도 라이브러리)에서 하나씩 선택해 보고 마음에 드는 효과를 선택합니다.

31 다음 닭은 레이어를 합치기 전에 (색상(●))을 '민트색'으로 지정하여 닭의 몸을, '파란색'으로 지정하여 배경 색상을 변경한 다음 25번과 같은 방법으로 합칩니다. (조정(☞) → 하프톤)을 선택합니다.

32 (하프톤)에서 (전체 색상)을 선택하고 하프톤을 드래그하여 '3%'로 조절했습니다.

TIP 하프톤을 적용하면 노이즈 같은 무늬가 생깁니다.

33 다음 닭도 31번과 같은 방법으로 변경하고 합칩니다. (조정(☞) → 글리치)를 선택하여 양을 '100%', 블록 크기를 '5%', '확대/축소 100%', 글리치 양을 '10%' 적용합니다.

34 (레이어(▣))에서 그룹 '7'의 닭은 그룹 '1'의 닭처럼 각 레이어를 각각 선택하고 색을 하나하나 변경합니다.

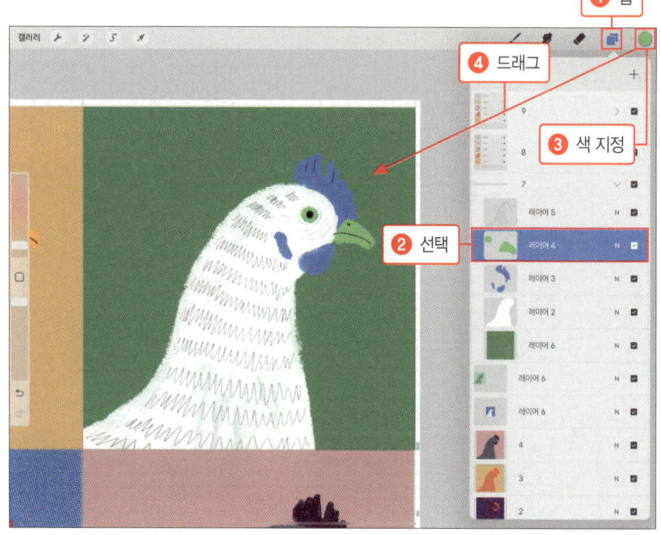

35 나머지 닭도 색을 변경하여 9개의 다른 느낌의 닭을 완성합니다.

36 그림의 재미를 더하기 위해서 약간의 소품을 추가하겠습니다. (레이어(▣))에서 그룹 '9'를 선택하고 (+) 버튼을 탭하여 '레이어 31'을 추가한 다음 '레이어 6'의 위로 이동합니다. 맥주를 그리고 '레이어 2'에 닭의 팔을 그립니다. '레이어 5'에서 닭의 입꼬리를 올려 전체적으로 장난끼 있는 닭으로 표현합니다.

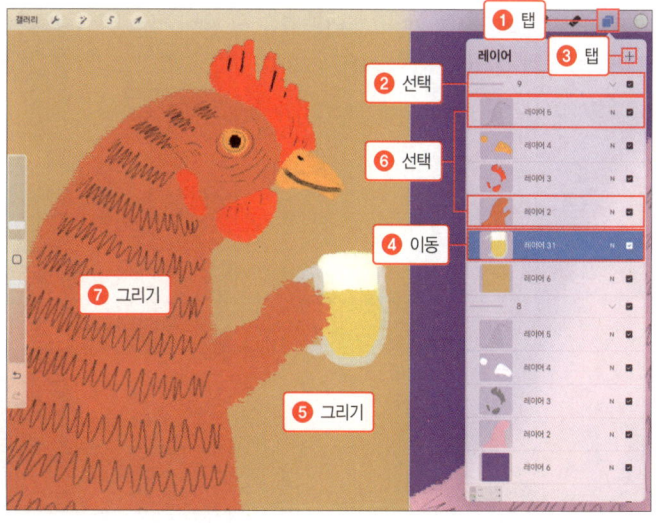

37 | (레이어(■))에서 그룹 '1'–'9'를 모두 두 손가락으로 꼬집어 합칩니다.

닭 묘사하기

01 | (브러시(✎) → 스케치 → 6B 연필) 을 선택합니다. (레이어(■))에서 (+) 버튼 을 탭하여 '레이어 3'을 추가합니다.

사용 브러시   스케치 → 6B 연필

본격적으로 낙서를 하기 위해서 (6B 연필)을 선택합니다.

02 | 각 그림마다 느낌 가는 대로 디테일 을 추가하여 각 그림의 개성을 더합니다. 앤 디 워홀에 자신만의 낙서를 더해 완성합니다.

Brush 03
이볼브 브러시

이볼브 브러시로 고흐 느낌의 그림 그리기

미술에 별 관심이 없어도 고흐라는 화가는 대부분이 알고 그의 대표작도 몇몇 작품은 아는 사람이 많습니다. 그만큼 대중적인 고흐는 살아생전 빛을 보지 못한 화가로 알코올 중독에 시달릴 만큼 힘든 시간을 보냈습니다. 그의 삶은 어지러운 선이나 색감, 사물의 왜곡 등을 통하여 그림에서도 확인할 수 있습니다. 이런 고흐의 그림 중에서 '별이 빛나는 밤에'라는 작품을 흉내 낼 수 있는 브러시들로 그리고 브러시의 특성을 이해하면 할수록 응용할 수 있는 범위는 더 넓어질 것입니다. 두 가지 브러시를 바탕으로 고흐 느낌의 그림을 그려 봅시다.

● 완성 파일 : 05\이볼브 고흐_완성.procreate, 이볼브 고흐_완성.jpg

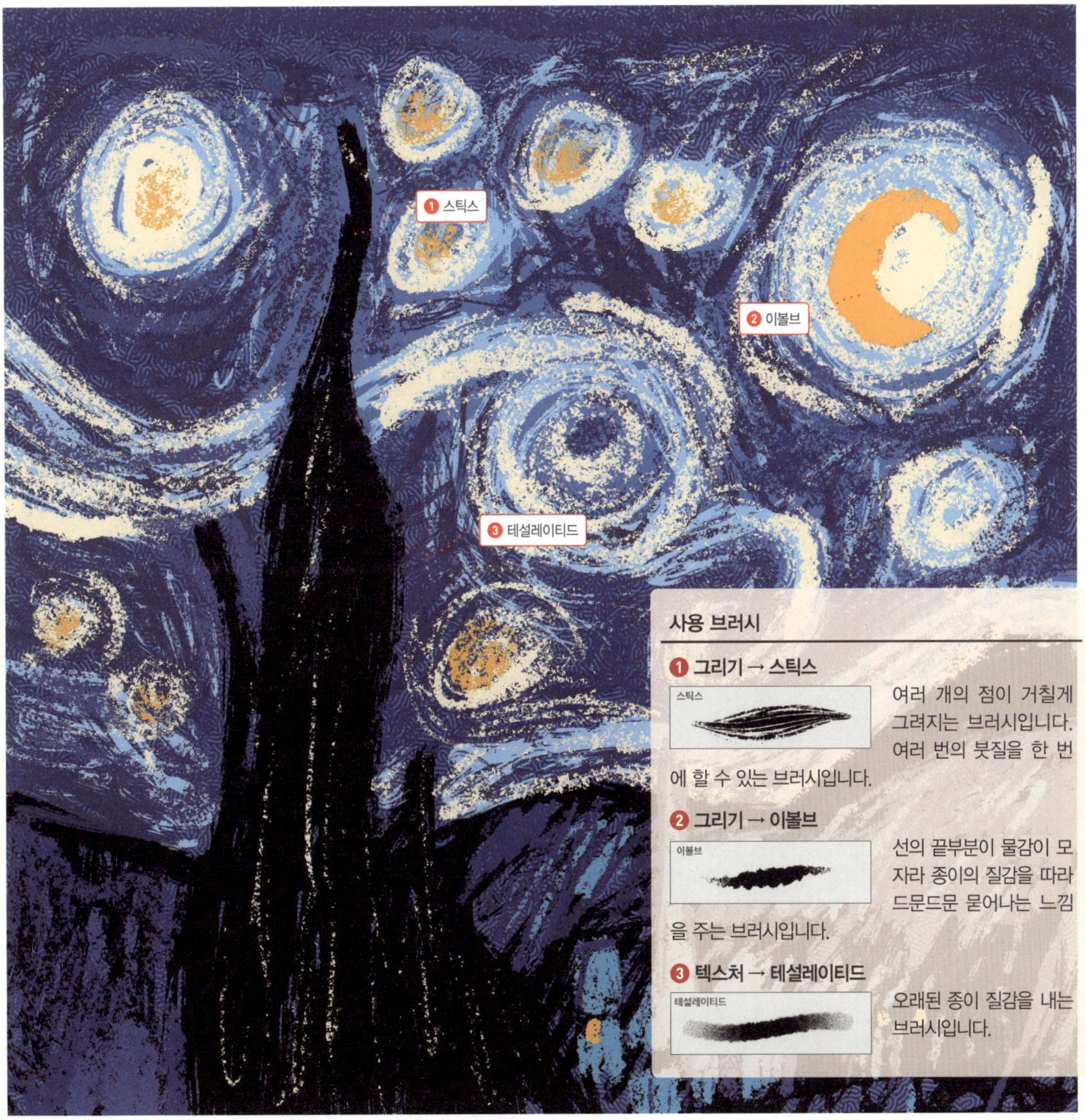

사용 브러시

1 그리기 → 스틱스
여러 개의 점이 거칠게 그려지는 브러시입니다. 여러 번의 붓질을 한 번에 할 수 있는 브러시입니다.

2 그리기 → 이볼브
선의 끝부분이 물감이 모자라 종이의 질감을 따라 드문드문 묻어나는 느낌을 주는 브러시입니다.

3 텍스처 → 테설레이티드
오래된 종이 질감을 내는 브러시입니다.

별이 빛나는 밤에 그리기

01 (색상(●))을 '밝은 파랑색'으로 지정하고 캔버스로 드래그한 다음 (레이어(■))에서 (+) 버튼을 탭하여 '레이어 2'를 추가합니다.

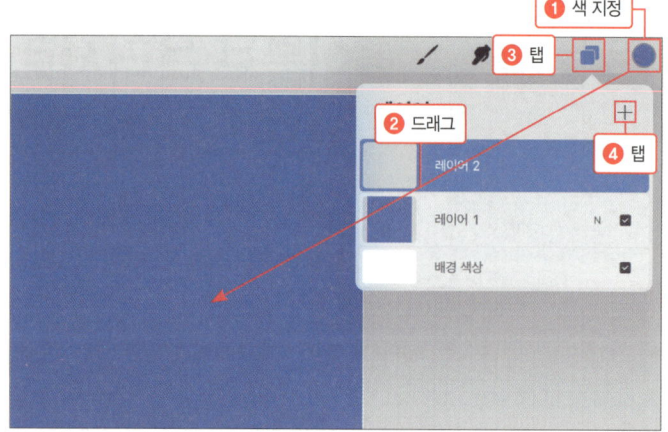

02 (색상(●))을 '검은색'으로 지정하고 (브러시(✎)) → 그리기 → 스틱스를 선택하여 산들성이를 그립니다.

사용 브러시 그리기 → 스틱스

(스틱스)는 여러 점이 흩어져 있는 모양이 이어져 선이 만들어지는 브러시입니다. 대부분 화가는 수만, 수억 번, 그 이상의 붓 터치를 통해서 그림을 완성합니다. 이런 고된 붓 터치를 어느 정도 도와줄 수 있는 브러시로 (스틱스)를 활용해 보겠습니다.

03 '별이 빛나는 밤에' 그림을 참고하여 검은 산도 그립니다.

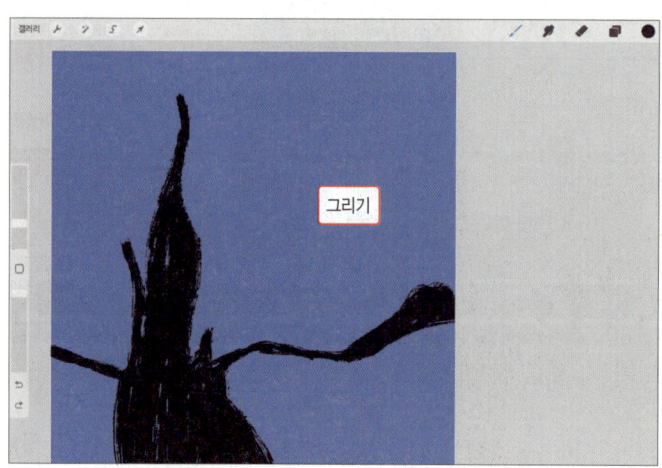

TIP (스틱스)의 특성상 그림에 빈틈이 생기는데 오히려 이런 부분이 자연스럽습니다.

04 계속해서 검은색이 보이는 부분을 문질러 그림을 채웁니다.

TIP 꼼꼼하게 채우지 않고 빈틈이 있도록 합니다. 후에 빈틈 위주로 다른 색을 추가하여 그림을 풍성하게 합니다.

05 이번에는 하늘 부분을 표현하겠습니다. (색상(●))을 '하늘색'으로 지정하여 고흐 그림의 특이한 소용돌이 치는 구름, 빛 등을 그립니다.

06 그림 곳곳에 보이는 하늘색 부분을 (스틱스)로 채웁니다.

07 이번에는 (색상(●))을 '남색'으로 지정하여 빈 곳곳을 그립니다.

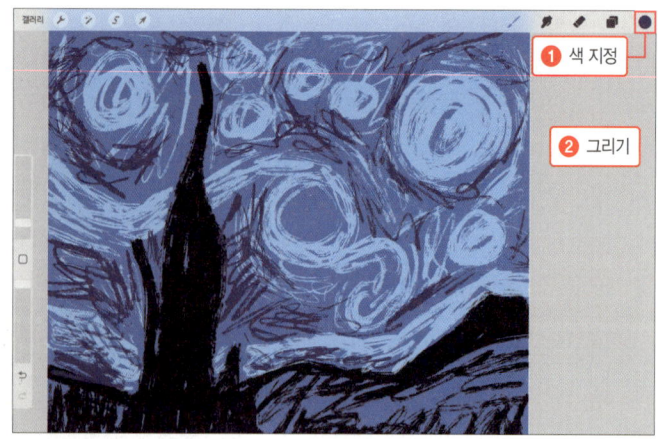

별이 빛나는 밤에 묘사하기

01 (브러시(✎) → 그리기 → 이볼브)를 선택하고 (색상(●))을 '남색'으로 지정하여 '밝은 파란색'이 남아 있는 부분을 채웁니다.

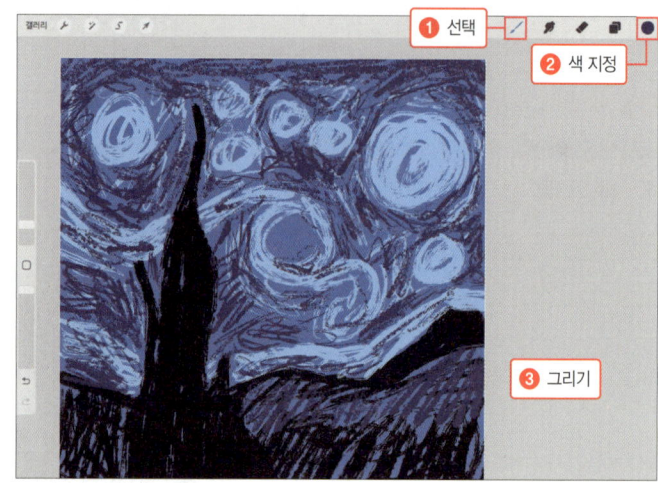

사용 브러시   그리기 → 이볼브

유화 붓 터치를 표현할 수 있는 브러시가 많지 않습니다. (이볼브)는 프로크리에이트가 제공하는 기본 브러시 중에서 물감이 거의 남아 있지 않은 뻑뻑한 유화의 붓 터치를 흉내 내는 브러시입니다.

02 (색상(●))을 채도가 낮은 '밝은 노란색'으로 지정하여 하늘의 별이 빛나는 부분을 그립니다.

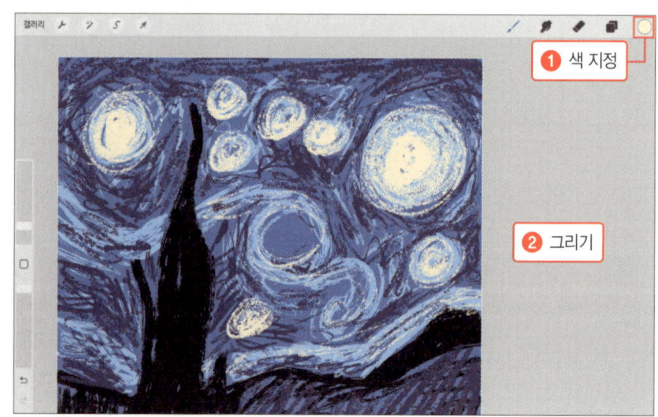

03 검은 산 부분에도 빛을 군데군데 표현합니다.

04 구름과 별이 뒤엉키는 부분을 계속 표현합니다.

05 (색상(●))을 '하늘색'으로 지정하여 건물 부분을 그리고 산등성이를 그립니다.

06 〔색상(●)〕을 '짙은 파란색'으로 지정하여 건물의 외곽선과 곳곳에 '밝은 파란색'으로 남아 있는 빈 곳을 채웁니다.

07 지금까지 썼던 색으로 빈틈을 계속 메웁니다.

08 〔색상(●)〕을 '노란색'으로 지정하여 달과 별들을 그립니다.

09 | 건물의 빛나는 창문을 표현합니다.

별이 빛나는 밤에 질감 표현하기

01 | [레이어(▣)]에서 [+] 버튼을 탭하여 '레이어 3'을 추가하고 [N]을 탭하여 [곱하기]를 선택합니다.

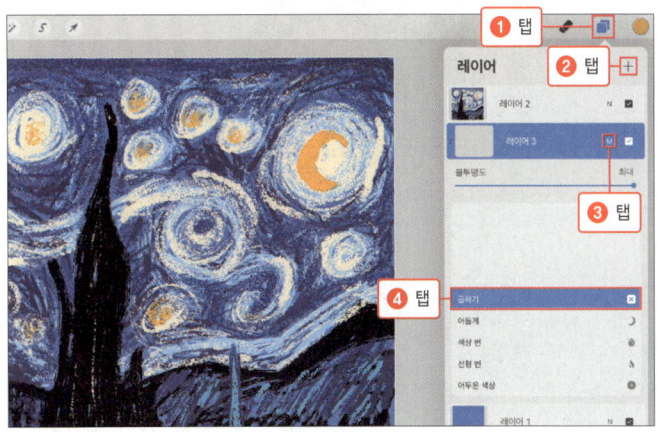

02 | [브러시(✏)] → 텍스처 → 테설레이티드]를 선택하고 [색상(●)]을 '회색에 가까운 파란색'으로 지정하여 질감을 표현합니다. 빛이 있는 곳에도 질감을 표현하면 색감이 너무 어두워지기 때문에 어둠이 드리운 곳만 질감 표현을 하여 완성합니다.

사용 브러시 텍스처 → 테설레이티드

캔버스의 질감을 표현하기 위해서 [테설레이티드]를 선택합니다.

흩뿌린 물 브러시로
그림에 포인트 표현하기

깔끔하고 일정한 형태를 표현한 그림에 포인트를 주어 그림을 더 돋보이게 할 수 있습니다. 프로크리에이트에서는 브러시를 이용하여 원하는 부분에 쉽게 포인트를 줄 수 있습니다. 그림을 깔끔하게 그리고 흩뿌린 물 브러시로 포인트가 돋보이는 그림을 완성해 봅니다.

- 예제 파일 : 05\흩뿌린 물 표현.jpg
- 완성 파일 : 05\흩뿌린 물 표현_완성.procreate, 흩뿌린 물 표현_완성.jpg

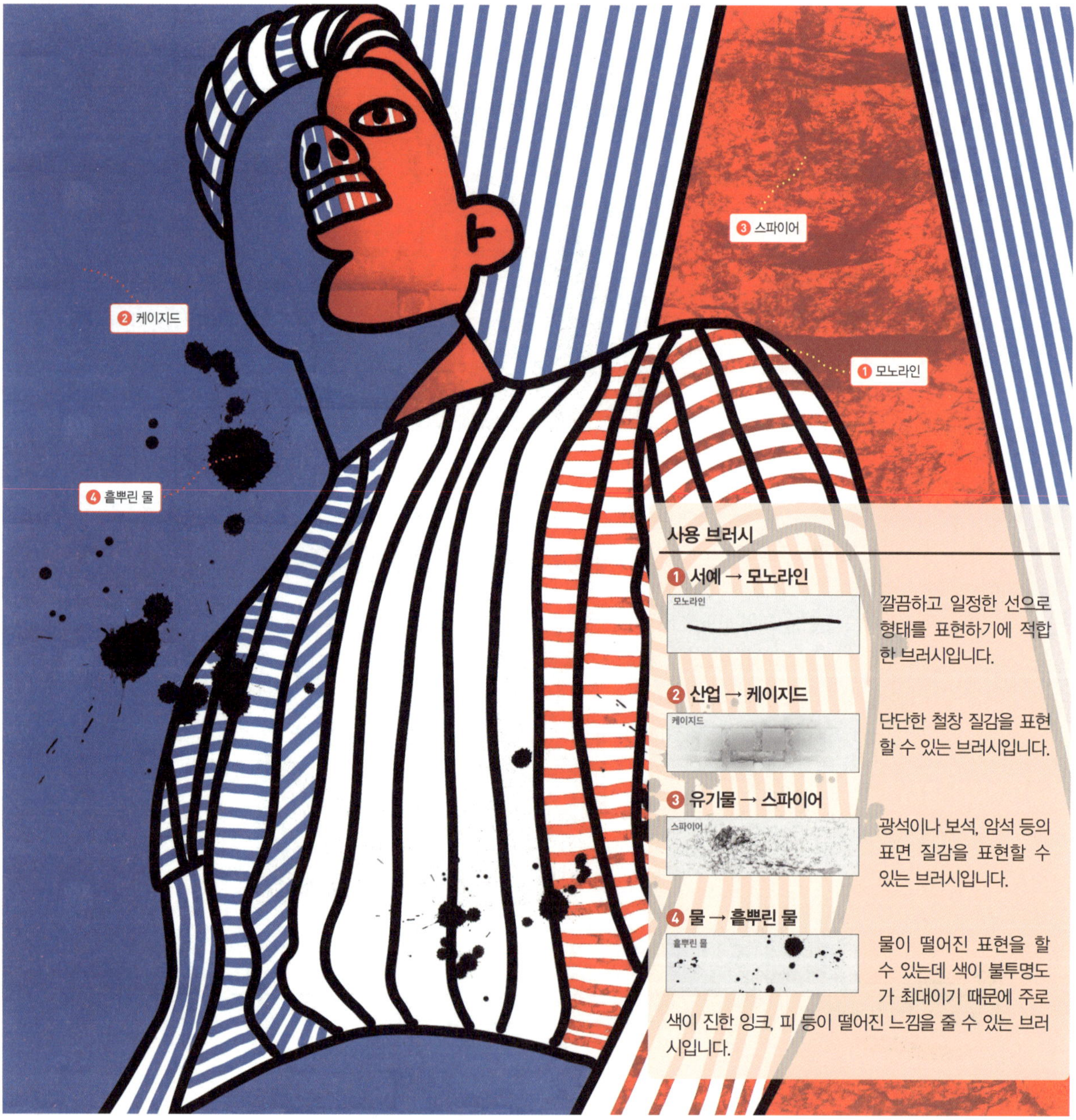

사용 브러시

① 서예 → 모노라인

깔끔하고 일정한 선으로 형태를 표현하기에 적합한 브러시입니다.

② 산업 → 케이지드

단단한 철창 질감을 표현할 수 있는 브러시입니다.

③ 유기물 → 스파이어

광석이나 보석, 암석 등의 표면 질감을 표현할 수 있는 브러시입니다.

④ 물 → 흩뿌린 물

물이 떨어진 표현을 할 수 있는데 색이 불투명도가 최대이기 때문에 주로 색이 진한 잉크, 피 등이 떨어진 느낌을 줄 수 있는 브러시입니다.

규칙적인 형태로 그림 그리기

01 (동작(🔧) → 추가 → 사진 삽입하기)을 탭하여 파일 앱 05 폴더에서 '흩뿌린 물 표현.jpg' 파일을 불러오고 캔버스 크기에 맞게 조절합니다.

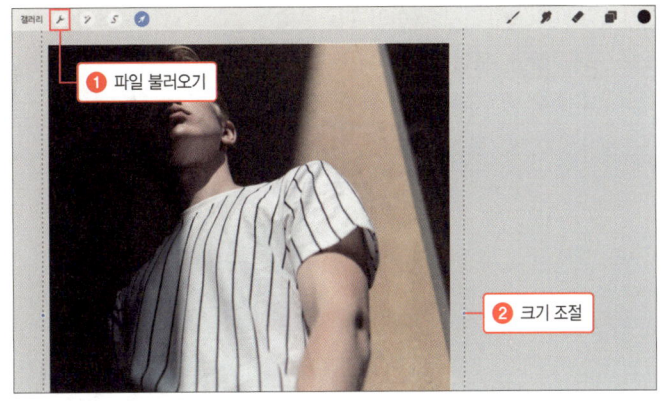

02 (레이어(⬛))에서 (+) 버튼을 탭하여 '레이어 2'를 추가합니다. '레이어 1'의 (N)을 탭하여 불투명도를 '30%'로 조절합니다.

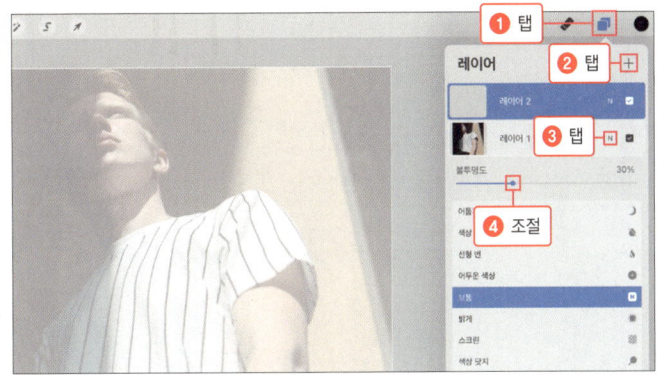

03 눈에 선명하게 보이는 형태와 빛이 잘 구분되는 곳을 관찰하여 선으로 구분하고 면을 구체적으로 나누는 것이 더 좋습니다. (브러시(✏️) → 서예 → 모노라인)을 선택하고 대상을 최소화하여 그립니다.

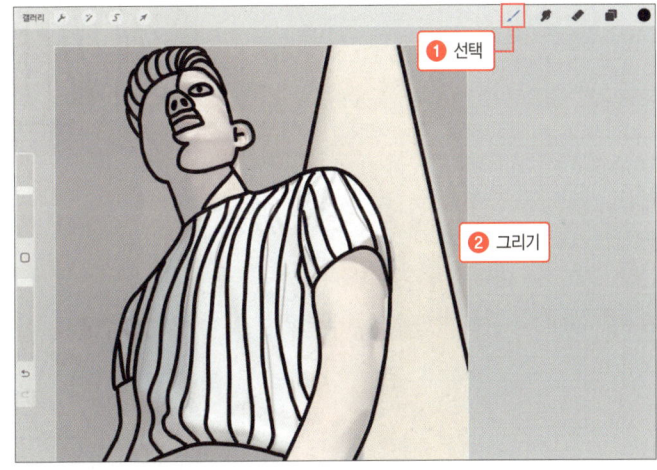

사용 브러시 서예 → 모노라인

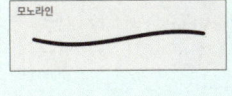

깔끔한 선으로 대상의 빛과 어둠 부분을 구분해 보겠습니다. 조금 어두운 부분은 파란 선으로, 조금 밝은 부분은 빨간 선으로 표현합니다. 이때 면의 각도를 따라서 선을 긋는 규칙입니다.

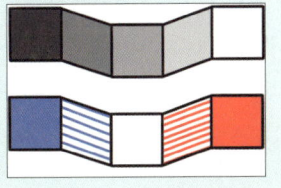

04 흩뿌린 물 브러시로 그림에 포인트 표현하기 **385**

04 [레이어(■)]에서 '레이어 2'를 왼쪽으로 드래그하여 [복제] 버튼을 탭하고 두 개의 '레이어 2' 중 아래에 있는 '레이어 2'의 이름을 '레이어 3'으로 변경합니다.

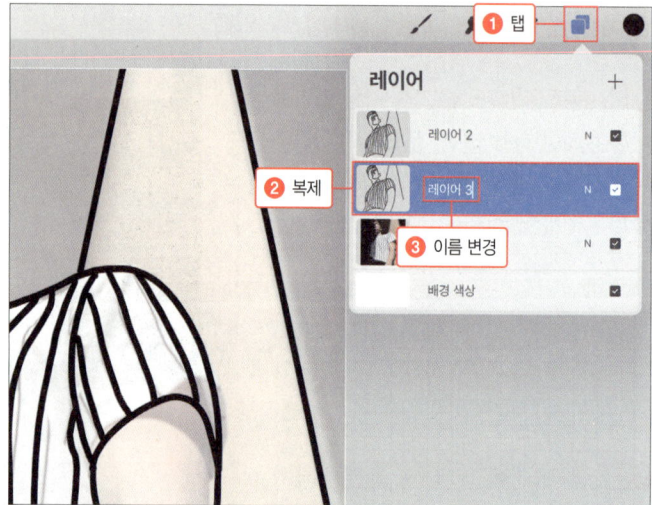

05 [색상(●)]을 '파란색'으로 지정하고 가장 어두운 부분으로 드래그하여 채색합니다.

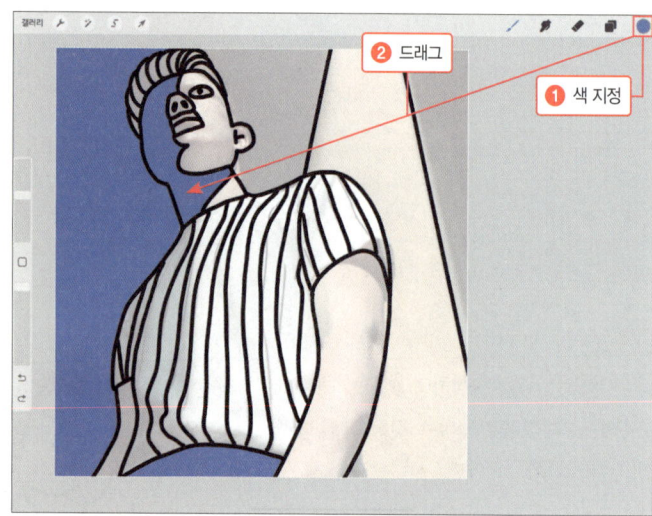

06 그 다음 어두운 부분을 찾고, 빛의 방향을 생각하여 파란색 선을 그려 표현합니다.

07 (색상(●))을 '빨간색'으로 지정하고 빛이 가장 강하게 받는 부분으로 드래그하여 채색합니다.

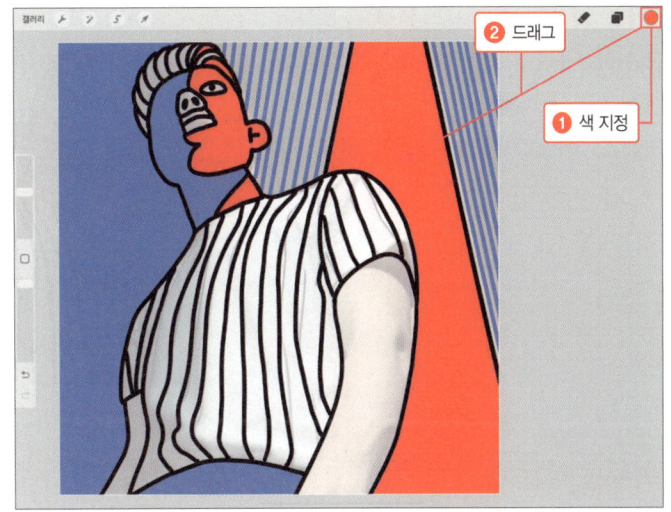

08 빛이 들어오나 조금 약한 곳을 빨간 선을 그려 표현합니다. 대상의 굴곡이 있는 경우 굴곡에 따라서 선을 긋습니다.

09 05번~08번과 같은 방법으로 대상의 명암을 나눠 그립니다.

10 | (레이어(■))에서 (+) 버튼을 탭하여 '레이어 4'를 추가하고 '레이어 1'의 위로 이동합니다. (색상(●))을 '흰색'으로 지정하고 캔버스로 드래그하여 배경을 완성합니다.

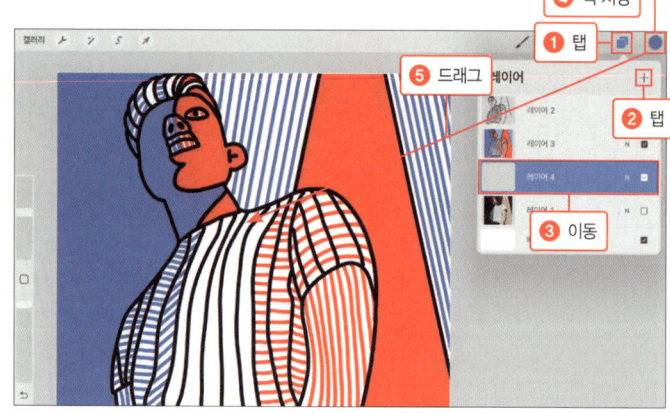

어두운 부분에 강렬한 질감 표현하기

01 | (레이어(■))에서 (+) 버튼을 탭하여 '레이어 5'를 추가하고 '레이어 3'의 클리핑 마스크로 만듭니다. (N)을 탭하여 (곱하기)를 선택합니다.

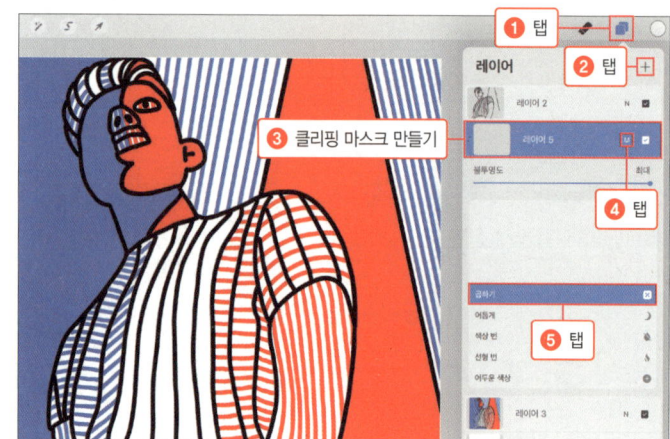

02 | 밋밋한 느낌을 줄이고 그림의 개성을 살리기 위해 (브러시(/)) → 산업 → 케이지드)를 선택하고 (색상(●))을 '회색'으로 지정하여 철조망 질감을 표현합니다.

사용 브러시   산업 → 케이지드

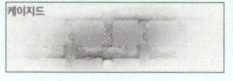

철조망 모양의 (케이지드)로 강렬함을 표현해 보겠습니다.

밝은 부분에 강렬한 질감 표현하기

01 (브러시(✐) → 유기물 → 스파이어)를 선택하고 (색상(●))을 '회색'으로 지정하여 그림의 빨간색 부분에 질감을 표현합니다.

사용 브러시 유기물 → 스파이어

 (케이지드)처럼 강한 느낌을 주기 위해서 (스파이어)를 선택합니다.

02 마지막으로 물감이 떨어진 느낌을 표현하기 위해 (레이어(▣))에서 (+) 버튼을 탭하여 '레이어 6'을 추가한 다음 맨 위로 이동합니다.

규칙적인 그림에 포인트 주기

01 (브러시(✐) → 물 → 흩뿌린 물)을 선택하고 (색상(●))을 '검은색'으로 지정하여 점을 찍는 스트로크로 레트로 느낌을 내어 완성합니다.

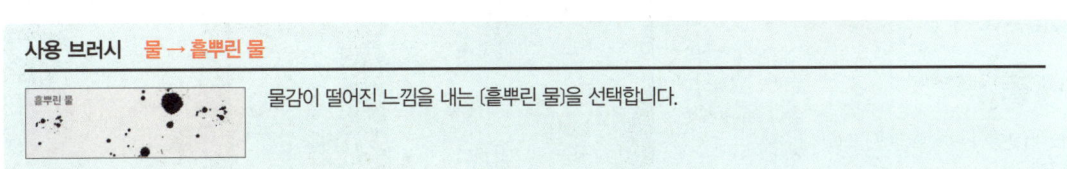

불탄 나무 브러시로
화강암 재질에 그린듯한 느낌 내기

우리나라의 아름다움을 대표하는 화강암의 재질을 표현하기 위한 브러시들이 있습니다. 프로크리에이트에서 제공하는 불탄 나무 브러시를 활용하면 기존의 용도와는 다르지만 거친 재질의 돌의 느낌을 표현할 수 있습니다. 수십 번의 유화를 덧칠하는 방법으로 브러시를 사용하여 화강암 재질을 표현해 봅니다.

● 완성 파일 : 04\불탄 나무 화강암 느낌_완성.procreate, 불탄 나무 화강암 느낌_완성.jpg

사용 브러시

❶ 목탄 → 불탄 나무

거친 재질을 표현하기 위해서 불탄 나무 브러시를 여러 번 칠해서 표현하겠습니다.

❷ 산업 → 콘트리트 블록

콘크리트의 표면 느낌을 흉내 낼 수 있는 브러시입니다.

❸ 유기물 → 스노우 검

나뭇잎이 모양의 점들이 크기와 방향을 달리하여 찍히는 브러시입니다. 인접 색의 나뭇잎이 함께 화면에 나타납니다.

❸ 스노우 검
❶ 불탄 나무
❷ 콘트리트 블록

나무와 사람 그리기

01 (브러시(✏️) → 목탄 → 불탄 나무)를 선택하고 (색상(●))을 '짙은 고동색'으로 지정하여 큼직한 나무의 형태를 그립니다. 나무를 자기 자신이라고 상상하고 그리면 더 재미있게 그릴 수 있습니다.

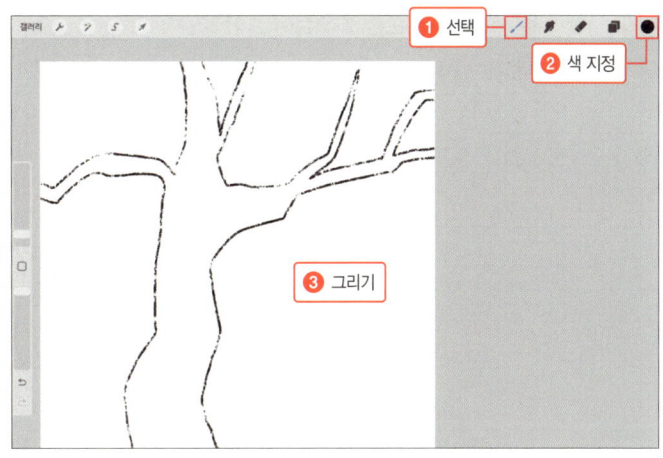

사용 브러시 목탄 → 불탄 나무

빈틈이 많이 보이는 느낌으로 선과 면이 생기는 브러시입니다. 수 십번 유화를 덧칠하다 보면 칠이 안 되는 부분이 생기는 점을 염두 하여 (불탄 나무)를 선택했습니다.

02 나뭇가지를 더 그리고 사람을 그립니다. (레이어(▣))에서 (+) 버튼을 탭하여 '레이어 2'를 추가하고 '레이어 1'의 아래로 이동합니다.

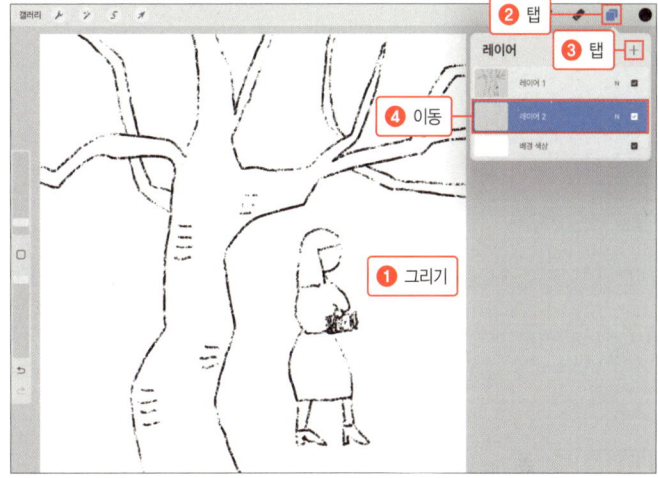

03 (색상(●))을 '옅은 갈색'으로 지정하고 브러시 크기를 조절하여 캔버스 전체를 채색합니다.

04 │ (색상(●))을 '살구색'으로 지정하여 다시 채색합니다.

05 │ (색상(●))을 같은 계열의 색으로 명도와 채도를 낮춰 다시 채색합니다.

TIP 인접 색을 여러 가지 활용할수록 더 깊이가 있는 표현을 할 수 있습니다.

06 │ (색상(●))을 '짙은 고동색'으로 지정하여 나무를 채색합니다.

07 브러시 크기를 조절하여 나무의 좁은 부분도 채색합니다.

08 명도를 낮춰 (색상(●))을 '검은색'에 가까운 색으로 지정하고 나무의 가장자리를 중심으로 스트로크하여 약간의 입체감을 표현합니다.

09 (색상(●))을 '흰색', '빨간색', '살구색'으로 지정하여 사람을 채색합니다.

TIP 현대적인 느낌을 담아 강렬한 색을 지정하여 그리는 것도 좋습니다.

10 │ (색상(●))을 09번에서 선택했던 색상의 인접 색으로 지정하여 한 번 더 채색합니다.

❶ 색 지정
❷ 채색

나무와 사람 질감 표현하기

01 │ (레이어(■))에서 (+) 버튼을 탭하여 '레이어 3'을 추가하고 '레이어 2'의 클리핑 마스크로 만듭니다. (N)을 탭하고 (곱하기)를 선택합니다.

❶ 탭
❷ 탭
❸ 클리핑 마스크 만들기
❹ 탭
❺ 탭

02 │ (브러시(✎)) → 산업 → 콘크리트 블럭)을 선택하고 (색상(●))을 '회색'으로 지정하여 콘크리트 질감을 표현합니다.

❶ 선택
❷ 색 지정
❸ 그리기

TIP 지나치게 어두워지지 않도록 흰색에 가까운 회색을 사용합니다.

사용 브러시   산업 → 콘크리트 블럭

주변에서 잘 볼 수 있고 아름답다고 생각한 돌을 화강암이라고 생각하여 그림에 그런 질감을 표현하고자 하였습니다. 콘크리트가 익숙하고 아름답다고 생각하여 이 브러시를 선택했습니다.

가을 낙엽 표현하기

01 (레이어(🗐))에서 (+) 버튼을 탭하여 '레이어 4'를 추가하고 '레이어 2'의 클리핑 마스크로 만듭니다. (N)을 탭하고 (곱하기)를 선택합니다.

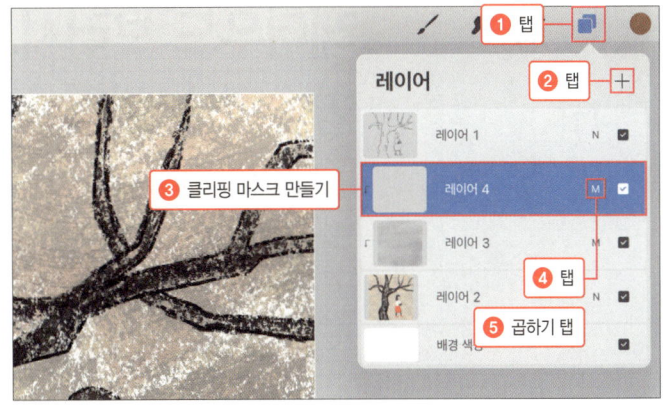

02 (브러시(✏️) → 유기물 → 스노우 검)을 선택합니다. (스노우 검)은 필압을 민감하게 인식하기 때문에 점을 세게 찍고 작게 찍는 스트로크로 나뭇잎을 표현합니다. 나뭇잎의 색감도 자신의 취향에 따라서 변화를 줍니다.

사용 브러시   유기물 → 스노우 검

흩날리는 나뭇잎 혹은 여러 겹의 나뭇잎을 표현하기 좋은 브러시입니다.

03 그림에 자기 이름이나 필명을 써서 그림을 완성합니다.

레더우드 브러시로
야수파 느낌의 그림 그리기

앙리 마티스는 자연의 색을 무시하고 강렬한 자신만의 감정을 드러낼 수 있는 화려하고 감각적인 색을 사용했습니다. 그 색감이나 표현이 야수 같다하여 야수파라는 이름이 생겼습니다. 이번 예시에서는 해당 브러시를 쓰는 것만으로도 강렬하고 과감한 붓 터치와 인접 색의 혼합으로 야수파 느낌을 낼 수 있는 그림을 그려 보겠습니다.

● 완성 파일 : 05\레더우드 야수파_완성.procreate, 레더우드 야수파_완성.jpg

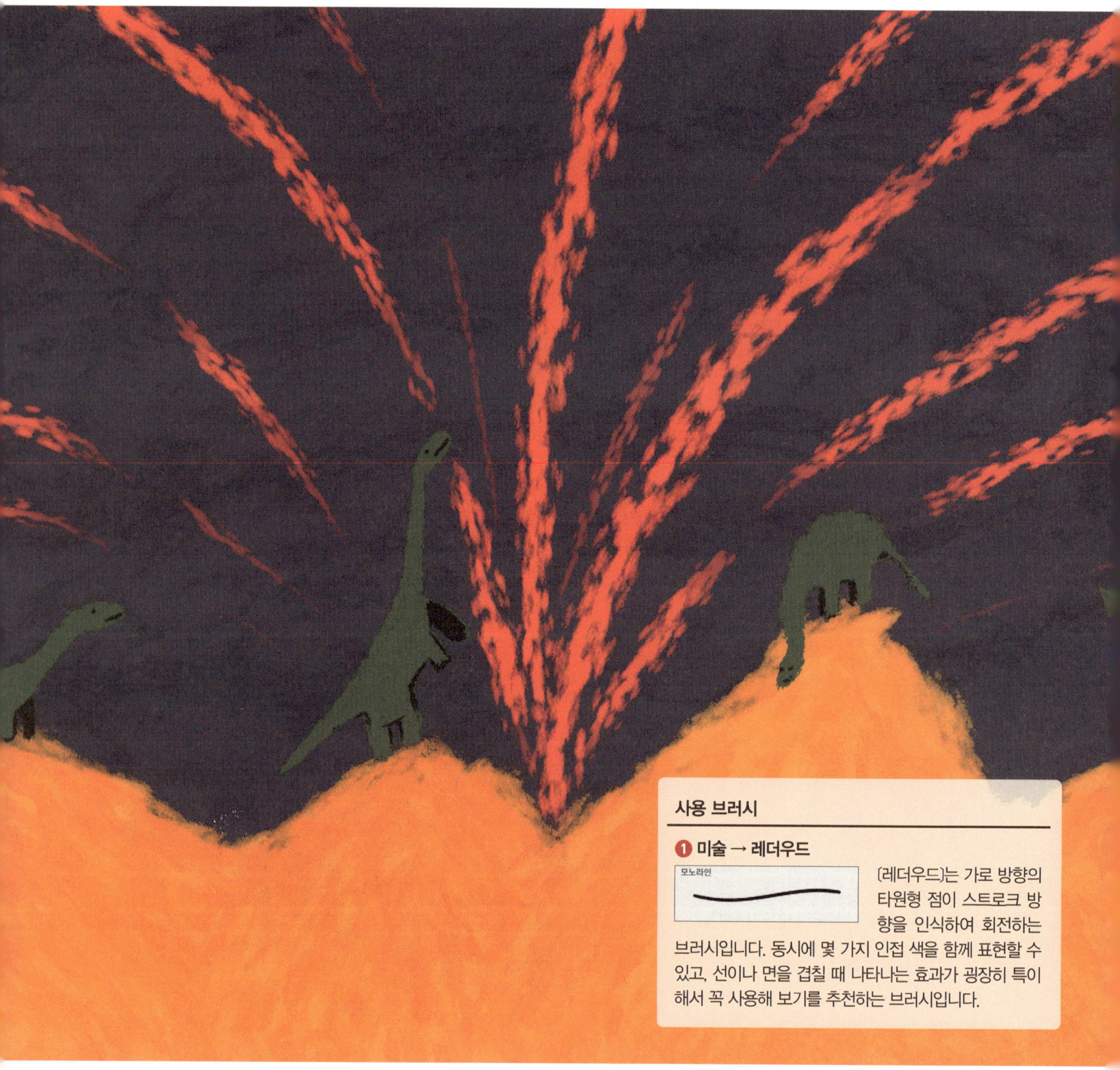

사용 브러시

① 미술 → 레더우드

(레더우드)는 가로 방향의 타원형 점이 스트로크 방향을 인식하여 회전하는 브러시입니다. 동시에 몇 가지 인접 색을 함께 표현할 수 있고, 선이나 면을 겹칠 때 나타나는 효과가 굉장히 특이해서 꼭 사용해 보기를 추천하는 브러시입니다.

공룡과 폭발하는 화산 그리기

01 (색상(●))을 '남색'으로 지정하고 (브러시(✐) → 미술 → 레더우드)를 선택하여 위에서부터 4/5 정도를 채색합니다.

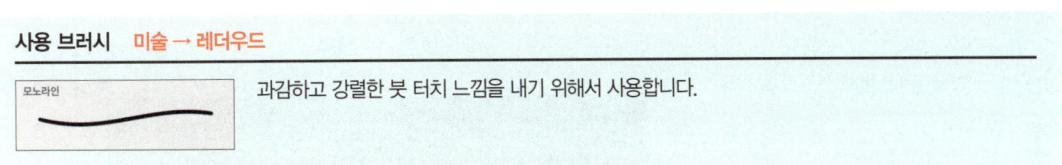

02 채색한 부분에 다시 스트로크하면 독특한 잔상, 무늬가 남습니다. 브러시의 크기, 펜을 접촉하는 시간에 따라서 모양이 다르므로 자유롭게 덧칠하며 느낌을 익히도록 합니다.

03 (색상(●))을 '노란색'으로 지정하여 산 모양을 그리고 여러 번 덧칠하여 산의 질감을 더 자연스럽게 표현하고 어색하고 빈 부분을 메꿉니다.

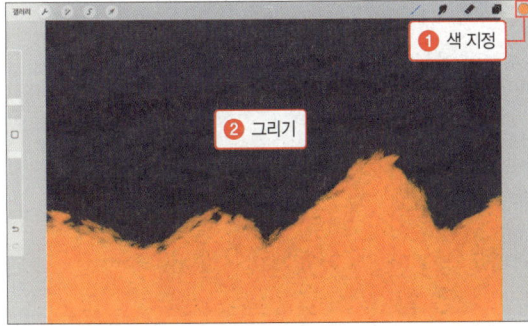

04 (색상(●))을 '초록색'으로 지정하여 첫 번째와 두 번째 봉우리에 공룡의 형상을 그립니다.

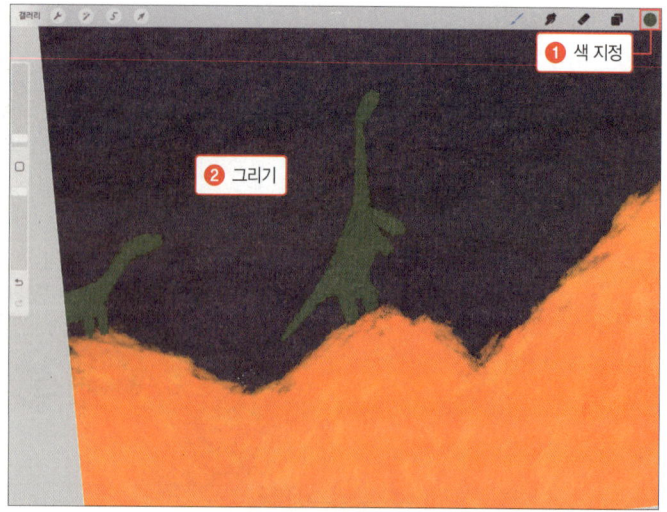

05 세 번째 봉우리에는 고개를 숙인 공룡을 그립니다.

06 네 번째 봉우리는 끝이 보이지 않아 공룡의 꼬리와 머리 부분만 그립니다.

07 (색상(●))을 선택한 '녹색'보다 명도가 낮은 색으로 지정하여 눈, 입, 그림자를 표현합니다.

08 네 마리 공룡에 07번과 같은 방법으로 눈, 입, 그림자를 그립니다.

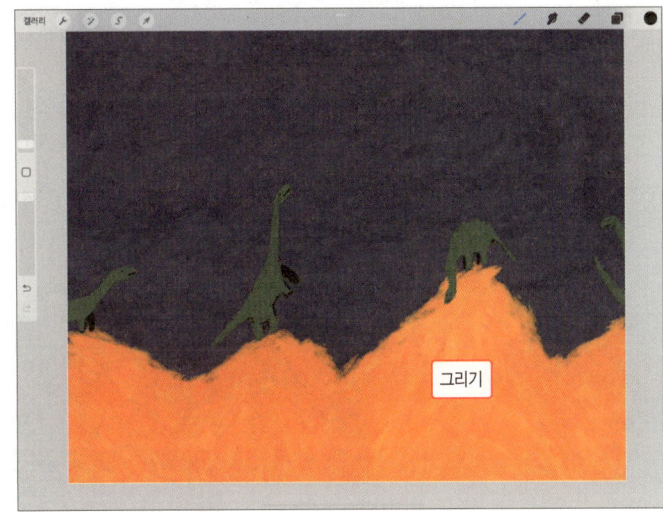

09 (색상(●))을 '빨간색'으로 지정하여 필압에 유의하면서 화산이 폭발하는 모습을 그립니다. 다른 형태의 그림이더라도 이번에 실습한 색과 브러시라면 과감해 보이는 야수파 느낌의 그림을 그릴 수 있습니다.

TIP 필압의 경우 서서히 힘을 주는 느낌으로 하면 자연스럽습니다.

Brush 07
올드 비치 브러시

올드 비치 브러시로
대상을 확대한 상상화 그리기

상상하기 기법 중 가장 쉬운 것은 역시 대상을 확대해서 그리는 것입니다. 사람을 확대해서 거인으로 그리거나 축소해서 소인으로 그리는 것으로, 집이나 나무를 사람보다 작게 그리는 방법도 있습니다. 프로크리에이트에서 제공하는 기본 브러시로 대상을 확대하면서도 독특한 질감이 살아 있는 그림을 그려 보도록 합니다.

● 완성 파일 : 05\올드 비치 상상화_완성.procreate, 올드 비치 상상화_완성.jpg

사용 브러시

❶ 미술 → 올드 비치

불규칙한 농담과 선이나 면의 가장자리가 진하게 자국이 남는 브러시입니다. 이번 예시에서는 기본적인 형태를 [올드 비치]로 그려 독특한 질감의 그림을 그려 봅니다.

❷ 잉크 → 마커

물기가 많은 잉크가 종이에 스미는 느낌의 브러시입니다. 이번 예시에서는 나뭇잎 위에서 노는 사람들을 그립니다.

❸ 머티리얼 → 글로버

돌의 결정 같은 느낌의 브러시지만 색감 선정에 따라서 보석 같은 느낌도 주는 브러시입니다.

산과 거대한 나뭇잎 그리기

01 [색상(●)]을 '주황색'으로 지정하고 기본 캔버스에 'Color Drop'합니다. [레이어(■)]에서 [+] 버튼을 탭하여 '레이어 2'를 추가합니다.

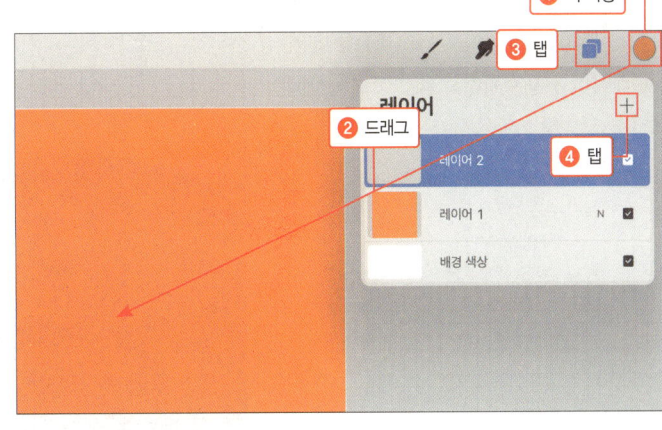

사용 브러시 미술 → 올드 비치

[올드 비치]는 농도의 변화가 크기 때문에 선을 그었을 때 독특한 질감이 있고, 면이 생기면 예측하기 힘든 변화를 보이는 브러시입니다.

02 [색상(●)]을 '짙은 갈색'을 지정하고 [브러시(✎) → 미술 → 올드 비치]를 선택하여 산을 그립니다.

03 나뭇잎을 확대해서 그리겠습니다. [색상(●)]을 '초록색'으로 지정하여 나뭇잎의 형태를 그리고 나뭇잎의 잎맥을 그립니다. 겹침효과로 인하여 짙은 초록색으로 보입니다.

04 〔레이어(📑)〕에서 〔+〕 버튼을 탭하여 '레이어 3'을 추가하고 '레이어 2'의 아래로 이동합니다.

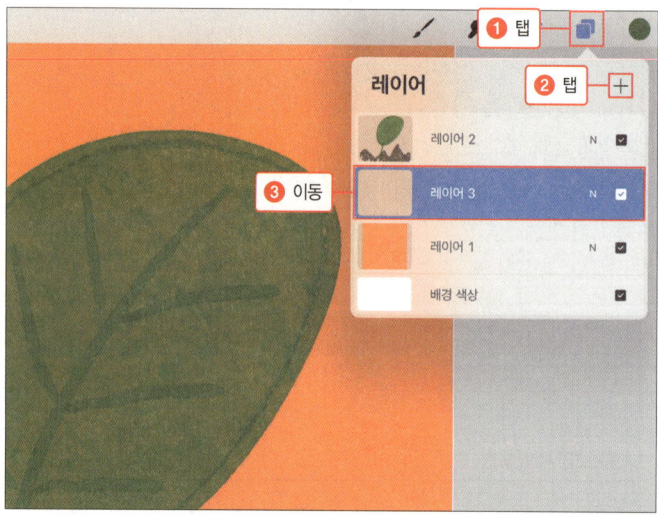

05 〔색상(⬤)〕을 '노란색'으로 지정하여 해, 달, 별 등을 나뭇잎 주변에 그립니다.

나뭇잎에 올라탄 사람 그리기

01 〔레이어(📑)〕에서 〔+〕 버튼을 탭하여 '레이어 4'를 추가하고 맨 위로 이동합니다.

02 | [브러시(✐) → 잉크 → 마커]를 선택하고 나뭇잎 위에 사람의 형태를 그립니다. 얼굴, 상의, 하의를 그립니다.

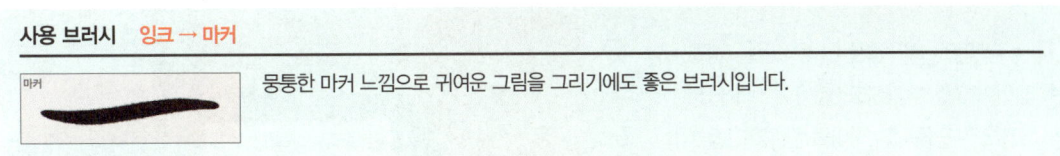

사용 브러시　잉크 → 마커

뭉툭한 마커 느낌으로 귀여운 그림을 그리기에도 좋은 브러시입니다.

03 | 사람을 한 명 한 명 확대하여 손, 머리카락을 그립니다. 코와 입은 얼굴과 같은 색으로 한 번 더 그리면 겹침효과로 인하여 진한 색으로 그릴 수 있습니다.

04 | [색상(●)]을 '파란색', '검은색' 등으로 지정하여 눈도 그립니다.

05 나뭇잎 위의 사람 모두 눈, 코, 입, 손, 발, 머리카락 및 옷의 무늬 등을 그립니다.

배경 하늘 묘사하기

01 (레이어(■))에서 (+) 버튼을 탭하여 '레이어 5'를 추가하고 '레이어 1'의 클리핑 마스크로 만듭니다. (N)을 탭하여 (곱하기)를 선택합니다.

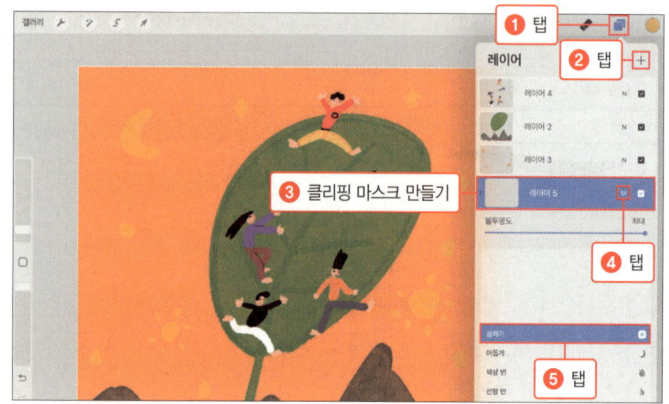

02 (색상(●))을 '파란색'으로 지정하고 (브러시(✏)) → 머티리얼 → 글로버)를 선택하여 해, 달, 별 주위에 원을 그리듯 문지릅니다. '레이어 1'을 선택하고 (조정(✎)) → 색조, 채도, 밝기)를 선택하여 밝기를 '99%', 채도를 '최대'로 설정합니다. 배경을 전체적인 그림과 조화를 이루는 색으로 설정하여 완성합니다.

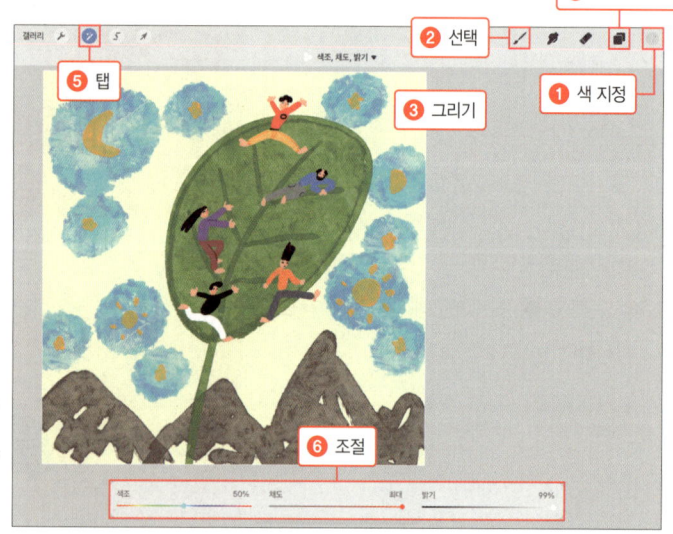

사용 브러시   머티리얼 → 글로버

 돌의 결정을 그릴 수 있는 브러시입니다.

Brush 08

오일 파스텔

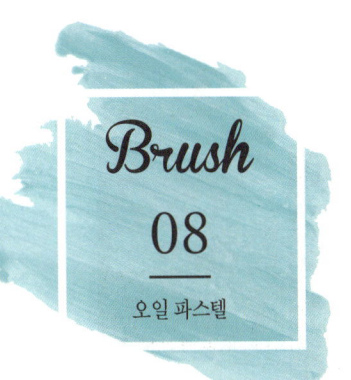

오일 파스텔 브러시로 캐릭터 일러스트 그리기

상상하여 그리는 방법 중 하나는 대상의 일부를 생략해서 그리는 것입니다. 상체를 그리지 않고 하체와 머리만 그린다거나 얼굴만 빼고 그리는 방법입니다. 요즘 코로나가 지속하여 마스크를 쓴 사람의 얼굴이 유독 많이 보입니다. 얼굴을 강조하기 위해서 얼굴에 간단하게 팔, 다리만 그린 일러스트를 그려 보도록 하겠습니다.

- 완성 파일 : 05\오일 파스텔 상상화_완성.procreate, 오일 파스텔 상상화_완성.jpg

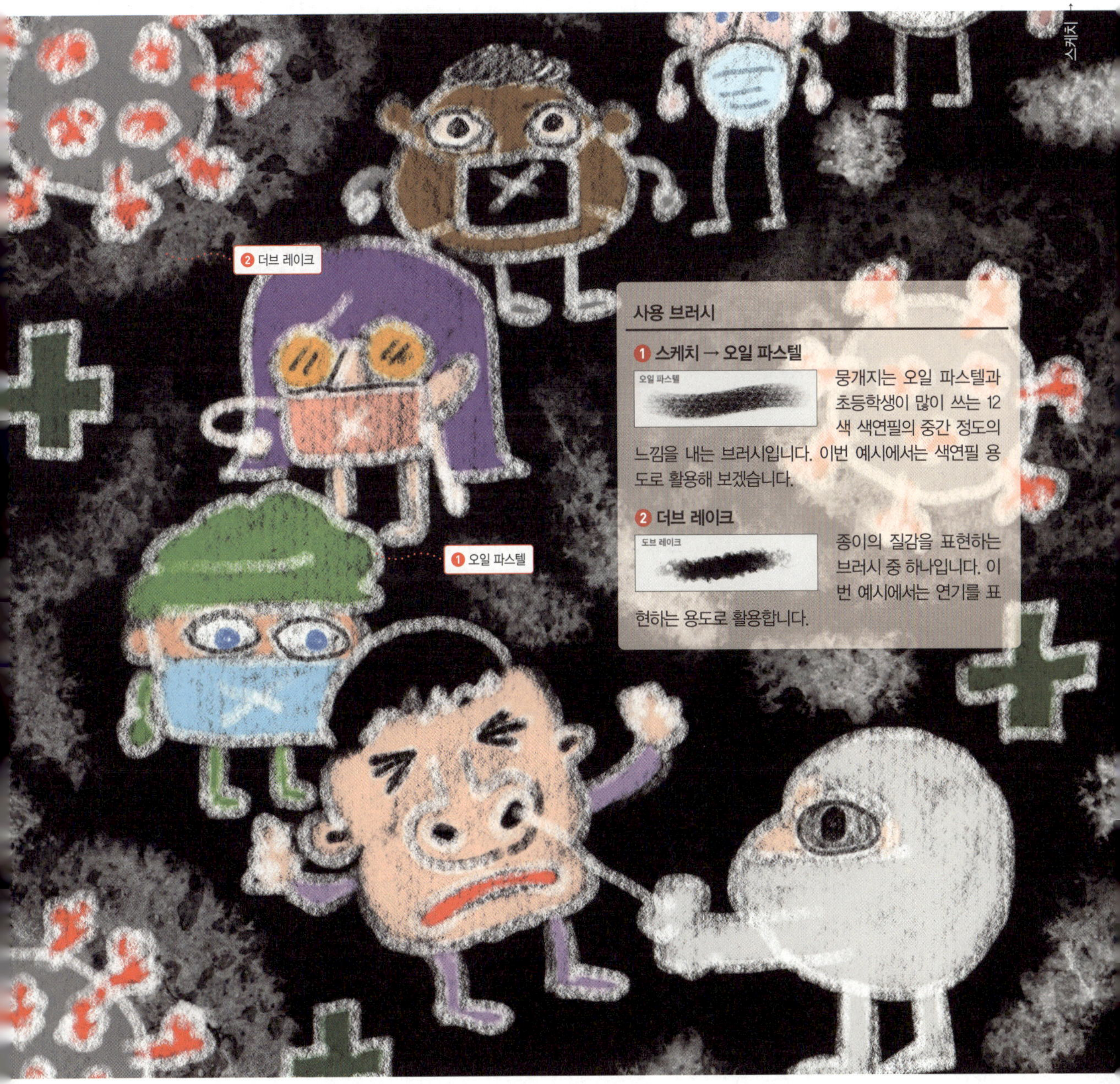

사용 브러시

1 스케치 → 오일 파스텔

뭉개지는 오일 파스텔과 초등학생이 많이 쓰는 12색 색연필의 중간 정도의 느낌을 내는 브러시입니다. 이번 예시에서는 색연필 용도로 활용해 보겠습니다.

2 더브 레이크

종이의 질감을 표현하는 브러시 중 하나입니다. 이번 예시에서는 연기를 표현하는 용도로 활용합니다.

코로나 검사 대기줄 그리기

01 스케치를 흰색으로 하기 위해 배경 색상을 변경하겠습니다. (레이어(■))에서 '배경 색상'을 탭하여 '탁한 빨간색'으로 지정합니다.

02 (색상(●))을 '흰색'으로 지정하고 (브러시(✎) → 스케치 → 오일 파스텔)을 선택하여 코로나 검사를 받는 사람과 검사자를 그립니다.

TIP 상체와 하체를 생략하고 얼굴에 작은 팔, 다리만 그리는 방법으로 그립니다.

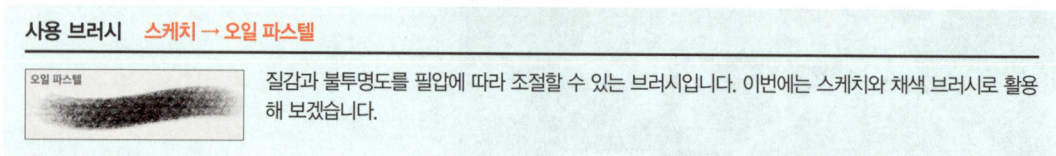

사용 브러시 스케치 → 오일 파스텔

질감과 불투명도를 필압에 따라 조절할 수 있는 브러시입니다. 이번에는 스케치와 채색 브러시로 활용해 보겠습니다.

03 뒤에서 마스크를 쓰고 대기하고 있는 사람을 스케치합니다.

04 그 뒤에 안경을 쓰고 마스크를 쓴 사람을 그립니다.

05 그 뒤에도 마스크 쓴 사람들을 그려 코로나 검사를 받기 위해 대기하고 있는 사람들을 그립니다.

06 코로나 바이러스 그림과 병원 표시를 그려 스케치를 마무리 합니다.

07 이제 채색을 해 보겠습니다. (레이어(■))에서 (+) 버튼을 탭하여 '레이어 2'를 추가하고 '레이어 1'의 아래로 이동합니다.

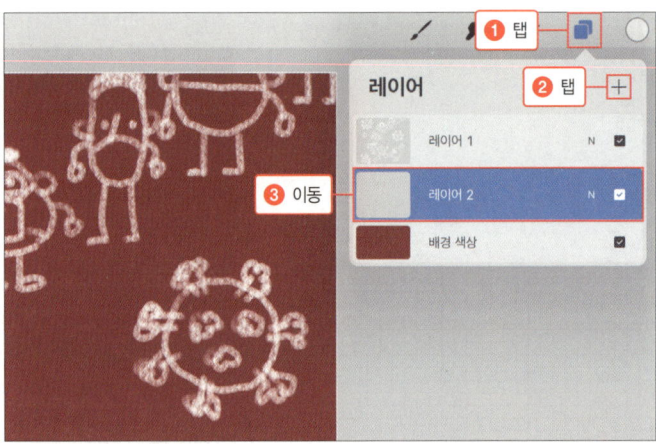

08 (색상(●))을 '살구색'으로 지정하여 스케치에 보이는 사람의 얼굴과 팔을 채색합니다.

09 머리카락과 팔, 다리를 색칠하고 콧구멍이나 눈 등 형태를 더 보이게 할 부분을 (색상(●))을 '검은색'으로 지정하여 덧그립니다.

10 〔색상(●)〕을 '흰색'으로 지정하여 검사자도 채색합니다.

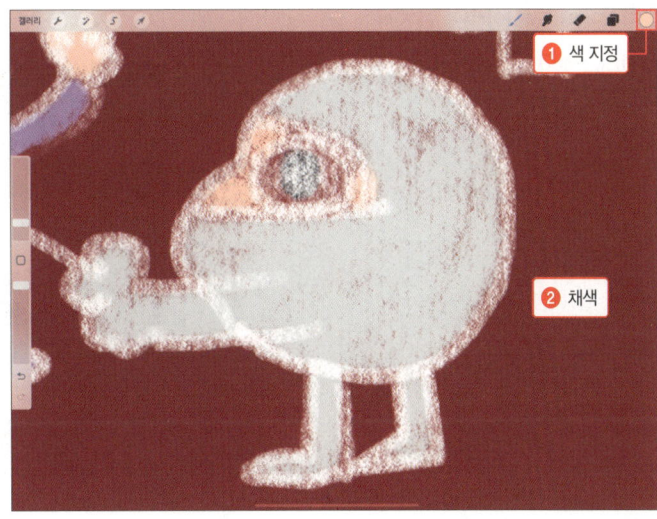

11 캔버스에 있는 다른 사람들도 각자의 개성에 맞게 채색합니다.

12 〔색상(●)〕을 '회색'으로 지정하여 바이러스의 원 부분을 채색하고 '빨간색'으로 지정하여 돌기 부분을 채색합니다.

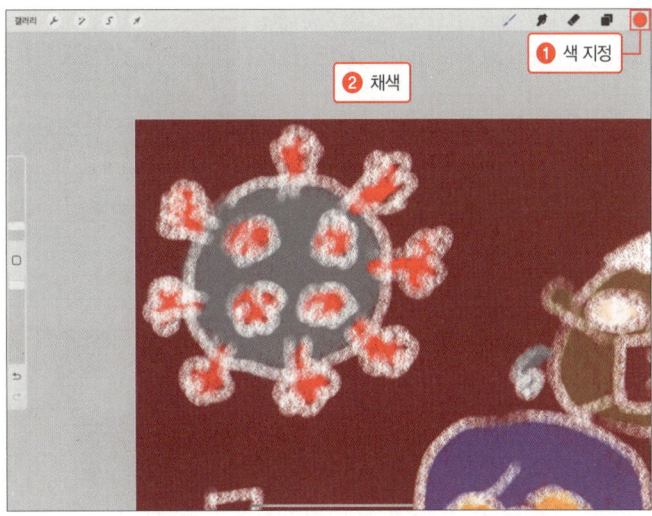

13 | 병원 표시와 바이러스까지 모두 채색합니다.

14 | 〔레이어(■)〕에서 〔+〕 버튼을 탭하여 '레이어 3'을 추가하고 맨 위로 이동합니다.

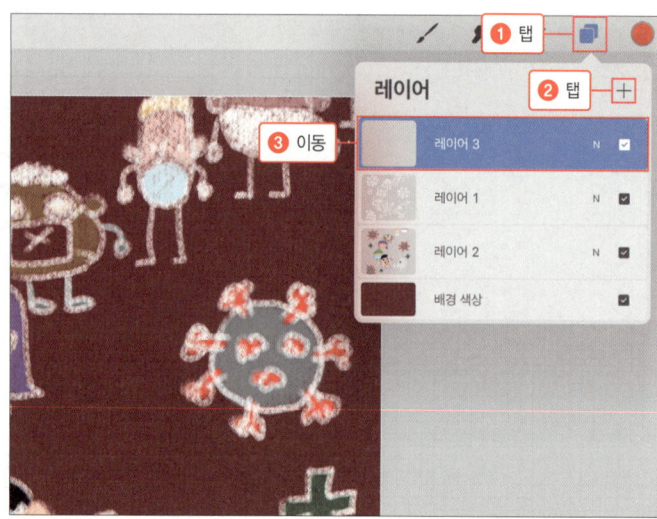

15 | 형태가 잘 보이지 않는 곳을 한 번 더 덧그려서 그림이 잘 보일 수 있도록 표현합니다.

코로나 바이러스 표현하기

01 (레이어(🔲))에서 (+) 버튼을 탭하여 '레이어 4'를 추가하고 맨 아래로 이동합니다.

02 (색상(⚫))을 '흰색'으로 지정하고 (브러시(✏️) → 텍스처 → 도브 레이크)를 선택하여 사람과 코로나 주변에 연기가 돌아다니는 것을 표현합니다.

TIP 손에 힘을 빼고 스트로크를 합니다.

사용 브러시  텍스처 – 도브 레이크

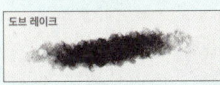 스멀스멀 퍼지는 연기 모양을 연상할 수 있습니다. (도브 레이크)를 선택하여 코로나 바이러스의 공기를 표현해 봅니다.

---

03 (레이어(🔲))에서 '배경 색상'을 탭하여 '검은색'으로 지정합니다. 배경색을 어둡게 변경해 그림이 더 선명하게 보이도록 하면 완성합니다.

TIP 처음 배경 색상은 스케치와 채색이 편한 색으로 하고 스케치와 채색을 마치고 난 뒤에는 어울리는 배경색으로 합니다.

세찬 비 브러시로
비가 내리는 상상화 그리기

상상하여 그리는 방법 중 하나는 대상의 용도를 바꾸어 그리는 것입니다. 꽃을 나팔처럼 부는 그림이나 나무를 열기구처럼 그리는 것입니다. 이번 예시에서는 집을 우산으로 쓰고 있는 사람을 그리겠습니다. 프로크리에이트에서 제공하는 비나 풀과 같은 요소 브러시와 질감을 더해주는 브러시를 통해 매력적인 일러스트를 그리고 더불어 올가미 툴을 활용한 채색 방법을 익혀 봅니다.

● 완성 파일 : 05\세찬 비 상상화_완성.procreate, 세찬 비 상상화_완성.jpg

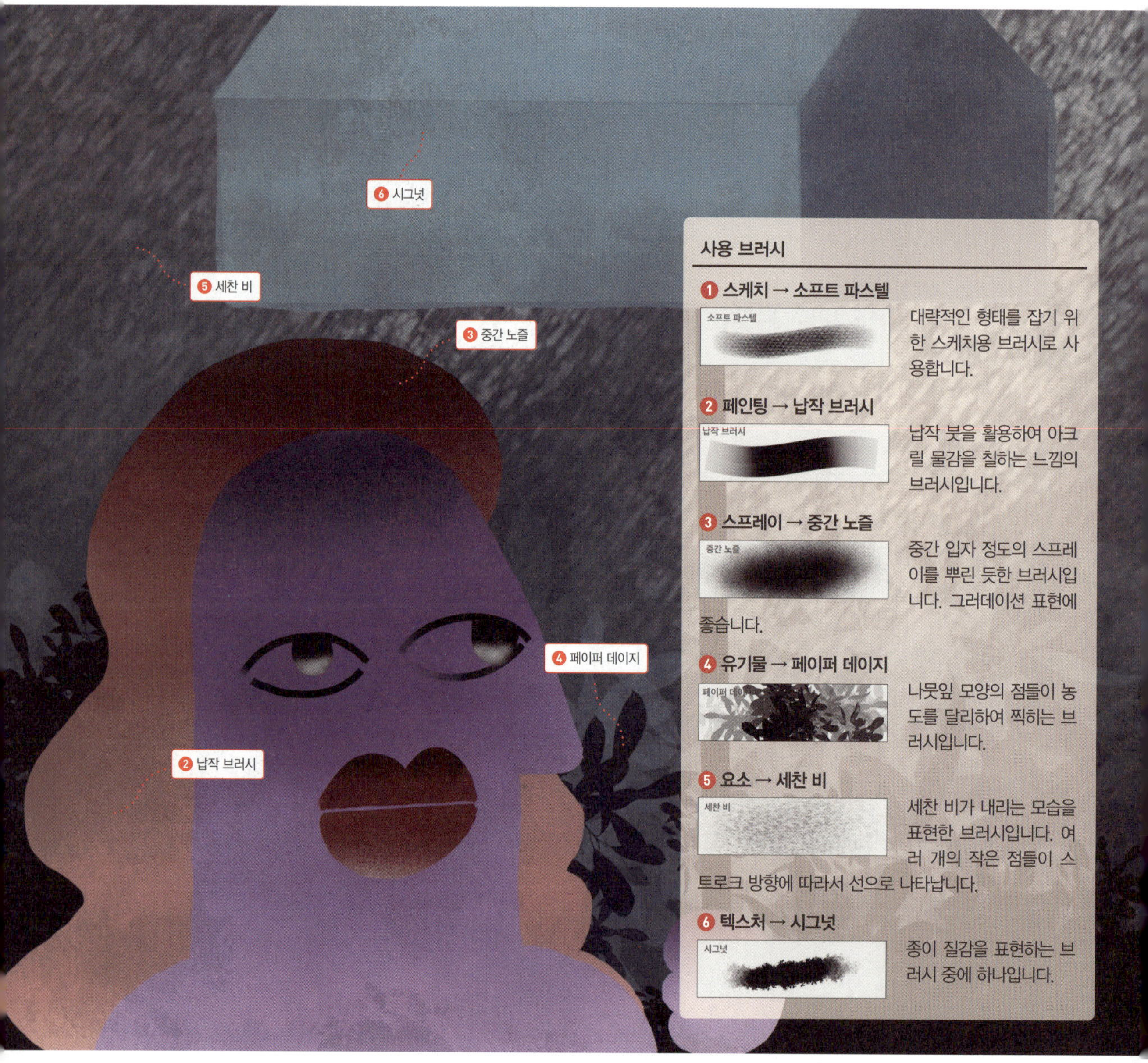

사용 브러시

❶ 스케치 → 소프트 파스텔
대략적인 형태를 잡기 위한 스케치용 브러시로 사용합니다.

❷ 페인팅 → 납작 브러시
납작 붓을 활용하여 아크릴 물감을 칠하는 느낌의 브러시입니다.

❸ 스프레이 → 중간 노즐
중간 입자 정도의 스프레이를 뿌린 듯한 브러시입니다. 그러데이션 표현에 좋습니다.

❹ 유기물 → 페이퍼 데이지
나뭇잎 모양의 점들이 농도를 달리하여 찍히는 브러시입니다.

❺ 요소 → 세찬 비
세찬 비가 내리는 모습을 표현한 브러시입니다. 여러 개의 작은 점들이 스트로크 방향에 따라서 선으로 나타납니다.

❻ 텍스처 → 시그넛
종이 질감을 표현하는 브러시 중에 하나입니다.

우산 쓰는 사람 그리기

01 (색상(●))을 '검은색'으로 지정하고 (브러시(✎) → 스케치 → 소프트 파스텔)을 선택하여 집 모양 우산으로 비를 막고 있는 사람을 그립니다.

사용 브러시 스케치 → 소프트 파스텔

 두께를 두껍게 가져갈 수 있기 때문에 대략적인 스케치를 하기에 좋은 브러시입니다.

우산 쓰는 사람 채색하기

01 (레이어(▢))에서 (+) 버튼을 탭하여 '레이어 2'를 추가하고 '레이어 1'의 아래로 이동합니다. '레이어 1'의 (N)을 탭하여 불투명도를 '30%'로 조절합니다.

02 (색상(●))을 '옅은 보라색'으로 지정하고 (브러시(✎) → 페인팅 → 납작 브러시)를 선택하여 색칠할 부분의 외곽선부터 그립니다. 이렇게 그리면 채색할 때 선이 빠져나가는 것을 어느 정도 방지할 수 있습니다.

사용 브러시 페인팅 → 납작 브러시

 깔끔하면서도 붓의 질감을 조금 나타낼 수 있는 브러시입니다. 이번에는 채색 용도로 사용하겠습니다.

03 외각선 안쪽을 채색합니다.

TIP 'Color Drop'을 사용하면 질감이 표현되지 않기 때문에 일일이 칠합니다.

04 (레이어(■))에서 (+) 버튼을 탭하여 '레이어 3'을 추가하고 '레이어 2'의 아래로 이동합니다.

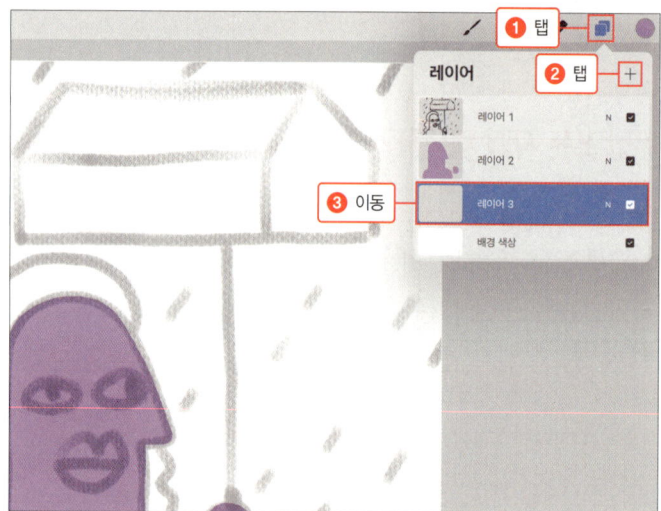

TIP 대상의 순서를 생각하며 레이어를 배치해야 합니다.

05 (색상(●))을 '옅은 갈색'으로 지정 선택하여 머리 부분의 외곽선부터 그립니다.

06 머리를 채색합니다.

07 (레이어(■))에서 (+) 버튼을 탭하여 '레이어 4'를 추가하고 맨 아래로 이동합니다.

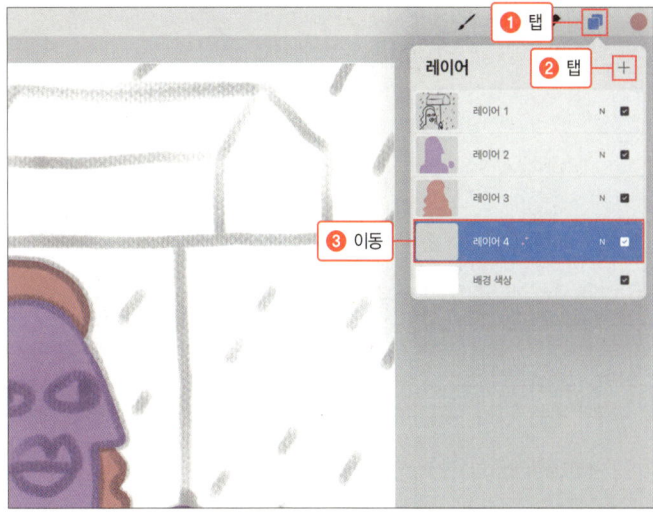

08 (색상(●))을 '남색'으로 지정하여 집을 채색합니다.

09 〔레이어(■)〕에서 〔+〕 버튼을 탭하여 '레이어 5'를 추가하고 맨 아래로 이동합니다.

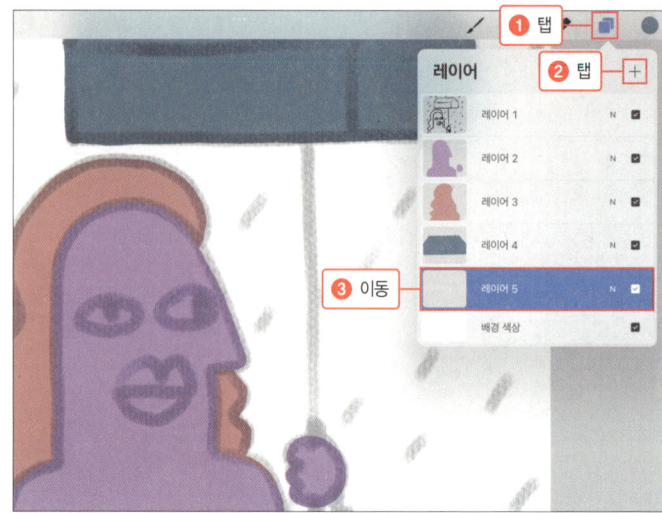

10 〔색상(●)〕을 '검은색'으로 지정하여 우산 손잡이와 우산대를 그립니다.

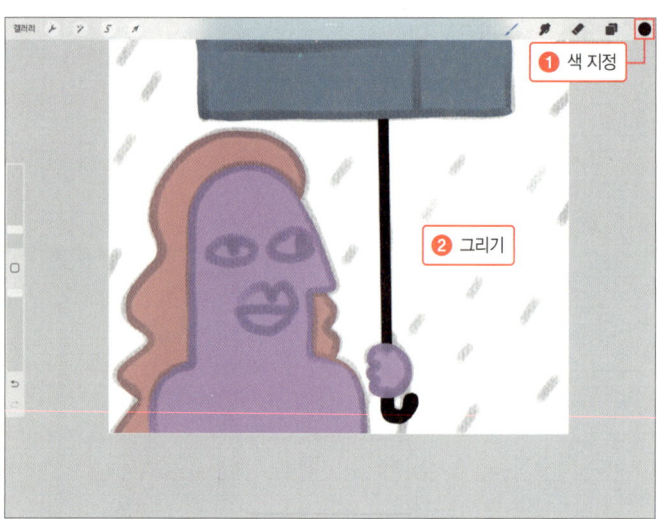

질감 있는 그러데이션 표현하기

01 〔레이어(■)〕에서 〔+〕 버튼을 탭하여 '레이어 6'을 추가하고 '레이어 2'의 클리핑 마스크로 만듭니다.

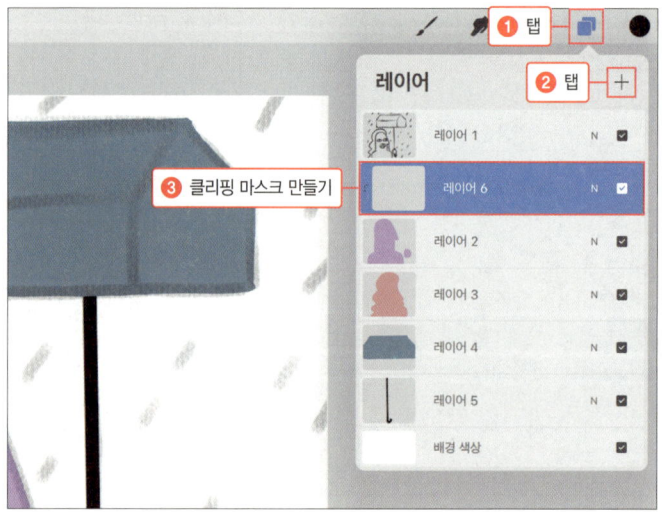

02 | (브러시(▱)) → 스프레이 → 중간 노즐)을 선택하고 (색상(●))을 바탕색보다 점차 어두운색으로 지정합니다. 우산을 쓴 위쪽으로 갈수록 어둡게 여러 번 문질러 그러데이션을 표현합니다.

사용 브러시   스프레이 → 중간 노즐

   질감이 있는 그러데이션 표현을 하는데 사용합니다.

03 | (레이어(▣))에서 (+) 버튼을 탭하여 '레이어 7'을 추가하고 '레이어 3'의 클리핑 마스크로 만듭니다.

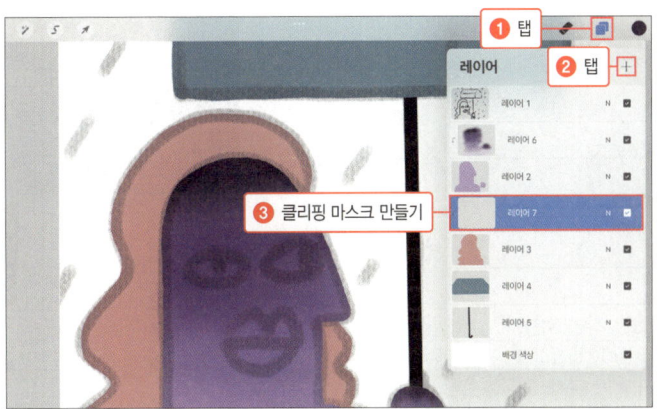

04 | 02번과 같은 방법으로 머리카락에도 그러데이션을 표현합니다.

05 (레이어(□))에서 '레이어 4'를 선택합니다.

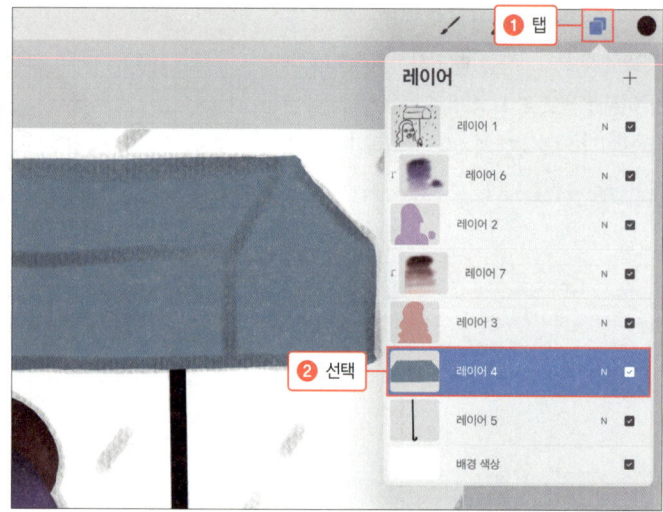

06 집의 맨 오른쪽 면을 (선택(S) → 올가미)로 지정합니다.

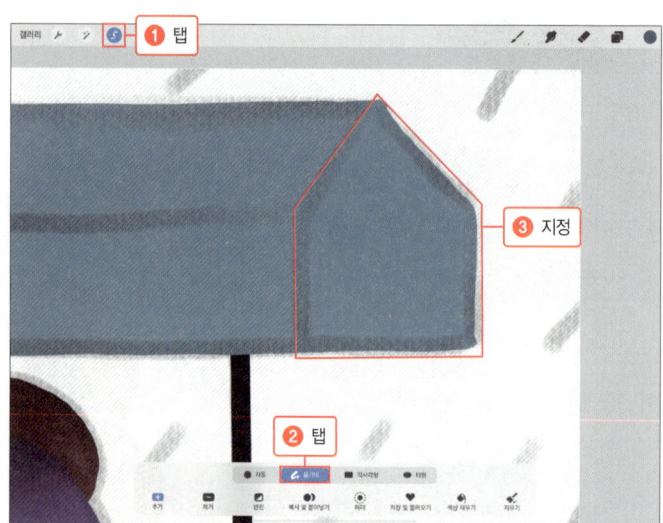

TIP 각진 도형의 경우 점을 찍으면 점을 잇는 선이 생깁니다.

07 06번의 상태에서 (브러시(✎))를 선택하면 올가미로 지정된 부분만 채색이 가능합니다.

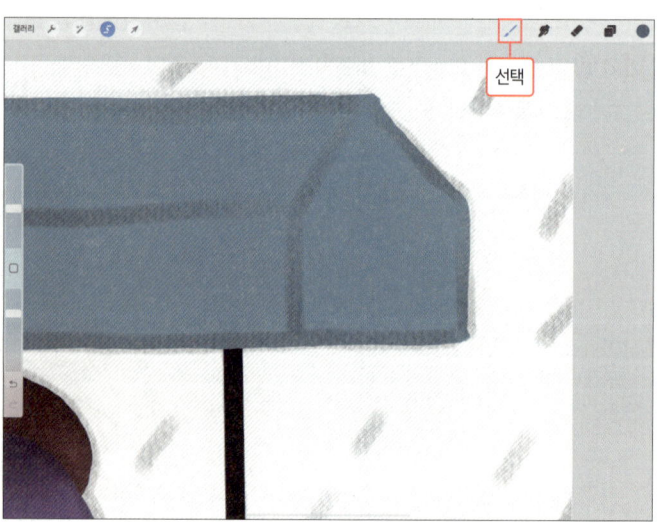

08 │ (색상(●))을 바탕색보다 좀 더 명도가 낮은 색으로 지정하여 질감을 표현합니다.

09 │ 07번-08번과 같은 방법으로 집의 지붕 (색상(●))을 바탕색보다 좀 더 밝게 지정하여 질감 표현을 합니다.

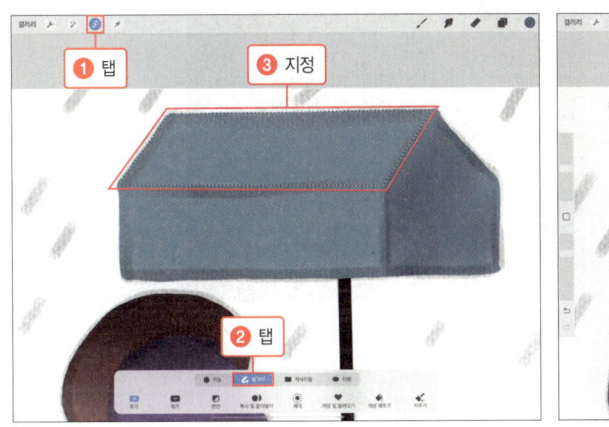 

10 │ 07번-08번과 같은 방법으로 집의 왼쪽 아래의 면도 질감 표현합니다.

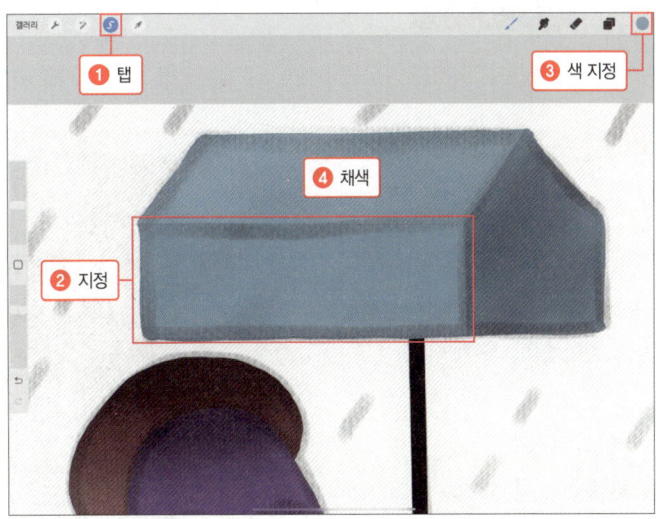

11 이제 배경을 표현하겠습니다. (레이어(■))에서 (+) 버튼을 탭하여 '레이어 8'을 추가하고 맨 아래로 이동합니다.

12 (색상(●))을 '남색'으로 지정하고 캔버스로 드래그합니다.

사용 브러시 유기물 → 페이퍼 데이지

나뭇잎 모양의 점이 찍히면서도 선을 그으면 명도와 채도가 다양한 잎이 겹쳐서 표현되는 브러시입니다.

비오는 숲 그리기

01 (색상(●))을 바탕색보다 조금 더 밝은색으로 지정하고 (브러시(/)) → 유기물 → 페이퍼 데이지)를 선택하여 점을 찍어 그림과 같이 캔버스를 채웁니다.

TIP 브러시 크기가 너무 작지 않도록 조절합니다.

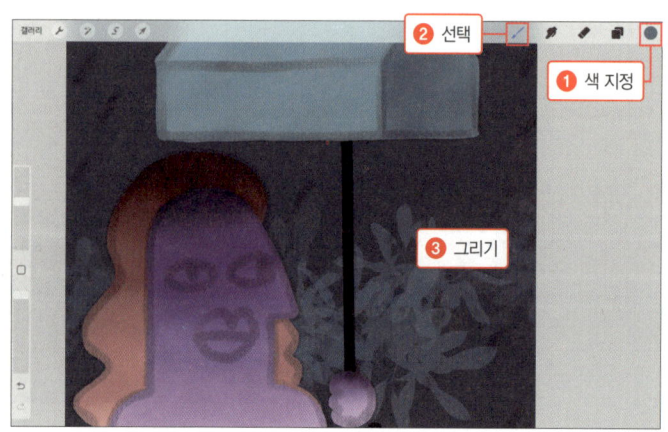

02 | (색상(●))을 명도를 낮춰가며 여러 번 점을 찍는 스트로크로 숲을 완성합니다.

빗물 그리기

01 | (브러시(✏)) → 요소 → 세찬 비)를 선택하고 (색상(●))을 '흰색'으로 지정한 다음 브러시의 불투명도를 '50%'로 조절합니다.

TIP 불투명도가 너무 높으면 비의 느낌보다 패턴 느낌이 납니다.

사용 브러시　요소 → 세찬 비

 폭풍우처럼 많은 비를 표현하는 브러시입니다. 필압을 인식해 세게 스트로크 할수록 불투명도가 '100%'에 가까운 표현을 할 수 있습니다. 반대로 필압을 낮추면 불투명도가 올라간 선들을 표현할 수 있습니다.

---

02 | 브러시 크기를 '최대'로 조절하여 손에 힘을 빼고 비가 오는 방향으로 스트로크 합니다. 방향을 인식하기 때문에 일정한 방향으로 스트로크 해야 합니다.

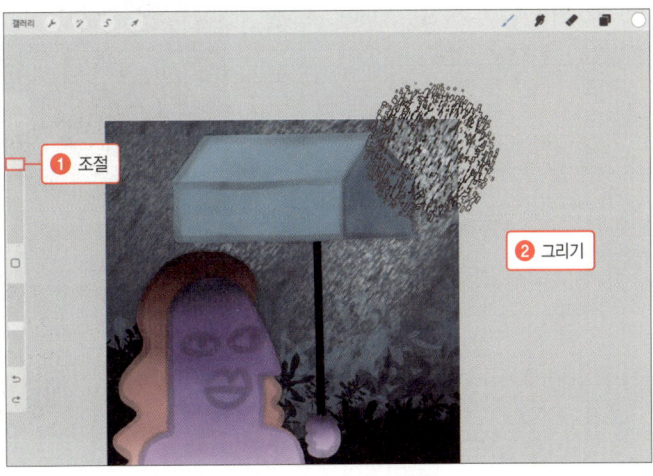

03 [레이어(■)]에서 [+] 버튼을 탭하여 '레이어 9'를 추가하고 '레이어 1'의 아래로 이동합니다.

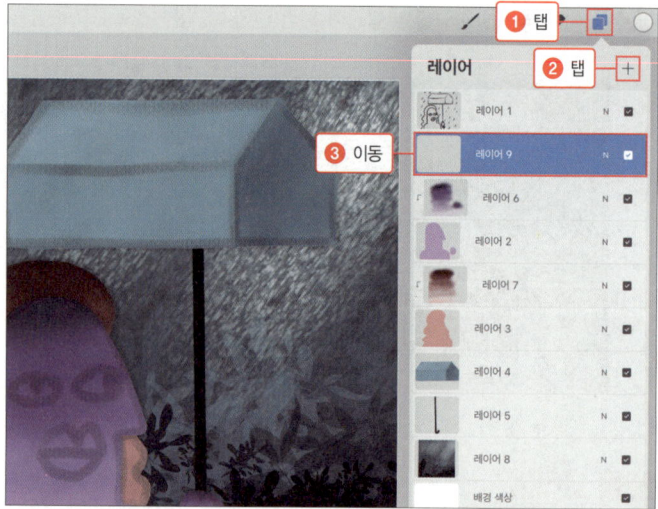

04 [브러시(✎) → 페인팅 → 납작 브러시]를 선택합니다. [색상(●)]을 '짙은 빨간색'으로 지정하여 입술을 그리고 '검은색'으로 지정하여 눈을 그립니다.

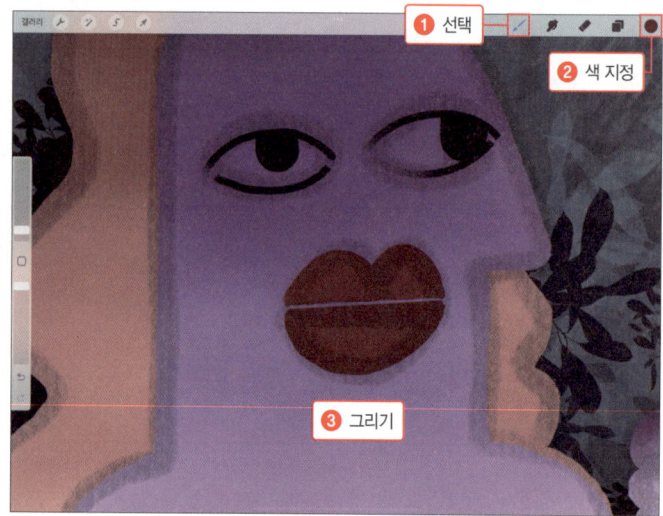

05 [레이어(■)]에서 [+] 버튼을 탭하여 '레이어 10'을 추가하고 '레이어 9'의 클리핑 마스크로 만듭니다.

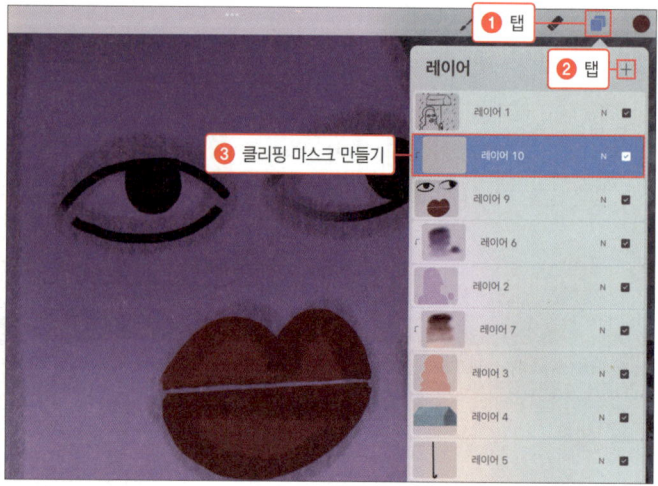

06 (브러시(✏️) → 스프레이 → 중간 노즐)을 선택합니다. (색상(●))을 '흰색'과 '검은색'으로 지정하여 그러데이션 표현을 합니다.

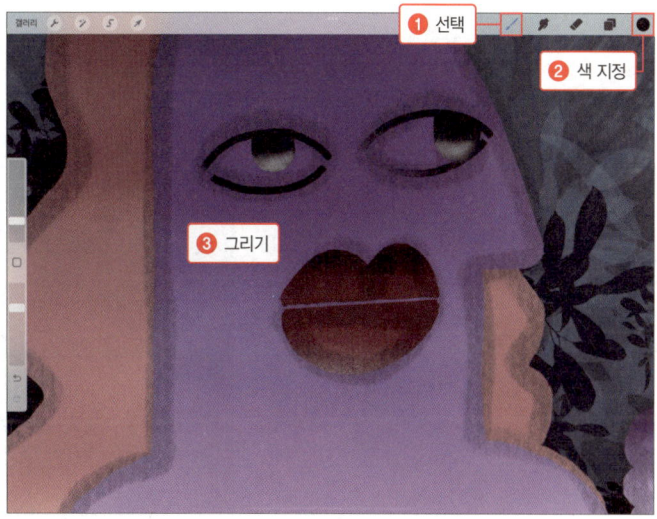

07 (레이어(■))에서 '레이어 1'을 제외한 모든 레이어를 오른쪽으로 드래그하여 다중 선택하고 (그룹) 버튼을 탭합니다.

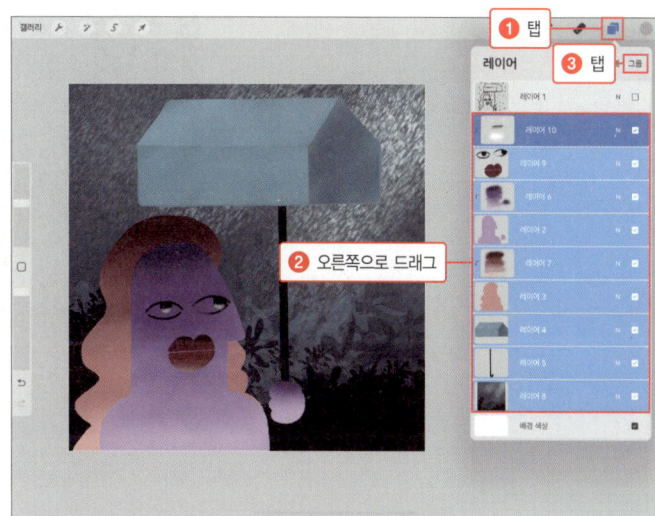

08 '새로운 그룹'이 생기면 '새로운 그룹'을 왼쪽으로 드래그하여 복제하고 아래에 있는 '새로운 그룹'을 체크 해제합니다. 위에 있는 '새로운 그룹'을 두 손가락으로 꼬집어 모두 합칩니다.

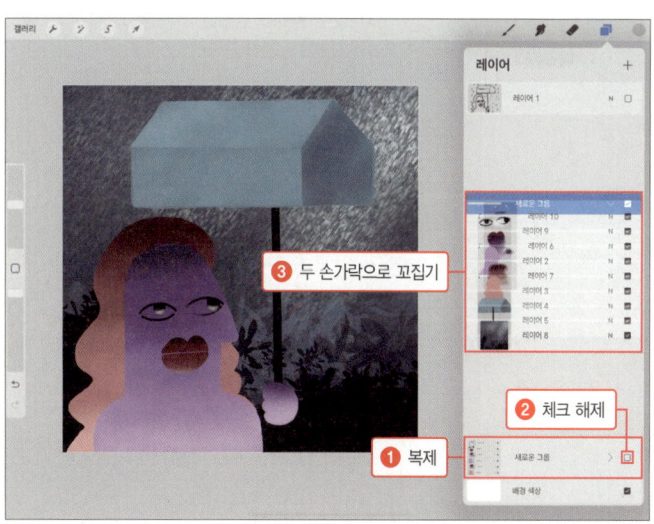

비가 내리는 상상화 전체 질감 표현하기

01 (레이어(■))에서 (+) 버튼을 탭하여 '레이어 13'을 추가하고 '레이어 8'의 클리핑 마스크로 만듭니다. (N)을 탭하여 (곱하기)를 선택합니다.

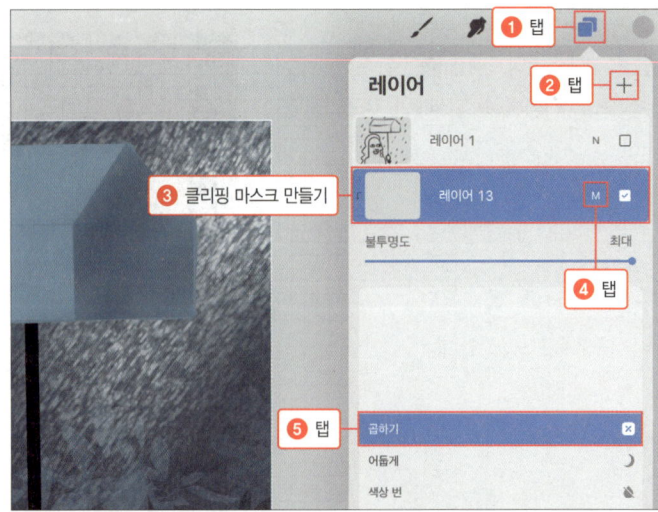

02 (브러시(✎) → 텍스처 → 시그넛)을 선택합니다. (색상(●))을 '회색'으로 지정하여 집 부분, 사람 부분, 배경에서 어두운 부분에 스트로크하여 질감을 표현하여 완성합니다.

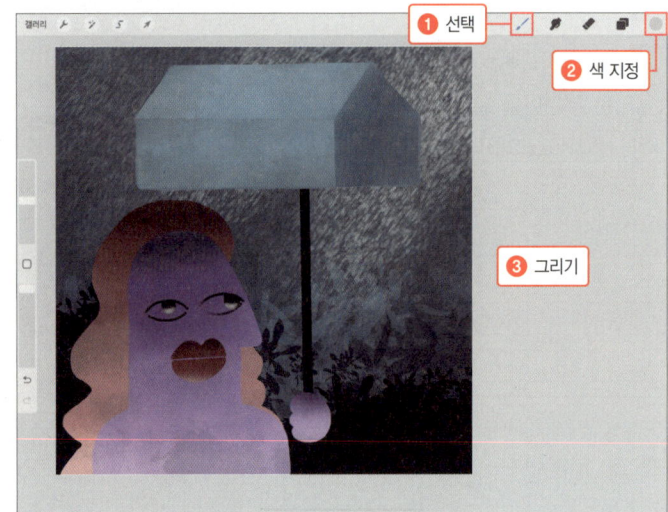

사용 브러시 텍스처 → 시그넛

 종이 및 아날로그 질감을 내는 텍스처 브러시 중 하나입니다.

Brush 10

와일드그래스 브러시

와일드그래스 브러시로 부드러운 물체를 딱딱하게 표현하기

상상하여 그리는 방법 중 하나는 질감을 바꾸어서 그리는 것입니다. 딱딱한 것을 부드럽게 표현하거나 반대로 부드러운 것을 딱딱한 재질로 표현하는 것입니다. 이번 예시는 곰이 물살이 세차게 흐르는 곳에서 연어를 잡는 그림을 그려 보겠습니다. 곰의 털을 쉽게 표현하면서도 물의 질감을 딱딱하게 표현해서 새로운 느낌을 주는 그림을 그려 봅시다.

● 완성 파일 : 05\와일드그래스 상상화_완성.procreate, 와일드그래스 상상화_완성.jpg

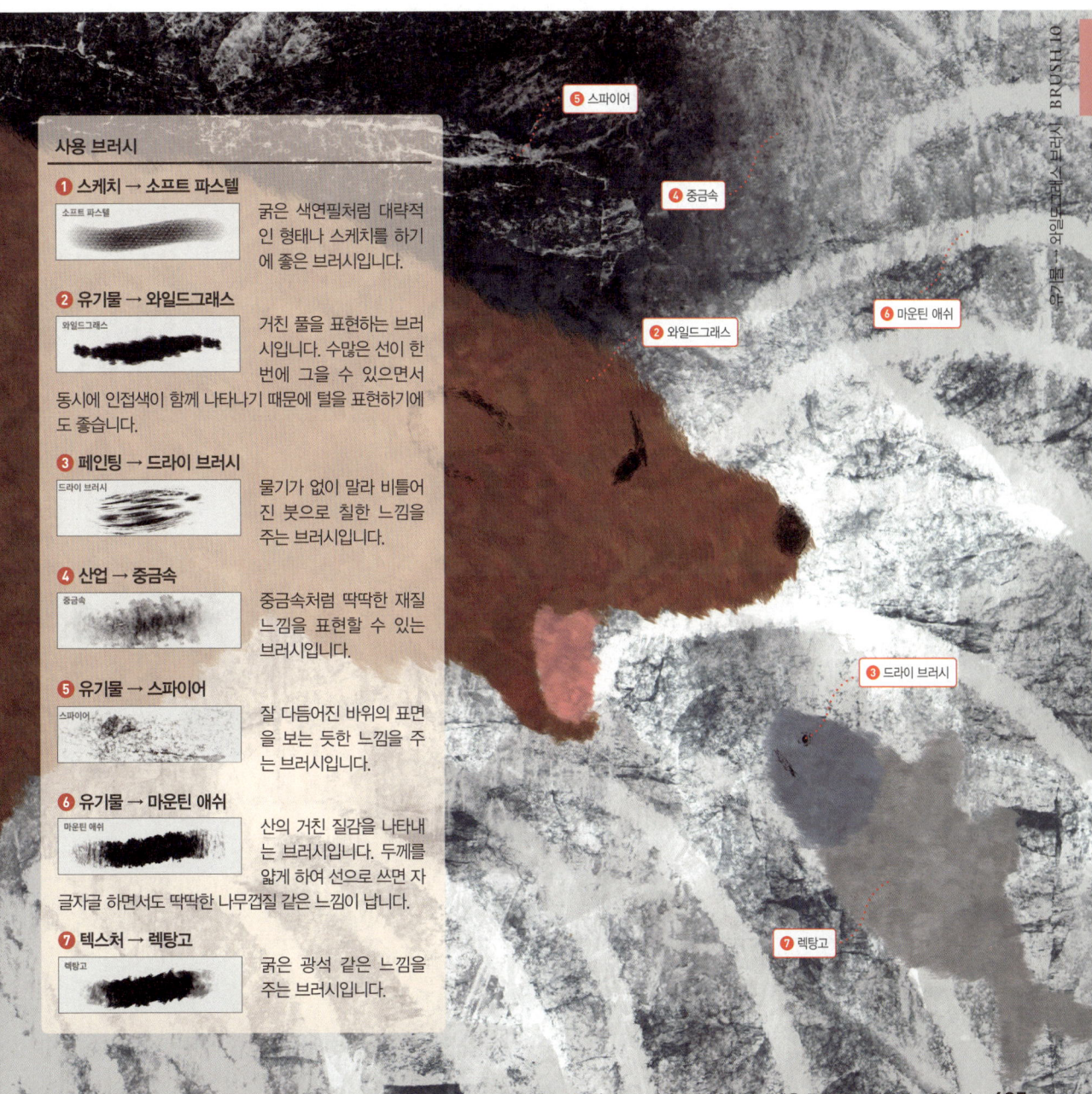

사용 브러시

❶ 스케치 → 소프트 파스텔
굵은 색연필처럼 대략적인 형태나 스케치를 하기에 좋은 브러시입니다.

❷ 유기물 → 와일드그래스
거친 풀을 표현하는 브러시입니다. 수많은 선이 한 번에 그을 수 있으면서 동시에 인접색이 함께 나타나기 때문에 털을 표현하기에도 좋습니다.

❸ 페인팅 → 드라이 브러시
물기가 없이 말라 비틀어진 붓으로 칠한 느낌을 주는 브러시입니다.

❹ 산업 → 중금속
중금속처럼 딱딱한 재질 느낌을 표현할 수 있는 브러시입니다.

❺ 유기물 → 스파이어
잘 다듬어진 바위의 표면을 보는 듯한 느낌을 주는 브러시입니다.

❻ 유기물 → 마운틴 애쉬
산의 거친 질감을 나타내는 브러시입니다. 두께를 얇게 하여 선으로 쓰면 자글자글 하면서도 딱딱한 나무껍질 같은 느낌이 납니다.

❼ 텍스처 → 렉탕고
굵은 광석 같은 느낌을 주는 브러시입니다.

물고기 사냥하는 곰 스케치하기

01 (브러시(✎) → 스케치 → <u>소프트 파스텔</u>)을 선택하고 곰이 물고기를 사냥하는 모습을 그립니다. 물이 흐르는 곳을 생각하여 간단하게 선으로 표현합니다.

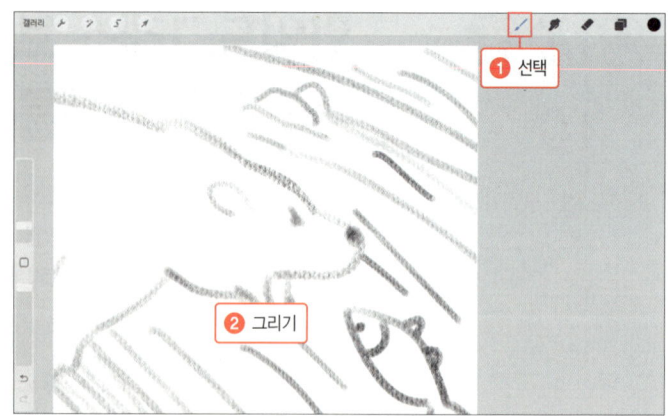

사용 브러시 <u>스케치 → 소프트 파스텔</u>

대략적인 스케치를 하기 좋은 브러시입니다.

02 (레이어(■))에서 (+) 버튼을 탭하여 '레이어 2'를 추가하고 '레이어 1'의 아래로 이동합니다.

물고기 사냥하는 곰 그리기

01 (브러시(✎) → 유기물 → <u>와일드그래스</u>)를 선택하고 (색상(●))을 '갈색'으로 지정하여 곰을 채색합니다.

TIP (와일드그래스)는 인접한 여러 색이 나타나므로 채색 부분만 고려하여 자신감 있게 <u>스트로크합니다.</u>

사용 브러시 <u>유기물 → 와일드그래스</u>

거친 풀을 그리는 용도입니다. 한 가지 색으로 스트로크를 하여도 여러 가지 인접 색이 같이 뒤엉켜 유화 같은 느낌이 나는 브러시입니다.

02 〔색상(●)〕을 '회색'과 '탁한 파란색'으로 지정하여 물고기를 채색합니다.

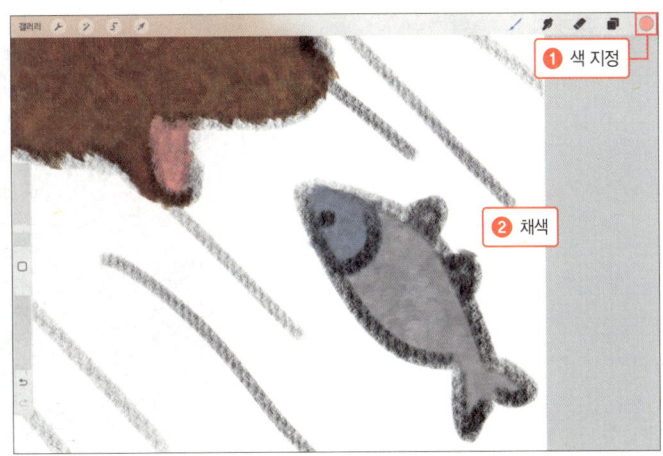

03 〔레이어(■)〕에서 '레이어 1'을 체크 해제하여 채색이 잘 되었는지 확인합니다.

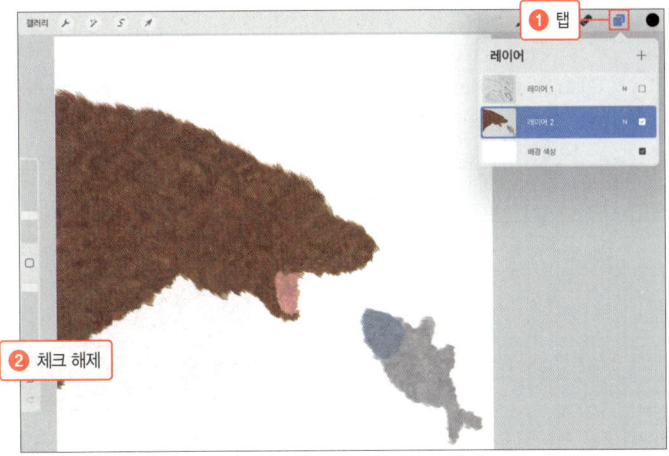

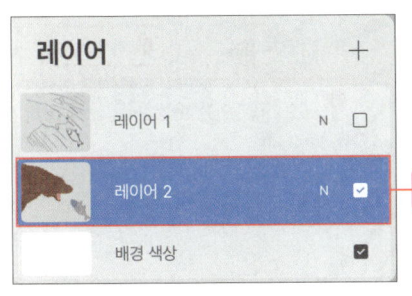

물고기와 곰 묘사하기

01 〔색상(●)〕을 '검은색'으로 지정하고 〔브러시(／)〕 → 페인팅 → 드라이 브러시를 선택하여 물고기의 눈과 입을 그립니다.

TIP 마른 브러시로 선이 그어지지 않는 느낌이 납니다. 여러 번 스트로크를 반복해서 표현합니다.

사용 브러시   페인팅 → 드라이 브러시

유화와 어울리는 거친 느낌의 브러시입니다. 브러시를 구성하는 기본 점이 멀리 떨어져 있어서 여러 번 그어야 하지만 물감이 얼마 없는 마른 브러시를 표현하기에 좋은 브러시입니다.

02 곰의 귀, 눈, 코를 그립니다.

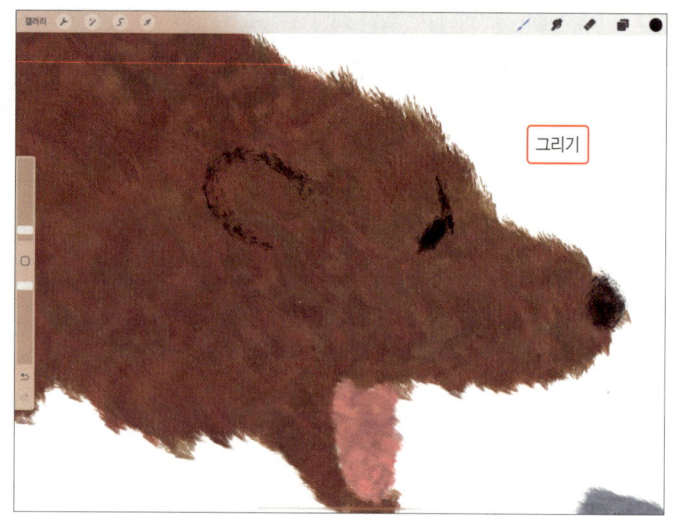

03 (레이어(■))에서 (+) 버튼을 탭하여 '레이어 3'을 추가하고 '레이어 2'의 아래로 이동합니다. 스케치 레이어인 '레이어 1'을 다시 체크 표시합니다.

04 (색상(●))을 '짙은 남색'으로 지정하여 캔버스에 드래그합니다.

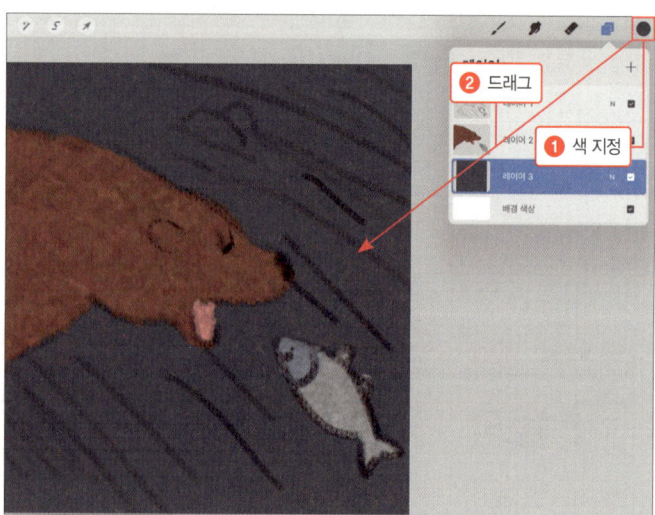

딱딱한 느낌의 강물 그리기

01 (레이어(■))에서 (+) 버튼을 탭하여 '레이어 4'를 추가하고 '레이어 3'의 클리핑 마스크로 만듭니다.

02 (색상(●))을 '흰색'으로 지정하고 (브러시(✏)) → 산업 → 중금속)을 선택하여 물이 아래로 흐르는 곳에 질감 표현을 합니다.

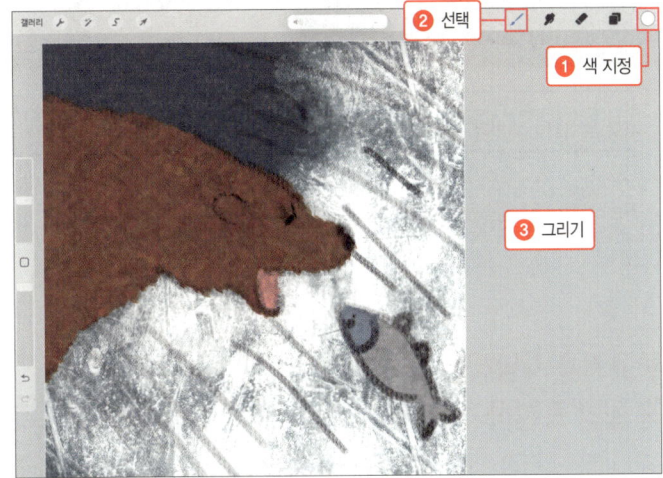

사용 브러시   산업 → 중금속

   금속의 딱딱하고 강한 느낌을 표현하기에 좋은 브러시입니다. 강물을 오히려 딱딱하게 표현하기 위해서 (중금속)을 사용해 보겠습니다.

---

03 (색상(●))을 '검은색'으로 지정하여 물의 윗부분 질감을 표현합니다.

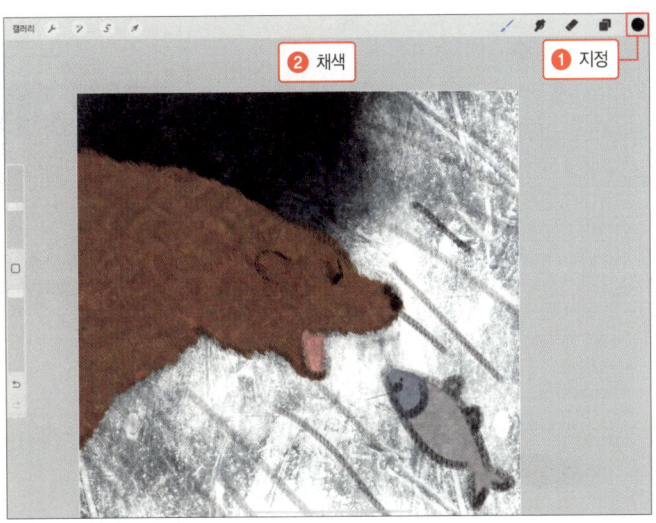

딱딱한 느낌의 강물 질감 표현하기

01 ﹝색상(●)﹞을 '흰색'으로 지정하고 ﹝브러시(✏)﹞ → 유기물 → 스파이어﹞를 선택하여 강물 전체를 스트로크하여 질감 표현을 합니다.

사용 브러시 유기물 → 스파이어

 종이가 갈라지는 듯하면서도 바위의 거친 표면 같은 브러시입니다. 강물의 딱딱한 느낌을 강조하기 위해 사용하겠습니다.

물고기를 사냥하는 곰 질감 표현하기

01 ﹝레이어(▣)﹞에서 ﹝+﹞ 버튼을 탭하여 '레이어 5'를 추가하고 '레이어 3'의 클리핑 마스크로 만듭니다.

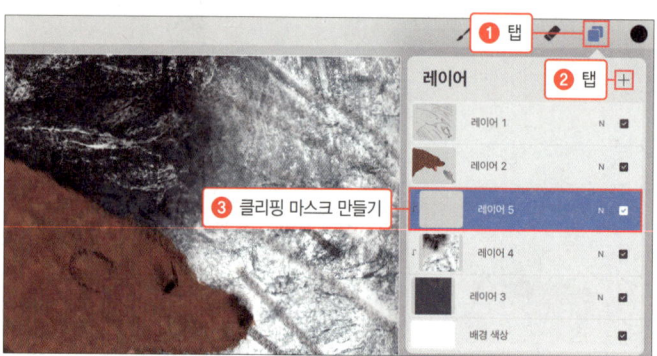

02 ﹝색상(●)﹞을 '흰색'으로 지정하고 ﹝브러시(✏)﹞ → 유기물 → 마운틴 애쉬﹞를 선택하여 강물이 흐르는 방향을 따라 선을 긋습니다.

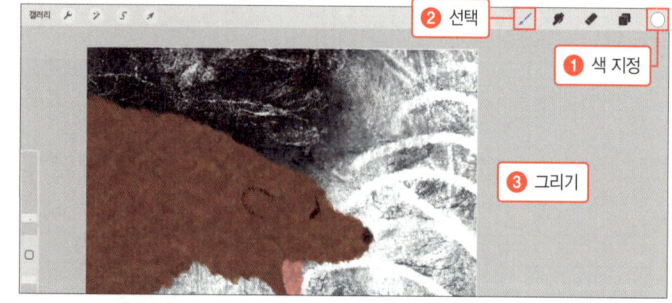

사용 브러시 유기물 → 마운틴 애쉬

 산의 거친 재질을 표현하는 브러시입니다. 강물이 흐르는 모습을 그리기 위해서 사용합니다.

거친 강의 물줄기 그리기

01 | (레이어(□))에서 (+) 버튼을 탭하여 '레이어 8'을 추가하고 (N)을 탭하여 (곱하기)를 선택합니다.

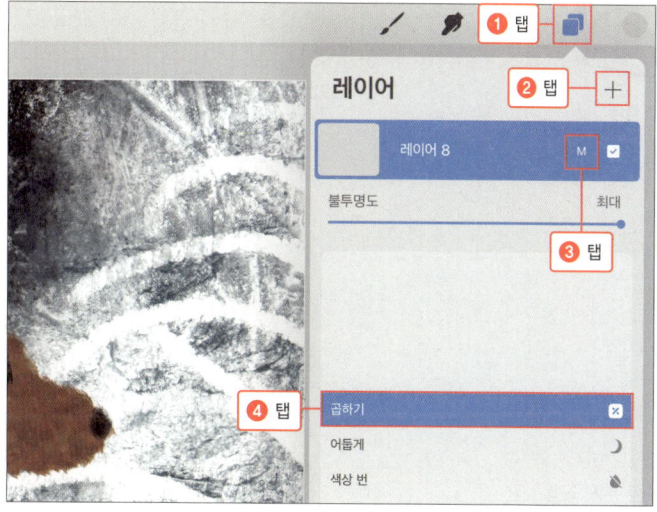

02 | (색상(●))을 '밝은 회색'으로 지정하고 (브러시(✐) → 텍스처 → 렉탕고)를 선택합니다. 그림 곳곳에 질감을 표현해 전체적으로 단단하고 강한 느낌의 그림을 완성합니다.

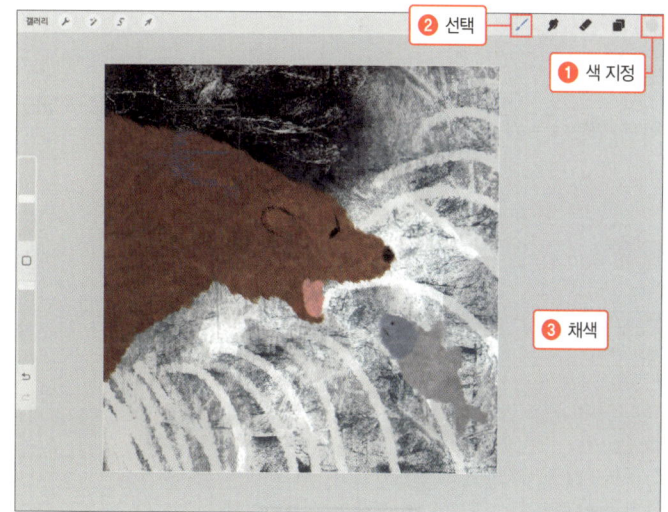

사용 브러시   텍스처 → 렉탕고

 텍스처 브러시 중 가장 딱딱한 느낌의 재질을 표현하는 브러시입니다. 굵은 광석의 입자같은 느낌을 주는 브러시입니다.

Index

1점 투시도법	57
2점 투시도법	58
3점 투시도법	59
6B 연필	19, 27, 97
12 색상환	38

B
| Bonobo Chalk | 56 |

P
| Procreate 펜슬 | 26, 103 |

S
| StreamLine | 146 |

ㄱ
가산효과	24
간격	145
감마	372
값	64
격자 크기	98
결정	284
곡선	372
곱하기	63, 155
공유	65
광도	63
구름	53
구아슈	185, 246
균등	295
그라피티	53
그러데이션	44, 46
그런지	49
그리기 가이드	178
그리기 가이드 편집	98
그리기 보조	65
그림자	45
글로밍	177
글리머	24, 307
글리치	374

ㄴ
나린더 연필	28
난색	39
농담	32
눈보라	21, 301

ㄷ
대량생산	363
대양	52, 272
대칭	178
더웬트	87
데시멀	21
도구	61
도브 레이크	48
도형화 크로키	78
돌담	56
동작	65
뒤틀린 나무	55
드라이 잉크	28, 212
들쭉날쭉한 브러시	115
디스크	63

ㄹ
라이트 펜	341
레더우드	396
레이어	62
레인포레스트	297
렉탕고	48

ㄹ		
루프	340, 354	
리틀 파인	32	

ㅁ		
마커	20	
머큐리	123	
멜라루카	48	
명도 대비	41	
명시성	40	
명암	44	
모노라인	35, 45, 127, 138	
모노라인 변형	143	
목재	50	
무채색	46	
물	52, 290	
물방울	23	
물에 젖은 아크릴	39	
묽음 감소	146	
미디움 브러시	168	
미디움 에어브러시	29	
미색	150	
미술 크레용	25	
밀기	288	

ㅂ		
바스커빌	31	
배경 색상	406, 411	
배색	39	
버즈	358	
벽토	265	
변형	67	
변화도 라이브러리	373	
변화도 맵	373	
보색	42	
보색 대비	41	
보색 분할	42	
보정 효과	66	
보케	24	
보통	63	
분필	36	
불탄 나무	390	
불투명도	63	
브러시	61	
브러시 스튜디오	145	
브러시 펜	320	
블랙번	51	
블랙우드	54	
블랜번	33	
비디오	65	
빛산란	350	

ㅅ		
사각형	72	
사일러신	30	
사진	65	
사진 삽입하기	124	
사합	43	
삼합	43	
상징주의	358	
새로운 캔버스	72	
색상	63	
색상 대비	40	
색상 조정	66	
색수차	373	
색채	39	
색채 원근법	60	
서예	320	
선	26	
선명한 라이트	163	
선택	67	
설정	66	
성운	50	
세찬 비	412	
셰일 브러시	327	
소실점	57	
소프트 라이트	63, 163	
소프트 브러시	46	

소프트 파스텔	19, 51, 108
수성 펜	36
수직 뒤집기	165
스냅	369
스노우 검	22
스머지	61
스크린	63
스튜디오 펜	20, 30, 230
스틱스	34
스펙트라	38
시그넛	49
시럽	159
실크스크린	363

ㅇ

안정화	146
알파 채널 잠금	165
압력	284
애니메이션 어시스트	65, 340
아수파	396
역입	31
역출	31
오데온	333
오로라	34
오버레이	63, 163
오베론	33
오일 파스텔	27, 37, 405
올가미	67
올드 비치	400
와일드그래스	425
왜곡	284
움직임 필터링	147
원근	57, 237, 373
원색	150
유사	43
유지 지속시간	355
유채색	46
이동	67
이모티콘	143
이볼브	377
이 브러시에 관하여	147
인스타툰	97
잉카	29
잉크 번짐	37

ㅈ

자석	369
재생	340, 355
재신스키 잉크	236
전체 색상	374
점	19
제스처	8
제스처 드로잉	75
조정	66
주목성	40
중간 노즐	218
중성 펜	31
지우개	62
지터	145
직사각형	67
질감	425
질감 브러시	50

ㅊ

채도 대비	41
철조망	55
초당 프레임	340, 354
초미세 노즐	53
추가	65
추상화	358

ㅋ

캔버스	65
캘리그라피	320
커러웡	48
컨투어 크로키	71
케이지드	55

쿠나니	35	플레어	25	
크로키	70	플림솔	254	
클래식	63	픽셀 유동화	66, 283	

ㅌ

타르카인	47	하드 라이트	163	
타원	67	하모니	64	
타임랩스 녹화	65	하프톤	374	
탄력	284	한색	40	
탄소 막대	201	화강암	390	
털어주기	22	확대	400	
테설레이티드	47	획 경로	145	
텍스처 브러시	47	획 속성	145	
텍스트	65	흐림 효과 조정	66	
트레이싱	82	흩뿌리기	22	
틴더박스	32, 152	흩뿌린 물	384	

ㅎ

(위 표에 포함)

ㅍ

파일	65
판다니	363
팔레트	64
팝아트	363
페이퍼 데이지	23, 191
퓌르노	54
프레스코	281

Foreign Copyright:
Joonwon Lee
Address: 3F, 127, Yanghwa-ro, Mapo-gu, Seoul, Republic of Korea
　　　　 3rd Floor
Telephone: 82-2-3142-4151, 82-10-4624-6629
E-mail: jwlee@cyber.co.kr

그림이 확 바뀌는 아이패드 드로잉
아이패드 브러시 패턴으로 그림 그리기

2022. 5. 10. 1판 1쇄 인쇄
2022. 5. 20. 1판 1쇄 발행

지은이 | 댈희(서동환)
펴낸이 | 이종춘
펴낸곳 | BM (주)도서출판 성안당

주소 | 04032 서울시 마포구 양화로 127 첨단빌딩 3층(출판기획 R&D 센터)
　　　 10881 경기도 파주시 문발로 112 파주 출판 문화도시(제작 및 물류)
전화 | 02) 3142-0036
　　　 031) 950-6300
팩스 | 031) 955-0510
등록 | 1973. 2. 1. 제406-2005-000046호
출판사 홈페이지 | www.cyber.co.kr
ISBN | 978-89-315-5877-7 (13000)
정가 | 25,000원

이 책을 만든 사람들
책임 | 최옥현
진행 | 오영미
기획·진행 | 앤미디어
교정·교열 | 앤미디어
본문·표지 디자인 | 앤미디어
홍보 | 김계향, 이보람, 유미나, 서세원, 이준영
국제부 | 이선민, 조혜란, 권수경
마케팅 | 구본철, 차정욱, 오영일, 나진호, 강호묵
마케팅 지원 | 장상범, 박지연
제작 | 김유석

이 책의 어느 부분도 저작권자나 BM (주)도서출판 성안당 발행인의 승인 문서 없이 일부 또는 전부를 사진 복사나 디스크 복사 및 기타 정보 재생 시스템을 비롯하여 현재 알려지거나 향후 발명될 어떤 전기적, 기계적 또는 다른 수단을 통해 복사하거나 재생하거나 이용할 수 없음.

■ 도서 A/S 안내

성안당에서 발행하는 모든 도서는 저자와 출판사, 그리고 독자가 함께 만들어 나갑니다.
좋은 책을 펴내기 위해 많은 노력을 기울이고 있습니다. 혹시라도 내용상의 오류나 오탈자 등이 발견되면 **"좋은 책은 나라의 보배"**로서 우리 모두가 함께 만들어 간다는 마음으로 연락주시기 바랍니다. 수정 보완하여 더 나은 책이 되도록 최선을 다하겠습니다.
성안당은 늘 독자 여러분들의 소중한 의견을 기다리고 있습니다. 좋은 의견을 보내주시는 분께는 성안당 쇼핑몰의 포인트(3,000포인트)를 적립해 드립니다.
잘못 만들어진 책이나 부록 등이 파손된 경우에는 교환해 드립니다.